SPSS를 활용한
생활과학 연구방법론

정옥분 · 임정하 · 김경은 공저

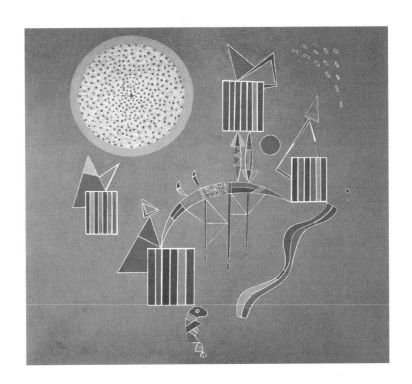

학지사

● 머리말 ●

『생활과학 연구방법론』을 집필하는 데 참 오랜 시간이 걸렸다. 대학원에서 가정학연구방법론을 가르치면서 가정학에 속하는 다양한 주제를 포괄할 수 있는 체계적인 연구방법론을 제시해야 할 필요성을 갖고 있었다. 하지만 여러 일과 속에서 차일피일 미루다 보니 그 사이 가정학은 생활과학으로 명칭이 바뀌었고 생활과학의 영역과 목적 또한 좀 더 확장되었다. 이 책의 이름 또한 『가정학 연구방법론』에서 『생활과학 연구방법론』으로 변경되었다. 이에 이 책에서는 최근 생활과학연구의 동향과 주제, 다양한 논문을 실례로 포함시킴으로써 생활과학 연구방법론에 대한 이해를 높이고자 노력하였다.

이 책에서는 생활과학 분야의 연구수행과 관련하여 연구주제의 선정, 연구대상 및 측정도구의 선정, 자료수집 방법, 자료분석 및 연구결과의 보고까지 체계적으로 제시하고자 하였다. 『생활과학 연구방법론』은 총 10장으로 구성되어 있다. 1장은 생활과학 연구방법론을 이해하기 위한 기초로서 생활과학의 개념 및 목적과 연구의 절차 등을 다루었다. 2장과 3장은 연구의 수행에 앞서 연구대상과 측정도구, 자료수집 방법을 선정하는 것과 관련된 것으로 표집과 측정, 자료수집 방법에 대해 살펴보았다. 4장은 사회과학에서 주로 사용되는 SPSS(Statistical Package for the Social Science) 컴퓨터 프로그램의 활용에 대한 기초적인 방법들을 기술하였다. 5장은 기술통계에 관한 것으로 빈도분포, 집중경향치, 분산도, 상관 등에 대해 살펴보았다. 6장은 추리통계의 기초와 가설검증에 대해 살펴보았다. 7장은 평균차 검증에 사용되는 t 검증, 변량분석, 반복측정 변량분석, 공변량분석 등의 기본 원리, 기본 가정 및 SPSS를 활용하여 분석하고 해석하는 방법을 다루었다. 8장은 관련성 검증과 관련된 상관분석, 회귀분석, 요인분석의 기본 원리, 기본 가정 및 SPSS를 활용하여 분석하고 해석하는 방법을 다루었다. 9장은 비모수 검증 중 대표적으로 카이제곱검증의 기본 원리, 기본 가정 및 SPSS를 활용하여 분석하고 해석하는 방법을 다루었다. 마지막으로 10장에서는 연구보고서를 작성하는 방법에 대해 제시하였다.

이 책에서는 생활과학 연구방법에 대한 이해를 높이기 위해 생활과학 관련 선행연구들을 인용하였는데, 몇몇 연구결과의 표 혹은 그림의 제시 방식은 APA 양식에 맞게 본 저자들에 의해 수정되었음을 미리 밝힌다. 이 책은 생활과학 분야에서의 연구방법론 강의를 위한 교재뿐만 아니라 이 분야의 논문을 준비하는 연구자들의 지침서로 유용하게 사용될 수 있기를 기대한다.

끝으로, 『생활과학 연구방법론』이 출간될 수 있도록 여러 가지로 배려해 주신 학지사 김진환 사장님과 편집업무를 꼼꼼히 챙겨 주신 하시나 대리님의 노고에 감사드린다.

2014년 9월
저자 일동

• 차 례 •

제10장 연구보고서 작성   375

제1장

생활과학과 과학적 연구

생활과학은 가정학에서 출발한 학문으로 시대의 변화나 각 지역의 요구에 따라 연구의 초점이 조금씩 변화하였다. 고대 그리스의 가정학은 인간생활과 관련된 실제적 기술 습득뿐 아니라 이러한 기술의 사용 및 관리적인 측면에서의 도덕적 가치나 철학을 중요하게 여겼다. 근대사회와 1930년대 경제공황기를 거치는 동안 가정학은 가사와 관련된 기능 습득이나 여성들이 생계를 유지하기 위해 필요한 기술을 훈련시키는 데 초점을 두었으나, 1940년대에 제2차 세계대전으로 인해 가정생활이 심각하게 불안정해지자 가정학에서는 가사(家事)보다는 가정생활의 안정이나 가족에 초점을 두기 시작하였다. 가정학은 이러한 변화와 발전 속에서 궁극적으로 가족원 개개인의 성장 및 발달과 가족의 복지를 증진시킴과 동시에 환경적인 측면에서의 가정생활 개선을 통해 개인의 삶의 질을 향상시키는 데 목적을 두었다. 생활과학 또한 인간과 인간을 둘러싼 환경 간의 상호작용을 연구하는 학문으로서 인간생활에 대한 학문적인 목적에서뿐만 아니라 응용적·실천적인 면에서도 매우 중요한 의미를 갖는 학문이라고 볼 수 있다.

이 장에서는 먼저 생활과학의 모체인 가정학의 역사와 개념, 생활과학 연구의 목적, 생활과학 연구의 과제에 대해 살펴보고, 생활과학 연구와 관련된 과학적 연구의 요소와 일반적 절차 등에 관해 살펴보기로 한다.

1. 생활과학의 이해

학문의 발전과 사회적 수요에 따라 가정학은 생활과학으로 변화하게 되었다. 가정생활 영역뿐 아니라 산업화된 영역에서 필요로 하는 전문인을 양성하기 위해 교육과 연구를 담당하는 생활과학이라는 새로운 학문이 등장하게 된 것이다(서울대학교 생활과학대학 교재개발위원회, 2001). 생활과학은 가정학에서 출발하였기 때문에 가정학의 역사를 살펴본 후, 생활과학의 개념과 생활과학 연구의 목적에 대해 알아보고자 한다.

1) 생활과학의 역사

1990년대 이후 생활과학으로 명칭이 변경되기 전까지 생활과학은 가정학에 기초를 두고 있었다. 따라서 생활과학의 역사를 이해하기 위해서는 가정학의 역사를 이해해야 할 필요가 있다. 여기에서는 국외 가정학 역사와 국내 가정학 역사에 대해 살펴보고자 한다.

(1) 국외 가정학의 역사

크세노폰

▌▎ 아리스토텔레스와 제자들

가정학의 시초는 고대 그리스로 거슬러 올라간다. 고대 그리스인들은 'oikos(家)'라고 부르는 관리단위 내에서 가장의 통솔하에 공동생활을 하였다. oikos란 현재의 가정, 가족, 가정관리와 비슷한 의미로, 그리스 시대에서의 가정학(oikonomik)은 인간생활의 장인 가정(oikos)을 다스리는 데 필요한 규칙 및 법규(nomos)를 연구하는 학문으로 여겨졌다. 크세노폰은 가정학에 관한 저서에서 농업, 임업, 어업 등 살아가는 데 필요한 실제적 기술론에 관련된 내용뿐 아니라 소유의 가치, 재산의 올바른 사용이 갖는 의미, 가정을 영위하는 것에 대한 도덕적 책임, 소비의 절제 등에 대해 논의하였다(이기열, 1978). 또한 아리스토텔레스는 영리학과 가정학을 구분하면서 영리학을 가정학의 한 부분으로 보았다. 즉, 생계를 위해 영리기술이 요구되지만 지나친 영리행위는 소유나 신체적 편안함을 추구하게 되므로, 영리기술의 사용에 있어 절제와 관용의 원리가 필요하다고 하였다(윤숙현, 1995). 이처럼 고대 그리스의 가정학은 인간생활과 관련된 실제적 기술 습득뿐 아니라 이러한 기술의 사용 및 관리적인 측면에서의 도덕적 가치나 철학을 중요하게 여겼다.

　가정학은 1800년대 초기부터 학문, 연구, 실제 영역에서 발달되어 왔다. 초기에는 여성들의 가사에 대한 훈련부터 시작되었지만, 최근에는 삶의 질을 개선시키기 위한 생태학적(ecological)·전체적(holistic) 접근으로 이루어지고 있다. 〈표 1-1〉에 미국, 아프리카, 캐리비언, 유럽(덴마크)에서의 가정학이 어떻게 변화해 왔는지에 대해 요약하였다(Betts & Goldey, 2005). 일반적으로 19세기 후반과 20세기 초반의 경우 가정학은 단지 여성에게만 한정되어 있었다. 가정이나 가족관계보다는 가사와 관련된 부분에 초점을 두었고 학교나 대학에서 이와 관련된 수업이 개설되기 시작했다.

　20세기 초반, 가정학에서는 젊은 여성들에게 식품, 가사, 양육, 주거, 섬유, 의복에 관한 훈련을 통해 이와 관련된 다양한 지식과 기술을 가르쳤다(사진 참조). 이러한 체계적인 교육과 기술 습득을 통해 생활이 개선되면서 여성들이 가난에서 벗어날 수 있게 되었다. 20세기 후반에 들어서면서 남학생들이 가정학을 수강하기 시작했고, 가정학에서는 보다 과학적인 연구가 이루어졌으며, 건강과 소비교육 및 미학에 관심을 가지기 시작했다. 또한 보다 전문적인 영역이 되어 대학과 대학원 교육이 이루어졌다.

　20세기 후반과 21세기 전반에는 가정학에 대한 재평가가 이루어졌다. 가정학의 실제와 교육에 대한 생태학적인 접근이 이루어졌으며, 삶의 윤리

▌│ 1924년 코넬 대학교의 의류학 실습실(좌)과 코넬 대학교 가정관 식품실험연구실의 모습(우)
출처: Div. Rare & Manuscript Collections, Cornell University Library.

표 1-1 **각 지역에 따른 가정학의 시대별 변화**

시대 / 지역	19세기 후반	20세기 전반	20세기 중반	20세기 후반 이후
미국	1841~1910년 • 가정경제에 초점 • 대학 강좌가 개설되었고 공립학교에 가정학이 소개(1885년) • 위생과 음식 준비에 초점 • 1899년 제1회 Lake Placid Conference 개최 • 1908~1909년에 미국 가정학회 설립 • 여학생만 참여 및 수강 가능	1910~1950년 • 농촌지도사업(1914년), 가정학은 여성을 위한 것이고 농업은 남성을 위한 것 • 음식 준비 • 가정관리 • 남학생도 포함됨 • 아동학과 부모교육이 도입됨 • 가사에서 가정이나 가족에 초점을 둠 • 실천교육	1950~1980년 • 전문대학이나 4년제 대학에서 가정교육 전공들이 생겨남 • 가정학에 대한 여성학자들의 비판: 여성의 제한된 역할 관련 • 가정학과에서 가사 이외의 직업과 관련하여 훈련 • 가정학의 이미지에 대한 연구, 새로운 방향 설정	1990년~현재 • 가정학에 대한 재개념화 • 보다 전체적인 접근 • 생태학적 접근
아프리카	~1930년 • 선교사들에 의해 가정학이 소개되었고, 여학생과 여성들에게 가사에 관해 가르침	1930년 • 가정학이 공식적 교육으로 통합되어 음식, 영양, 가정관리, 아동양육, 주거, 섬유, 의류 영역에서의 지식과 기술에 초점을 둠	1950~1970년 • 전문적인 가정학 교수 부족 • 대학에서 가정교육과가 생기고 이와 관련된 자격증 프로그램들이 도입 • 가정학과가 농업분과 속에 속함	1980년~현재 • 가정학은 삶의 질을 개선하기 위한 노력에서 가족을 지원해야 한다고 주장 • 가정학은 개인의 복지와 개인의 삶의 질을 높이기 위한 방법을 모색해야 함 • 변화의 주체로서 가정학자 양성
캐리비언	~1900년 • 선교사들에 의해 가정학이 소개되었고, 여성 노예들에게 가사에 관해 가르침	1900~1950년 • 가정학은 보다 새로운 가사기술에 대한 요구에서 발전 • 경제공황기 동안 가정학은 여성들이 생계를 유지하는 데 필요한 기술을 훈련시킴 • 극심한 빈곤으로 인해 삶의 질을 높이고 보다 민주적인 사회건설을 위해 가정학에 대한 요구가 높아짐	1950~1980년 • 제2차 세계대전과 오일쇼크 이후 경제적 어려움으로 인해 가정과교육이 잘 정착됨 • 연구자들 간 국제적인 통합과 네트워크를 통해 가정학이 보다 확산됨 • 가정학이 사회변화에 기여함에 따라 가정학자들은 학교에서 지도자로서의 지위 획득 • 자립과 자족을 강조 • 남학생들에게도 필수과목	1980년~현재 • 가정이나 직장에서 성역할의 변화로 인해 가정학의 중요성이 증대 • 개인과 가족의 삶의 질을 높이는 데 초점을 둠 • 중등학교뿐 아니라 성인교육이나 평생교육에서도 가정학을 가르침 • 십대임신, 퇴학, 가정폭력 등과 같은 사회적·가족 문제들에도 관심을 가짐

	1880~1910년	1920~1950년	1960~1980년	1990년~현재
덴마크	• 가사에 대한 훈련 • 개인의 복지와 가정의 의미에 대한 이해 • 가정학에 대한 즐거움과 존경 • 여학생만 해당	• 식품준비와 요리 • 청소 • 가정경제와 위생 • 가족이 아닌 개인에 초점을 둔 학문적 실천교육	• 소비자교육 — 지식과 경험 강조 • 가사를 계획, 기술과 과정을 습득 • 식품학과 영양학 • 제2차 세계대전과 오일쇼크 이후 경제적 어려움으로 인해 가정과교육이 잘 정착됨 • 남성들이 수강하기 시작	• 다문화 • 환경에 대한 관심, 생태학 • 가정의 양육 기능을 강조 • 윤리적·미적·감각적·창의적·문화적 부분에 관심 • 일상생활의 질에 대한 관심

출처: Betts, S., & Goldey, P. (2005). A multidisciplinary NGO: The interface of home economics with gender and development. *Development in Practice, 15*(1), 106-114.

적·미적·창의적·문화적 측면에 초점을 두었다. 또한 개인과 가족의 삶의 질을 개선하기 위해 십대임신, 학교폭력, 가정폭력 등과 같은 사회적·가족적 문제에도 관심을 가지기 시작하였다. 최근 들어서는 이러한 문제들을 해결하기 위한 보다 통합적인 서비스와 프로그램들이 창출되고 있다.

한편, 1908년 스위스에서 창설된 국제가정학회(International Federation for Home Economics: IFHE)는 2008년 100주년을 맞이하였으며, 현재 아프리카, 아메리카, 유럽, 아시아, 태평양의 5개 지역 49개국 1,223명의 회원으로 구성되어 있다. 빈곤, HIV/AIDS, 인권, 생활 전반의 문제에 관한 예방 및 통제와 같은 전 세계적인 현대의 이슈에 대해 학제적으로 접근하고 있다. 근 1세기 동안 IFHE는 영양·식품, 섬유 및 의류, 가정관리, 가정재정, 소비자, 아동발달 및 가족학, 여성학(Women in Development)과 관련된 학문을 통합적으로 다루어 왔으며, 최근 들어서는 성과 발달(Gender and Development) 학문 영역까지 통합하여 다루고 있다. 이처럼 가정학의 흐름

▎IFHE의 100주년 기념 로고(좌)와 IFHE의 로고(우)

은 가정과 개인에 초점을 두던 것에서 벗어나 사회적 문제에 초점을 두었고, 특정 문화에서 다문화나 전 세계적 접근으로, 여성만의 학문에서 양성적인 학문으로, 가정경제의 구제에서 삶의 질 개선으로 초점이 변화되었으며, 보다 전 세계적이고 사회적인 이슈에 관심을 가지게 되었다(Betts & Goldey, 2005).

(2) 국내 가정학의 역사

우리나라의 경우, 학문으로서의 가정학(家政學)이 뿌리내리기 전부터 가정(家庭)의 중요성이 제기되었다. 가정의 성패가 사회질서 유지의 기반임을 강조하여 사대부 집안의 부녀자에게 『여사서(女四書)』,[1] 『내훈(內訓)』, 『계녀서(誡女書)』 등의 문헌을 통해 가정을 다스리는 방법에 대해 교육하였다. 이들 내용에는 봉건적 전통사회에서 여성에게 요구되는 덕성과 가사, 가정관리, 가족관계에 대한 규범 등이 포함되어 있다. 그러나 상대적으로 남존여비 사상이 강했던 유교사회에서는 가정학이 발달될 수 있는 기반이 상당히 약했다.

현대적인 교육기관에서 여성교육으로부터 시작된 가정학은 가정생활에서

여성에게 필요한 요리, 재봉, 수예 등을 가르치는 가사과에서 시작되었다. 1929년 이화여자전문학교에 식품영양학, 의류학 등의 학문을 포함하는 가사과가 설립되었다(사진 참조). 이후 1947년 대한가정학회가 설립되었고, 이전의 가사(家事)라고 하는 교과를 가정(家政)으로 개정하였다. 1950년대에는 6 · 25전쟁 후 폐허가 된 가정과 사회를 복구하는 것이 우선시되어 가정학에서는 생활의 과학화 및 생활개선

■| 이화여자전문학교의 정동 시절 한옥 기숙사 황화사. 댓돌 위에 가지런히 놓인 고무신과 바느질하는 학생들의 모습에서 1930년대 이화인의 삶이 엿보인다.

출처: http://www.ewha.ac.kr/

---

1) 이와 관련된 『여사서』의 글귀를 인용하면 다음과 같다. "부지런한 것은 여자의 덕이요, 검소한 것은 부의 근본이다. 부지런하고 검소하지 않으면 몸만 수고로운 것이다. 검소하나 부지런하지 않으면 괴로움을 당하는 것이다. 검소하고 부지런하면 가산이 많아지고, 검소하면 부족한 것이 없는 것이다. 부하고 귀하고 부지런하면 몸은 비록 괴로우나 집을 다시 일으킬 수 있다. 그러므로 부지런하고 검소함을 가정에서 가르쳐야 한다."

등의 내용이 주가 되었다. 즉, 가정생활의 합리화와 과학화를 목표로 하여 가정경영의 민주화를 주장하였으며, 새로운 시대에 부응할 수 있도록 남녀 모두 가정교과를 이수하게 하고 다양한 연령층을 대상으로 평생교육을 실시할 것을 주장하였다.

1960년대에 국내 경제가 급속히 변화함에 따라 사회·경제적 구조가 변화하게 되었고, 이는 가정구조의 변화를 초래하였다. 이 시기부터 가정학에서는 가족생활, 특히 인간발달과 가족관계, 자원관리, 소비자로서의 기능 등이 강조되었다. 그리고 이 시기에는 가정학 영역에서 과학적 연구가 급속히 이루어지기 시작했다. 1959년 대한가정학회에서는 『대한가정학회지』를 창간하였다. 학회지에는 다양한 연구결과들이 발표되었고 국외 가정학의 교육내용 및 동향 등이 소개되기 시작하였다. 그 뒤 1963년 대한가정학회는 사단법인으로 인가를 받았고 1968년 국제가정학회에 가입하였다. 또한 대학에서는 가정학과나 가정학부를 단과대학으로 설립하여 가정학과를 전공별로 세분화함에 따라 가정학의 영역이 확대되었으며 각 영역별 전문가들이 양성되기 시작하였다.

1970년대에는 가정학의 전문성을 높이는 데 주력하였으며 많은 대학에서 가정학 석사학위과정과 박사학위과정이 생겨났다. 1970년대 대한가정학회는 '70년대의 가정학 방향'을 주제로 하여 학술대회를 개최하였고, 변화하는 사회 속에서의 가정학의 전문적 입지를 높이는 데 초점을 두었다. 또한 그동안 자연과학에 초점을 두던 연구에서 '인간발달과 인간관계'를 핵심으로 하는 연구로 확대하여 사회과학과의 연계성을 높이고자 노력하였다. 이를 통해 가정학이 종합과학으로서 자리를 잡게 되었다.

1980년대 이후, 인간생태학적인 관점이 가정학에 소개된 후 가정학의 중심주제로 부각되었다. 이 시기부터 가정학 연구는 인간과 환경 간의 관계에 대한 연구에 초점을 두게 되었다. 따라서 현대산업사회와 가정학의 관계에 대한 연구들이 이루어졌다. 즉, 급속한 현대화로 인한 소비 문제, 청소년 문제, 가족의 문화 및 가치관의 차이 등과 같은 사회문제를 다루는 연구들이 주를 이루기 시작했다. 또한 가정학이 보다 세분화되었으며, 이 시기부터 가정학 전공 출신들이 각 세부 영역에서 전문인으로서 적극적으로 참여하게 되었다. 예를 들면, 가정학자들이 의류산업, 집단급식, 복지시설, 소비자기관 등에서 높은 지위를 점하게 되었다.

1990년대를 기점으로 초기 가정학이었던 학문의 명칭은 인간을 둘러싸고 있는 환경과의 상호관계, 생활환경의 중요성과 생태학적 개념을 중시하여 인간생태학 혹은 생활과학으로 변경되었다(모수미, 최정화, 이기영, 김외숙, 1994).

2) 생활과학의 개념

▮ㅣ 레이크 플레시드 회의에 참석한 Ellen Richards(가운데 앞)와 동료들. 사진의 왼쪽은 Annie Dewey, 사진의 오른쪽은 Alice Ravenhill

출처: http://rmc.library.cornell.edu/homeEc/lg/C1_3_photoAlt.htm

생활과학의 모체인 가정학에 대한 개념을 살펴보면, 1902년 미국의 제4차 레이크 플레시드 회의(Lake Placid Conference)에서 규정된 가정학에 대한 정의가 여전히 중심개념으로 자리 잡고 있다(사진 참조). 가정학은 보다 포괄적인 의미에서 인간을 둘러싼 직접적인 물리적 환경과 사회적 존재로서의 인간에 대한 규칙, 제 조건, 원리 및 이상을 연구하는 학문으로, 특히 이들 두 가지 요인, 인간과 환경 간의 관계에 대해 연구하는 학문이다(Fields & Connell, 2004). 이후 미국가정학회는 1959년 창립 50주년을 맞아 새롭게 가정학에 대한 정의를 내렸는데, 가정학은 가족생활을 위해 개인을 교육하고, 가족이 사용하고 있는 자원의 개선에 힘쓰며, 인간생활을 충족시켜 줄 수 있는 자원에 대한 연구와 그 자원의 개발에 주력하고, 개인과 가족의 다양한 욕구를 만족시킬 수 있는 방법을 발견하며, 지역사회와 국가 및 세계의 끊임없이 변화하고 있는 다양한 정보를 가족생활에 이용하게 함으로써 인간가치의 실현에 목적을 두는 학문이라고 하였다. 1980년대 들어서도 가정학은 현재와 미래의 개인, 가족, 지역사회의 복지를 위해 인적·물적 자원을 개발하고 사용하며 관리하는 것에 초점을 두었다. 한편, 가정학의 새로운 개념틀을 개

▮ㅣ 미국가정학회의 로고

발하고자 한 스코츠데일 회의(Scottsdale Meeting)에서 미국가정학회는 가정학의 명칭을 '가족 및 소비자학(Family & Consumer Science)'으로 변경하였다(사진 참조). 가정학의 목적을 교육, 연구, 협동 프로그램과 공공 정보를 통해 개인, 가족, 지역사회의 생활의 질을 향상시켜 최적의 복지를 이루는 것으로 보았다. 이러한 정의들은 미국 가정학이 인간생활의 질의 향상 및 복지를 강조하고 이를 성취하기 위한 실천적인 방법을 강조함과 동시에 지식 연구와 실천적 과제를 중시함으로써 이론과 실천의 연계를 통한 실천과학을 지향하고 있다는 것을 나타낸다.

국내의 경우, 장명욱(1993)은 가정학을 인간 및 가족과 이를 둘러싼 환경, 또한 이들 간의 관계를 통합적·실천적으로 연구하는 과학이라고 정의하였다([그림 1-1] 참조). 이는 가정학이 가정과 이를 둘러싼 사회환경 간의 상호관계 속에서 각 개인의 발달을 추구하는 통합적이고 실천적인 학문임을 나타낸다.

이와 유사하게 생활과학이란 개인과 가족을 연구하는 이론적 접근과 더불어 개인과 가족의 생활에 직접 관련되는 산업사회의 제 부분에 대하여 연구

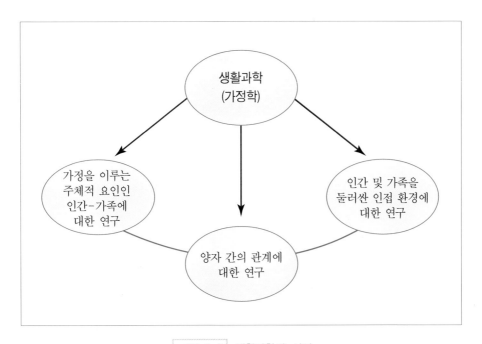

그림 1-1　생활과학의 성격

하고 연구결과의 실용화 방안을 개발하는 학문이다(서울대학교 생활과학대학 교재개발위원회, 2001). 생활과학은 자연과학, 인문사회과학 등이 연결되고 종합된 통합과학이다. 즉, 생활과학은 의생활관리, 식생활관리, 주생활관리, 자녀양육, 전생애발달, 가족관계 등 가정생활 및 가정생활과 관련된 산업사회 각 분야의 유기적인 상호작용을 연구한다는 점에서 응용과학이며 종합과학이다. 또한 사실 규명, 관련성 증명 등과 같은 이론적 접근에서 끝나는 것이 아니라 바람직한 개선 방향을 제시하는 실천과학이다.

3) 생활과학 연구의 목적

일반적으로 과학의 목적은 첫째, 현상에 대한 기술과 이해, 즉 무엇이 일어나고 있느냐에 대해 기술하는 것이고, 둘째, 그러한 현상이 일어나는 이유에 대해 설명하는 것이고, 셋째, 앞으로는 어떻게 될 것인지를 예측하는 것이며, 넷째, 그렇다면 어떻게 할 것인가에 대해 답을 하는 것 등의 네 가지로 요약될 수 있다. 즉, 과학은 기술, 설명, 예측, 통제의 네 가지 목적을 가진다.

이를 생활과학에 적용해 보면, 우선 생활과학의 여러 현상을 정확하게 기술해야 한다. 정확하게 기술하기 위해서는 이에 대한 정확한 관찰이나 조사가 필요하다. 예를 들어, 중학생들의 식습관에 대해 알아보고자 한다면, 우선 중학생들의 식습관 중 구체적으로 어떤 식습관을 알아볼 것인지에 대해 용어를 정확히 정의해야 한다. 만약 식습관을 '식사의 규칙성 여부, 식사 시 중요하게 생각하는 것'이라고 정의한다면, 이에 준해 중학생들의 식습관을 관찰하거나 조사해야 할 것이다.

둘째, 이러한 현상에 대한 기술을 통해, 즉 중학생들의 식습관에 대한 기술을 통해 왜 어떤 학생들은 좋은 식습관을 가지고 있는데 반해, 어떤 학생들은 나쁜 식습관을 가지고 있는지에 대해 설명을 해야 한다. 한 예로, 나쁜 식습

▌ 인스턴트 식품과 정크푸드는 청소년 비만의 주원인 중 하나다.

관을 가진 학생들 중 비만인 학생들이 많다면 이들의 비만 원인은 무엇인지에 대해 알아보아야 할 것이다. 실제로 비만에 영향을 미치는 요인은 너무나 많기 때문에 한 가지 원인만으로 설명이 불가능하겠지만 실험설계를 통해 정확한 인과관계를 밝히는 것이 필요하다. 체중과 체지방이 비슷한 중학생들을 대상으로 다른 조건들(예를 들면, 영양섭취량, 운동량 등)은 모두 똑같이 제공한 상태에서 실험집단 학생들의 식단에는 인스턴트 식품을 허용하고 통제집단 학생들의 식단에는 인스턴트 식품을 배제했을 때, 실험집단의 학생들이 비만으로 판단되는 경우가 더 많은 것으로 나타났다면, 비만의 원인이 인스턴트 식품의 섭취 때문이라고 결론 내릴 수 있다.[2]

셋째, 특정 조건하에서 어떠한 일이 일어날 것인지를 예측할 수 있어야 한다. 만약 앞의 실험을 통해 지속적인 인스턴트 식품의 섭취가 비만의 원인으로 밝혀졌다면, 어린 시절부터 인스턴트 식품을 꾸준히 섭취한 아동들은 중학생이 되었을 때 비만이 될 수 있다는 것을 예측할 수 있다.

이러한 점을 고려해 볼 때, 부모나 교사는 어린 시절부터 자녀나 학생들에게 올바른 영양섭취에 대해 교육시킴으로써 인스턴트 식품의 섭취를 줄이기 위한 노력을 해야 할 것이다. 이를 통해 학생들의 비만은 줄어들고 학생들이 보다 건강한 생활을 할 수 있게 될 것이다. 이처럼 중학생의 비만을 줄이기 위해 어떻게 해야 할지에 대한 구체적인 대책을 세우거나 이를 예방하기 위한 노력을 가하게 될 때 청소년의 비만에 대한 통제가 가능해진다. 이것이 과학의 네 번째 목적으로, 특정 현상에 대한 원인분석을 통해 그에 대한 예방이나 중재를 함으로써 궁극적으로는 개인 및 가족의 복지를 증진시킬 수 있게 된다.

생활과학 연구는 변화하는 사회에 부응하여 환경적인 측면에서의 가정생활 개선을 통해 가족원 개개인의 성장 및 발달과 가족의 복지를 증진시킴으로써 삶의 질을 향상시키는 데 목적을 둔다. 즉, 인간과 인간을 둘러싼 환경, 물리적 · 사회적 환경에 대한 이해와 지식을 증가시킴으로써 개인 및 가족의

---

[2] 실험집단에게 해가 될 수 있는 처치(인스턴트 식품의 허용)를 하는 것은 실질적으로 연구윤리에 위배될 수 있음을 미리 밝힌다. 여기에서는 독자의 이해를 돕기 위해 가상적인 예를 제시하였다.

만족과 복지를 극대화시키는 데 있다. 의·식·주, 가족 및 아동, 소비자, 가
정과교육 등 여러 분야로 나뉘어 과학적 연구를 전문적으로 진행시켜 나가
며, 궁극적으로는 개인과 가족의 복지 및 삶의 질을 높이는 데 기여한다.

4) 생활과학 연구의 과제

생활과학은 인간의 생활과 밀접한 관계를 가지고 있는 학문으로 변화하는
사회의 요구에 부응해야 할 필요가 있다. 이미 여러 대학에서 생활과학의 모
체인 가정학과 혹은 가정교육과가 명칭을 변경하거나 폐지되고 있는 시점에
서 생활과학이 당면한 문제점들을 고찰해 볼 필요가 있다. 첫째, 생활과학의
학문적 성격이 모호해졌다. 이것은 생활과학이 무엇이냐에 대한 본질적인
문제다. 가정학에서 생활과학으로 명칭을 변경하면서 생활과학의 개념을 학
자들마다 다양하게 인식함에 따라 아직 이를 명확하게 개념화하지 못하고
있다. 또한 생활과학은 가정생활에 필요한 실천적인 기술의 도입을 강조하
였기 때문에 상대적으로 이론적 체계를 확립하는 데에는 소홀하였다.

둘째, 생활과학의 연구대상이 모호해졌다. 의, 식, 주, 아동, 가정관리, 가
정과교육 등 세분화된 분야별 연구에 주력하다 보니 전공 영역별 연구는 심
화되는 경향을 보이는 반면, 생활과학 자체에 대한 연구는 거의 이루어지지
않고 있다.

셋째, 연구방법이 다양하지 못하다. 최근 국내외 주요 학술지에 나타난 생
활과학의 분야별 연구방법들을 살펴본 연구(박영숙, 최혜선, 윤인경, 이승신, 이
주리, 2004)에 따르면, 식품학 분야의 경우 실험법(62%)과 설문조사법(31%)이
주로 사용되었고, 의류학에서는 문헌연구(37%), 설문조사(33%)가 주로 사용
되었으며, 아동학, 가족학, 가정관리/소비자학, 가정교육학에서는 설문조사
(각각 60.7%, 67.5%, 64%, 60.4%)가 주로 사용되었고, 주거학에서는 설문조사
(45.7%)와 문헌연구(21.2%)가 주로 사용되었다. 식품학 분야를 제외하면 대부
분의 연구가 설문조사법에 의존하고 있는 경우가 많다. 생활과학이 실천과
학이라는 점을 고려해 보면 보다 실질적인 개선을 위한 방법적인 연구가 필
요하다. 가정생활에 대한 준거의 제시, 행동의 방향 제시 등 현실에 적용할

수 있는 실용적인 연구가 이루어져야 할 것으로 기대된다.

　국내의 생활과학 연구가 개인 및 가족의 복지를 증진시키고 삶의 질을 높이는 데 기여하기 위해서는 다음과 같은 점을 고려해야 할 것이다(유영주, 이정연, 1994; 윤서석, 신상옥, 1990).

　첫째, 사회의 요구에 부응할 수 있는 실천적인 연구가 이루어져야 한다. 현대사회의 급속한 변화는 개인과 가족의 생활에도 상당한 변화를 불러일으켰다. 다양한 가치관의 혼재 속에서 살아가고 있는 현대인들의 경우 매순간 어떤 것이 옳은 것인지 혹은 바르게 살아가고 있는지에 대해 고민하게 된다. 어떻게 살아야 하는가에 대한 생활철학을 제시해 주고 삶에 대한 구체적인 방법을 연구하는 것이 생활과학자의 역할이다. 이를 위해서는 단순히 이론적인 연구에 머무를 것이 아니라 다양한 사례연구나 실험연구, 관찰연구 등을 통해 일상생활에 직접적으로 도움을 줄 수 있는 연구로 확산되어야 한다. 최근 들어 생활과학대학에서 생활과학 연구소나 자체 연구소 등을 통해 정부기관이나 기업에서 의뢰하는 연구들을 수행해 오고 있는데, 이는 생활과학이 일상생활과 가까워지는 데 도움을 주고 있다. 한 예로, 2007년 여성가족부 지원으로 고려대학교 사회정서발달연구소에서 '3대 가족마당' 프로그램을 개발하였다. 이 프로그램은 3대 가족들 간의 정서적 유대성을 높이기 위한 것으로, 3세대가 함께 어울려 즐길 수 있는 마당(시간과 공간)을 제공해 줌으

■| 여성가족부 지원으로 개발된 '3대 가족마당' 프로그램의 진행 모습
출처: 고려대학교 사회정서발달연구소(2007). 3대 가족마당.

로써 현대 가족에서 가장 큰 문제가 되고 있는 가족 간의 소외와 갈등을 해결하고 서로 간의 이해를 높이는 데 도움이 되었다. 이외에도 다문화사회로 접어듦에 따라 다문화가족의 이해를 높이고 이들의 적응능력을 키우기 위한 여러 프로그램이 개발되고 있다. 이처럼 생활과학자들은 현대 가족이 겪는 어려움을 잘 파악하여 이들이 문제를 효율적으로 해결할 수 있는 구체적이고도 실제적인 방안을 제시해 주어야 할 것이다.

둘째, 한국인의 현실에 맞는 독자적인 연구가 이루어져야 한다. 국내 생활과학 연구의 질이 상당 수준 높아졌음에도 여전히 국외의 연구에 기초를 둔 연구가 많다. 특히 측정도구의 경우 국외의 것이 그대로 사용되는 경우가 많다. 측정도구는 연구의 타당성과 직결된다. 한 예로, 한국인의 가족가치관은 미국인의 가족가치관과는 상당히 다르다. 하지만 이에 대한 검증 없이 미국에서 개발된 가족가치관 척도를 한국 가족에게 그대로 사용한다면 그 결과는 신빙성이 떨어질 수밖에 없다. 비단 아동가족학뿐 아니라 식품영양학, 주거학, 소비자학, 의류학 등에서도 마찬가지로 한국인의 특성에 맞는 영양섭취나 식이요법에 관한 기초연구, 한국의 기후를 고려하여 한국 가족의 특성을 살린 주거공간, 한국인의 체형에 맞는 의복 디자인 등 한국인의 특성을 고려한 연구가 진행되어야 할 것으로 기대된다.

셋째, 학제 간 연구가 활성화되어야 한다. 현재까지의 생활과학 연구는 가정에 초점을 두기는 하지만 연구가 세분화되어 진행되다 보니, 의생활은 의생활과 관련된 부분만을, 식생활은 식생활과 관련된 부분만을, 아동가족학은 인간발달이나 가족생활과 관련된 부분만을 다루는 등 각기 독립적인 영역만을 주로 다루고 있다. 이로 인해 전문 영역별 연구의 질은 상당히 높아졌지만 지나치게 세부 영역으로 분리되다 보니 각 영역에서 다루는 연구들 중에는 가정생활과 거의 상관이 없는 연구들도 나타나고 있다.

또한 가정 혹은 가족이라는 범주에서 발생되는 문제들은 세부적으로 분리될 수 있는 것이 아니기 때문에 가족 전체를 보는 거시적인 연구가 이루어져야 한다. 개인 삶의 질을 높이기 위해서는 단순히 식생활과 의생활의 개선만으로 이루어지는 것이 아니라 경제적·사회적·심리적·심미적 측면에서의 개선이 이루어져야 한다. 한 예로, 증가되고 있는 한부모가족 아동의 적응을 돕기 위해서는 단순히 경제적 측면에서의 지원뿐만 아니라 이들의 불안정한 심리상태를 안정시킬 수 있는 심리적 측면의 지원과 사회에서 이들을 바라 보는 시각 자체의 변화 등 총체적인 접근이 필요하다.

요컨대, 생활과학은 다양한 학문적 배경을 지니고 있고 학제 간 이론적 틀을 가지고 있다. 생활과학 연구가 보다 활성화되기 위해서는 단순히 지식을 발달시키는 것에서 끝나는 것이 아니라 연구에서 비롯된 지식을 행동으로 옮기는 데 능숙해져야 한다. 이를 위해 이론과 실제를 연결시키기 위한 모델을 개발하고, 다양한 연구방법을 통해 실제에 적용할 수 있는 지식을 창출해야 하며, 협동연구 프로젝트를 통한 장기간의 공동연구나 학제 간 연구가 진행되어야 할 필요가 있다(Felstehausen & Couch, 2001).

2. 생활과학의 과학적 연구

연구란 새로운 지식을 발견하는 과정이다. 그렇다면 우리가 일상적인 탐구활동을 통해 어떤 새로운 지식을 발견한다고 해서 연구를 한다고 할 수 있을까? 그렇지 않다. 일상적인 탐구활동에는 과학적인 접근방법이 빠져 있기 때문이다. 일반적으로 '무엇을' '어떻게' 발견하는가 하는 것이 일상적인 탐구와 연구를 구분 짓는 요소라고 볼 수 있다. 연구는 과학적인 절차를 통해 이루어지기 때문이다. 과학적 연구는 경험적이어야 하고, 체계적이어야 하며, 자기수정의 특성을 갖는다. 여기에서는 과학적 접근으로서의 생활과학 연구에 초점을 두고 과학적 연구의 요소와 과정 및 과학적 연구의 일반적 절차에 대해 논의해 보고자 한다.

1) 과학적 연구의 요소와 과정

과학적 연구를 수행하기 위해서는 과학적 연구가 무엇인지, 과학적 연구에서 중요하게 다루어지는 요소들은 무엇인지, 과학적 연구의 과정은 무엇인지에 대해 이해해야 한다.

(1) 과학적 연구의 특징

과학은 '어떻게' 사건이 일어나는가를 설명하는 '동적' 특징과 '어떠한' 사건이 일어나는가를 기술하는 '정적' 특징을 갖는다. 과학의 동적·정적 특징들은 부분적으로 서로 영향을 미친다. 청소년들의 학교폭력이 자주 발생한다는 사실은 왜 청소년들 사이에 학교폭력이 일어나는지에 대한 문제를 제기할 수 있다. 이는 기존 현상에 대한 새로운 문제를 제기하는 것으로, 과학을 한다는 것은 어떤 결과를 산출해 내는 것은 물론이고 어떤 종류의 문제를 발견하고 이를 해결하기 위한 논리적 접근을 모두 포함한다.

과학적 연구는 경험적이어야 하고, 체계적이어야 하며, 자기수정의 특성을 갖는다. 우선, 경험적(empirical) 연구라는 것은 객관적이고 검증 가능해야 한다는 것이다. 만약 학교폭력의 증가는 가정문제에서 비롯된다고 가정한다면, 이를 객관적으로 검증해 보아야 한다. 즉, 학교폭력 가해자와 피해자 가정의 물리적·심리적 환경에 대한 객관적인 관찰이나 조사를 통해, 실제로 부정적인 가정환경에 놓인 청소년들이 긍정적인 가정환경에 놓인 청소년들에 비해 학교폭력에 연루될 가능성이 높은지를 검증해 보아야 한다.

둘째, 과학적 연구는 체계적 연구다. 예를 들어, 청소년의 힘 북돋우기 프로그램이 청소년의 자기효능감을 높이는지를 알아보고자 한다면, 이러한 목적을 달성하기 위해 청소년의 자기효능감에 영향을 미칠 수 있는 가외변수를 모두 통제한 체계적인 연구를 해야 한다. 즉, 청소년들을 무작위적으로 표집하여 실험집단과 통제집단으로 무선할당한 후, 다른 모든 조건을 동일하게 하여 실험집단에게만 프로그램을 실시한다. 그리고 난 후 실험집단이 통제집단에 비해 자기효능감이 높게 나타났다면 청소년의 힘 북돋우기 프로그램은 청소년들의 자기효능감을 증진시키는 데 도움이 된다고 말할 수 있다.

셋째, 과학적 연구는 자기수정(self-correction)의 특성을 갖는다. 과학적 연구는 특정한 의문에 대해 옳고 그름의 정답을 찾는 데서 끝나는 것이 아니라 의문에 대한 해답을 통해 또 다른 문제를 발견하게 되는 자기수정의 과정이다. 즉, 의문은 끝이 없으며 해답을 찾았는가 하면 또 다른 의문이 재형성되기 때문에, 과학자는 어떤 문제이든 옳고 그름, 즉 정당성을 증명하려 하지 않는다. 대신 과학자는 문제나 가설을 검증한다.

(2) 과학적 연구의 요소

과학적 연구에서 중요한 요소는 이론, 개념, 변수 그리고 가설이다. [그림 1-2]는 과학적 연구의 과정과 요소에 관한 것이다.

① 이 론

이론은 미래에 일어날 사건을 예측해 줄 뿐만 아니라 과거에 일어났던 사건을 설명할 수 있는 논리적인 진술이다. 이론은 이미 형성된 정보를 조직화하는 데 도움이 될 뿐 아니라 미래를 탐색하는 길잡이 역할을 한다. 이론은 정보를 조직화한다는 측면에서 책의 목차와 색인 비슷한 역할을 한다. 또한 이론은 사실을 이해하는 데 도움이 되며 문제가 제기될 수 있는 틀을 제공한다.

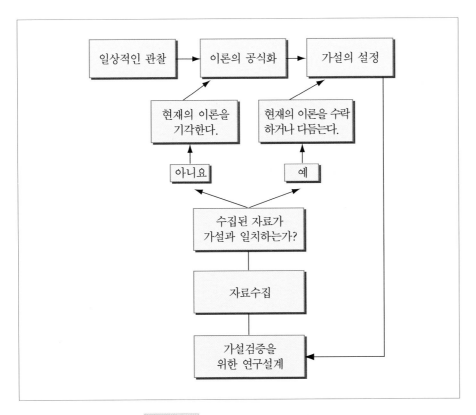

그림 1-2　과학적 연구의 과정과 요소

출처: Sigelman, C., & Shaffer, D. (1995). *Life-span development* (2nd ed.). California: Brooks/Cole.

이론의 일반적 목적을 살펴보면 첫째, 이론은 현상을 기술하는 데 필요한 정보를 수집할 때 길잡이가 된다. Kohlberg의 도덕성발달이론은 문제 상황의 결과에만 초점을 두는 유아의 도덕적 판단능력이 성장해 감에 따라 어떻게 발달해 나가는지에 대한 정보를 얻는 데 도움이 된다. 둘째, 일련의 사실들을 일반적 범주에 통합할 수 있게 한다. 예를 들면, 생태학이론은 개인의 발달에 영향을 미치는 유기체와 환경 간의 직간접 상호작용과 관련된 내용들을 조직하며 이에 대한 이해를 높이는 데 도움이 된다([그림 1-3] 참조). 셋째, 이론은 차후 동일하거나 관련된 문제에 대한 답을 구하고자 할 때 조직

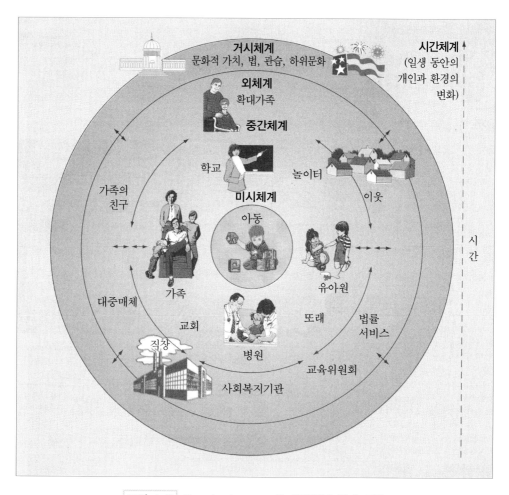

그림 1-3 Bronfenbrenner의 생태학적 체계 모델

출처: Shaffer, D. R. (1999). *Developmental psychology: Childhood and adolescence* (5th ed.). California: Brooks/Cole.

적이며 통합된 방법으로 자료와 정보를 제공한다(Salkind, 2004).

Sidman(1960)은 이론의 유용성을 평가하는 여러 가지 준거로서 포괄성, 일관성, 정확성, 관련성, 다산성, 단순성을 제시하였다. 이론의 **포괄성**은 이론이 얼마나 많은 현상을 설명할 수 있는지를 결정한다. 행동과학과 사회과학에서 어떤 이론은 수많은 사건을 설명하는 반면에(예: 생태학이론), 어떤 이론은 상대적으로 보다 일반적인 현상의 작은 부문만을 설명한다(예: 노년성발달이론).

이론의 **일관성**은 이론이 근거한 가정을 변화시키지 않고도 새로운 발견들을 설명할 수 있는지를 결정한다. 어떤 이론이든 간에 여러 번 검증될수록 계속 다듬어지기 때문에 일관성이 높아지게 된다. Newton의 중력이론은 여러 가지 다양한 상황에 적용될 수 있다. 자연계의 모든 물체에는 어느 정도 서로 끌어당기는 힘이 존재한다는 기본적 원리에 근거하기 때문에 일관성이 매우 높은 이론이다.

이론의 **정확성**은 이론이 미래의 사건을 정확하게 예측하거나 과거의 사건을 설명할 수 있는 정도를 나타낸다. 어떤 이론은 매우 정확해서 거의 모든 결과를 예측할 수 있지만, 어떤 이론은 그다지 정확하지 않아 거의 쓸모가 없는 것도 있다.

이론의 **관련성**은 이론과 그 이론 내에서 수집된 정보가 얼마나 밀접하게 관련되어 있느냐에 달려 있다. 예를 들면, 이혼이 자녀의 심리적 적응에 미치는 영향에 대해 관심이 있다면, 단순히 부모의 이혼 여부만을 알아보기보다는 부모의 이혼에 대한 자녀의 태도, 이혼 전 부모의 갈등 정도, 이혼 전 부모-자녀 관계 등과 같은 관련 있는 다양한 변수들에 대해 조사해야 한다.

이론의 **다산성**은 이론이 미래의 연구를 위해 새로운 개념과 방향들을 형성하는 데 생산적인가의 문제다. 연구의 즉각적 응용력보다는 미래의 생산적 특성으로 인해 알려진 이론들이 많다. 가장 좋은 예로 Freud의 심리성적 발달이론을 들 수 있다. 그의 이론은 그 당시 동료들에게 받아들여지는 데 어려움을 겪었지만, 이후 그의 이론은 발달과정의 개념이 형성되는 데 지대한 영향을 미쳤다. 이론의 다산성은 이론을 평가함에 있어 매우 중요한 준거가 된다.

Sigmund Freud

준거	질문
포괄성 (inclusiveness)	얼마나 다양한 현상을 설명하는가?
일관성 (consistency)	이론 자체의 기본 가정을 변화시키지 않으면서 새로운 사실들을 얼마나 잘 설명할 수 있는가?
정확성 (accuracy)	미래의 결과를 얼마나 잘 예측하며 과거의 결과를 얼마나 잘 설명할 수 있는가?
관련성 (relevance)	그 이론 내에서 수집된 정보와 어느 정도 밀접하게 관련되는 것인가? 즉, 이론이 사실들을 얼마나 잘 반영하는가?
다산성 (fruitfulness)	새로운 아이디어와 탐구를 위한 방향을 얼마나 잘 만들어 내는가?
단순성 (simplicity)	얼마나 단순하며 부담이 없는가? 즉, 얼마나 이해하기 쉬운가?

표 1-2   이론을 평가하는 여섯 가지 준거

이론의 마지막 준거는 모든 과학의 일반적 목적인 단순성이다. 이론에 있어서 단순성은 이용 가능한 정보가 가장 효율적으로 이용되기 위한 구체성의 정도를 말한다. 즉, 단순한(혹은 경제적인) 이론이란 세밀하고 효율적인 이론을 말한다. 일반적으로 과학에 있어 이론은 단순할수록 경제적이다. 아인슈타인의 상대성이론과 같은 이론들은 논증이 단순하며 간단하다. 반면에 어떤 이론들은 가정이 복잡하고 이용하는 데 한계가 있다. 일반적으로 복잡한 이론들은 매우 구체적인 상황을 제외하고는 적용에 어려움이 있다.

〈표 1-2〉는 여섯 가지 준거와 각각에 해당되는 질문이다. 어떤 이론도 이 모든 준거를 다 충족시킬 수는 없다. 여러 가지 상황에 적용할 수 있는 포괄적이면서도 다산적이며 동시에 경제적인 이론을 발견하기는 쉽지 않다.

② 개 념

개념은 상호 연관이 있는 일련의 변수들을 묘사하는 것이다. 예를 들면, '다이어트'라는 개념은 비만이나 저체중의 환자가 적절한 몸무게를 유지하기 위해 음식의 양을 조절하게 하는 것, 체중 감소를 목적으로 한 일체의 활동 등과 같이 여러 가지 다른 행동으로 구성된다. 이러한 일련의 행동들은 체중 감량, 식단 조절 등과 같은 다른 용어로 명명될 수도 있다. 만약 다이어트라는 개념을 체중 감량이라고 정의 내릴 경우, 너무 좁은 범위의 제한된 행동들로 정의하게 되어 이 개념의 용도는 매우 제한될 수밖에 없다. 또 다른 예로, '양육태도'라는 개념을 '부모와 자녀 간 관계의 질'로 정의할 경우, 부모가 자녀를 양육함에 있어서 일반적 또는 보편적으로 나타내는 태도 외에 자녀가 지각하는 부모-자녀 관계의 질까지 포함하게 된다. 이럴 경우, 개념이 너무 넓은 범위를 포함하게 되어 개념의 모호성을 불러일으키게 된다. 이처럼 일련의 변수들이 어떻게 명명되느냐에 따라 개념의 유용성이 결정된다.

'개념'이란 용어와 '구성개념'이라는 용어는 비슷한 의미를 가지고 있지만 상당한 차이가 있다(Kerlinger, 1973). 구성개념도 일종의 개념이지만 구성개념은 특정한 과학적 목적을 위해 의도적으로 만들어진 것이라는 부가적 의미를 지니고 있다. 구성개념의 구성적 정의와 조작적 정의에 대해 살펴보면, 구성적 정의(constitute definition)는 어떤 구성개념을 다른 구성개념을 가지고 정의하는 것이다. 한 예로 '무게'는 '물체의 중량'이라고 정의할 수 있고, '불안'은 '주관화된 공포'라고 정의할 수 있으며, '소비자행동'은 '제품을 탐색, 평가, 획득, 사용 또는 처분할 때 개인이 참여하는 의사결정 과정과 신체적 활동'이라고 정의할 수 있다. 이와 같이 한 개념을 다른 개념으로 대체시킨 것을 구성적 정의라 한다.

조작적 정의(operational definition)는 어떤 구성개념이나 변수를 측정하고 조작하는 데 필요한 구체적 활동을 명시함으로써 그 구성개념이나 변수에 의미를 부여하는 것을 말한다(Bridgman, 1927). 조작적 정의는 구성적 정의를 특정한 연구목적에 적합하도록 관찰 가능한 기준으로 변환시킨 것이다. 따라서 조작적 정의는 연구자를 위한 일종의 지시요강이다. 예를 들면, "주부의 가사활동량은 주부가 1주일 동안 가사활동에 참여하는 총시간을 측정한 것이다." 이러한 정의는 주부의 가사활동량을 측정하기 위해 무엇을 해야 하는지를 정확히 말해 주고 있는 것으로, 주부가 지난 1주일 동안 가사활동에 참여한 총시간을 주부의 가사활동량 점수로 나타낸다는 것을 의미한다. 〈표 1-3〉에 조작적 정의의 예가 제시되어 있다.

표 1-3   조작적 정의의 예

A. '어머니 역할수행에 대한 자신감'에 대한 조작적 정의

어머니 역할수행에 대한 자신감이란 어머니 역할획득의 실증적 지표로서 모성기 발달과업의 대처능력에 대해 어머니 스스로가 지각하고 있는 자기효능감을 의미하며(Lederman, 1981; Mercer, 1981), 본 연구에서는 Lederman 등(1981)의 산욕기 자가평가지 중에서 모성기 발달과업 대처능력에 대한 자신감 척도를 사용하여 측정한 점수를 의미한다.

출처: 정은순, 한명은(1999). 초산모의 어머니 역할수행에 대한 자신감과 만족도에 관한 연구. 여성건강간호학회지, 5(1), 79-88.

B. '상호작용'에 대한 조작적 정의

구분 관찰행동	조작적 정의	행동의 예
시작행동	상대방을 향한 말이나 몸짓. 단, 행동이 발생하기 전 5초 동안 그 행동 발생의 대상자로부터 어떤 사회적 행동도 전달받지 않았을 경우로 제한한다.	① 유아를 향해 손을 뻗거나 다가가는 행동 ② 유아를 향해 소리나 말을 하는 행동 ③ 유아에게 놀이를 하자고 제안하거나 지시하거나 시작하는 행동 ―――――――――――――――― ① 어머니를 향해 손을 뻗거나 다가가는 행동 ② 어머니를 향해 소리나 말을 하는 행동 ③ 어머니에게 놀이를 하자고 제안하거나 시작하는 행동 ④ 놀이가 중단되거나 장난감이 손에 닿지 않을 때 도움을 요청하는 행동 ⑤ 어머니가 놀이를 멈췄을 때 다시 하자고 요구하는 행동
반응행동	시작행동이 발생한 후 5초 이내에 그 시작행동을 보인 대상에게 반응하는 말이나 몸짓	① 유아의 행동에 따라 손을 뻗는 행동 ② 유아의 행동에 따라 내는 소리나 말 ③ 유아의 행동에 따라 다가가는 행동 ④ 놀이를 제안하는 행동이나 말에 적절하게 응하는 행동 ―――――――――――――――― ① 어머니의 행동에 따라 손을 뻗는 행동 ② 어머니의 행동에 따라 내는 소리나 말 ③ 어머니의 행동에 따라 다가가는 행동 ④ 어머니가 제안하는 놀이에 적절하게 응하는 행동 ⑤ 어머니의 요구(지시)에 도움을 제공하는 행동
상호작용	시작행동이 있은 후 5초 이내에 나타나는 반응행동 또는 시작-반응행동의 결과로 나타나는 지속적인 행동의 교환	① 어머니가 유아의 이름을 부르자 유아가 5초 이내에 고개를 돌리며 대답하는 행동 ② 유아가 어머니에게 다가가자 어머니가 유아를 향해 다가와 마주앉는 행동 ③ 유아에게 공을 던지자 공을 따라가 잡아서 다시 어머니에게 공을 던지는 행동

출처: 최윤희, 이소현(2007). 발달지체 유아의 의사소통 행동에 대한 어머니의 반응적 행동지원전략이 상호작용의 참여시간과 참여수준에 미치는 영향. 유아특수교육연구, 7(2), 179-207.

③ 변 수

변수(variable)란 둘 이상의 수치와 값을 지니는 것으로, 단일 수치만이 부여되는 상수(constant)와 차이가 있다. 변수의 예로는 생물학적인 성(남성 혹은 여성), 사회경제적 지위(상, 중, 하), 학년(초등학생의 경우 1~6학년) 등이 있다.

변수는 여러 가지 방식으로 분류될 수 있으나 가장 유용한 방법은 독립변수와 종속변수로 분류하는 것이다. 독립변수(independent variable)는 어떤 행동의 원인이 되는 변수이고, 종속변수(dependent variable)는 그 원인으로 인해 유발되는 반응이나 결과를 의미한다. 만약 학업준비도와 학업성적 간의 관계에 대해 알아보는 연구가 있다면, 학업준비도는 학업성적을 예측할 수 있는 조건이 되므로 독립변수가 되고, 학업성적은 학업준비도에 의해 결정되는 것이므로 종속변수가 된다.

실험연구에서 독립변수란 실험자에 의해 조작된 변수를 의미한다. 예컨대, 가정교과의 다양한 교수방법의 효과를 연구할 때에는 다양한 교수방법(전통적 강의식 교수방법, 시각적 매체를 이용한 교수방법, 실천적 방법을 이용한 교수방법 등)을 사용함으로써 독립변수를 조작한다. 하지만 실험적 조작을 할 수 없는 비실험적 연구에서의 독립변수는 논리적으로 종속변수에 영향을 미칠 수 있는 변수를 말한다. 예를 들면, 자연재해와 우울증 간의 관계에 대한 연구에서는 자연재해를 겪은 경험 자체가 독립변수가 된다.

독립변수와 종속변수의 분류는 변수의 용도에 의해 행해지는 것으로, 어떤 연구에서는 독립변수였던 것이 다른 연구에서는 종속변수가 되기도 한다. 한 예로, '학업준비도와 학업성적 간의 관계에 관한 연구'에서 학업준비도는 독립변수가 되지만, '부모의 교육열과 학업준비도 간의 관계에 관한 연구'에서 학업준비도는 종속변수가 된다([그림 1-4] 참조). 심지어는 한 연구에서 한 변수가 독립변수와 종속변수 모두가 되기도 한다. 즉, 독립변수와 종속변수의 분류는 여러 종류의 변수 간의 구별이라기보다는 변수의 용도에 의해 행해지는 분류다. 독립변수와 종속변수에 대한 구체적인 설명은 3장의 실험법에서 다룰 것이다.

한편, 가외변수(extraneous variable)는 독립변수 이외에 종속변수에 영향을 주는 변수를 말한다([그림 1-5] 참조). [그림 1-5]에서 학업준비도는 학업성적

그림 1-4 독립변수와 종속변수

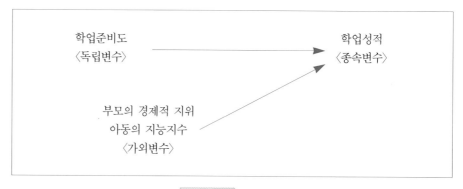

그림 1-5 가외변수

에 영향을 주는 독립변수다. 하지만 학업준비도 외에도 학업성적에 영향을 주는 변수가 있을 수 있다. 부모의 경제적 지위나 아동의 지능지수와 같은 변수가 학업성적에 영향을 미칠 수 있다. 이러한 변수를 가외변수라고 한다. 특히 실험연구의 경우 가외변수를 얼마나 잘 통제하느냐에 따라 연구의 질이 달라진다. 종속변수에 영향을 미칠 수 있는 가외변수를 제대로 파악하여 이를 잘 통제하는 것이 필요하다.

변수를 분류하는 또 다른 방식은 능동변수와 속성변수로 분류하는 것이다(Kerlinger, 1973). 조작된 변수를 능동변수(active variable)라고 하고, 측정된 변수를 속성변수(attribute variable)라고 한다. '조작'이란 각기 다른 집단의 피험자에게 각기 다른 처치를 가하는 것을 말한다. 한 예로, 비만아동을 대상으로 각기 다른 다이어트의 효과를 알아보기 위한 연구에서 한 집단은 음식조절을, 다른 집단은 운동 처방을, 나머지 집단은 음식조절과 운동 처방을 함께 실시한다면, 이때 다이어트 방법을 능동적으로 조작한 것이 된다.

반면 속성변수는 조작될 수 없는 변수다. 일반적으로 인간의 특성, 예컨대

지능, 성별, 사회경제적 지위, 성취욕구 등은 모두 속성변수다. 피험자들은 이미 형성되어 있는 이러한 속성들을 가지고 연구에 참여한다. 어릴 때의 환경, 유전, 기타 상황이 사람들을 현재의 그들로 만들어 놓은 것이다.

어떤 변수는 그 자체의 성질상 항상 속성변수가 되지만, 어떤 변수는 때로는 속성변수가 되고 때로는 능동변수가 되기도 한다. 이에 대한 예로 학습동기 변수를 들 수 있다. 일반적인 피험자의 학습동기 수준을 측정한다면 이때 동기는 분명히 속성변수다. 그러나 학습동기는 조작할 수가 있다. 이를테면, 한 실험집단의 피험자들에게는 이 수업이 시험결과에 전혀 도움이 되지 않고 인생을 사는 데에도 별로 도움이 되지 않는다고 말해 주는 반면, 다른 집단의 피험자들에게는 이 수업이 시험결과와 직결되며 미래에도 큰 도움을 줄 것이라고 말해 줌으로써 두 집단의 피험자들에게 각기 다른 정도의 학습동기를 유발할 수 있다. 실제로 측정된(속성) '학습동기'와 조작된(능동) '학습동기'가 동일하다고 할 수는 없다. 넓은 의미에서는 둘 다 '학습동기'라고 가정할 수도 있지만, 확실히 같지는 않다.

연구를 계획하고 분석하는 데 특히 유용한 분류방식은 연속변수와 유목변수의 구분이다. 성이나 사회경제적 지위와 같이 범주화되는 변수를 유목변수라고 하고, 신장이나 체중, 노동시간 등과 같이 일정한 범위 내에서 무한한 수치를 가질 수 있는 변수를 연속변수라고 한다. 연구자가 가진 자료가 연속변수냐 유목변수냐에 따라 자료를 분석하는 방법이 달라지므로 자신이 수집한 자료의 속성을 정확하게 파악하는 것이 중요하다.

④ 가 설

가설(hypothesis)은 변수와 개념들 간에 '~이면 ~이다(if ~ then)'라고 가정하는 '훈련된 추측'이다. 가설은 과학자들이 한 변수가 다른 변수에 미치는 영향력을 좀 더 잘 이해하기 위해 제기하는 문제다. 예를 들어, "규칙적인 식사를 하는 사람일수록 성인병에 걸릴 위험이 적을 것이다."라고 한다면, 이러한 가설은 연구문제를 보다 직접적으로 검증할 수 있게 해 준다.

가설을 세우는 것이 그저 연구결과가 어떻게 나올 것인지에 대해 예상하는 것이라고 생각할지도 모르지만 그렇게 간단한 문제는 아니다. 예측에 대한 논리가 필요하다. 그러한 논리적 근거는 선행된 경험적 연구와 이론에서 나온다. 앞서 제시한 가설도 마찬가지다. '식습관이 건강에 미치는 영향' 혹은 '중년기 식습관과 영양상태 간의 관계' 등과 같은 다양한 선행연구를 통해 가설을 수립할 수 있다. 〈표 1-4〉에 다양한 가설의 예가 제시되어 있다.

과학자는 수립된 가설이 사실로서 수용될 수 있는 것인지 아니면 거짓으로 기각될 것인지를 어떻게 알 수 있는가? 과학자는 통계적 검증과 같은 외

표 1-4   가설의 예

A. 건강동기와 환경에 대한 관심이 유기농 식품 선택에 미치는 영향 연구

가설 1: 건강동기 수준이 높은 소비자일수록 건강식품 선택을 중요하게 생각할 것이다.
가설 2: 환경에 대한 관심이 높은 소비자일수록 환경친화적으로 생산된 식품 선택을 중요하게 생각할 것이다.
가설 3: 환경에 대한 관심이 높은 소비자일수록 건강식품 선택을 중요하게 생각할 것이다.
가설 4: 건강동기 수준이 높은 소비자일수록 환경친화적인 방법으로 생산된 식품 선택을 중요하게 생각할 것이다.

출처: 박소진, 유소이(2007). 건강동기와 환경에 대한 관심이 유기농 식품 선택에 미치는 영향 연구. 소비문화연구, 10(4), 107-126.

B. 가족친화적 기업정책이 근로자의 일-가족조화, 인적 자원성과, 삶의 질에 미치는 효과에 관한 경로모형 검증

본 연구에서는 앞서 살펴본 이론적 배경과 선행연구에 기초하여 검증을 위한 연구모형을 구성하고, 다음과 같은 가설을 설정하였다.

가설 1. 기업규모는 근로자의 가족친화제도 이용도에 영향을 미칠 것이다.
가설 2. 기업의 가족친화도는 근로자의 가족친화제도 이용도에 영향을 미칠 것이다.
가설 3. 근로자의 가족친화제도 이용도는 일-가족조화에 영향을 미칠 것이다.
가설 4. 근로자의 가족친화제도 이용도는 직업만족에 영향을 미칠 것이다.
가설 5. 근로자의 가족친화제도 이용도는 직무성과에 영향을 미칠 것이다.
가설 6. 근로자의 가족친화제도 이용도는 이직의도에 영향을 미칠 것이다.
가설 7. 근로자의 일-가족조화는 삶의 질에 영향을 미칠 것이다.
가설 8. 근로자의 직업만족은 삶의 질에 영향을 미칠 것이다.
가설 9. 근로자의 직무성과는 삶의 질에 영향을 미칠 것이다.
가설 10. 근로자의 이직의도는 삶의 질에 영향을 미칠 것이다.

출처: 최성일, 유계숙(2007). 가족친화적 기업정책이 근로자의 일-가족조화, 인적 자원성과, 삶의 질에 미치는 효과에 관한 경로모형 검증. 한국가족관계학회지, 12(2), 1-26.

적 준거를 적용함으로써 결과의 신뢰 정도를 알 수 있다. 즉, 연구결과가 가외변수가 아닌 독립변수에 의한 것이라고 얼마나 확신할 수 있는가의 문제다. 규칙적인 식사와 성인병 간의 관계에 관한 예에서 규칙적인 식사 외에 규칙적인 운동, 체질, 성격, 유전 등과 같은 가외변수도 성인병의 발병에 영향을 미칠 수 있다. 따라서 연구결과를 신뢰하기 위해서는 그러한 가외요인이 고려되어야 하고 통제되어야 한다.

(3) 과학적 연구의 과정

과학적 연구의 과정은 첫째, 문제를 제기하고, 둘째, 그 문제에 관해 조사할 필요가 있는 요인이나 요소를 찾아내며, 셋째, 문제를 검증하고, 넷째, 본래의 문제가 근거했던 전제를 수용하거나 기각하는 단계로 나눌 수 있다(Salkind, 1985).

① 문제의 제기

첫 번째 단계인 '문제의 제기'는 어떠한 문제가 좀 더 깊이 연구될 필요가 있는 것인가를 인식하는 단계다. 이러한 최초의 문제 제기는 대체로 실험실이나 회의석상보다는 일상적인 경험이나 사건에서 이루어진다. 예를 들면, Newton은 떨어지는 사과를 맞고 중력의 법칙을 발견할 수 있었으며, Watt는 난로 위에서 끓고 있는 주전자를 보고 증기기관의 원리를 발견했다(사진

▌▏ 증기력의 중요성을 상상하는 James Watt

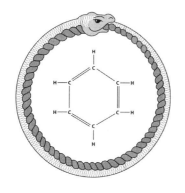

▌ Kekulé의 꿈속에 등장한 꼬리를 문 뱀.
가운데는 벤젠의 분자 구조

참조). 심지어 Kekulé는 꿈에서 뱀이 꼬리를 물고 빙빙 도는 모습을 보고 벤젠의 구조를 밝혀냈다(사진 참조). 이러한 예가 다소 과장되었다 하더라도, 세상의 진리나 과학의 원리는 이처럼 일상의 주변에 널려 있는 것이다. 그러나 모든 사람이 다 동일한 경험을 했다고 할지라도 중요한 측면들을 찾아내거나 새로운 지식을 유도할 수 있는 문제를 제기할 수 있는 것은 아니다. 훈련되지 않은 사람들에게는 어떤 사건이나 현상이 혼란과 무질서로 보일지 모르지만 훈련된 사람은 그 속에서 중요하고 결정적인 사건들을 선별해 낸다. 추려지거나 선별되지 않은 채 널려 있는 것에서 그 줄기를 읽어 내는 것이 과학적 훈련이다.

② 중요한 요인의 발견

과학적 연구의 두 번째 단계는 중요한 요인들을 찾아내고, 이러한 요인들을 어떤 방법으로 조사할 것인가를 결정하는 단계다. 이 단계에서 과학자는 중요한 요인들을 조작적으로 정의하고, 변수들 간에 있을지 모르는 관계를 진술하며, 실제로 연구를 수행하기 위한 방법을 결정한다.

③ 문제의 검증

세 번째 단계는 문제를 검증하는 단계로서 네 단계 중에서 실제로 연구가 수행되는 단계다. 이 단계에서 문제를 해결하는 데 필요한 자료들을 수집한다. 수집된 자료가 최초의 단계에서 제기되었던 가설과 일치하는가를 결정하기 위해 통계적 검증이나 객관적 준거와 같은 수단을 적용한다.

④ 가설의 수락 또는 기각

마지막 단계는 본래의 문제를 기초로 한 전제(가설)를 수용할 것인가, 기각할 것인가를 결정하는 단계다. 그러나 그 결과가 수용이든 기각이든 상관없

| 표 1-5 | 과학적 연구의 네 단계 |

단계	예
문제의 제기	다른 가정에서 양육된 아동들은 지능 면에서 다른 수준으로 발달하는가?
중요한 요인의 발견 및 어떻게 검증할 것인지를 결정	중요한 요인들로서 부모의 양육행동, 가정환경, 아동의 지적 능력을 들 수 있다. 다른 가정에서 자란 아동집단 간에 지적 능력의 차이를 비교할 것이다.
문제의 검증	두 집단 간에 차이가 있는가를 결정하기 위한 검증을 할 것이고, 만약 두 집단 간에 차이가 발견된다면 이 차이가 부모의 양육방법에 따른 것인지 아니면 우연과 같은 그 밖의 다른 요인에 의한 것인가를 검증한다.
문제가 근거한 전제를 수락 또는 기각	전 단계의 결과에 따라 최초의 문제는 재검토될 것이며, 필요하다면 보다 더 구체적인 문제가 제기될 것이다.

출처: Salkind, N. J. (1985). *Theories of human development*. New York: John Wiley & Son.

이 과학적 연구의 과정이 여기서 끝나는 것은 아니다. 만약 가설이 수용되면 연구자는 또 다른 질문을 하게 되고 각 질문은 앞에서 설명한 단계들을 통해서 계속 수행된다. 반대로 가설이 기각되면 다시 본래의 문제로 되돌아가서 결과와 일치하도록 재구성한다.

〈표 1-5〉는 과학적 연구의 네 단계와 그에 따른 예문을 제시한 것이다.

2) 과학적 연구의 일반적 절차

연구를 수행하기 위해서는 몇 가지 절차를 거쳐야 한다. 우선, 연구할 만한 주제를 선정해서 연구문제나 가설로 구체화하는 절차다. 연구자가 관심 있어 하는 문제를 연구할 수 있을 만큼 명료하게 구체화하는 작업은 그렇게 단순하지 않다. 한 연구에서 연구문제와 가설을 둘 다 설정할 수도 있지만 연구문제나 가설 중 하나만 설정할 수도 있다. 연구문제나 가설을 기술하는 데는 몇 가지 기준이 있다.

연구주제가 정해지고 나면 주제와 관련된 문헌들을 고찰해야 한다. 문헌 고찰을 통해 관심 있는 분야에서의 핵심적인 개념적 · 방법론적 문제를 이해할 수 있게 된다. 다음 단계는 연구대상을 선정하는 절차다. 연구자가 관심을 가지는 모든 사람을 대상으로 하기에는 시간과 비용이 너무 많이 들기 때문에, 모집단에서 표본을 추출하여 표본조사를 하게 된다. 이를 통해 모집단의 특성을 추론하게 된다.

연구에 필요한 자료를 수집하기 위해서는 측정도구를 선정해야 한다. 측정도구를 선정할 때에는 측정도구의 신뢰도와 타당도를 반드시 살펴야 한다. 연구주제가 정해지고 연구대상과 측정도구가 결정되면 연구의 그다음 단계는 자료를 수집하여 분석하는 절차다. 연구가 완성되고 나면 연구결과를 발표해야 한다. 연구결과를 발표하는 데에는 몇 가지 양식이 있다.

이 장에서는 연구계획서를 수행하는 데 필요한 절차—연구주제의 선정, 관련 문헌의 고찰, 연구대상의 선정, 측정도구의 선정, 자료의 수집과 분석 등—에 관해 살펴보기로 하고, 연구결과의 보고와 관련해서는 10장에서 구체적으로 다룰 것이다.

(1) 연구주제의 선정

연구자가 다양한 관심 분야 중에서 연구할 주제를 발견하고 연구문제를 결정하게 되면 연구가 시작된다. 하지만 연구할 가치가 있는 주제를 선택해서 연구문제로 구체화하는 작업은 그렇게 단순하지 않다. 연구하고 싶은 주제가 있다고 할지라도 연구할 수 없는 주제라면 연구가 불가능하기 때문이다. 연구주제를 선정하는 기준에 대해 살펴보면 다음과 같다(이은해, 1985). 첫째, 연구주제를 선정하는 가장 우선적인 조건은 연구자의 지적 호기심과 흥미다. 아무리 학문적으로 중요한 연구주제일지라도 연구자의 흥미와 동기를 유발하지 못하면 그 주제는 적어도 그 연구자에게는 적합하지 않다. 둘째, 연구주제의 선정에서 고려해야 할 요인은 연구자의 능력과 훈련이다. 특정 분야에 대한 훈련 없이는 연구가 불가능하다. 일례로 낯선 상황 검사에 대한 훈련 없이는 영아의 애착 연구를 진행하기가 어렵다. 셋째, 연구주제의 독창성이다. 연구주제는 연구자 자신의 독창적인 착상에 기초해서 창의적인 형태로 새로운 목적이나 방법을 시도할 수 있어야 한다. 넷째, 연구주제를 선정할 때에는 경제성이나 자료수집의 가능성도 고려해야 한다. 경제성이란 연구를 수행하는 데 소요되는 시간과 비용을 의미하는데, 연구주제를 선택할 때에는 자신이 가진 시간과 자원의 한계를 현실적으로 검토하고 최대한 가능한 범위 내에서 연구주제를 정해야 한다.

　연구주제를 발견하고 이를 구체화하여 연구할 수 있는 문제로 진술하려면 적어도 몇 단계의 사고과정을 거치게 된다. 연구주제에서 연구문제의 선정에 이르는 과정을 도식화하면 [그림 1-6]과 같다.

　[그림 1-6]에서 연구주제는 연구에서 다루어질 폭넓은 주제를 의미하고, 연구쟁점은 그 분야의 연구에서 논쟁이 되고 있는 문제들을 말한다. 자신이 관심 있어 하는 주제와 관련하여 과거에는 어떤 점이 쟁점이 되어 왔고 최근 들어 어떤 점이 쟁점이 되고 있는지를 파악해야 할 필요가 있다. 다음 단계에서는 연구에서 다루고자 하는 목적이 설정된다. 한 연구에서 여러 개의 쟁점이나 문제를 다룰 수 없으므로 연구자가 초점을 두고자 하는 주제 영역을 선택하게 된다. 마지막으로 연구문제를 통해 알고자 하는 질문이 무엇인지 구체적으로 제기함으로써 연구의 방향과 목표가 분명해진다.

　연구문제는 연구를 통해 해답을 얻고자 하는 질문이다. 연구문제에 대한 적절한 진술은 연구에 있어 가장 중요한 부분 중 하나다. 훌륭하게 진술된

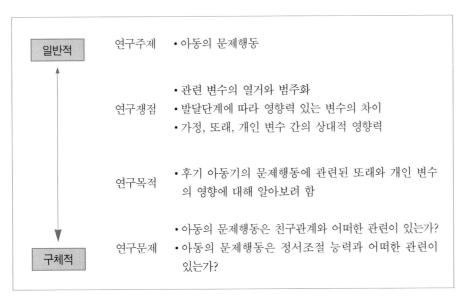

그림 1-6　연구주제에서 연구문제 선정에 이르는 과정

출처: 이은해, 이미리, 박소연(2006). 아동연구방법의 이해. 서울: 학지사.

연구문제에는 몇 가지 기준이 있다(Kerlinger & Lee, 2000).

첫째, 연구문제는 질문 형식으로 분명하고 명확하게 진술되어야 한다. "문제는……"라고 하거나 "이 연구의 목적은……"라고 하지 않고, "유아의 성별에 따라 놀이행동에는 차이가 있는가?"처럼 명확하게 질문을 해야 한다.

둘째, 연구문제는 둘 또는 그 이상의 변수들 간의 관계로 진술되어야 한다. 과학은 변수들 간의 관계에 대한 연구이므로 변수들 간의 관계가 없다면 과학도 존재하지 않는다. 예를 들면, "아동의 지능은 학업성적과 관련이 있는가?" "아동의 지능과 동기는 학업성적과 관련이 있는가?"처럼 두 변수 혹은 그 이상의 변수들 간의 관계를 살펴보는 것으로 진술되어야 한다.

셋째, 연구문제는 경험적으로 검증 가능해야 한다. 과학적 연구에서는 변수들 간의 관계를 경험적으로 검증할 수 있어야 한다. 검증 가능성의 주요 요인은 연구문제에서 나타난 변수들을 구체화하는 것이다. 예를 들면, "미신숭배와 영생 간에는 어떠한 관계가 있는가?"라는 연구문제에서는 '미신숭배'와 '영생'이라는 변수를 어떻게 조작적으로 정의할 것인가에 대한 의문을 갖게 된다. 변수들을 조작적으로 정의하거나 측정할 수 없다면 그 연구문제는 답할 수 없는 것이 된다. 변수들을 조작적으로 정의할 수 있다면 연구문제에서 나타난 관계를 경험적으로 검증할 수 있을 것이다.

넷째, 연구문제는 도덕적 의문이나 윤리적 문제를 다루지 않아야 한다. 가치판단적 진술이나 도덕적으로 옳고 그름을 다루는 문제는 과학적 연구의 문제로는 적합하지 않다. "사회주의는 자본주의보다 우수한가?" 등과 같은 문제는 논의의 주제로는 적합하지만 경험적으로 검증하기에는 한계가 있다.

한편, 가설이란 둘 또는 그 이상의 변수들 간의 관계에 대한 추측된 진술이다. 가설은 항상 서술문 형식이며 변수들 간의 관계를 제시한다(예를 들면, 청소년의 운동량이 적을수록 질병에 걸린 위험은 높아질 것이다, 남자 청소년들에 비해 여자 청소년들이 자극추구 성향이 높을 것이다). 훌륭한 가설의 기준은 연구문제의 기준과 같다.

첫째, 가설은 변수들 간의 관계에 대한 진술이다. 이때 가설은 명료하고 구체적이어야 한다.

둘째, 가설은 진술된 관계를 검증한다는 분명한 의미를 내포하고 있어야 한다. 이 기준은 가설의 진술이 측정할 수 있는 혹은 잠정적으로 측정할 수 있는 둘 또는 그 이상의 변수들을 포함하고 있다는 것을 의미하며, 변수들이 어떠한 관계를 맺고 있는지를 자세히 규명한다. 연구문제는 "청소년의 운동량과 질병 간의 관계는 어떠한가?"라고 제시하는 반면, 가설은 "청소년의 운동량이 적을수록 질병에 걸릴 위험은 높아질 것이다."로 제시함으로써 연구문제보다 더욱 구체화되는 특성을 갖는다.

셋째, 가설은 연구주제와 관련된 이론이나 선행연구의 결과를 반영한다. 가설은 연구자의 개인적 경험이나 직관에 의존하는 것이 아니라, 연구주제와 관련된 이론을 지지하기 위해, 반박하거나 서로 상반된 주장에 관련된 증거를 제시하기 위해, 혹은 이론을 확장시키기 위해 설정된다. 가설은 이론에 기초를 두지만 가설을 통해 이론을 검증하게 된다.

넷째, 가설은 검증 가능해야 한다. 가설에 포함된 변수들을 조작적으로 정의하거나 측정할 수 있는가를 검토해야 한다.

연구문제나 가설은 연구의 방향을 제시하는 것으로 연구의 초기 단계에서 이루어져야 할 주요한 과제다. 모든 연구에서 연구문제와 가설을 둘 다 진술하는 것은 아니다. 연구문제와 가설을 둘 다 갖춘 연구가 있는가 하면, 연구문제 혹은 가설만 있는 연구도 있다. 일반적으로 탐색적인 연구를 시도할 때에는 가설을 설정하기가 어렵다. 하지만 인과관계를 알아보는 실험연구에서는 연구문제보다 가설을 설정하는 경향이 있다(Cone & Foster, 1997).

(2) 관련 문헌의 고찰

연구주제를 정하고 나면 주제와 관련된 문헌을 찾아서 읽고 요약해야 한다. 연구주제와 관련된 연구들이 얼마나 어떻게 이루어져 왔는지를 살펴보게 되면 그 분야에서 핵심적인 개념적·방법론적 문제들을 이해하는 데 도움이 된다. 관련 문헌들을 충분히 살펴보지 않은 상태에서 연구문제를 정하게 되면 연구문제의 필요성을 정당화하는 데 어려움을 경험할 수 있다.

① 문헌조사의 의의

문헌조사를 하는 이유와 의의를 구체적으로 살펴보면 다음과 같다(Tuckman,

1999). 첫째, 이미 이루어진 연구와 연구를 필요로 하는 영역을 구분할 수 있다. 문헌고찰을 통해 주제와 관련된 연구들을 살펴봄으로써 다른 연구자와 동일한 주제를 다루게 될 오류를 줄일 수 있을 뿐 아니라 앞으로 어떤 연구가 진행되어야 하는지에 대한 아이디어를 찾을 수 있다. 둘째, 연구에서 중요한 변수를 발견할 수 있다. 주제와 관련된 문헌을 읽어 봄으로써 개념적 혹은 실제적으로 중요한 변수들을 파악할 수 있다. 셋째, 연구문제의 중요성에 대한 근거를 제시한다. 연구문제는 이론적·실제적 측면에서 의의를 가져야 한다. 연구자는 문헌고찰을 통해 연구문제의 당위성과 중요성을 지지할 수 있는 근거를 제시할 수 있게 된다. 넷째, 연구방법에 대한 새로운 아이디어를 제공하고 연구계획에서의 오류를 방지한다. 문헌고찰을 통해 자신의 연구와 관련된 연구절차와 연구방법에 대한 아이디어를 구함으로써 보다 효율적으로 연구를 계획할 수 있게 된다. 다섯째, 연구와 관련된 중요한 문헌을 더 많이 알 수 있다. 문헌고찰을 통해 더 많은 문헌에 접근할 수 있다. 특히 연구의 마지막 부분에는 참고문헌이 제시되어 있는데, 참고문헌 목록은 그 분야와 관련된 문헌에 대한 정보를 제공해 준다.

② 관련 문헌의 출처

문헌고찰의 출처는 크게 일차적 출처, 이차적 출처, 일반적 출처로 구분할 수 있다(Salkind, 2003). 첫째, 일차적 출처(primary sources)는 연구자가 새로운 아이디어를 가지고 직접 수행한 연구결과의 보고서를 의미한다. 연구자가 곧 저자이므로 연구내용이나 연구결과가 다른 사람에 의해 각색되지 않았다는 점에서 직접적이고 일차적이다. 연구자가 일차적 출처의 문헌조사에 얼마나 많은 노력을 기울이느냐에 따라 문헌 개요의 질이 결정된다. 여기에는 전문학술지에 실린 연구논문, 석·박사 학위논문, 국책 연구기관 및 기타 연구소의 연구보고서와 초록 등이 포함된다.

둘째, 이차적 출처(secondary sources)는 연구논문에 대한 정리와 비평, 특정 주제에 대한 개요를 의미한다. 이러한 문헌은 실제 연구를 한 연구자의 글이 아니라 문헌을 정리하거나 비평한 저자에 의해 구성된 글이라는 점에서 이차적이다. 이차적 자료는 주제와 관련된 연구의 경향을 알아보거나 짧은 시간 내에 다양한 연구를 살펴볼 수 있다는 점에서는 도움이 되지만, 저자의 관점에서 연구가 선택되고 소개되기 때문에 저자의 주관과 편파성이 개입될 수 있다는 단점이 있다. 따라서 될 수 있으면 원 논문을 직접 찾아보는 것이 좋다. 여기에는 개론서나 전문 학술서와 같은 저서와 연구논문에 대한 개관과 비평을 정리한 연구고찰(reviews) 등이 포함된다.

셋째, 일반적 출서(general sources)는 주제에 관한 일반적 성격의 정보를 제공하는 것으로 일간지, 주간지, 잡지 등이 포함된다. 시사성이 높거나 일상적인 생활양식과 관련된 주제에 대한 정보를 구하는 데에는 도움이 되지만, 전문성이 떨어지고 정보의 질을 판단하기 어려운 단점이 있다.

③ 관련 문헌 찾기

문헌을 찾을 때에는 다양한 출처를 활용할 수 있다(Cone & Foster, 1997). 예를 들면, Psychological Abstract에는 심리학회지에 발표된 논문들의 초록을 축약한 것과 이를 주제 및 저자에 따라 분류한 목차가 들어 있다. Dissertation Abstracts International에도 학위논문에 대한 정보가 담겨 있으며, PsycBOOKS에는 단행본과 단행본 각 장에 대한 정보가 담겨 있다.

최근에는 많은 정보가 전산화됨에 따라 컴퓨터를 이용하여 빠른 시간 내에 문헌을 검색할 수 있다. 대학교 도서관이나 국회도서관(www.nanet. go.kr), 한국교육학술정보원(www.riss.kr) 등을 접속하면 분야별로 다양한 자료를 찾을 수 있다. 국회전자도서관에 접속하여 검색하면(키워드의 예: 다문화) 국회도서관이 소장하고 있는 다양한 자료를 찾을 수 있다. 예를 들어, 다문화와 관련된 도서자료, 학위논문, 학술기사, 연속간행물 등을 찾아볼 수 있다(그림 1-7] 참조).

한국교육학술정보원(KERIS)에서 제공하는 학술연구정보서비스(RISS)에서는 전국 대학이 소장하고 있는 국내 학술지 논문과 국제 학술지 논문, 학위논문, 국외 박사학위논문(DDOD), 전국 대학 소장 단행본 저서, 국내 학술지와 국제 학술지 평가 정보 등을 찾아볼 수 있다. RISS에 접속하여 검색어를 입력하면(키워드의 예: 다문화) 학술연구정보서비스에서 제공하는 다양한 자료를 찾을 수 있다(그림 1-8] 참조). 그 외에도 KISS와 DBPIA를 이용하면 국내

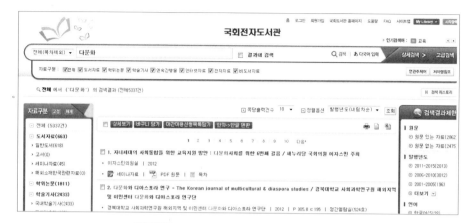

그림 1-7   국회전자도서관을 이용한 검색

그림 1-8   RISS(학술연구정보서비스)를 통한 검색 결과

학술지와 석·박사학위논문 등을 쉽게 찾아볼 수 있다.

한편, Educational Resources Information Center(ERIC)는 세계 3,000여 곳의 대학 도서관과 연구소의 데이터베이스와 연계하여 교육에 관한 모든 출처로부터의 자료를 수집, 요약, 분류하여 정보를 제공하는 정보센터로서 현재 1,400만 개 이상의 자료를 제공하고 있다(www.eric.ed.gov). ERIC을 이용하여 자료를 검색하는 방법과 검색 결과의 일부가 [그림 1-9]에 제시되어 있다. ERIC 웹사이트, 각 대학 도서관 웹사이트 등을 통해 접근할 수 있는데, 찾고자 하는 주제어(예: 창의성, creativity)를 입력하면 검색 결과가 바로 제시

된다(예: 창의성을 주제어로 하는 논문은 1만 3,351건이다). 주제와 관련된 논문이 너무 많을 경우 왼쪽에 제시된 저자(Author)를 지정하거나 혹은 연구결과 내에서 찾기(Add search criteria)에서 부가적인 기준(예: 유아 혹은 교사 등)을 지정하면 자신의 연구주제와 논문을 검색하는 데 보다 도움이 된다. 또는 전문(full-text)을 볼 수 있는 것으로 지정하면 연구보고서의 전문을 검색할 수 있다(|그림 1-9|~|그림 1-11| 참소).

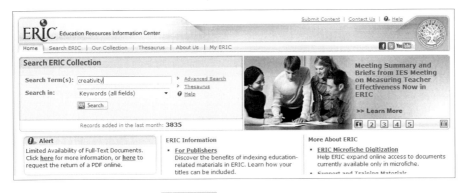

그림 1-9　ERIC의 웹사이트

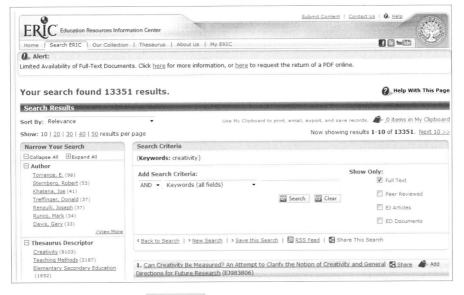

그림 1-10　ERIC 검색 결과의 예

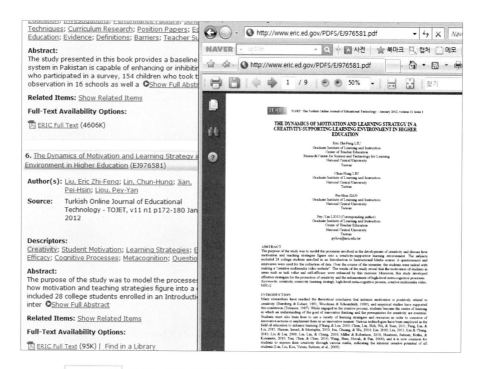

그림 1-11 ERIC 세부 검색 결과를 통한 논문의 전문(full-text) 검색

세계가정학회(www.ifhe.org) 및 아시아가정학회(www.arahejournal.com)의 웹사이트에서도 생활과학과 관련된 다양한 주제 및 논문을 찾을 수 있다.

해외 학위논문을 검색하고자 할 때에는 DDOD(Digital Dissertation On Demand) 또는 PQDT(ProQuest Dissertations and Theses, pqdtopen.proquest.com)를 이용할 수 있다. DDOD는 북미와 유럽 일부 지역의 상위권 대학에서 1999년 이후 수여된 분야별 박사학위논문의 원문 데이터베이스다. PQDT는 북미 지역, 유럽 및 아시아 등 전 세계 주요 1,440개 대학에서 수여된 석·박사학위 논문 데이터베이스다. 웹사이트를 통해 직접 접속할 수도 있고, 한국교육학술정보원을 통해 접속하여 원문을 다운로드 받을 수도 있다(그림 1-12 참조).

PQDT OPEN

그림 1-12 RISS를 통한 해외 학위논문 검색

④ 관련 문헌의 구성

관련 문헌을 작성하기 위해서는 지금까지 찾아 읽은 논문이나 저서 등의 자료를 살펴보면서 연구주제와 관련하여 자신의 생각을 체계화하고 통합해야 한다. 우선, 간단한 서문으로 문헌고찰 부분을 시작한다. 서문에서는 주제의 개요를 간략히 전개하고 핵심개념과 용어를 소개하며, 고찰의 범위와 논문의 구성에 대해 기술해야 한다(Cone & Foster, 1997).

문헌고찰을 구성하는 가장 쉬운 방법은 서문 다음에 관련된 연구들을 묶은 후, 연구들에 대해 하나씩 기술하는 것이다. 각 연구에서의 연구대상, 독립변수, 종속변수, 연구설계, 연구결과, 주목할 만한 세부사항 등을 제시한 후, 제시한 자료들을 요약하고 전반적으로 평가한다. 이처럼 연구들을 하나씩 나열하다 보면 지루할 수 있기 때문에 각 연구의 방법이나 결과 등을 서로 비교하는 방식 등을 이용해 통합해서 제시해야 한다. 연구물들을 비교함으로써 연구들 간의 유사점이나 차이점, 경향을 파악하는 데 도움이 된다.

문헌고찰을 구성하는 두 번째 방법은, 먼저 허술한 연구 또는 유사한 방법을 사용한 연구들끼리 묶어서 이를 간략하게 고찰한 후 보다 방법론적으로 탄탄한 연구들을 심도 있게 다루는 것이다. 이 경우, 하위부분의 앞부분 문단에는 하나로 묶을 수 있는 여러 연구와 결과들, 그리고 이들의 공통된 장점과 단점을 기술한다. 뒤에 이어지는 문단에서는 이들 중 특히 중요한 연구들을 개별적으로 살펴본다.

문헌고찰을 구성하는 세 번째 방법은, 연구들을 결과에 따라 분류하는 것이다. 이러한 형태로 분류하는 경우에는 앞서 제시한 방법으로 작성하는 경우보다 개개의 연구에 대한 설명이 덜 들어간다. 그 대신, 연구결과들을 연구의 논점을 입증하는 데 활용한다. 이러한 형태의 문헌고찰이 가장 작성하기 힘들다. 글의 취지를 논리적으로 전개해야 하고, 문헌을 활용할 때에도 자신의 아이디어를 지지해 주는 결과의 논문인지, 자신의 아이디어에 반대되는 결과의 논문인지를 공정하게 고려해야 하기 때문이다. 자신의 연구에서 상반되는 이론을 설명하거나 이론보다는 경험적 결과에 근거해 변수들을 선택한 경우에는 이처럼 문헌의 다양한 측면을 고려하여 문헌고찰을 하는 것이 최선의 방법일지도 모른다([그림 1-13] 참조).

문헌고찰을 처음 하는 사람들은 읽은 것을 단순히 기술하는 데에만 초점을 두는 경우가 있다. 읽은 것을 나열하는 것에서 벗어나 통합하는 작업이 필요하다. 연구결과들이 어떤 양상으로 나타나고 있는지, 연구결과들이 일관적인지, 연구결과들이 일관적이지 않다면 그 이유가 무엇인지(예: 연구들 간의 방법론적 차이, 설계상 차이, 연구대상에서의 차이, 또는 독립변수나 종속변수가 다르게 설정되었을 수도 있다)에 대해서도 생각해 보아야 한다. 문헌고찰 부분을 다 읽으면 그 분야 연구들의 경향을 파악할 수 있어야 한다.

또한 문헌을 읽을 때에는 비판적으로 평가해야 한다. 어떤 연구가 가장 훌륭한가, 왜 그러한가? 어떤 연구가 가장 형편없는가, 왜 그러한가? 개념적 강점과 약점뿐만 아니라 방법론적 강점과 약점도 고려해 보아야 한다. 출판된 논문이라고 해서 방법론적으로 문제가 없는 것은 아니다.

요컨대, 문헌고찰은 자신의 연구를 위한 초석이 되어야 한다. 문헌고찰에는 자신이 다루고자 하는 문제의 필요성과 그 문제를 살펴보는 방법에 대한 근거가 명백히 드러나야 한다.

성공적 노화에 대한 논의는 1986년 성공적 노화를 주제로 세계노년학회가 개최된 이후 본격적으로 이루어지기 시작하였다. Rowe와 Kahn(1987)은 성공적 노화란 연령 증가와 관련된 생리적, 심리적 감퇴를 피하는 것으로 개념화하고, 평균보다 나은 생리적, 심리적 특성을 가진 사람을 성공한 노인이라고 하였다. 이후 Rowe와 Kahn(1997, 1998)은 적극적 사회참여모델을 통해 성공적 노화에 필요한 요소들을 보다 포괄적으로 설명하였다. 이들은 성공적 노화의 핵심 개념으로 질병 및 장애 예방, 높은 수준의 신체 및 인지 기능 유지, 적극적인 사회활동 참여를 제안했다. 즉, 성공적 노화란 신체적으로 질병이 없고 높은 인지 능력과 신체 기능을 유지하며 삶에 적극 참여하는 것이라고 설명하였다. 이들 세 가지 구성요소들은 위계를 이루고 있어서, 질병과 장애가 없으면 인지 및 신체 기능을 유지함으로써 적극적 사회참여가 가능하다고 하였다. 이후 Crowther, Parker, Achenbaum, Larimore와 Koenig(2002)는 Rowe와 Kahn의 모델에 성공적 노화의 구성요소로 긍정적 영성을 추가하였다. Vaillant(2002)는 치유적 관계, 지지적인 결혼생활, 지속적인 인생 참여, 성숙한 방어기제 및 적극적인 대처방안을 성공적 노화를 예측할 수 있는 공통적인 속성이라고 주장했다. 이처럼 학자들은 성공적 노화를 구성하는 요소들을 분석함으로써 성공적 노화를 개념화하고자 하였다.

또한 한국 문화에서 성공적 노화를 보다 적절히 개념화하고 평가하기 위한 연구들도 찾아볼 수 있다. 성공적 노화를 구성하는 요인으로 김미혜와 신경림(2005)은 자기효능감을 느끼는 삶, 자녀성공을 통해 만족하는 삶, 부부간의 동반자적 삶, 자기통제를 잘하는 삶을 제시하였고, 김동배(2008)는 자율적 삶, 자기완성지향, 적극적 인생 참여, 자녀에 대한 만족, 자기수용, 타인수용을 제시하였다. 전자에 비해 후자에는 자율성 및 자아실현을 위한 노력의 개념이 포함되어 있으므로 성공적인 노화에 대해 보다 주체적이고 적극적인 개인의 태도를 반영하는 것으로 볼 수 있다. 따라서 여기서는 김동배(2008)가 제시한 개념을 바탕으로 성공적 노화를 정의하고자 한다. 즉, 본 연구에서 성공적 노화란 중용적인 삶의 자세를 견지하면서 자기완성을 지향함과 동시에 자기와 타인을 수용하는 정도를 의미한다.

그림 1-13　문헌고찰 구성의 예

출처: 정옥분, 임정하, 정순화, 김경은(2013). 노년기 사회적 자원이 성공적 노화에 미치는 영향—개인적 자원의 매개 효과를 중심으로. 인간발달연구, 20(1), 79-99.

 학위논문 작성 시 고려해야 할 점

첫째, 자신이 작성한 문헌고찰은 완벽해야 한다는 착각을 버린다. 지도교수에게 문헌고찰 초안을 제출하기 전에 관련된 모든 연구를 살펴보고 통합해야 한다고 생각하는 것은 비현실적이다. 대부분의 학생들은 초안을 제출한 후 여러 번 수정하는 과정을 거쳐

문헌고찰을 완성하게 된다.

둘째, 논문 작성 시 먼저 서론부터 쓴 후 나머지 부분들을 순서대로 작성해야 한다는 생각을 버린다. 이러한 생각 때문에 논문이 전혀 진행되지 않는 경우가 있다. 서론에서 시작하는 것이 어렵다면 보다 쉽게 진행할 수 있는 부분(연구방법 등)에서 시작한다.

셋째, 표절하지 않아야 한다. 표절이란 다른 사람의 생각이나 글 등을 자신의 것인 것처럼 도용하는 것이다. 다른 사람의 글을 인용부호 없이 옮기는 것은 표절이다. 다른 사람의 문장을 바꾸어 쓰더라도 내용이 아주 비슷하면 그것도 표절이다. 자신의 글로써 아이디어를 구성하는 방식을 찾아내고, 직접인용을 절제하며, 인용을 할 때에는 타인의 아이디어나 구성방식을 인용한다는 것을 밝혀야 한다(Cone & Foster, 1997).

---

(3) 연구대상의 선정

누구를 연구대상으로 할 것인가와 연구대상은 어떻게 선정되는가를 결정하는 것은 연구결과를 누구에게 일반화시킬 수 있는가의 문제와 직결된다. 만약 연구자가 초등학생들의 왕따에 대해 연구하고자 할 때, 초등학생 모두를 대상으로 한다면 가장 정확한 결과를 얻을 수 있겠지만 시간이 오래 걸리고 비용이 많이 드는 등 현실적인 문제에 부딪히게 된다. 대신 모집단(전체 초등학생)에서 표본을 추출하여 연구를 하게 된다. 이 부분에 대해서는 2장에서 자세히 다룰 것이므로 여기에서는 간단히 다루고자 한다.

모집단(population)이란 연구자가 관심을 가지고 연구결과를 일반화하려는 집단을 의미한다. 모집단은 연구목적에 따라 초등학생 전체일 수도 있고, 초등학교 저학년생일 수도 있다. 즉, 연구자가 모집단을 어떻게 정의하느냐에 따라 모집단의 범위가 확대될 수도 있고 축소될 수도 있다. 일례로, 연구자가 "우리나라 초등학생들의 왕따 실태에 대해 알아보고자 한다."라고 하였다면 모집단은 우리나라 초등학생들이다. 하지만 연구자가 "우리나라 초등학교 6학년생의 왕따 실태에 대해 알아보고자 한다."라고 하였다면 모집단은 우리나라 초등학교 6학년 학생들이다.

표본(sample)이란 연구대상자의 특성을 반영하는 모집단의 대표적인 일부분이라고 할 수 있다. 따라서 연구자는 모집단의 특성을 가능한 한 잘 대표할 수 있는 표본을 추출하는 것이 중요하다. 연구자는 표본을 대상으로 연구하지만 여기에서 나온 결과를 모집단에 일반화하기를 원하기 때문이다. 표본에서 얻은 자료로 모집단의 특성을 추론하고자 할 때에는 모집단에 대한 대표성이 있는 표본을 추출해야 한다.

[그림 1-14]에는 연구대상에 대한 설명이 제시되어 있다. 이 연구에 참여한 연구대상의 특성, 연구대상 선정의 근거가 제시되어 있다.

---

1. 연구대상

본 연구의 대상은 서울 및 수도권에 소재한 4년제 대학 다섯 곳에 재학 중인 대학생 425명이다. 청년기는 Piaget의 형식적 조작기에 해당되는 시기로, 사고과정에서 추상적인 관념들을 다룰 수 있다. Dacey (1989)는 창의성이 가장 잘 발현될 수 있는 시기를 절정기(peak period)라고 하였는데, 상상력과 호기심이 왕성한 유아기(4~5세 정도)가 첫 번째 절정기이고 자아에 대해 되돌아보는 시기인 10세 전후가 두 번째 절정기에 해당되며 청년기는 세 번째 절정기에 해당된다고 한다. 창의적 잠재력을 가진 대부분의 아동들은 사춘기를 지나 청년기 이후부터 창의적인 산물이나 수행을 보이기 시작한다. 실제로 창의적 인물들의 주요한 첫 번째 산물이나 수행이 나타나는 시기는 초기 청년기이다(Dacey & Lennon, 2004). 이에 본 연구에서는 창의성에 대한 다양한 의견을 수렴하고자 대학생들을 대상으로 하였다. 실시에 앞서 연구대상자에게 본 연구의 목적을 설명하고 연구 참여에 대한 동의를 구하였다. 본 연구에서는 부실 기재한 9명의 자료를 제외한 425명의 자료가 분석에 포함되었다. 연구대상의 성별은 남학생이 198명(46.6%), 여학생이 227명(53.4%)이었다. 연령의 범위는 19세에서 28세로, 연령의 최빈치는 20세, 중앙치는 21세, 평균은 21.9세이다.

그림 1-14 연구대상 제시의 예

출처: 정옥분, 임정하, 정순화, 김경은, 박연정(2011). 대학생들의 창의성에 대한 인식-창의성에 대한 암묵적 접근을 중심으로. 생활과학학회지, 20(1), 919-935.

(4) 측정도구의 선정

측정도구란 일반적으로 사람이나 사물, 사건의 특성에 대해 객관적으로 측정할 수 있게 하는 절차 또는 도구다. 예를 들면, 아동의 몸무게를 측정하기 위해서는 체중계를 사용하고, 허리둘레를 재기 위해서는 줄자를 사용하며, 지능을 측정하기 위해서는 웩슬러 지능검사를 사용한다. 이때 사용된 '체중계' '줄자' '웩슬러 지능검사'는 측정도구에 해당된다.

연구에 필요한 자료를 수집하기 위해 어떤 도구를 사용할 것인가를 결정하는 문제는 매우 중요하다. 아무리 연구문제가 명확하게 진술되고 연구설계가 잘 고안되며 연구대상이 적절하게 표집되었다고 하더라도, 측정도구가 적당하지 않으면 그 결과는 의미가 없다. 왜냐하면 신뢰도와 타당도가 결여된 측정도구에 의해 얻어진 결과는 신빙성이 없기 때문이다. 자료수집의 도구는 흔히 기존의 측정도구 중에서 적합한 것을 골라 사용하는 방법과 연구자 자신이 연구목적에 알맞도록 도구를 개발하는 경우의 두 가지가 있다. 연구자가 직접 자료수집의 도구를 개발하는 작업은 그 자체만으로도 하나의 독립된 연구가 될 수 있을 만큼 간단한 일이 아니다. 일반적으로 연구자들은 기존에 만들어진 측정도구를 선택하여 사용하게 된다.

측정도구를 선정할 때 고려해야 할 점은 다음과 같다(이은해, 이미리, 박소연, 2006). 첫째, 측정도구가 연구변수를 잘 반영하는지를 살펴보아야 한다. 즉, 측정내용과 변수의 조작적 정의가 일치하는지를 검토해야 한다. 예를 들어, 지능검사는 모두 IQ라는 지능지수를 산출한다는 점에서는 공통적이지만, 웩슬러 지능검사는 언어성 지능, 동작성 지능을 산출하는 반면 카프만 지능검사는 순차처리능력, 동시처리능력, 습득도에 대한 정보를 제공한다. 연구변수의 정의와 측정내용이 부합되는가 하는 것은 넓은 의미에서 측정도구의 내용 타당도와 관련된다. 하지만 여기에서 초점을 두고자 하는 것은 도구 자체의 타당도를 검토하기보다 연구자의 연구변수를 그 측정도구가 적절하게 측정할 수 있는지를 검토하는 것이다.

둘째, 측정도구가 연구대상의 연령과 문화적 배경에 적절한지 살펴보아야 한다. 아무리 좋은 측정도구라고 할지라도 성인용 측정도구를 유아에게 사용하는 것은 적절하지 않다. 특히 영유아의 경우 해독력이 떨어지기 때문에 집단적으로 지필검사를 사용하는 것은 적절하지 않고, 개별적인 면접이나 실험을 실시하게 된다([그림 1-15] 참조). 특히 어린 연령의 경우 언어적으로 반응하는 데 한계가 있을 수 있으므로 동작이나 그림 등과 같은 적절한 반응양식을 사용한 도구가 필요하다. 즉, 연구자는 연령에 맞게 개발된 측정도구를 사용해야 한다. 또한 외국의 측정도구를 번역해서 사용하는 경우, 우리나라의 실정과 맞지 않는 경우가 있다. 측정도구가 개발된 문화적 배경과 연구대상의 배경이 크게 다를 경우 문항내용을 검토해 보고 선정 여부를 결정해야 한다.

셋째, 측정도구의 신뢰도와 타당도가 제시되어 있는지, 그리고 제시된 신뢰도와 타당도 수준이 적절한지를 검토한다. 신뢰도란 누가 그 측정도구에서의 반응을 점수화하는 동일한 반응에 대해서는 같은 점수가 산출되어야 한다는 것을 의미한다. 신뢰도가 낮을 경우 오차가 커지기 때문에 통계적 분석을 통해 나온 결과를 신뢰하기 어렵다. 예를 들어, 가장 빈번하게 보고되는 내적 합치도(Cronbach's α)는 문항 간 동질성을 의미한다. 여러 사람이 측정을 해야 한다면 동일한 피험자에 대한 측정치를 이용하여 각 평정자들의 일치도를 제시해야 한다. 관찰을 통해 측정했다면 관찰자 간 신뢰도를([그림 1-16] 참조), 검사를 통해 측정했다면 평가자 간 신뢰도를 제시해야 한다. 또한 사전검사와 사후검사에 사용될 측정도구라면 동형검사 신뢰도나 검사-재검사 신뢰도를 보고하는 것이 바람직하다.

> 2세 때 연구절차 및 측정도구
>
> 2세 영아의 정서를 측정하기 위한 실험실 절차는 총 10개의 에피소드로 구성되어 있으나 본 연구에서는 자유놀이 1, 자유놀이 2, 자유놀이 3 에피소드만을 활용하여(전체 에피소드는 정옥분, Rubin, 박성연, 윤종희, 도현심, 2002 참조) 분석하였다. 자유놀이 1, 자유놀이 2, 자유놀이 3 에피소드는 내학실험실에 영아가 어머니가 함께 있는 장면에서 새로운 상황이나 문제에 대해 나타내 보이는 영아의 정서를 평가하도록 고안되었다. 영아의 억제되거나 불안하고 경계하는 상태를 '칭얼거림'으로, 강하게 소리를 지르는 것을 '화'로, 웃고 있거나 기분 좋은 정서를 '긍정'으로 측정하였다. 유아의 정서를 10초 단위의 시간표집법으로 그 정서의 표현 유무를 표시하였다. 점수가 높을수록 각각의 정서를 많이 표현하는 것이다. 모든 에피소드는 비디오로 녹화되었으며, 정서 코딩은 7명의 관찰자 훈련 후(관찰자 간 신뢰도 .87) 각 관찰자에 의해 독립적으로 이루어졌다. 분류기준을 토대로 자유놀이 1, 2, 3에서 각각의 정서가 나타난 빈도를 합산하였다.

그림 1-15 영아 대상 측정의 예: 구조화된 관찰을 통한 영아의 정서 측정

출처: 정옥분 외(2011). 영아기 정서와 기질, 유아기 어머니의 긍정적 양육태도와 4세 유아의 또래상호작용의 질. 인간발달연구, 18(1), 151-168.

변수의 점수를 일관된 방식으로 산출하는 것에 덧붙여 그 측정치가 무엇을 측정하고 있는지, 측정할 것을 제대로 측정하고 있는지에 대해서도 검토해 보아야 한다. 어떤 측정도구는 신뢰할 만하지만 타당성이 없는 측정치를 산출할 수도 있다. 측정도구의 타당도에는 내용 타당도, 준거관련 타당도, 구인 타당도 등이 있다. 신뢰도와 타당도에 대한 구체적인 내용은 2장에서 자세히 다루게 될 것이다.

넷째, 측정도구에 대한 전문가들의 평가와 이를 사용한 연구보고서를

2세 때 연구절차 및 측정도구

2세 영아의 정서를 측정하기 위한 실험실 절차는 총 10개의 에피소드로 구성되어 있으나 본 연구에서는 자유놀이 1, 자유놀이 2, 자유놀이 3 에피소드만을 활용하여(전체 에피소드는 정옥분, Rubin, 박성연, 윤종희, 도현심, 2002 참조) 분석하였다. 자유놀이 1, 자유놀이 2, 자유놀이 3 에피소드는 대학실험실에 영아가 어머니가 함께 있는 장면에서 새로운 상황이나 문제에 대해 나타내 보이는 영아의 정서를 평가하도록 고안되었다. 영아의 억제되거나 불안하고 경계하는 상태를 '칭얼거림'으로, 강하게 소리를 지르는 것을 '화'로, 웃고 있거나 기분 좋은 정서를 '긍정'으로 측정하였다. 유아의 정서를 10초 단위의 시간표집법으로 그 정서의 표현 유무를 표시하였다. 점수가 높을수록 각각의 정서를 많이 표현하는 것이다. 모든 에피소드는 비디오로 녹화되었으며, 정서 코딩은 7명의 관찰자 훈련 후(관찰자 간 신뢰도 .87) 각 관찰자에 의해 독립적으로 이루어졌다. 분류기준을 토대로 자유놀이 1, 2, 3에서 각각의 정서가 나타난 빈도를 합산하였다.

그림 1-16   관찰자 간 신뢰도 보고의 예

출처: 정옥분 외(2011). 영아기 정서와 기질, 유아기 어머니의 긍정적 양육태도와 4세 유아의 또래상호작용의 질. 인간발달연구, 18(1), 151-168.

통해 측정도구의 유용성을 검토한다. 유용한 측정도구라면 연구보고서나 학술지에서 빈번하게 사용되며, 연구보고서나 학술지에서 나온 결과를 통해 구인에 대한 경험적 증거를 파악할 수 있다. 따라서 연구자는 연구변수를 선정하는 과정에서 변수를 어떻게 조작적으로 정의하고 있는지, 대표적인 측정도구는 무엇인지 등에 대해 알아볼 필요가 있다.

다섯째, 측정도구 선정의 실제적인 문제로서 측정도구 사용에 특별한 훈련이 필요한지, 실시에 소요되는 시간과 구입 비용은 얼마인지 등에 대해 검토해 보아야 한다. 특히 연구기간과 비용이 제한되어 있을 때에는 실제적인 문제들이 우선적으로 고려되어야 한다. 예를 들어, 유아의 창의성을 측정하고자 할 때 부모나 교사의 관찰을 통해 유아의 창의성을 측정하는 것보다 유아에게 직접 TTCT(토랜스 도형 창의성 검사)를 실시하여 측정하는 것이 보다 적절할 수 있다. TTCT의 경우 유아의 창의성을 측정하는 데 적절한 도구이기는 하지만 그것을 실시하고 채점하는 데 시간이 걸릴 뿐더러 훈련을 받아야 채점이 가능하다. 시간적 여유가 있으면 훈련을 받은 후 사용하는 것이 바람직하지만 시간이 제한되어 있다면 보다 시간과 비용이 덜 드는 측정도구를 찾아야 할 수도 있다.

(5) 자료의 수집과 분석

연구주제가 정해지고 연구대상과 측정도구가 정해지면 연구의 그다음 단계는 자료를 수집하여 분석하는 것이다.

① 자료수집

자료수집 방법에는 크게 관찰법, 면접법, 실험법, 질문지법, 사례연구 등이 있다. 이 부분에 대해서는 3장에서 자세히 다룰 것이므로 여기에서는 간단하게 다루고자 한다. 관찰법이란 관심대상이 되는 현상이나 행동을 자연스러운 상황 혹은 어느 정도 통제된 상황에서 관찰하여 자료를 수집하는 것으로, 관찰된 행동을 객관적인 방법으로 기록하는 것이 중요하다. 예를 들면, 중학교 학생들의 가정 수업에 대한 몰입도를 알아보고자 한다면, 학생들이 가정 수업에 어느 정도 적극적으로 참여하고 즐기는지를 관찰함으로써 몰입도에 대한 자료를 구할 수 있다.

면접법은 연구대상과의 직접적인 상호작용을 통해 자료를 수집하는 방법으로 주로 일대일로 얼굴을 맞대고 이루어지지만, 전화면접도 가능하다. 면접법의 경우 연구대상의 상황에 따라 융통성 있게 추가 질문을 할 수 있고 질문에 대한 언어적 응답뿐 아니라 비언어적 행동들을 함께 살펴볼 수 있기 때문에 질문지법에 비해 보다 풍부한 자료를 얻을 수 있다는 장점이 있다.

실험법은 인과관계를 규명하기 위한 것으로 독립변수에 대한 체계적인 조작을 통해 독립변수가 종속변수의 변화에 어떠한 영향을 미치는지를 알아보고자 하는 것이다. 예를 들면, 대학생을 대상으로 한 창의성 프로그램이 대학생의 문제해결 능력에 어떠한 영향을 미치는지 알아보고자 한다면, 대학생 표본을 실험집단과 통제집단으로 무작위적으로 구분한 후 실험이 시작되기 전 두 집단을 대상으로 문제해결 능력 검사를 실시한다. 그 후 실험집단에는 창의성 프로그램을 실시하고, 통제집단에는 아무런 처치를 가하지 않는다. 창의성 프로그램이 끝난 후에 실험집단과 통제집단을 대상으로 문제해결 능력 검사를 실시한다. 만약 실험집단이 통제집단에 비해 문제해결 능력 점수가 높게 나왔다면 창의성 프로그램이 대학생의 문제해결 능력 증진에 효과가 있다고 볼 수 있다.

질문지법은 면접자의 질문에 대답하는 것이 아니라, 반응자가 질문을 읽고 자신이 직접 표시하는 것이다. 질문지법의 장점은 많은 수의 대상을 한꺼번에 연구할 수 있고 시간과 비용이 적게 든다는 점이다.

사례연구는 한 명이나 소수의 연구대상을 깊이 있게 연구하는 것이다. 사례연구는 정상적인 아동을 대상으로 연구하기도 하지만, 독특한 상황을 경험하거나 사회적으로 적응하지 못한 아동들을 주의 깊게 연구하는 경우가 많다. 사례연구의 단점은 매우 제한된 수의 아동의 경험에 의존하기 때문에 연구결과를 일반화하기 어렵다는 점과 관찰의 객관성을 보장하기 어렵다는 점이다.

자료수집의 시행착오를 예방하기 위해 예비조사를 실시하게 된다. 예비조사의 구체적인 목적은 피험자들이 지시사항에 알맞게 반응하는지를 확인하고, 예상치 못했던 문제들을 찾아내고 이를 어떻게 다룰지 결정하며, 장비를 어떻게 사용하는지 배우고 장비의 적합성을 확인하는 것이다. 연구절차를 조정하고 문제점을 점검하는 것도 예비조사에서 하게 된다.

자료수집을 시작할 준비가 되었을 때에는 자료를 수집하는 방법과 컴퓨터에서 분석이 가능한 형태로 전환하는 방법에 대해 생각해야 한다. 이때 가능한 한 자세한 수준으로 자료를 기록하는 것이 좋다. 그리고 분석할 가능성이 있는 자료는 입력하는 것이 좋다. 지금 당장 필요해 보이지 않는 자료라도 입력되어 있으면 이후 결과해석 시 도움을 얻을 수 있다. 또한 자료는 정확하게 입력되어야 한다. 자료입력이 잘못될 경우 분석결과에 오류가 생길 수 있기 때문이다. 컴퓨터는 연구자가 제공한 자료를 분석할 뿐이다. 따라서 연구자는 자료를 기록하거나 기록된 자료를 컴퓨터에 입력할 때 정확성을 높여야 한다.

② 자료분석

자료를 분석하는 첫 번째 단계는 원자료의 평균, 표준편차, 범위 및 빈도분포를 살펴보는 것이다. 평균, 범위, 표준편차 등을 산출해 보면 잘못 입력된 자료를 쉽게 발견할 수 있다. 점수의 범위가 1~5점인데, 피험자의 점수가 45라면 잘못 입력된 자료다. 범위 밖의 값이나 '옳지 않아 보이는' 값을 찾아서 수정하고 난 후 주요 분석을 시행하게 된다.

오류를 확인하는 것에 덧붙여 자료를 살펴보는 데에도 시간을 투자해야 한다. 변수들의 상관에 대한 산포도를 구한다. 각 집단의 분포가 겹치지 않는지, 겹친다면 얼마나 겹치는지를 살펴본다. 이처럼 초기에 자료를 살펴보면 자료에 대해 좋은 감각을 가질 수 있고 이후에 보다 복잡한 통계결과를 해석하는 데 도움이 된다.

자료분석에서 우선적으로 피험자 집단들이 유사한지를 살펴보는 것이 좋다. 각 집단들이 동질적이지 않다면, 잠재적인 혼동변수와 독립변수들 간의 상관을 살펴볼 수 있다. 예를 들면, 성별에 따른 중년 행복감의 차이를 살펴보고자 하는데, 만약 여성집단이 남성집단에 비해 유의하게 사회정서적 능력이 높다면, 성별에 따른 차이보다는 사회정서적 능력의 차이 때문에 행복감에 차이가 나타날 수도 있다. 만약 성별과 사회정서적 능력 간에 관련성이 없다면, 그 혼동변수(사회정서적 능력)는 종속변수(행복)와 선형적으로 관련되어 있지 않은 것이고 따라서 분석에 영향을 미치지 않을 것이다. 만약, 성별과 사회정서적 능력 간에 관련성이 있다면 연구설계를 바꾸거나(예를 들면, 사회정서적 능력을 추가적인 독립변수로 이용하는 것), 통계방법(예를 들면, 사회정서적 능력을 공변인으로 하여 공변량분석 실시)을 통해 그 변수를 통제할 필요가 있다는 것을 의미한다.

또한 자료가 자신이 사용하고자 하는 통계방법의 가정에 맞는 것인지 확인해야 한다. 그렇지 않다면 그 가정에 위배될지라도 분석결과가 신뢰할 만한 것인지에 대해서 확인한다. 그리고 신뢰할 만하지 않으면 자료를 전환하거나 다른 통계방법을 사용해야 한다.

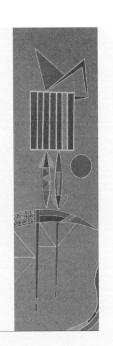

제2장
표집과 측정

표집은 연구대상을 선택하는 과정이고, 측정은 선택된 연구대상으로부터 연구의 관심사인 특성을 알아내는 과정이다. 이들은 모두 연구방법에서 기본이 되는 매우 중요한 과정이다. 이들 과정이 제대로 수행되지 못한다면, 이후의 자료분석이나 연구결과는 아무런 쓸모가 없게 된다. 표집 과정에서 연구자가 관심을 가지고 있는 집단으로부터 연구를 위해 실제로 자료를 수집할 대상을 선택하게 된다. 이 과정이 중요한 여러 가지 이유 중 하나는 실제 자료를 수집해 연구결과가 나왔을 때 그 결과를 어떤 집단에 일반화시킬 수 있는지의 문제와 직접적으로 관련되기 때문이다. 표집이 적절히 수행되었고 연구자가 관심을 가지고 있는 집단의 특성을 잘 대표하는 연구대상들로부터 자료가 수집되었다면, 연구자가 처음 관심을 가지고 있었던 집단에게 연구결과를 일반화시킬 수 있을 것이다. 하지만 표집이 부적절하게 수행되었다면, 연구결과를 일반화시킬 수 있는 대상을 찾아내기 어려울 것이다. 한편 측정은 연구자가 수집하는 특성에 대한 관찰과 기록이 수반되는 과정이다. 따라서 연구자는 기본적으로 측정에 수반되는 개념인 측정의 수준이나 측정을 위한 도구에 대해 잘 이해하고 있어야 한다. 연구자 자신이 관찰하고 기록하고자 하는 특성에 적합한 측정의 수준을 선택할 수 있고, 나아가 신뢰할 수 있고 타당한 방식으로 연구관심사를 평가하는 도구를 이용할 수 있어야 한다.

이 장에서는 표집과 측정의 기본적인 개념과 특성을 알아보고, 이들 과정을 성공적으로 수행하는 데 필요한 정보와 방식을 살펴볼 것이다.

1. 표 집

연구과정에서 표집의 중요성과 그 효과를 이해하기 위해서는 연구자가 관심을 가지고 있고 연구결과를 일반화시키고자 하는 대상 전체와 실제로 연구자료를 수집할 수 있는 대상을 구분할 수 있어야 한다. 여기서는 먼저, 이들 대상을 구분해 보고, 이들의 바람직한 관계에 대해 살펴볼 것이다. 그러고 나서 연구대상을 표집하는 과정과 여러 가지 표집방법에 대해 보다 자세히 알아보고자 한다.

1) 모집단과 표본

연구자가 우리나라 10대 집단과 같이 특정 대상을 연구하고자 할 때 그 대상에 해당되는 모든 사람으로부터 자료를 수집하기는 현실적으로 힘들다. 그러기에는 시간이 너무 오래 걸리고 비용이 많이 들기 때문이다. 대신 모집단을 잘 대표하는 표본을 추출하여 자료를 수집하게 된다. 모집단(population)이란 연구자가 관심을 가지고 연구결과를 일반화시키고자 하는 대상 전체를 말한다.

표본(sample)이란 연구자가 관심을 가지고 있는 모집단의 특성을 잘 반영하는, 모집단의 일부분이라고 할 수 있다. 따라서 모집단의 특성을 가능한 한 잘 대표할 수 있는 표본을 추출하는 것이 연구자의 의무다. 왜냐하면 연구자는 표본에서 나온 연구결과를 모집단에 일반화고자 하기 때문이다([그림 2-1] 참조). 이상적으로는 연구자가 자료를 수집하는 표본의 특성이 연구결과

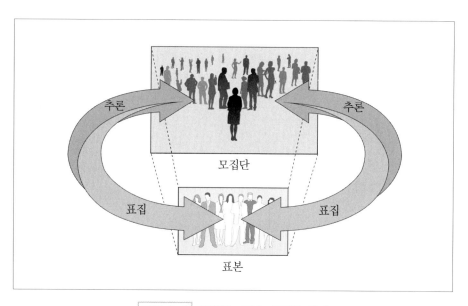

그림 2-1 모집단, 표본, 표집의 관계

를 일반화하고자 하는 모집단의 특성과 동일해야 한다. 즉, 연구자는 대표성(representativeness)이 보장되는 표본을 추출하고자 노력해야 한다.

쉽게 말하자면, 표본의 크기는 큰 것이 좋다. 표본의 크기가 커질수록 표집으로 인한 오차가 작아지기 때문이다. 하지만 연구자는 표집오차 외의 현실적인 측면도 고려해야 한다. 따라서 표집에 소요되는 경비, 시간, 노력 등의 요인과 연구변수 및 자료분석 방법과 관련된 통계적 요인을 종합적으로 고려하여 표본의 크기를 결정하는 것이 좋다. 손쉬운 방법 중 하나로, 본인이 진행하고자 하는 연구와 가장 유사한 선행연구들에서 표본의 크기가 얼마였는지를 참고할 수도 있다.

다음은 연구대상을 무선적으로 선택하는 연구에서 표본의 크기를 정할 때 도움이 되는 사항을 정리한 것이다(Johnson & Christensen, 2004). 첫째, 모집단을 구성하는 대상이 유사할수록 표본의 크기는 작아질 수 있다. 바꾸어 말하면, 모집단이 이질적일수록 표본이 모집단을 잘 대표하기 위해서는 표본 크기가 커져야 한다. 둘째, 자료분석에서 연구대상을 보다 여러 범주로 구분하고자 한다면 보다 큰 표본이 필요하다. 자료를 분석할 때 분석유목이 많을수록 표본의 크기도 그만큼 커져야 한다. 예를 들어, 주부의 학력에 따른 명품의류 구매행동을 살펴본다고 할 때, 학력수준을 '상·중·하'로 나눌 때보다 최종학력이 '중학교 졸업 이하, 고등학교 졸업, 2년제 대학 졸업, 4년제 대학 졸업, 대학원 졸업'으로 나누게 되면 더 많은 연구대상이 필요하게 된다. 각 분석유목에 포함되는 사례 수가 적으면 통계분석이 불가능한 경우가 많기 때문이다. 셋째, 집단의 차이나 변수 간 관련성에 관심이 있을 때 집단의 실제 차이나 변수 간 관련성의 크기가 작을 것이라고 예측된다면, 이러한 차이나 관련성을 찾아내기 위해서는 표본의 크기가 보다 커야 한다. 이는 검증력과 관련된 문제다. 검증력(power)이란 자료분석에서 사용된 통계가 독립변수의 효과를 찾아낼 수 있는 정도를 말하는데, 다른 조건이 동일하다면 표본의 크기가 클수록 검증력도 커지게 된다. 넷째, 표본의 적절한 크기는 표집방법에 따라서도 달라질 수 있다. 예를 들어, 단순무선표집을 이용할 경우 층화표집을 이용하는 경우보다 더 큰 표본이 필요하고, 군집표집을 쓸 경우 단순무선표집보다 더 큰 표본이 필요하다. 다섯째, 표본의 크기를 결정할 때 주어진 시간과 비용 등 현실적인 측면도 고려해야 한다. 충분한 시간과 비용 없이는 많은 수의 연구대상을 구하는 것이 힘들므로 시간과 비용에 적절하게 표본의 크기를 정해야 한다. 끝으로, 연구자의 표본에 포함된 대상들 중 일부는 연구 참여를 거부하거나 자료수집에 동의하지 않을 수 있다. 즉, 최종 표본의 크기는 연구자가 처음 의도한 것보다 더 작아질 것이다. 따라서 초기에 응답률이나 참여율을 고려해 표본의 크기를 정하는 것이 좋다.

2) 표집 과정

모집단에서 표본을 추출하는 과정을 표집(sampling)이라고 한다. 즉, 표집이란 표본을 연구해서 그 결과를 일반화시킬 수 있는 대상인 모집단으로부터 연구대상을 추출하는 과정이다. 표집 과정을 다음과 같이 세분화할 수 있다 (Trochim, 2005). 먼저, 첫 번째 단계에서 가장 중요한 문제는 누구를 대상으로 연구결과를 일반화시킬 것인가다. 즉, 일반화시키고자 하는 큰 집단, 즉 이론적 모집단을 정한다. 두 번째 단계는 실제로 연구를 수행할 때 표집을 위해 접근이 가능한 연구 모집단을 결정하는 것이다. 세 번째 단계는 표집을 위해 정해진 연구 모집단 구성원의 리스트를 입수하는 것이다. 이때 사용되는 연구 모집단 구성원 리스트를 표집틀(sampling frame)이라고 한다. 전화조사를 예로 들면, 조사대상을 선택할 때 이용하는 전화번호부가 바로 표집틀이 된다. 수입 자동차 구입 고객을 대상으로 조사를 한다면, 수입 자동차를 구입한 고객명단이 표집틀이 된다. 마지막 단계는 표집틀에서 실제로 자료를 수집할 대상인 표본을 추출하는 것이다. [그림 2-2]에 이와 같은 과정이 나타나 있다.

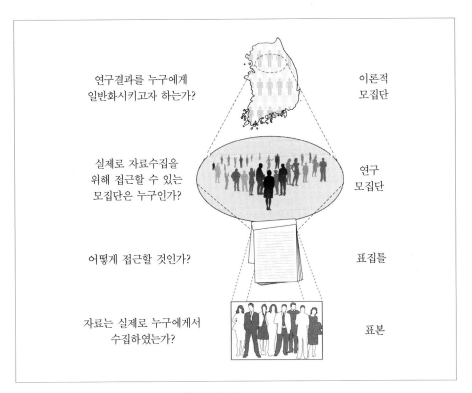

연구결과를 누구에게
일반화시키고자 하는가?   이론적
모집단

실제로 자료수집을
위해 접근할 수 있는
모집단은 누구인가?   연구
모집단

어떻게 접근할 것인가?   표집틀

자료는 실제로 누구에게서
수집하였는가?   표본

그림 2-2 표집 과정

3) 표집방법

표집방법은 일반적으로 크게 확률적 표집(probability sampling)과 비확률적 표집(nonprobability sampling)으로 나눌 수 있다. 확률표집은 모집단의 요소들이 표본으로 추출될 확률이 알려져 있는 표집방법으로, 무작위 선택 과정을 거쳐서 진행된다. 무작위로 표본을 선택하기 위해서는 모집단 내 각 개체들이 표본으로 선택될 확률이 동일해지도록 일련의 절차를 거쳐야 한다. 단순무선표집, 층화표집, 체계적 표집, 군집표집 등이 여기에 속한다. 반면, 비확률표집은 모집단의 요소들이 표본으로 추출될 확률을 알 수 없는 방법으로 무작위 선택이 이루어지지 않는다. 편의표집, 할당표집, 의도적 표집, 눈덩이식 표집 등은 이러한 비확률표집에 속한다.

(1) 단순무선표집

단순무선표집(simple random sampling)은 모집단의 각 구성요소가 표본으로 뽑힐 확률이 동일하도록 표본을 추출하는 방법이다. 이를 위해 표집틀에 일련번호를 매긴 후, 난수표나 컴퓨터 무작위 숫자생성 프로그램 등을 이용해 목표한 수의 구성원을 표본으로 추출한다. 예를 들어, 나노 소재 의류를 구입한 1,000명의 고객 중에서 100명을 표본으로 뽑는다면 각 구성원이 표본으로 선정될 확률은 똑같이 1/10이 된다. 단순무선표집을 위해서 나노 소재 의류를 구입한 것으로 기록되어 있는 고객 리스트를 표집틀로 이용한다. 표집틀의 모든 구성원에게 1번에서 1,000번까지의 일련번호를 붙인다. 그런 후, 난수표를 사용하거나 컴퓨터를 이용해 1부터 1,000 사이의 숫자 100개를 무작위로 생성해 내서 그 번호에 해당하는 고객을 연구대상으로 선택한다([그림 2-3] 참조).

나노 소재 의류 구입
고객 전체 명단

단순무선표본

그림 2-3 단순무선표집

(2) 층화표집

층화표집(stratified sampling)은 모집단이 지니고 있는 특성에 따라 몇 개의 하위층(strata)으로 나눈 후, 이들 하위층에서 표본을 추출하는 표집방법이다. 단순무선표집과 같이 모집단에서 직접 한꺼번에 표본을 추출하는 것이 아니라 모집단을 동질적인 특성을 지닌 하위층으로 나눈 후 각 하위층 내에서 표본을 추출하는 것이다. 이때 각 하위층에서는 무작위로 표본을 추출한다. 앞서 단순무선표집의 예에서처럼 나노 소재 의류 구매고객 100명을 추출할 경우 남성과 여성의 수가 같은 수로 뽑히지 않는 경우가 많다. 그러나 모집단을 남성과 여성이라는 하위집단으로 재구성한다면 각 하위집단에서 같은 수의 남성과 여성을 뽑을 수 있다. 층화시키는 변수로 성별, 연령, 사회경제적 지위, 지능 등을 흔히 사용한다. 주로 종속변수와 밀접한 관련이 있는 변수들 이용해 층화시킨다.

　하위층에서 표본의 수를 정할 때 모집단의 구성비율을 반영하는지에 따라 비례적 층화표집과 비비례적 층화표집으로 나뉜다. 비례적 층화표집(proportionate stratified sampling)은 모집단에 나타난 각 하위층의 구성비율을 표본에서도 유지하도록 연구대상을 표집하는 것이다. 예를 들어, 모집단 전체 1,000명이 남성 400명과 여성 600명으로 구성되어 있다면, 100명을 표본으로 추출할 때 남성층에서는 40명을, 여성층에서는 60명을 선택한다([그림 2-4] 참조). 따라서 모집단에서나 표본에서나 남성 대 여성의 비율이 4:6으로 동일하다.

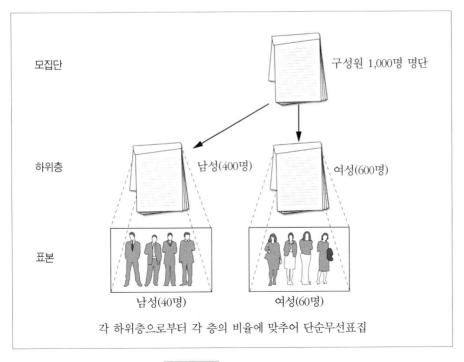

그림 2-4 　비례적 층화표집

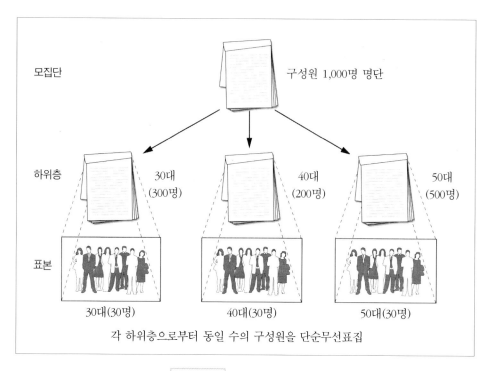

모집단 　　구성원 1,000명 명단

하위층 　　30대 (300명) 　　40대 (200명) 　　50대 (500명)

표본 　　30대(30명) 　　40대(30명) 　　50대(30명)

각 하위층으로부터 동일 수의 구성원을 단순무선표집

그림 2-5 **비비례적 층화표집**

비비례적 층화표집(nonproportionate stratified sampling)은 모집단을 특성에 따라 동질적인 하위층으로 나눈 후, 각 층에서 같은 수의 표본을 추출하는 방법이다. 예를 들어, 모집단 전체 1,000명이 30대 300명, 40대 200명, 50대 500명으로 구성되어 있다면, 90명을 표본으로 추출할 때 각 하위층에서 모두 30명씩을 표본으로 추출하는 것이다([그림 2-5] 참조).

(3) 체계적 표집

체계적 표집(systematic sampling)은 모집단의 구성이 일정한 순서 없이 배열되어 있다는 점을 전제로 하여 표집틀에서 구성요소 추출을 시작하는 번호를 무작위로 선택한 후 그 번호부터 k번째 요소를 체계적으로 추출해 내는 방법이다. 따라서 체계적 표집을 사용하면 목록에 나타난 모집단의 구성원들이 일정한 간격을 두고 표본으로 추출된다. 체계적 표집을 위해 다음과 같은 단계를 거친다. 첫째, 모집단의 모든 구성원에게 1번부터 시작하여 일련번호를 부여한다. 둘째, 표집할 표본의 수를 정한다. 셋째, 모집단 전체 구성

1	26	51	76
2	27	52	77
3	28	53	78
4	29	54	79
5	30	55	80
6	31	56	81
7	32	57	82
8	33	58	83
9	34	59	84
10	35	60	85
11	36	61	86
12	37	62	87
13	38	63	88
14	39	64	89
15	40	65	90
16	41	66	91
17	42	67	92
18	43	68	93
19	44	69	94
20	45	70	95
21	46	71	96
22	47	72	97
23	48	73	98
24	49	74	99
25	50	75	100

모집단 전체 구성원의 수(N) = 100

표본의 수(n) = 20

구성원 추출 간격 N/n = 5

1에서 5 사이의 숫자 무작위로 선택

4를 선택함

4에서 시작하여 매 5번째 번호의 구성원을 표본으로 추출한다.

그림 2-6 체계적 표집

원 수를 표본의 수로 나누어 추출번호의 간격을 계산한다($k = N/n$). 넷째, 표집을 시작하는 번호로 1과 k 사이의 숫자를 무작위로 선택한다. 다섯째, 시작번호부터 매 k번째 번호를 이용해 모집단에서 표본을 추출한다. 100명의 모집단에서 20명의 표본을 추출한다고 예를 들어 보자. 추출번호의 간격인 $k = 100/20$으로 5가 된다. 표집을 시작하는 번호로 1과 5 사이의 숫자를 무작위로 선택한다. 시작번호로 4를 택하였다면, 4, 9, 14, 19와 같은 식으로 4에서 시작해 매 5번째 번호가 추출된다(그림 2-6) 참조).

다른 예로, 만약 100명에서 10명의 표본을 추출하고자 한다고 해 보자. $k = 100/10$으로 10이 된다. 표집을 시작하는 번호로 2를 택하였다면, 2, 12, 22, 32와 같은 식으로 2에서 시작해 매 10번째 번호가 추출된다. 이때 만약 모집단의 목록이 어떤 특성을 기준으로 일정한 간격을 두고 있다면 비슷한 특성의 사람들만이 표본으로 추출될 우려가 있다. 예를 들어, 모집단의 목록이 홀수는 남자, 짝수는 여자로 구분되어 있다면, 이 경우 10명 전원이 모두 여자만 뽑히게 된다. 따라서 체계적 표집은 모집단의 구성 순서에 일정한 규칙성이 없는 경우에만 사용될 수 있다.

(4) 군집표집

군집표집(cluster sampling)은 모집단을 구성하고 있는 개개인을 표집하는 것이 아니라 모집단 내 군집을 무작위로 추출한 후 추출된 군집 내 개인을 연구대상으로 이용하는 방법이다. 이때 무작위로 추출된 군집 내의 모든 개인을 연구대상으로 하는 경우도 있고, 군집 내 구성원을 단순무선표집이나 체계적 표집을 이용해 선택하는 경우도 있다. 어느 경우든 군집표집을 위해서는 먼저 모집단을 보다 작은 하위집단인 군집(cluster)으로 나누어야 한다. 이때 군집을 지역적인 경계에 따라 나누는 것이 보편적이다(그림 2-7 참조). 이 방법은 모집단이 넓은 지리적 영역에 퍼져 있거나 표본 선정을 위한 모집단 목록이 준비되어 있지 않을 때 사용된다. 예를 들어, 국내의 기혼여성 100명을 추출해야 한다면 전국의 기혼자 명단을 정확하게 작성하기 어려울 뿐 아니라 시간과 비용이 많이 든다. 따라서 이미 형성되어 있는 군집인 행정도시에서 무선적으로 10개의 도시를 뽑고, 그다음 이 10개 행정도시에서 구를 세 개씩 선정하여 이들 구에 등록되어 있는 기혼자 가정 10개씩을 무선적으로 선정해 기혼여성 표본을 만든다.

그림 2-7 군집표집

(5) 편의표집

편의표집(convenience sampling)은 연구자가 가장 손쉽게 구할 수 있는 대상들 중에서 임의로 표본을 선정하는 방법이다. 편의표집은 비확률적 표집으로 대표성 같은 요건이 전혀 고려되지 않는다. 따라서 가능한 한 사용하지 않는 것이 좋다. 부득이하게 사용하게 된다면 그 연구결과를 일반화시킬 때 보다 신중을 기해야 한다.

(6) 할당표집

할당표집(quota sampling)은 모집단의 여러 특성을 대표할 수 있는 일정 수의 범주(category)를 정하고, 각 범주를 대표하는 사례의 수(quota)를 정하여 각 범주의 사례 수를 작위적으로 표집하는 것이다. 이 방법은 대중의 의견을 조사할 때 많이 쓰이는 방법이다. 할당표집은 층화표집과 매우 유사하나 작위적 표집이라는 면에서 차이가 있다. 즉, 작위적 표집으로 인해 오차가 커질 수 있으며 사례의 수를 정할 때 연구자의 편견이 작용할 가능성이 커진다는 단점이 있다.

(7) 의도적 표집

의도적 표집(purposive sampling)은 연구자가 모집단의 성격에 대해 어느 정도 전문 지식이 있을 때 연구자의 판단으로 가장 효과적이라고 생각되는 표본을 구하는 방법이다. 따라서 의도적 표집을 주관적 판단표집(subjective judgment sampling)이라고 하기도 한다. 이 표집의 기본 가정은 건전한 판단에 의해 의도적 표집이 이루어진다면 이를 통해 추출된 표본이 충분히 모집단을 대표할 수 있다고 보는 것이다. 하지만 모집단에 대한 충분한 지식이 없이는 사용하기 힘들며 연구자의 편견에서 오는 오류를 통제할 수 없다는 제한점이 있다.

(8) 눈덩이식 표집

눈덩이식 표집(snowball sampling)은 연구대상자로 선정된 사람이 주변의 가족이나 친구 등 또 다른 연구대상자를 소개하는 식으로 연구대상을 표집하는 방법이다. 대체로 모집단의 크기가 작은 경우(예: 한국에 거주 중인 소수민족 집

단)나 모집단에 체계적으로 접근하기 어려운 경우 (예: 노숙자 집단)에 사용된다. 눈사람을 만들 때 눈 덩이를 굴리면 점점 커진다는 데서 눈덩이식 표집 이라고 한다(사진 참조). 관찰연구에 흔히 이용되는 표집방법으로, 연구대상을 연속적으로 쉽게 찾을 수 있다는 장점이 있다. 하지만 표본으로 선정되 는 사람들의 대표성이 부족하다는 단점이 있다.

▮| 눈덩이식 표집은 작은 눈덩이가 굴러가 면서 점차 커지듯이, 연구대상 조건에 맞는 소수의 사람에서 시작해 이들의 소개를 받 아 유사한 조건의 사람들을 늘려 가는 표 집방법을 말함.

2. 측 정

넓은 의미에서 측정이란 연구과정의 일부로서 연구자가 수집하는 특성에 대한 관찰과 기록이 수반되는 과정이라고 할 수 있다(Trochim, 2005). 여기서 는 측정 시에 중요한 두 가지 사항에 대해 설명하고자 한다. 한 가지는 연구 자가 측정의 수준에 대해 잘 이해하고 있어야 한다. 이를 통해 자신이 관찰 하고 기록하고자 하는 특성에 적합한 측정의 수준을 선택하고 이후 측정의 수준에 합당한 자료분석 방법을 이용해야 한다. 다른 한 가지는 연구자가 선 택한 측정도구가 신뢰할 수 있고 타당한 방식으로 연구변수를 평가하는 도 구여야 한다는 점이다. 이를 위해 연구자는 신뢰도와 타당도의 개념과 종류 를 이해하고 연구목적과 연구변수에 부합하는 심리측정학적 수치를 제공할 수 있어야 한다. 그러므로 여기서는 측정의 기본이 되는 이들 사항에 대해 측정의 개념과 수준, 신뢰도와 타당도의 의미와 종류, 측정에서 신뢰도와 타 당도를 높이는 방법에 대해 살펴보고자 한다.

1) 측정의 수준

측정(measurement)이란 일정한 규칙에 따라 사물이나 사건에 숫자를 부여 하는 것이다(Stevens, 1951). 우리 주변에서 쉽게 볼 수 있는 예로 숙박업소의 질을 별의 개수로 나타내는 것을 들 수 있다. 호텔과 같은 숙박업소의 경우,

■| 소비자들이 자신의 숙박 경험을 바탕으로 해당 숙박업소의 질을 별의 개수로 평가해 놓은 자료의 예

별의 개수로 등급을 매겨서 별의 수가 많을수록 양질의 서비스를 제공하는 업소임을 나타낸다(사진 참조).

측정에서 중요한 것은 규칙이다. 규칙이란 무엇을 해야 할 것인지를 알려주는 지침이자 방법이며 지시사항이라고 할 수 있다. 예를 들어, "숙박시설의 서비스가 얼마나 만족스러운지에 따라 1에서 5까지의 숫자를 할당하라. 만약 어떤 숙박시설이 매우 좋다면 5를, 매우 나쁘다면 1이라는 수를 할당하라."라고 규칙을 정할 수 있다. 이러한 규칙에 따라 측정의 결과로 얻어진 여러 숫자가 갖는 성질을 **측정수준**이라고 한다. 이를 흔히 **척도**(scale)라고도 부른다. 심리학자인 Stanley Smith Stevens는 1946년 *Science*지에 실린 논문에서 측정척도이론에 대해 제안했다. 그는 과학에서의 모든 측정은 명목, 서열, 등간, 비율의 네 가지 척도로 수행된다고 주장했다. 다음은 Stevens가 분류한 네 가지 척도와 이에 대한 설명이다.

Stanley Smith Stevens

(1) 명목척도

가장 단순한 것은 **명목척도**(nominal scale)로, 이는 사물이나 사건의 이름을 나타내거나 이를 구분하기 위해 사용된다. 이 척도는 가장 낮은 수준의 척도로 질적 측정이다. 이분화된 명목자료의 예로 남성 대 여성으로 구분되는 성별을 들 수 있다. 보다 여러 범주를 갖는 명목자료의 예로 한국, 일본, 중국,

■| 축구선수의 등번호는 선수의 특성이나 실력과 관계없이 선수 각각을 구분하기 위해 사용됨.

미국, 기타 등이 포함되는 국적을 들 수 있다.

명목척도에서도 각 대상에 숫자를 할당하지만 이때의 숫자는 특성이 서로 다르다는 것을 의미할 뿐 수학적 의미의 수를 나타내지는 않는다. 성별이라는 변수에서 남자에게는 0을, 여자에게는 1이라는 숫자를 할당했다고 할 때, 0과 1은 단지 서로 다른 범주를 의미할 뿐이다. 따라서 이때의 숫자는 더하거나 빼는 등의 수학적 계산에 사용될 수 없다. 이들은 이름을 정하기 위해 사용되는 문자와 유사한 명칭에 불과하다. 이는 축구선수나 농구선수가 배정받는 등번호와 같이 수학적 의미가 아닌 명칭을 나타내는 것에 불과하다(사진 참조).

명목척도는 상호배타성과 포괄성을 충족시켜야 한다. 상호배타성(mutually exclusiveness)은 어떤 사례도 동시에 둘 이상의 범주에 속해서는 안 된다는 것을 말한다. 예를 들어, 결혼 상태라는 변수가 있을 때 '미혼, 초혼, 재혼, 이혼'이라는 명목이 제시되었다고 하자. 이 경우, 이혼 후에 재혼한 사람은 이혼과 재혼 두 범주에 모두 해당되므로 결혼 상태라는 변수의 척도는 상호배타성을 충족시키지 못하게 된다. 포괄성(exhaustiveness)은 각각의 가능한 사례가 모두 포함될 수 있는 범주를 제시해야 한다는 것을 말한다. 앞서 예로 든 국적이라는 변수를 측정하는 명목척도에 '한국, 일본, 중국, 미국'이라는 범주만 있다고 가정해 보자. 이런 경우 이들 네 나라가 아닌 다른 나라의 국적을 가진 사람들은 어느 범주에도 포함될 수 없으므로 이 척도는 포괄성을 충족시키지 못한다. 따라서 보통 '기타'라는 범주를 포함해서 포괄성 가정을 충족시키기도 한다.

(2) 서열척도

서열척도(ordinal scale)는 사람이나 사물의 상대적 서열을 나타내기 위해 순위에 따라 수치를 부여하는 것이다. 이 척도는 측정치들의 순위만 나타낼 뿐 측정치 사이의 크기나 정도의 차이가 얼마나 되는지는 나타내지 못한다. 즉, 서열척도에서 사용되는 숫자는 절대적인 수량을 나타내는 것이 아니라 순위를 나타낼 뿐이다. 서열 간의 간격 또한 동일하다고 볼 수 없다. 서열척도의

〈1반〉					
점수	100	95	80	75	70
이름	김	이	박	최	경
순위	1	2	3	4	5

〈2반〉					
점수	100	80	70	69	63
이름	임	민	하	이	길
순위	1	2	3	4	5

그림 2-8　서열척도의 예

예로 학급 내 신장 순위를 들 수 있다. 예를 들어, 학급에서 키가 가장 큰 학생과 두 번째로 큰 학생의 키 차이는 세 번째로 큰 학생과 네 번째로 큰 학생의 키 차이와 동일하지 않다. 다시 말해, 서열척도는 단지 '키가 누가 누구보다 크다.'라는 순서의 정보만 알려 줄 뿐이다.

서열척도의 또 다른 예로 학생들의 성적 순위를 들 수 있다. [그림 2-8]은 두 학급에서 성적이 좋은 학생을 5명씩 뽑아 순위를 매긴 예다. 그림에서 보듯이 성적이라는 연속선상에서 서열 간의 간격이 같지 않다. 1반의 경우 1등과 2등 간의 점수 차이는 작은 편이지만 2등과 3등의 점수 차이는 큰 편이다. 또한 1반과 2반에서 등수가 같다고 해도 실제 성적은 같다고 할 수 없다. 1반의 경우 2등의 성적이 95점이지만 2반의 경우는 80점이다. 따라서 이들 순위에 사용되는 숫자는 순서만을 의미할 뿐 성적의 절대적 수치를 나타내지는 않는다.

(3) 등간척도

등간척도(interval scale)는 측정되는 속성이 갖는 각 수준의 간격이 동일한 척도를 말한다. 즉, 측정되는 자료의 서열에 대한 정보를 제공할 뿐 아니라 서열 사이의 간격이 동일하다는 정보도 제공한다. 양적 특성은 등간척도를 이용해 측정할 수 있다. 대표적인 예로, 섭씨나 화씨, 지능지수를 들 수 있다. 섭씨 20°는 10°보다 더 높은 온도를 나타낼 뿐 아니라 정확하게 10°가

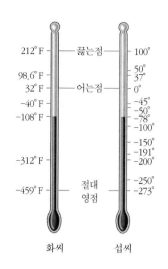

212° F ── 끓는점 ── 100°
98.6° F ── 50° / 37°
32° F ── 어는점 ── 0°
−40° F ── −45°
−108° F ── −50° / −78° / −100°
−150° / −191° / −200°
−312° F ── −250° / −273°
−459° F ── 절대영점

화씨   섭씨

▋| 섭씨 0도는 온도가 전혀 없다는 것을 의미하는 것이 아니라 물이 어는 온도를 나타냄.

더 높다. 또한 측정단위의 간격이 동일하므로 20°와 10°의 온도 차이는 0°와 10°의 온도 차이와 같다. 그러나 등간척도에는 절대영점이 없으므로 해석 시 주의해야 한다. 온도를 측정하는 단위에서 섭씨 0°는 온도가 전혀 없다는 것을 뜻하지 않으며 물이 어는 온도를 섭씨 0°라고 임의로 약속하였기 때문이다. 따라서 이를 임의영점이라고 한다(사진 참조). 지능지수 역시 0점이라는 것이 그 사람의 지능이 전혀 없다는 것을 의미하는 것이 아니라 단지 지능검사에서 0점을 받았다는 의미다. 등간척도를 이용할 때 덧셈과 뺄셈 법칙은 적용이 가능하나 곱셈이나 나눗셈 법칙은 적용할 수 없다. 따라서 0°와 1°에서 보이는 1단위의 눈금 차이가 나타내는 온도 차이와 20°와 21°에서 보이는 1단위의 눈금 차이가 나타내는 온도 차이는 같다고 해석할 수 있어도 20°가 10°보다 2배 더 덥다고 말할 수는 없는 것이다.

사회과학에서 대부분의 변수들이 등간척도로 간주되지만 이들 중 상당수는 엄격한 의미에서 서열척도로 간주해야 한다고 주장하는 학자들도 더러 있다. 지능지수를 예로 들면, 100점과 110점의 차이나 120점과 130점의 차이는 모두 10점으로 같지만 실제로 그 차이가 의미하는 것도 똑같은 10점인지는 아무도 알 수 없다. 따라서 사회과학에서 사용되는 대부분의 변수들을 서열척도로 보는 것이 안전하지만 그렇게 되면 매우 제한된 통계분석만이 가능하므로, 보다 다양한 통계분석 방법을 사용하기 위해 등간척도로 간주해도 무방하다는 의견이 지배적이다.

(4) 비율척도

비율척도(ratio scale)는 절대영점을 가지고 있는 등간척도다. 길이, 질량, 에너지 등과 같이 물리학이나 공학 분야에서 주로 사용되는 측정치는 대부분 비율척도를 이용한 것이다. 이 척도는 명목척도, 서열척도, 등간척도의 특성을 모두 지니고

▋| 0cm는 길이가 전혀 없음을 의미함.

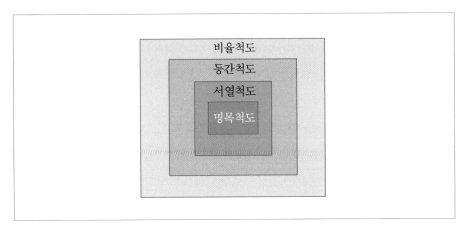

그림 2-9   척도 간의 관계(보다 높은 수준의 측정은 그보다 낮은 수준의 측정이 갖는 특성을 모두 내포함)

출처: Fallik, F., & Brown, B. L. (1983). *Statistics for behavioral sciences*. Homewood, IL: The Dorsey Press.

있다(그림 2-9) 참조). 나아가 비율척도에서 0은 그 특성이 전혀 없다는 것을 의미한다. 예를 들어, 무게나 길이의 경우, 0은 무게나 길이가 없다는 것을 말한다. 따라서 비율척도를 사용한 측정치에는 덧셈과 뺄셈뿐만 아니라 곱셈이나 나눗셈의 법칙을 적용하는 것이 가능하다.

비율이라는 용어는 두 측정값의 비율이 측정단위와 무관하다는 사실을 의미한다. 다시 말해, 두 측정값의 비율은 측정단위가 바뀌어도 그 비율이 변하지 않는다. 예를 들어, 체중이 80kg인 사람은 체중이 40kg인 사람보다 2배 더 무겁다는 해석이 가능하다. 이때 킬로그램(kg)을 파운드와 같이 다른 측정단위를 사용해 표현해도 비율은 달라지지 않는다. 길이를 측정하는 센티미터(cm) 또한 인치(inch)로 바꾼다 해도 비율이 변하지 않는다. 하지만 앞에서 설명한 등간척도의 경우는 사정이 다르다. 예를 들어, 섭씨 $80°$와 $40°$는 그 비율이 2:1로 보이지만, 이것을 화씨온도로 환산하면 비율이 달라진다. 즉, $F = 32 + 1.8°C$에서 $80°C/40°C \neq 176°F/104°F$이다. 비율척도는 측정의 가장 높은 수준으로 과학자들이 이상적이라고 생각하는 측정이지만 사회과학에서는 매우 드물게 사용된다.

지금까지 살펴본 측정수준의 특성을 요약하면 〈표 2-1〉과 같다.

표 2-1   측정수준과 특성

측정수준 \ 특성	분류	순위	동일간격	절대영점	예
명목척도	○	×	×	×	성별, 주민등록번호
서열척도	○	○	×	×	성적 순위, 선착 순서
등간척도	○	○	○	×	지능지수, 섭씨·화씨온도
비율척도	○	○	○	○	연령, 신장, 체중, 켈빈온도

2) 신뢰도와 타당도

신뢰도와 타당도는 검사나 평가 절차를 이용할 때 고려해야 할 가장 중요한 심리측정학적 특성이다. 일반적으로, 신뢰도는 검사점수가 얼마나 안정성이 있고 일관성이 있는지를 나타내고, 타당도는 검사점수가 측정하고자 하는 것을 얼마나 정확하게 나타내는지를 의미한다. 신뢰도와 타당도를 추정하는 방법에는 여러 가지가 있다. 따라서 어떤 검사의 신뢰도나 타당도가 단지 하나만 있는 것이 아니다. 한 표본을 가지고 한 상황에서 하나의 방법으로 추정된 검사의 신뢰도나 타당도는 다른 표본을 대상으로 하거나 다른 상황에서 다른 방법으로 추정한 신뢰도나 타당도와 동일하지 않을 수 있다. 또한 검사의 신뢰도계수나 타당도계수는 언제나 해당 표본을 바탕으로 한 추정치임을 주지해야 한다. 따라서 연구자는 검사 목적과 측정되는 자료의 특성에 적합한 신뢰도와 타당도를 자신의 표본을 이용해 확인하고 보고해야 한다. 다음에서는 다양한 종류의 신뢰도 및 타당도에 대해 좀 더 자세히 살펴볼 것이다.

(1) 신뢰도

측정의 일관성을 나타내는 지수인 신뢰도를 추정하는 데는 주요 관심을 어디에 두느냐에 따라 몇 가지 방법이 있다. 같은 검사를 일정 기간이 지난 다음 다시 실시해 얼마나 일관성이 있을지에 관심이 있을 수도 있고, 두 개의 동형검사에서 한 개인이 얼마나 일관성 있는 해답을 하느냐에 관심이 있을 수도 있다. 또는 검사의 모든 문항이 같은 특성을 측정하는 것인가에 관심이 있을 수도 있다. 산출방식에 차이는 있지만, 이들 대부분의 신뢰도 지표는 상관계수로 표현되는데 이것을 신뢰도계수(reliability coefficient)라고 부른다. 신뢰도 계수가 0이면 신뢰도가 전혀 없다는 것을 나타낸다. 신뢰도계수가 1.0이라면 신뢰도가 완벽하다는 것을 나타낸다. 따라서 연구자들은 신뢰도계수가 가능한 한 1.0에 가깝기를 바란다. 다음은 신뢰도의 종류에 대해 살펴보기로 하자.

① 검사-재검사 신뢰노

검사-재검사 신뢰도(test-retest reliability)는 동일한 대상에게 동일한 검사를 사용해 측정한 검사점수 간 관련성이 얼마나 높은가를 나타낸다. 따라서 기본적으로 해당 측정도구를 이용해 측정한 점수가 시간이 지나도 안정적인지 그렇지 않은지를 알려 준다. 검사-재검사 신뢰도에서는 하나의 검사도구를 이용해 동일한 대상에게 시간적 간격을 두고서 두 번 측정하여 두 검사점수 간의 상관계수를 산출하므로([그림 2-10] 참조), 이때 얻은 신뢰도 계수를 안정성계수(coefficient of stability)라고 한다. 안정성계수는 일정 기간 비교적 안정적인 특성에 대해 산출할 때 유용한 반면, 기분이나 스트레스와 같이 상황에 따라 쉽게 변하는 특성을 평가하는 데는 적절하지 않다. 즉, 개인의 상태(states)보다는 잘 변하지 않는 것으로 간주하는 지능지수나 내향성 등과 같은 특질(traits)을 측정하는 도구의 신뢰도를 산출할 때 이용된다.

검사-재검사 신뢰도계수는 두 검사를 실시한 시간간격의 영향을 받게 된다. 두 검사 간 시간간격이 너무 짧으면 응답자가 첫 번째 검사에 어떻게 응답했는지를 기억해서 재검사 신뢰도가 인위적으로 과대추정될 수 있다. 반면, 두 검사 간 시간간격이 너무 길어지면 두 검사가 진행되는 기간 동안 개

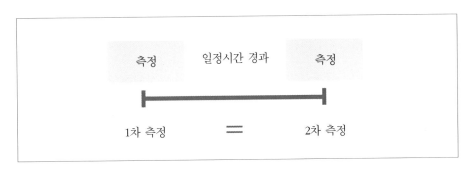

그림 2-10 검사-재검사 신뢰도

인의 경험(예: 학습, 건강상태 등)으로 인해 재검사 신뢰도가 낮아질 수도 있다. 예를 들어, 월초에 주부들을 대상으로 소비자 상식에 대한 검사를 실시하고 월말에 다시 실시할 때, 몇몇 주부들이 첫 번째 검사 후 소비자 상식에 대해 관심을 가지고 학습하였다면 재검사 시에 이러한 학습효과가 반영되어 신뢰도계수가 낮아지게 된다. 모든 상황에 적용이 가능한 최선의 시간간격을 찾을 수는 없지만, 보통 일주일 이하이면 시간간격이 너무 짧다고 볼 수 있다. 두 검사 시행 간 적절한 시간간격을 정할 때는 검사의 종류, 응답자들의 특성, 응답자의 수행력에 영향을 미칠 수 있는 특정 상황 등을 고려해야 한다. 또한 두 검사 간 시간간격이 신뢰도계수에 영향을 미칠 수 있으므로, 재검사 신뢰도를 보고할 때는 시간간격 정보를 반드시 기술해야 한다.

② 동형검사 신뢰도

동형검사 신뢰도(equivalent forms reliability)는 동일한 내용의 검사 두 가지를 비슷하게 만들어 동일한 대상에게 시간간격을 거의 두지 않고 실시하여 두 검사점수 간의 상관을 산출한 것이다([그림 2-11] 참조). 이것을 동등성계수(coefficient of equivalence)라고 부른다. 동형검사는 내용, 형식, 길이, 난이도, 채점방식, 해석 등에서 동등해야 한다.

동형검사는 재검사가 불가능하거나 바람직하지 않을 때 사용된다. 예를 들어, 문제해결력을 측정하기 위해 '밀폐된 공간에서 일어나는 살인사건'을 해결하도록 문제를 제시했다고 하자. 이때 피검자는 사건을 해결하고 나면 그 해결방법을 기억하게 된다. 만약 재검사 시 같은 문제가 주어진다면 곧바로 정답을 알기 때문에 더 이상 연역적 추리를 하지 않게 된다. 따라서 두 번째 경우는 문제해결력이 아니라 기억력이 관건이 된다.

이론적으로는 두 검사를 동시에 실시해야 하지만 현실적으로 불가능하므로 되도록 짧은 시간 내에 두 검사를 실시해야 한다. 검사 실시의 순서에 의한 효과를 상쇄하기 위해 피검자 집단의 반은 A형 검사를 먼저 받게 하고 나머지 반은 B형 검사를 먼저 받게 한다. 동형검사 신뢰도 산출 시 무엇보다 중요한

A형 검사

‖

B형 검사

동 시기 측정

그림 2-11 동형검사 신뢰도

것은 두 동형검사 문항의 동질성 여부다. 두 검사에 동일한 문항을 넣을 수 없으므로 동일한 구성개념을 측정하는 두 가지 동형검사를 만드는 것은 쉬운 일이 아니다. 두 검사가 동형이 아니라면 측정오차가 발생하게 되므로 신뢰도가 낮아지게 된다. 또한 짧은 시간 내에 두 검사를 실시하는 것이 현실적으로 어려운 경우도 있다. 예를 들어, 대학입시를 위한 수학능력시험을 하루에 두 번 치러야 한다고 하면 누구라도 힘들어할 것이다. 이러한 이유로 동형검사 신뢰도는 다른 신뢰도 지표에 비해 자주 사용되지 않는 편이다.

③ 내적 합치도

내적 합치도(internal consistency)는 검사의 항목들이 얼마나 일관되게 하나의 구성개념을 측정하는지를 나타내는 것이다. 특정 검사에 포함된 항목들이 단일 차원 혹은 단일 구성개념을 평가하면 그 검사는 단일 차원이다. 반면 검사항목들이 둘 이상의 구성개념이나 차원을 평가하는 경우 그 검사는 이질적 또는 다차원이 된다. 항목의 수가 같은 경우 동질적인 검사가 이질적인 검사보다 내적 일치도가 높다. 이질적이거나 다차원적인 특성을 평가하는 검사를 사용하고자 한다면 검사를 구성하는 각 차원의 내적 일치도를 확인해야 한다(Johnson & Christensen, 2004). 예를 들어, 연구자가 사용하고자 하는 지능검사에 독해력, 추리력, 수리력, 창의력을 평가하는 요소가 포함되어 있다면 이들 각 요소의 내적 일치도를 산출할 필요가 있다.

연구자는 한 집단의 사람들에게 한 번의 검사를 실시하여 내적 합치도를 산출할 수 있다. 내적 합치도는 이러한 편리성으로 흔히 보고되는 신뢰도계수 중의 하나다. 내적 합치도는 보통 Cronbach의 동질성계수나 Kuder-Richardson 공식을 이용하여 산출한다. 여기서는 Cronbach가 개발한 알파계수를 중심으로 살펴볼 것이다. Lee Cronbach(1951)는 1937년 G. Frederic Kuder와 M. W. Richardson의 내적 합치도 공식으로부터 알파계수(Coefficient Alpha)를 개발하였다. 알파계수는 검사항목들이 서로 관련되어 있는 정도를 알려 준다. 즉, 한 검사를 구성하고 있는 여러 문항의 점수가 서로 높은 정적 상관을 보인다면 그 검사는 동질적이라는 것이다. 알파계수의 강점 중 하나는 다방면에 사용이 가능하다는 것이다. 예를 들어, 5점 리커트식 척도로 응답하는 문항들로 구성된 검사에도 사용될 수 있고, 이분화된 응답을 하는 문항들로 구성된 검사에도 사용될 수 있다.

다음은 Cronbach의 알파계수를 산출하는 공식이다.

$$r_\alpha = \frac{k \times \bar{r}}{1 + (k-1) \times \bar{r}}$$

r_α: 알파계수
k: 검사 내 항목의 수
$\bar{r}$: 항목들 간 상관의 평균

예) 검사항목 수: 6
   항목들 간 상관의 평균: .85

$$r_\alpha = \frac{6 \times .85}{1 + (6-1) \times .85}$$

$$= \frac{5.1}{1 + 4.25} = .97$$

이 공식에서 알 수 있듯이 알파계수는 검사 내 항목들 간의 상관 정도에 따라 달라진다. 항목들 간 정적인 관련성이 클수록 알파계수가 커지게 된다. 또한 검사 내 항목의 수에 의해서도 영향을 받는다. 즉, 다른 조건이 동일하다면 검사 내 항목의 수가 많을수록 알파계수도 커지게 된다.

④ 반분 신뢰도

반분 신뢰도(split-half reliability)는 하나의 검사를 양분하여 두 부분을 동형검사로 보고 신뢰도계수를 산출하는 방법이다. 두 개의 동형검사를 만드는 것이 힘들고 비용도 많이 들기 때문에 하나의 긴 검사를 양분하여 이들을 동형검사로 보는 것이다. 검사지의 문항을 양분하는 방법은 여러 가지가 있을 수 있지만 보편적으로 홀수번호 문항과 짝수번호 문항으로 나눈다. 일반적으로 전반부와 후반부로는 나누지 않는다. 그 이유는 후반부를 다 끝내지 못하는 경우는 반분이 되지 않기 때문이다.

앞서 언급한 바와 같이 신뢰도계수는 검사문항의 수에 의해 영향을 받는다. 다른 조건이 동일하다면 검사문항의 수가 줄어들면 신뢰도계수도 낮아진다. 반분 신뢰도의 경우 검사문항을 양분하므로 원래 검사문항 수의 반으로 신뢰도를 추정하게 된다. 따라서 이를 스피어만-브라운 예측공식(Spearman-Brown prophecy formula)으로 다음과 같이 교정하게 된다.

$$r_{xx} = \frac{2r_{hh}}{1 + r_{hh}}$$

r_{xx}: 교정된 후의 신뢰도계수(본래 길이의 검사 신뢰도 추정치)
r_{hh}: 반분된 상태의 신뢰도계수

이 공식은 반분 신뢰도로부터 원래 길이의 검사 신뢰도를 추정한다. 예를 들어, $r_{hh} = .80$이면, $r_{xx} = 2(.80)/(1 + .80) = .89$다. 반분 신뢰도를 동형검사 신뢰도의 특수한 경우로 보는 견해도 있고 내적 합치도의 한 형태로 보는 견해도 있다.

⑤ 평정자 간 신뢰도

평정자 간 신뢰도(inter-rater reliability)는 직접관찰과 같이 보다 직접적 형태의 평가에서 중요하다. 행동척도를 이용해 둘 이상의 관찰자가 평가를 할 때 언제나 평정자 간 신뢰도를 보고해야 한다. 즉, 평정자 간 신뢰도는 한 관찰자가 다른 관찰자와 얼마나 유사하게 행동이나 현상을 측정하였는지를 평가하는 것이다([그림 2-12] 참조). 이를 관찰자 간 신뢰도(inter-observer reliability)라고 부르기도 한다.

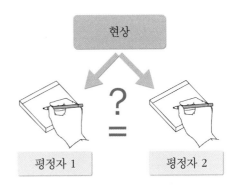

그림 2-12 평정자 간 신뢰도

평정자 간 신뢰도를 추정하는 방법은 측정변수의 수준에 따라 달라진다. 측정변수가 등간척도일 때는 피어슨의 단순적률상관계수(Pearson's product moment correlation coefficient)로 신뢰도를 추정하고, 측정변수가 서열척도일 때는 켄달의 일치도계수(Kendall's coefficient of concordance)로 신뢰도계수를 추정한다. 그 결과, 계수가 높으면 두 평정자가 동일한 평정기준에 의해 평가한 것으로 해석되는 반면에, 계수가 낮으면 평정자가 각기 다른 평정기준에 의해 평가한 것으로 해석된다.

측정변수가 명목척도일 때 가장 흔히 사용하는 신뢰도 추정방법은 Cohen (1960)이 제안한 **카파계수**(Kappa coefficient)를 이용하는 것이다. Cohen은 우연에 의해 평정자 간 평가가 일치할 확률을 제거한 카파계수를 고안하였다.

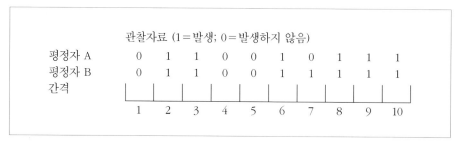

그림 2-13 초등학교 쉬는 시간 아동의 공격적 행동을 관찰한 두 평정자의 기록

다음은 카파계수를 구하는 공식이다.

$$카파계수 = \frac{(실제\ 두\ 평정자\ 간\ 나타난\ 일치율-우연히\ 일치될\ 비율)}{(1-우연히\ 일치될\ 비율)}$$

[그림 2-13]은 초등학교의 쉬는 시간에 아동의 공격적 행동을 관찰한 두 평정자의 기록이다. 이 자료를 예로 두 평정자 간 신뢰도인 카파계수를 구해 보자. 열 번의 관찰 회기 중 평정자 A는 공격적 행동이 6회 발생했다고 보고했다. 즉, 평정자 A는 관찰 회기의 60%에 공격적 행동이 발생했다고 평가했다. 평정자 B는 7회 발생했다고 보고했다. 즉, 평정자 B는 관찰 회기의 70%에 공격적 행동이 발생했다고 평가했다. 이들 두 평정자가 공격적 행동이 발생했다고 보고한 것이 우연히 일치할 비율을 구하면 .60×.70 = .42가 된다. 또한 이와 같은 방식으로 두 평정자가 공격적 행동이 발생하지 않았다고 보고한 것이 우연히 일치할 비율을 구하면 .40×.30 = .12가 된다. 따라서 이들을 합한 .54는 두 평정자의 평가가 우연히 일치할 비율이 된다.

아동의 공격적 행동 자료에 대한 두 평정자의 평가결과를 비율로 정리한 것은 [그림 2-14]와 같다. 여기서 배경색이 채워진 칸의 경우, 두 평정자의 평가가 실제로 일치한 비율이다. 이들 값을 공식에 대입하면 두 평정자의 일치도인 카파계수는 .78이 된다.

$$카파계수(K) = \frac{(.60+.30)-[(.60\times.70)+(.40\times.30)]}{1-[(.60\times.70)+(.40\times.30)]} = \frac{.90-.54}{.46} = .78$$

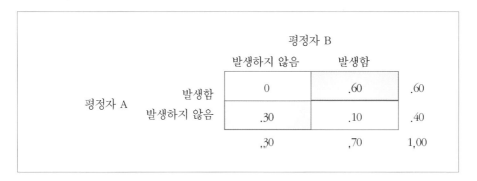

그림 2-14 공격적 행동 자료에 대한 2×2 비율표

카파계수의 범위는 +1에서 −1까지다. 양의 값을 갖는 카파계수는 두 관찰자가 우연으로 인한 것보다 더 많이 일치한다는 것을 말한다. 카파계수 1.0은 두 평정자의 점수가 완전히 일치한다는 것을 의미한다. 카파계수 0은 두 평정자 간 일치도가 우연으로 인해 일치하는 것과 같은 정도로 일치한다는 것을 의미한다. 음의 값을 갖는 카파계수는 우연보다 더 많이 불일치한다는 것을 의미하고, 카파계수 −1.0은 두 평정자의 점수가 완전히 불일치함을 의미한다. 보통 두 평정자 간 일치도가 있다고 하기 위해서는 최소한 카파계수 .60은 되어야 하고, 두 평정자 간 일치도가 우수하다고 하려면 카파계수 .75 이상은 되어야 한다(Fleiss, 1981).

(2) 타당도

검사의 결과가 얼마나 안정적이고 일관성이 있는가에 대한 정보가 신뢰도라면, 검사가 측정하는 특성이 무엇인지, 검사가 측정하고자 의도한 특성을 제대로 잘 측정하는지에 대한 정보가 타당도(validity)다. 검사를 타당화하는 방법에는 여러 가지가 있지만 크게 내용 타당도, 준거관련 타당도, 구인 타당도로 나누어 볼 수 있다. 내용 타당도는 측정도구가 가지고 있는 내용의 대표성 혹은 내용에 관한 표집 적절성과 관련된 것이다. 따라서 내용 타당도의 초점은 측정되는 내용 영역에 있으며, 측정 내용이 측정하려는 특성의 전집을 대표하는지를 평가한다. 준거관련 타당도는 검사점수와 외적 준거 간의 관련성을 살펴보는 것이다. 여기에는 검사의 결과가 외적 준거의 현재 상태를 올바르게 나타내는가를 알아보는 동시 타당도와 검사결과가 외적 준거의 미래 상태를 잘 예측하는가를 알아보는 예측 타당도가 있다. 구인 타당도는 측정도구가 어떤 심리적 구성개념이나 이론적 구성요인을 얼마나 잘 측정하는가를 나타내는 것이다. 이는 내용 타당도와 준거관련 타당도를 포함한 여러 가지 방법에 의해 검증된다. 이어서 이들 각각의 타당도에 대해 좀더 자세히 살펴보기로 하자.

① 내용 타당도

내용 타당도(content validity)는 검사를 구성하고 있는 문항들이 관심의 대상인 내용 영역을 잘 대표하고 있는 정도를 말한다. 즉, 검사의 구성 내용이 전집의 내용을 잘 대표하고 있으면 내용 타당도가 높다고 보고, 전집의 내용을 잘 대표하지 못하면 내용 타당도가 낮다고 본다. 내용 타당도를 산출하기 위해 전문가들에게 검사의 구성 내용이 전집의 내용을 대표하는 정도를 평가하도록 한다. 내용 타당도를 평가할 때 기본적인 물음은 검사를 구성하는 문항들이 관심의 대상인 내용 영역의 대표적인 표본으로 구성되어 있느냐는 것이다. 따라서 내용 타당화는 잠재적인 문항 전집으로부터 문항 표집의 적절성을 평가하는 과정이라고 할 수 있다.

내용 타당도를 평가하는 첫 단계는 관심의 대상이 되는 영역을 구체화하는 것이다. 예를 들어, 지능검사의 경우 지적 능력과 관련된 문항에 답하기 위해 사용되는 인지과정에 초점을 두게 된다. 내용 영역을 명료하게 구체화하기 위해 영역의 범위를 기술해야 한다. 지능검사의 내용은 주로 지능을 구성한다고 보는 하위영역(예: 언어능력, 수리능력, 공간능력, 기억력 등)을 이용해 구체화된다. 내용 타당도를 평가하는 다음 단계는 검사문항들이 앞 단계에서 구체화된 각 영역에서 고르게 표집되었는지를 평가하는 것이다. 즉, 검사문항이 그 영역을 적절하게 잘 대표한다고 전문가들이 판단한다면 그 검사는 내용 타당도를 가지는 것이다. 내용 타당도가 높기 위해서는 검사문항들이 가능한 내용이나 행동 영역의 대표적인 표본이어야 한다. 대표적 표본은 문항을 강조점과 중요도에 비례하여 선정하는 표집 과정을 통해 만들어진 표본을 말한다. 앞서 예로 든 지능검사의 경우, 기억력 영역에서만 혹은 수

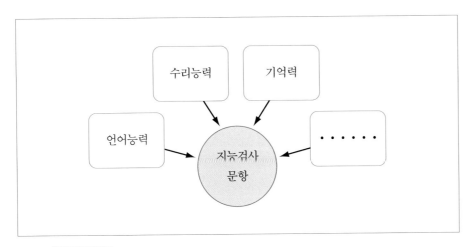

그림 2-15　지능검사의 하위 내용 영역과 각 하위영역으로부터의 문항 표집

리능력 영역에서만 문항을 표집한다면 검사문항들이 지능에 관한 대표적 표본이라고 할 수 없다. 따라서 이상적으로는 검사(예: 지능검사)를 제작할 때 문항표집 과정에서는 잠재적 문항의 전집에서 내용 영역을 몇 개의 하위영역(예: 언어능력, 수리능력, 공간능력, 기억력)으로 나누고, 각 하위범주에 가중치를 부여하며, 마침내 목표로 한 문항의 수가 다 채워질 때까지 각 하위범주에서 문항을 무선적으로 표집하게 된다([그림 2-15] 참조).

　마지막 단계로 검사의 내용 타당도를 측정하기 위해 평정척도가 만들어진다. 검사의 내용 타당도를 평가하는 전문가들은 우선 영역에 대한 정의의 적절성을 평가하고, 다양한 범주의 문항들이 그 영역을 적절하게 대표하는지의 여부를 평가하며, 개별 문항들이 측정하는 것으로 가정되는 영역을 실제로 반영하는지 여부를 평가하게 된다. 그런 후 해당 검사의 내용 타당도에 대해 전반적으로 평가하게 된다.

　하지만 이러한 평가 절차에는 다음과 같은 문제점이 있다. 첫째, 내용 타당도의 크기를 알려 주는 양적 지수가 없다. 양적 지수가 없는 경우 검사의 내용 타당도 정보에 관한 비교가 불가능하다. 둘째, 전문가들마다 상이한 표준과 준거를 사용할 수 있다. 따라서 어떤 검사의 타당도에 대해 전문가들 간에 의견이 일치하지 않을 수도 있다. 셋째, 영역의 정의나 개별 문항의 범주가 명확하지 않으면 내용 타당도에 대한 판단을 하기 어렵다.

내용 타당도를 평가할 때 이러한 절차상 약점을 보완하기 위해 다음과 같은 방법이 사용되기도 한다. Cronbach(1971)의 방식에 따르면, 동일 영역에서 서로 독립적으로 제작된 동형검사 점수를 비교함으로써 내용 타당도를 양적으로 평가할 수 있다. 즉, 두 검사점수 간의 상관이 높으면 내용 타당도가 있다고 추정한다는 것이다. 만약 두 검사점수 간 상관이 낮다면 어느 한쪽 검사의 내용 타당도가 결여되었다고 본다. Lawshe(1975)는 내용 타당도를 양적으로 평가하는 방식으로 내용 타당도 비율 공식을 다음과 같이 제시하였다(송인섭 외, 2001).

$$\text{내용 타당도 비율} = \frac{(\text{측정문항이 내용 영역을 잘 측정한다고 평가한 전문가의 수})-(N/2)}{(N/2)}$$

* N = 전체 평가자의 수

그 밖에 사전-사후검사 설계를 이용하는 방법도 있다. 검사에서 다루어지는 분야에 대한 배경지식이 없는 사람들에게 사전검사를 실시한 후 관련 내용을 학습하도록 훈련시킨다. 그런 후 사후검사를 실시하여 검사점수가 유의하게 증가한다면 그 검사가 관련 내용 영역을 포함했다는 증거를 가지게 된다.

참고로, 내용 타당도는 종종 안면 타당도와 혼동되는 경우가 있다. 안면 타당도(face validity)는 검사문항들이 그 검사가 측정하도록 되어 있는 구성개념을 측정하는 것처럼 보이는 정도를 말한다. 예를 들어, "나는 흑인을 싫어한다." "흑인은 백인보다 열등한 인종이다."라는 문항들은 인종차별 정도를 평가하는 것이다. 이들 문항은 누가 보아도 인종차별 정도를 측정하는 것으로 보이므로 안면 타당도가 있다고 할 수 있다. 하지만 안면 타당도가 높은 검사가 의도한 구성개념을 잘 측정하지 못하는 경우도 많다. 앞서 예로 든 인종차별 검사의 경우, 응답자들은 자신의 생각을 솔직하게 답하기보다는 사회적으로 바람직한 방향으로 응답하기 쉽다. 또한 안면 타당도는 전문가에 의해 체계적으로 평가되기보다는 비전문가에 의해 다소 피상적으로 평가된다.

② 준거관련 타당도

보편적으로 검사는 미래의 행동을 예측하기 위해 사용된다. 예를 들어, 대학 입학 후 학업능력을 예측하기 위해 입학평가 시 수학능력검사를 이용하고, 직무수행 능력을 예측하기 위해 입사 시 적성검사나 능력검사를 한다. 즉, 여러 검사의 공통된 목적은 각각의 상황에서 개인의 수행력을 예측하고자 하는 것이다. 이때 예측되는 수행력(performance)을 준거(criterion)라고 부른다. 준거관련 타당도(criterion-related validity)란 검사점수가 준거가 되는 점수와 관련이 있는 정도를 말한다. 검사점수가 준거점수와 상관이 높으면 검사의 준거관련 타당도가 높다고 보고, 검사점수가 준거점수와 상관이 낮으면 검사의 준거관련 타당도가 낮다고 본다. 검사가 준거와 관련되고 실제로 준거 수행을 정확하게 예측할수록 준거관련 타당도가 높은 유용한 검사가 된다.

준거관련 타당도는 예측 타당도와 동시 타당도로 구분된다. 검사의 결과가 외적 준거의 미래 상태를 예측하는 정도를 예측 타당도(predictive validity)라고 하고, 검사의 결과가 외적 준거의 현재 상태를 올바르게 나타내는 정도를 동시 타당도(concurrent validity)라고 한다. 대학성적을 예측하는 데 수학능력검사를 사용하거나 직무수행을 예측하는 데 적성 및 능력검사를 사용할 때 이들 검사의 예측 타당도에 관심을 갖게 된다. 그러나 검사점수와 준거점수가 동시에 수집되는 동시 타당도 연구에서는 검사점수가 실제로 준거자료의 수집을 대체할 수 있는지에 관심을 갖는다. 정신질환의 정도를 결정하기 위해 정신과 의사의 진단을 성격검사점수로 대체할 수 있는가를 알아보는 경우를 예로 들 수 있다. 만약 검사와 준거척도 간에 관련성이 높고, 검사를 활용하는 것이 실제로 준거자료를 수집하는 것보다 더 경제적이라면 이와 같은 대체는 매우 유용하다고 할 수 있다. 따라서 동시 타당도는 검사에 의해 준거를 예측하기보다는 검사에 의한 대체를 포함한다는 점에서 예측 타당도와 다르다. 따라서 예측 타당도를 구하기 위해서는 준거자료가 미래의 어떤 시점에서 수집되는 반면, 동시 타당도를 구하기 위해서는 검사점수와 준거점수가 동시에 수집된다.

엄격한 의미에서 준거와 준거척도는 다르다. 준거는 성공적 수행에 대한 총체적인 개념으로 '개념적 준거'라고도 부른다(Astin, 1964). 검사의 타당도를 결정하는 데 개념적 준거를 사용하기 위해서는 개념적 준거를 조작적으로 정의한 척도가 있어야 한다. 이것이 준거척도다. 예를 들어, 연구자가 관심을 가지고 있는 개념적 준거가 대학에서의 성공이라면 이때 준거척도는 대학성적(GPA)이 될 수 있다. 혹은 세일즈맨으로서의 성공이 개념적 준거라면 월 판매액이 준거척도가 될 수 있다. 준거척도는 매우 중요하다. 개념적 준거가 아무리 이상적인 것이라도 이를 측정할 때 필요한 준거척도가 없다면 쓸모가 없기 때문이다.

준거척도의 종류는 다양하다. 가장 보편적인 것은 결과물이나 수행 등을 준거척도로 활용하는 것이다. 학업 현장에서는 성적, 교육수준, 특정 프로그램의 이수 등이 준거척도가 될 수 있다. 산업이나 경영 현장에서는 판매량, 생산량, 급여, 승진, 고객의 수, 재임기간 등이 준거척도로 사용될 수 있다. 교과시험, 훈련 프로그램의 끝에 실시하는 검사, 특정 전문직 자격시험 상황에서는 검사수행력이 준거척도가 된다. 결과물이나 수행에 대한 객관적인 척도가 없거나 부적절할 때 감독자나 동료의 평정을 준거척도로 활용하기도 한다. 그 밖에 특정 집단에의 소속이 준거척도일 수 있는 상황도 있다. 예를 들어, 지능검사는 흔히 연령을 변별 준거로 사용한다. 아동의 연령이 증가함에 따라 특정 문항을 통과하는 비율이 증가한다면 그 검사는 타당한 것으로 간주된다.

어떤 종류의 준거척도를 활용하든지 다음과 같은 점을 고려하여 선택해야 한다. 첫째, 준거척도는 개념적 준거의 중요한 측면을 실제로 반영해야 한다. 앞선 예에서 대학에서의 성공으로 여겨지는 특성들이 GPA에 반영되는 경우에만 GPA가 대학에서의 성공에 대한 적절한 척도가 될 것이다. 둘째, 준거척도는 신뢰할 수 있어야 한다. 만약 준거수행이 상황이나 시간에 따라 변한다면 이는 예측변수와 일관성 있는 관계를 가질 수 없게 된다. 셋째, 준거척도는 편파적이지 않은 것이어야 한다. 이는 준거척도가 평정척도인 경우에 특히 중요하다. 만일 평정자가 특정 피험자에 대해 점수를 매길 때 실제 수행 이외에 사적인 견해를 포함해 평가한다면 이는 편파적인 준거점수가 될 것이다. 혹은 성적을 부여하는 교사가 학생들의 지능지수를 알고 있고 이러한 사전지식이 학생들에 대한 교사의 평가에 영향을 미친다면 이 또한 편파적인 준거점수가 된다. 넷째, 적절성, 신뢰성, 탈편파성 등의 조건이 동일하다면, 사용하기 간편하고 입수하기 용이하며 비용이 저렴한 것이 좋은 준거척도라고 할 수 있다.

③ 구인 타당도

연구에서는 보통 관심의 대상이 되는 구성개념을 조작적으로 정의하여 측정한다. 검사에서도 구성개념이 직접 평가되는 것이 아니라 이를 조작적으로 정의한 측정변수가 평가된다. 구인 타당도(construct validity)란 검사가 평가하고자 의도한 구성개념을 측정변수를 이용해 실제로 잘 측정하는 정도를 말한다. 즉, 측정변수를 이용한 검사가 의도한 구성개념의 특성을 잘 반영하고 있는지의 문제다. 측정변수가 구성개념을 잘 반영한다면 구인 타당도가 높다고 보고, 의도한 구성개념을 제대로 반영하지 못한다면 구인 타당도가 낮다고 본다.

구인 타당도를 검증하는 논리는 여러 가지 면에서 본질적으로 과학적 방법의 논리와 동일하다. 구인 타당화를 위해서 우선 어떤 검사가 측정한다고 여겨지는 구성개념을 포함하는 이론으로부터 시작한다. 이 이론을 바탕으로 변수들 간의 관계에 대해 예측한다. 그리고 나서 경험적 자료를 이용해 이러한 예측을 검증한다. 경험적 연구의 결과에 따라 이론을 수락하거나 수정한다. 이러한 과정을 되풀이함으로써 구성개념이 더 정밀하게 다듬어진다. 결국 이러한 구인 타당화 과정을 통해 해당 구성개념뿐만 아니라 그 구성개념을 둘러싼 이론의 타당성까지도 검증하게 된다고 할 수 있다.

구인 타당도는 내용 타당도와 준거관련 타당도를 포함한 여러 가지 방법에 의해 검증될 수 있다. 구인 타당도를 검증하는 몇 가지 주요 방법에 대해 살펴보면 다음과 같다.

첫째, 구인 타당도는 검사의 내용 타당도를 살펴봄으로써 검증될 수 있다. 즉, 검사의 내용, 검사의 문항 간 또는 하위검사 간의 관계 등 그 검사의 내적 구조에 관해 살펴봄으로써 검증된다는 것이다. 검사문항들이 표집되는 영역의 세부 내용은 측정되는 구성개념의 특성을 정의하는 데 도움이 된다. 예를 들어, 언어지능을 단어를 정리하고 언어적 유추를 이용해 추론하며 문장 속에서 단어를 적절하게 사용할 수 있는 능력으로 정의한다면, 언어지능 검사의 문항은 이들 각 영역에서 표집되어야 한다. 이런 의미에서 검사의 내용 타당도가 입증된다면 이는 검사의 구인 타당도에 대한 증거로 사용될 수 있다.

둘째, 구인 타당도는 검사의 준거관련 타당도를 살펴봄으로써 검증될 수 있다. 검사점수에 의해서 예측되는 준거의 성질과 종류도 그 검사가 측정하려는 구성개념이 무엇인지 말해 주기 때문이다. 예를 들어, 수학능력검사는 대학성적을 예측할 수 있어야 하고, 사회병리 성향에 대한 검사는 청소년 비행을 예측할 수 있어야 한다. 이러한 예측이 확증되면 검사가 의도하는 특성을 측정한다고 할 수 있지만 그렇지 못할 경우는 의도하는 특성을 잘 측정한다고 보기 어렵다.

셋째, 구인 타당도는 다른 척도들과의 관련성을 살펴봄으로써 검증될 수 있다. 검사점수는 동일한 구성개념을 측정하는 것으로 알려진 다른 검사점수와는 관련성이 높아야 하고, 상이한 구성개념을 측정하는 것으로 알려진 다른 검사점수와는 관련성이 낮아야 한다. 이는 Campbell(1960)이 제시한 수렴 타당도와 변별 타당도의 개념이다. 다시 말해, **수렴 타당도**(convergent validity)가 높다는 것은 특정 검사의 점수가 동일한 구성개념을 측정하는 다른 검사의 점수와 상관이 높다는 것을 의미한다. 반면에 **변별 타당도**(divergent validity)가 높다는 것은 특정 검사의 점수가 상이한 구성개념을 측정하는 다른 검사의 점수와 상관이 낮다는 것을 말한다. 따라서 구인 타당도를 입증하기 위해서는 수렴 타당도와 변별 타당도가 동시에 모두 높아야 한다. 예를 들어, 여러 다른 종류의 창의력 검사는 서로 정적인 상관을 보여야 하지만(즉, 수렴 타당도가 높아야 함), 지능과 같은 다른 특성의 척도와는 비교적 상관이 낮아야 한다(즉, 변별 타당도가 높아야 함). Campbell과 Fiske(1959)는 이들 수렴 타당도와 변별 타당도를 하나의 표에 효과적으로 제시하는 방법으로 **다중특성-다중방법 행렬**(multitrait-multimethod matrix)을 제안하였다. 다중특성-다중방법 행렬표에는 한 가지 이상의 특성을 여러 가지 방법을 이용해 측정한 점수들 간의 상관계수가 포함되어 있다. 이때 상이한 방법으로 측정한 동일한 특성 간의 상관, 동일한 방법으로 측정한 상이한 특성 간의 상관 등을 비교하여

구인 타당도를 입증하게 된다.[1]

그 밖에 다른 척도와의 관련성을 이용해 구인 타당도를 입증하는 방법으로 공인 타당도를 살펴보는 경우도 있다. 공인 타당도(congruent validity)는 검사점수가 구인 타당도가 높은 것으로 알려진 기존의 검사점수와 관련된 정도를 말한다. 두 검사점수 간의 상관계수가 높으면 두 검사가 같은 구성개념을 측정하는 것으로 보고 구인 타당도를 인정하게 된다. 예를 들어, 새로운 지능검사 점수를 보통 스탠퍼드 지능검사와 같이 타당도가 높은 지능검사 점수와 비교한다. 두 점수 간 상관이 높으면 새로운 검사가 기존의 지능검사와 동일한 구성개념을 측정한다고 보고 공인 타당도가 입증되었다고 평가한다.

넷째, 요인분석은 변수들 간의 관련성을 바탕으로 변수들을 소수의 요인으로 묶음으로써 정보를 요약하는 통계분석 방법이다. 요인분석을 이용해 검사들 간의 상호상관을 설명하는 데 몇 개의 요인이 필요한지, 어떤 요인들이 각 검사에 대한 수행을 결정하는지, 이들 요인에 의해 설명되는 검사점수의 변량은 어느 정도인지를 알 수 있다. 보통 검사의 문항들을 이용해 확증적 요인분석을 하여 검사에서 측정하는 구성개념의 내적 구조를 검증한다. 요인분석에 대한 구체적인 설명은 8장에서 다룰 것이다.

다섯째, 어떤 변수에 대한 실험적 조작이 검사점수에 미치는 효과를 살펴봄으로써도 구인 타당도에 대한 정보를 얻을 수 있다. 한 연구자가 시험불안을 평가하는 검사를 만들었다고 가정해 보자. 이때 연구자는 '시험불안'을 시험의 결과가 개인에게 중요한 의미가 있을 때 시험에 대한 실패를 두려워하는 정도라고 정의한다. 따라서 시험이 어떤 사람에게 매우 중요한 것이라면 시험성적과 시험불안과는 부적 상관이 있을 것이고, 시험이 그 사람에게 중요하지 않은 것이라면 시험성적과 시험불안 간에는 상관이 없다는 가설을 세울 수 있다. 만일 이에 대한 실험이 수행되고 시험불안 검사점수가 시험점수와 예측된 관련성을 보인다면, 그 검사가 실제로 시험불안을 측정한다는 증거를 갖게 될 것이다.

---

[1] 다중특성-다중방법은 정옥분(2008), 아동학 연구방법론, pp. 422-424에 보다 자세히 설명되어 있다.

(3) 측정의 신뢰도와 타당도를 높이는 방법

앞서 신뢰도와 타당도의 정의와 종류에 대해 살펴보았다. 연구를 수행할 때 측정도구의 점수가 측정할 때마다 다른 점수가 나온다거나 원래 의도한 구성개념을 측정하지 못한다면, 그 연구결과는 매우 불안정하고 설득력이 없는 것이다. 따라서 측정도구를 선택할 때 미리 신뢰도와 타당도 정보를 반드시 확인해야 함은 물론이고, 해당 표본을 대상으로 추후에 추정된 측정도구의 신뢰도와 타당도도 보고해야 한다. 이를 위해 연구자는 신뢰도 및 타당도에 영향을 미치는 요인을 주지하고 있어야 하고, 신뢰도와 타당도가 높은 측정도구를 선택하거나 개발하기 위해 노력해야 한다.

신뢰도계수에 영향을 미치는 요인으로는 점수의 범위, 검사의 길이, 검사의 난이도 등을 들 수 있다. 모든 상관계수와 마찬가지로 점수분포의 범위가 넓을수록 신뢰도계수도 높아진다. 따라서 신뢰도를 측정하는 항목에 있어 피검자들이 동질적일수록 신뢰도계수가 낮아진다. 일반적으로 검사의 길이가 길수록 신뢰도가 높다. 이는 검사의 길이가 길수록 점수의 범위가 넓어지기 때문이다. 따라서 검사에 신뢰할 수 있는 문항들이 첨가될수록 신뢰도가 높아진다. 검사의 난이도는 인지영역 검사에서 두드러지게 신뢰도에 영향을 미친다. 앞서 언급했듯이 점수분포의 범위가 작아지면 신뢰도가 낮아지는데, 검사가 너무 어려우면 하위집단에 속한 사람들의 능력이 제대로 나타나지 못해서 신뢰도가 낮아진다. 반면 검사가 너무 쉬우면 상위집단에 속한 사람들의 능력이 제대로 반영되지 않아서 신뢰도가 낮아진다.

타당도계수에 영향을 미치는 요인으로는 표본의 이질성, 사전선발, 선발기준의 변화 등이 있다(Anastasi, 1982). 신뢰도와 마찬가지로 타당도도 상관계수를 이용해 산출되므로 다른 조건이 동일하다면 점수의 범위가 넓을수록 타당도가 높아진다. 사전에 선발된 우수한 표본을 대상으로 새로 개발된 검사를 실시하고 준거척도를 이용해 자료를 수집하는 경우, 피검자들이 대부분 우수한 사람들이므로 개발된 검사의 점수나 준거점수가 모두 상위극단에 몰려 분포할 수 있다. 이 경우 사전선발로 인해 타당도계수가 낮아지게 된다. 타당도계수는 선발기준의 변화로 시간이 지나면서 변할 수 있다. 예를 들어, 과거에 비해 대학입학성적이 높아지면서 대학은 보다 우수한 학생들로 구성된다. 따라서 대학생집단이 과거보다 동질적이 되면서 입학성적 점수의 범위가 좁아질 수 있다. 이런 경우 대학입학성적과 학부성적 간의 상관계수는 감소하게 되므로 타당도계수가 낮아질 수 있다.

다음은 측정의 신뢰도와 타당도를 높이는 데 유용한 몇 가지 방법을 정리한 것이다(Kerlinger & Lee, 2000; Stangor, 2007). 첫째, 예비조사를 수행한다. 예비조사(pilot testing)에서 질문지를 실시해 측정도구의 신뢰도와 타당도를 미리 살펴본다. 예비조사에서 피검자들이 의도한 대로 문항을 이해하는지, 검사를 수행하는 데 어려움은 없는지 살펴본다. 예비조사 결과를 바탕으로 본 조사 전에 필요에 따라 문항을 수정할 수 있다.

둘째, 다중척도를 이용한다. 즉, 하나의 개념변수를 평가하는 데 문항 수가 많을수록 신뢰도가 높아질 수 있다. 따라서 오직 하나의 문항으로 개념변수를 측정하지 않도록 한다. 하지만 피검자들이 지루하게 느낄 정도로 문항이 많지 않도록 주의해야 한다. 보통 문항 수가 20개 정도이면 높은 신뢰도를 산출하는 데 큰 어려움이 없을 것이다.

셋째, 측정점수 내에 반드시 분산도(variability)가 있어야 한다. 만약 어떤 문항에 피검자의 95%가 동일한 답변을 하였다면 그 문항은 피검자를 구분하는 데 도움이 되지 않으므로 측정도구에 포함할 가치가 없을 것이다. 분산도가 충분한지 확인하는 방법 중 하나는 예비조사에서 응답의 분포를 살펴보는 것이다. 즉, 사람들 응답의 대부분은 척도의 중간에 위치하고 일부는 평균 위에, 일부는 평균 아래에 위치하는지 살펴본다.

넷째, 측정도구를 개발할 때 좋은 문항을 만든다. 즉, 문항이 모호하지 않고 이해하기 쉬우며 명확해야 한다. 또한 문항이 너무 길거나 너무 짧지 않아야 한다. 예를 들어, "당신은 정기적으로 스트레스를 느낍니까?"라는 문항보다는 "당신은 일주일에 몇 번 스트레스를 느낍니까?"라는 문항이 더 좋은 문항이다. 전자인 항목에서 '정기적으로'라는 단어가 모호하기 때문이다.

다섯째, 검사의 지시사항을 분명히 한다. 특히, 피검자들이 질문에 진지하게 답하도록 만든다. 처음에 질문지 응답에 대한 지시사항을 전달할 때 피검자들에게 정확하게 응답하는 것이 매우 중요하다는 점을 주지시킨다.

여섯째, 검사항목이 특정 반응을 일으키지 않도록 중립적으로 작성한다.

예를 들어, "나는 모든 일본인을 싫어한다."라는 문항은 솔직한 답변을 이끌어 내기 어려운 반면, "일본은 자국의 경제적 힘을 한국의 경제에 피해를 주는 방향으로 사용한다."와 같이 보다 비직접적인 문항이 솔직한 답변을 이끌어 낸다.

   일곱째, 가능하다면 측정도구를 새로 개발하기보다는 이미 개발된 척도 중 신뢰도와 타당도가 높은 측정도구를 이용한다.

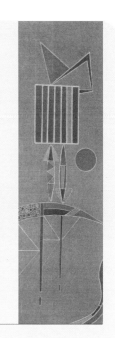

제3장
자료수집 방법

연구를 수행하고자 할 때 연구자들은 보통 먼저 자신이 연구를 통해 답하고자 하는 중요한 문제를 규명하고, 해당 연구문제에 답하기에 가장 적합한 연구방법과 설계를 구상한다. 그런 후, 경험적 연구자료를 물리적으로 수집하는 방법에 대해 결정하게 된다. 즉, 연구대상으로부터 자료를 입수하는 데 어떤 방법을 이용할 것인지 정한다. 연구를 수행하는 데 필요한 자료를 수집하는 방식은 다양하다. 예를 들어, 연구대상들에게 서면으로 질문을 하여 응답하게 하거나 대면하여 직접 구두로 질문을 한 후 응답을 기록할 수도 있다. 또는 특정 행동이나 반응을 유발하기 위해 주변 환경을 보다 적극적으로 조작하는 경우도 있고, 일상적 환경에서 연구대상자들의 행동이나 수행능력을 평가할 수도 있다.

자료수집 방법을 간략히 소개하면, 조사법은 서면이나 구두로 연구대상에게 질문한 후 그 응답을 수집하는 것이고, 실험법은 연구자가 관심을 가지고 있는 변수를 조작하여 그 효과로 나타나는 연구대상의 반응을 수집하는 것이며, 관찰법은 관찰을 통해 외부적으로 표현되는 행동이나 반응을 수집하는 것이다. 각 수집방법에 따라 적용되는 구체적인 규칙과 기준은 달라질 수 있지만, 크게 볼 때 이들 자료는 모두 체계적으로 수집되어야 한다는 공통점이 있다. 나아가 각 자료수집 방법에는 모두 강점과 약점이 있다. 따라서 하나의 연구를 수행할 때 자료수집에 한 가지 방법만을 고수하기보다는 두 가지 이상의 방법을 포함하는 다중방법(multi-methods)을 활용하는 것이 바람직하다. 예를 들어, 청년들의 사회적 책임감에 대한 자료를 수집하고자 할 때 질문지를 이용한 조사법과 행동목록표를 이용한 관찰법을 함께 활용할 수 있을 것이다. 이 장에서는 크게 조사법, 실험법, 관찰법으로 나누어 자료수집 방법을 살펴볼 것이다. 각각의 방법을 충분히 이해한 후, 연구 수행 시 적절한 다중방법으로 자료를 수집한다면 연구에서 보다 강력한 경험적 증거를 제시할 수 있을 것이다.

1. 조 사

조사는 사회과학 연구방법에서 가장 자주 사용되는 자료수집 방법이다. 다른 자료수집 방법에 비해 매우 경제적인 동시에 통계적으로 수량화하기 용이하기 때문이다. 조사에서 사용되는 방식은 매우 다양하다. 인구센서스와 같이 다수의 모집단을 대상으로 조사연구원이 직접 방문해서 실시하는 면접조사, 무작위 자동다이얼 방식을 통한 전화조사, 인터넷을 이용한 온라인조사 등이 가능하다. 이들 다양한 방식은 연구대상이 직접 질문에 답을 표시하는지 아니면 구두로 답을 하고 제3자가 이를 기록하는지에 따라 크게 질문지법과 면접법으로 나눌 수 있다. 즉, 질문지법에서는 질문이 글로 제시되는 반면, 면접법에서는 질문이 구두로 제시된다. 하지만 두 가지 형태 모두 연구대상자의 답변을 바탕으로 자료가 수집되므로 흔히 자기보고식(self-report) 방법이라고 부르기도 한다. 자기보고식 자료수집 방법에는 간단한 질문지에서 일대일 심층면접까지 여러 가지 종류가 있지만, 이들 모두 연구대상자의 태도, 느낌, 지각, 신념 등에 대해 응답하도록 하여 정보를 수집한다는 공통점이 있다.

조사를 통해 자료를 수집하기 위해서는 보통 다음과 같은 과정을 거치게 된다. 먼저, 다양한 조사방법 중 어떤 방법을 사용할지 선정해야 한다. 연구대상에 접근할 수 있는 가능성을 고려하여 자료를 수집하기 위해 수업시간에 질문지를 배포할지, 일대일 면접을 이용할지, 우편조사를 할지 등을 정해야 한다. 다음으로 연구가설을 검증하기 위해 어떤 형태의 자료가 필요한지 고려하여 질문과 응답의 형태를 정해야 한다. 객관식으로 질문할지 주관식으로 질문할지 등은 최종적으로 수집할 자료의 특성과 직결된다. 나아가 질문지법을 사용할 경우, 연구관심사가 되는 변수를 측정할 질문지가 이미 개발되어 있는지 확인해야 한다. 개발된 질문지가 있다면 신뢰도나 타당도를 살펴본 후 적절한 것을 선택한다. 그렇지 않다면 직접 질문지를 개발하거나 기존의 질문지를 수정해야 한다. 일단 질문지나 면접할 내용을 선택하거나 작성하고 나면 본 조사에 들어가기 전에 이를 실제로 실시해 본다. 즉, 예비조사를 통해 질문이 의도한 변수를 측정하는 데 적합한지, 응답자들이 질문을 제대로 이해하고 답하는지 등을 살펴본다. 이를 바탕으로 질문방식이나 문항의 문제점 등을 수정하고 보완한다. 질문지법을 이용할 경우, 최종 연구대상과 유사한 사람들을 대상으로 두 번 정도 예비조사를 해야 한다. 이 때 예비조사 대상의 수는 25~75명 정도가 바람직하다(Converse & Presser, 1986). 예비조사 경험을 바탕으로 본 조사를 누가 언제 어떻게 어떤 방법으로 수행할 것인지 결정한다.

여기서는 조사를 크게 질문지법과 면접법으로 나누어 이들 두 방법의 세부 종류 및 장단점에 대해 살펴보고, 조사를 통한 자료수집 방법의 각 단계에서 적합한 선택을 하는 데 필요한 기본 요소에 대해 살펴보자.

1) 질문지법

질문지법(questionnaires)에서는 연구대상자가 제시된 질문을 읽고 직접 답을 표기한다. 이는 개인의 생각, 느낌, 태도, 신념, 가치, 지각, 성격 및 의도 등 외부에서 관찰되지 않는 내적 상태에 대한 정보를 수집하기 위해 질문지를 사용하는 방법이다. 일반적으로 질문을 인쇄된 질문지로 제시하는 경우가 가장 많지만, 최근에는 컴퓨터 모니터상에서 답을 선택하도록 하는 경우도 있다.

질문지에는 일반적으로 연구대상의 이름 혹은 식별번호, 작성날짜를 표기하는 칸이 있다. 각 질문이나 진술문에 어떻게 답해야 하는지를 설명한 안내문구나 지시문구도 반드시 필요하다. 이어서 관심이 되는 변수를 측정하기 위한 다수의 질문이나 진술문이 들어 있다. [그림 3-1]은 전형적인 질문지의 예다. 이는 아동의 상태불안을 측정하기 위한 질문지의 일부로, 여기에는 응답자 식별정보, 자료수집일, 답변방식에 대한 안내문구, 다수의 진술문이 포함되어 있다.

이름: _____ 번호: _____   날짜: _____

※ 다음은 여자나 남자가 자기 자신을 묘사하는 문장들입니다. 각 문장을 잘 읽고 여러분 자신은 지금 이 순간에 어떻게 느끼는지 답하십시오. 여러분의 느낌을 가장 잘 묘사한 문장에 ×표 하십시오. 여기에는 맞거나 틀린 답이 없습니다. 한 문제에 답하는 데 너무 오래 생각하지 마십시오. 다시 한 번 말하지만 지금 이 순간에 어떻게 느끼는지를 답하십시오.

1. 나는 ……… □ 매우 편하다   □ 편하다   □ 편하지 않다
2. 나는 ……… □ 매우 화난다   □ 화난다   □ 화나지 않는다
3. 나는 ……… □ 매우 즐겁다   □ 즐겁다   □ 즐겁지 않다
4. 나는 ……… □ 매우 신경질 난다   □ 신경질 난다   □ 신경질 나지 않는다

⋮

18. 나는 ……… □ 매우 겁난다   □ 겁난다   □ 겁나지 않는다
19. 나는 ……… □ 매우 혼란스럽다   □ 혼란스럽다   □ 혼란스럽지 않다
20. 나는 ……… □ 매우 기분좋다   □ 기분좋다   □ 기분좋지 않다

그림 3-1 아동의 상태불안을 평가하기 위한 질문지의 예

출처: Spielberger, C. D. (1973). *Manual for the state-trait anxiety inventory for children.* Palo Alto, CA: Consulting Psychologist Press.

(1) 질문지법의 유형

질문지법은 질문지의 전달방법에 따라 집단질문지법, 우편조사, 온라인조사, 전화조사 등으로 구분된다. 집단질문지법(group-administered questionnaires)은 표본인 집단구성원들이 모인 자리에 질문지를 가져가서 작성하게 한 후 그 자리에서 회수하는 방법이다. 회수율도 높고 실시하기 편리하므로 많이 사용된다. 또한 질문지에 응답하는 사람들이 질문을 잘 이해하지 못하는 경우에 연구자나 질문지를 시행하는 담당자에게 직접 물어볼 수 있다. 보통 학교나 회사와 같이 조직화된 집단에서 실시하는 경우가 많다.

우편조사는 연구자가 우편을 통해 미리 인쇄된 질문지를 응답자에게 전달하고, 다시 우편을 통해 답변이 표시된 질문지를 회수하는 방법이다. 우편조

사를 사용할 경우 연구자는 동시에 다수의 사람들에게 질문지를 보낼 수 있고 상대적으로 비용이 적게 든다. 또한 연구대상은 자신이 편리한 시간에 질문지에 답할 수 있고 자신의 신분이 노출되지 않으므로 개인적인 내용을 보다 솔직히 응답하는 경향이 있다. 반면, 우편조사에서는 실제로 누가 질문지에 응답했는지를 확신할 수 없다. 즉, 연구자가 응답자와 응답 상황을 통제할 수 없다는 단점이 있다. 또한 우편 회수율은 보통 25~30% 정도로 상당히 낮은 편이므로(Smith & Davis, 2001), 연구결과를 모집단에 일반화시키기 어려운 경우가 많다. 우편조사에서 질문지 회수율에는 질문지 발송을 요청하는 후속 우편물과 전화, 소정의 기념품, 질문지 분량, 연구기관의 권위 등이 영향을 미치는 것으로 알려져 있다(Nachmias & Nachmias, 1987). 즉, 응답자에게 질문지 회수를 요청하는 후속 편지를 보내거나 직접 전화하는 것, 질문지와 함께 감사의 표시로 소정의 기념품을 동봉하는 것, 질문지의 분량이 적은 것(10쪽 이내), 권위 있는 연구기관에서 실시하는 것은 일반적으로 질문지 회수율을 보다 높여 준다.

　온라인조사는 연구자가 컴퓨터를 소유한 사람에게 전자우편(e-mail)으로 질문지를 전송하여 자료를 수집하는 방법이다. 이는 전통적인 우편조사와 유사한 방법으로, 질문지를 우편 대신 전자우편으로 전송한다. 온라인조사에서 질문지를 파일 형태로 첨부하여 전송하는 방법과 전자우편에 질문이 있는 웹페이지로 연결되는 주소를 포함하는 방법 등이 있다. 온라인조사는 우편

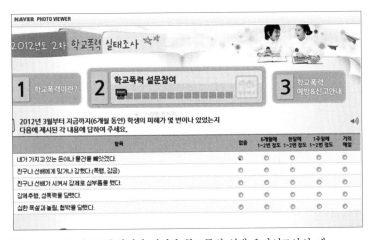

▌| 2012년 각 시도교육청에서 실시한 학교폭력 실태 온라인조사의 예

조사와 전화조사의 장점을 모두 갖춘 자료수집 방법이다. 즉, 경제적이면서 우편조사와 달리 자료수집 기간도 짧다. 또한 전화조사와 달리 어디든 질문지를 이용해 자료를 수집할 수 있고 민감한 주제에 대한 질문도 가능하다. 그러나 컴퓨터와 인터넷이 설치되어야 조사가 가능하다. 따라서 온라인조사는 표집의 편중성이 크다는 단점이 있다.

전화조사는 표본으로 선정된 응답자에게 전화를 걸어 미리 준비한 질문을 하고 이에 대한 응답을 기록하는 방법이다. 전화조사는 빠른 시간 내에 정보를 수집할 수 있는 방법이다. 또한 응답자에 대한 무작위표집이 용이하고 지역적 한계를 벗어날 수 있다. 따라서 내용이 비교적 간단하고 신속하게 조사할 필요가 있는 주제에 대한 자료를 수집하는 데 적합하다. 공공의 의견을 수렴하는 자료들은 대부분 전화조사를 이용하는 경우가 많다. 전화조사는 보통 10분 이내로 10문항 이내를 질문할 때 효율적인 것으로 알려져 있다. 따라서 자세한 정보를 수집하기는 힘들고 개인적이거나 민감한 주제를 다루기 어렵다는 단점이 있다. 또한 바쁜 생활로 인해 통화 자체를 거부하거나

표 3-1   질문지법의 종류에 따른 특성 비교

내용	집단 질문지법	우편조사	온라인조사	전화조사
비용	보통	보통	낮다	보통
응답률(회수율)	높다	낮다	보통	높다
자료수집 기간	짧다	길다	짧다	짧다
질문지 분량	보통	보통	보통	짧다
질문내용의 복잡성	보통	보통	보통	아주 단순
주관식 질문에 대한 응답률	보통	낮다	보통	보통
민감한 주제의 질문 포함 정도	보통	보통	보통	낮다
표본의 분포 정도	보통	넓다	매우 넓다	넓다
표집오차	보통	낮다	높다	낮다
인구학적 자료 수집 용이성	보통	높다	높다	낮다
응답 상황의 통제 정도	보통	낮다	낮다	보통

출처: Nachmias, D., & Nachmias, C. (1987). *Research methods in the social sciences* (3rd ed.). NY: St. Martin's Press; Robson, C. (2004). *Real world research* (2nd ed.). MA: Blackwell Publishing. 두 출처의 내용을 수정 보완함.

조사 도중에 전화를 끊는 경우도 있다. 〈표 3-1〉은 여러 질문지법의 특징을
비교하여 정리한 것이다.

(2) 질문지 구성요소

일반적으로 질문지는 여러 가지 요소로 구성되며 다음과 같은 순서로 제
시된다.

① 응답자에 대한 협조 요청문

연구자는 질문지 첫 장에 본 연구의 목적과 필요성을 응답자들에게 설명
해야 한다. 연구자가 연구의 필요성을 응답자에게 얼마나 잘 설명하였는가
에 따라 질문지 회수율과 응답의 질이 결정된다. 또한 연구를 실시하는 연구
자나 연구기관을 밝힘으로써 연구의 신뢰성을 높일 수 있다.

② 지시사항

응답자가 다른 사람의 도움 없이 혼자서 질문지의 모든 문항에 답할 수 있
도록 질문에 대한 응답방법이 자세히 제시되어야 한다. 연구자는 모든 문항
에 대해 빠짐없이 성실히 응답해 줄 것을 응답자에게 당부한다. 또한 응답자
의 개인적인 비밀이 보장된다는 것을 알리고 보다 성실하고 솔직한 답변을
부탁한다. 우편조사의 경우, 응답자가 답변을 작성한 후 연구자가 어떻게 회
수할 것인지에 대해서도 상세히 설명한다.

③ 응답자의 사회인구학적 자료를 위한 문항

질문지에 응답자의 사회인구학적 특성을 파악하기 위한 문항들(예: 연령,
직업, 학력, 소득 등)을 포함한다. 응답자가 불쾌감을 느끼지 않고 응답할 수
있도록 연구에 꼭 필요한 부분만 주의 깊게 선별하여 포함한다. 이 부분은
설문지의 마지막 부분에 제시하는 것이 보편적이다.

④ 식별자료

각 질문지를 구별하기 위해 연구자가 질문지에 일련번호를 별도로 기록해

둔다.

⑤ 질문지의 본 내용

질문지에서 가장 중요한 부분으로 연구목적에 필요한 대부분의 자료가 수
집되는 부분이다. 첫 번째 질문은 가급적 응답자의 흥미를 유발할 수 있거나
쉬운 문항이어야 한다. 처음부터 어렵고 복잡한 문항이 나오면 응답자가 질
문지 작성을 처음부터 포기하는 경향이 있다.

⑥ 감사 문구 및 질문지 쪽수

질문지의 마지막 부분에 질문지 작성에 협조해 준 것에 대한 감사 문구를
넣는다. 또한 질문지에 모두 쪽 번호를 넣고 각 쪽의 문항에 모두 답하였는
지 응답자에게 확인을 부탁하는 문구를 첨가한다.

(3) 질문지 문항의 형태 및 작성방법

질문지를 매개로 자료를 수집할 때 문항의 내용은 연구의 목적과 내용에
따라 결정된다. 여기서는 처음 연구를 시작하는 사람들을 위하여 일반적으
로 사용되는 문항의 형태를 소개하고 문항 작성방법에 대해 간략히 살펴보
고자 한다.

① 문항의 형태

문항의 형태는 응답의 형태와 직결된다. 주관식 문항의 경우 연구대상은
자신이 생각한 대로 원하는 대로 답할 수 있다. 반면, 객관식 문항이 주어지
면 연구대상은 미리 제시된 제한된 수의 응답 중에서 선택해야 한다. 이때
제시된 응답 형태가 '예/아니요'일 수도 있고, 범주화된 항목일 수도 있으며,
연속적인 척도일 수도 있다. 연구자는 다양한 응답척도의 형태를 고려해 보
고 연구목적에 가장 적합한 형태의 척도를 선택해야 한다. 다음은 여러 가지
문항의 형태와 응답의 예다.

• 체크리스트형

질문지에서 가장 보편적인 **체크리스트형**(또는 다지선택형) 질문은 질문에 대해 가능한 답을 연구자가 질문지에 미리 제시한 형태다. 응답자가 쉽게 대답할 수 있고 통계처리가 용이하다는 장점이 있다. 하지만 연구자가 선택 가능한 답의 종류를 미리 정해 놓았기 때문에 응답자의 다양한 의견을 수용하기 어렵다.

• 아버지의 학력은 다음 중 어디에 속합니까?
　① 초등학교 졸업 이하　　② 중학교 졸업　　③ 고등학교 졸업
　④ 대학교 졸업　　　　　④ 대학원 졸업 이상

• 건강가족 프로그램의 실시 시기로는 언제가 적당하다고 생각하십니까?
　① 여름방학 중　　　　　② 겨울방학 중　　③ 학기 내−방과 후
　④ 학기 내−특활시간에　⑤ 학기 내−수업시간에　⑥ 기타

• 주관식형

주관식 질문은 **자유응답형 질문**(free answer questions)으로 불리기도 한다. 이 형태는 응답자가 자신에 대한 정보나 질문에 대한 의견을 자유롭게 기입하는 것이다. 응답자의 다양한 생각과 의견을 알 수 있다는 장점이 있지만, 다른 질문 형태와 비교해 응답률이 저조하다는 단점이 있다. 응답자들이 비교적 깊이 생각하고 직접 글로 써야 하는 답변을 기피하는 경향이 있기 때문이다. 따라서 연구대상들이 연구에 참여하고자 하는 강한 동기가 있는 경우 이러한 응답 방식을 통해 자료를 수집할 수 있다.

새로 개발된 즉석 수프를 이용할 때 가장 어려운 점은 무엇입니까?
_____
_____

• 리커트형

리커트형(Likert-type) 질문은 체크리스트형 질문과 함께 질문지에서 매우

보편적으로 사용된다. 리커트형 척도는 엄격한 의미에서는 서열척도이지만 통계분석 시 보통 등간척도로 사용하므로 많은 연구자가 리커트형 질문방법을 사용한다. 연구자의 필요에 따라서 3점, 5점, 7점, 9점, 11점 등의 등간척도를 만들 수 있다. 일반적으로 응답이 용이한 5점 척도가 많이 사용된다. 일부 연구자들은 중립점(예: 5점 척도는 3점, 7점 척도는 4점이 중립점임)이 없는 4점 또는 6점 척도를 사용하기도 한다.

인터넷 물품 구매에 대한 여러분의 생각입니다. 잘 읽고 해당되는 칸에 ✔표를 해 주십시오.					
인터넷에서 물품을 구매하는 이유는	매우 그렇다	대체로 그렇다	보통 이다	별로 그렇지 않다	전혀 그렇지 않다
1. 가격이 저렴하다.					
2. 여러 상품을 비교하기 쉽다.					

• 선별형

선별형 질문(contingency questions)은 응답자가 불필요하거나 해당되지 않는 질문에 답하지 않도록 하기 위해 고안된 형태다. 응답자는 자신에게 해당되지 않는 질문을 피할 수 있지만, 선별의 단계가 너무 많을 경우 오히려 응답의 신뢰도가 떨어질 수 있다.

---

1. 즉석식품을 구입한 적이 있습니까?

　① 예　　　② 아니요

1-1. 만약 구입한 적이 있어 ① 예라고 답하셨다면 구체적으로 어떤 식품을 어디서 구입하였는지 기록해 주시기 바랍니다.

　（식품명: 　　　　　　　구입 장소: 　　　　　　　　）

• 서열형

서열형 질문은 여러 항목을 제시하고 응답자가 생각하는 우선순위나 중요성을 바탕으로 항목에 서열을 매기도록 하는 형태다.

> 〈보기〉 배우자를 선택할 때 아래 항목 중 중요하다고 생각되는 순서대로 번호를 매
> 기시오. (각 항목 옆의 밑줄에 1에서 5 사이의 숫자를 이용해 서열을 적으시오.)
>
> _____ 외모   _____ 성격   _____ 직업
>
> _____ 재력   _____ 신앙심

② 질문지 문항 작성방법

연구자는 기본적으로 연구목적에 잘 부합하는 항목으로 질문지를 구성해야 한다. 질문을 작성하기 전에 응답할 연구대상의 특성(예: 연령, 교육수준, 사용언어, 문화적 특성)을 잘 이해하고 있어야 한다. 즉, 질문지에 답할 연구대상이 각 항목을 어떻게 해석하고 각 항목에 대해 어떻게 반응할지를 잘 고려해야 한다. 연구대상이 보기에 질문지는 우선 쉬워 보여야 한다. 자연스럽고 평범한 문장을 사용한다. 지면에 여러 문항을 빽빽하게 넣지 말고 충분히 여백을 두는 것이 좋다. 질문지의 글자모양도 평범하고 동일하게 한다. 전체 질문지의 길이는 연구대상의 특성(예: 연령)을 고려하여 한 번에 집중하여 답할 수 있는 정도여야 한다. 질문지를 작성할 때 질문의 순서나 배치에서도 응답자를 고려한다. 보통 답하기 쉬운 질문이나 의견을 묻는 질문들을 앞쪽에 배치하고, 보다 개인적인 신상정보에 대한 질문(예: 연령이나 성별, 소득, 결혼 여부 등)을 맨 마지막에 제시한다. 또한 질문지의 시작과 끝부분에 연구에 참여해 준 것에 대해 감사함을 표하는 것도 잊지 말아야 한다. 다음은 질문지의 각 문항을 작성할 때 주의해야 할 점을 정리한 것이다(Johnson & Chrinstensen, 2004; Visser, Krosnick, & Lavrakas, 2000).

- 질문이 모호하지 않아야 한다. 즉, 누가 무엇을 언제 어디서 어떻게 왜, 이들 육하원칙 차원에서 구체적이어야 한다. 질문지법이 근거한 논리 중 하나는 모든 응답자에게 동일한 자극(즉, 질문)을 제시하고 응답에서의 차이가 실제로 응답자의 차이에서만 나타나게 하는 것이다. 하지만 질문이 모호하거나 어려워서 연구대상마다 다르게 이해한다면 응답의 차이는 이러한 질문에 대한 이해의 차이로 인해 나타날 수 있다. 따라서

질문은 언제나 명확해야 한다. 질문 문항 자체가 이해하기 쉽고 짧으며 사람들에게 친숙한 표현으로 구성되어야 한다.

- 객관식 질문에서 제시되는 응답의 범주가 서로 겹치지 않아야 한다. 다음은 서로 겹치는 응답 항목의 예(수정 전)다. 이 경우, 소득이 100만 원, 200만 원, 300만 원인 사람들은 모두 두 가지 응답범주에 해당된다. 따라서 응답 범주가 겹치지 않도록 수정해야 한다.

수정 전	수정 후
월 평균소득은 얼마입니까? ____ 없음 ____ 100만 원 이하 ____ 100만 원~200만 원 이하 ____ 200만 원~300만 원 이하 ____ 300만 원 이상	월 평균소득은 얼마입니까? ____ 없음 ____ 100만 원 미만 ____ 100만 원~200만 원 미만 ____ 200만 원~300만 원 미만 ____ 300만 원 이상

- 객관식 질문에서 제시되는 응답이 가능한 모든 범주를 포함해야 한다. 다음은 응답범주가 가능한 모든 항목을 포함하지 않은 경우(수정 전)와 포함한 경우의 예(수정 후)다.

수정 전	수정 후
현재 나이는 몇 살입니까? ____ 1~10세 ____ 11~20세 ____ 21~30세 ____ 31~40세	현재 나이는 몇 살입니까? ____ 1~10세 ____ 11~20세 ____ 21~30세 ____ 31세 이상

- 한 질문에서는 한 가지 사항만 물어본다. 한 항목에 둘 이상의 문제나 태도 등을 혼합해서 질문하지 않도록 주의해야 한다. 예를 들어, "학생이 교사의 지도를 잘 따르고 자신의 의사를 잘 표현합니까?"라는 항목은 두 가지 문제를 동시에 묻고 있다. 이런 경우, "학생이 교사의 지도를 잘 따릅니까?"와 "학생이 자신의 의사를 잘 표현합니까?"라는 두 항목으로 나누어야 한다. 다른 예로 "학부모와 교사가 청소년에게 금연교육을 해야 합니까?"라는 질문은 "학부모가 청소년에게 금연교육을 해야 합니

까?"와 "교사가 청소년에게 금연교육을 해야 합니까?"로 나누어 질문해야 한다.

- 이중 부정표현을 가능한 한 피한다. 응답자들에게 진술문에 동의하는지 동의하지 않는지를 묻는 경우 이중 부정표현 문제가 생기기 쉽다.

> 질문) 보기의 진술문에 동의하십니까, 동의하지 않으십니까?
> 　　　〈보기〉 학생들이 학교에서 핸드폰을 사용하도록 하면 안 된다.

이 경우, 응답자가 진술문에 동의하지 않는다면 이중 부정표현이 생기게 된다. 즉, 다음과 같이 이중 부정표현의 문장이 된다. "당신은 학생들이 학교에서 핸드폰을 사용하도록 하면 안 된다는 데에 동의하지 않는다." 부득이하게 부정표현을 사용하는 경우, 응답자가 주의할 수 있도록 부정의 의미를 나타내는 단어에 밑줄을 긋는다.

- 여러 문항을 제시하고 응답자의 선호도나 중요도에 따라서 서열을 정하도록 할 때 제시되는 문항 수가 5개를 넘지 않는 것이 좋다. 문항이 많을수록 서열 응답에 대한 신뢰도가 낮아지기 쉽다.

- 특정 응답을 선도하는 방향으로 질문하지 않는다. 다음 〈보기 1〉에는 선도적 질문의 예가 나타나 있다. '찬성하십니까?'는 응답자가 찬성한다는 쪽으로 답하도록 선도할 수 있다. 따라서 〈보기 2〉와 같이 보다 중립적인 표현을 사용해야 한다.

〈보기 1〉	〈보기 2〉
초등학교 교사들의 봉급이 현재보다 더 많아야 한다는 데에 찬성하십니까? ＿＿ 예, 더 많이 받아야 한다. ＿＿ 아니오, 더 많이 받을 필요가 없다. ＿＿ 모르겠다.	초등학교 교사들의 현재 봉급이 적정 수준보다 낮다고 생각하십니까? 혹은 높다고 생각하십니까, 아니면 적당하다고 생각하십니까? ＿＿ 현재 봉급 수준은 낮은 편이다. ＿＿ 현재 봉급 수준은 높은 편이다. ＿＿ 현재 봉급 수준이 적당하다. ＿＿ 잘 모르겠다.

- 사회적으로 바람직한 방향이 분명한 신념이나 태도에 대해 묻는 경우 응답자가 사회적으로 바람직하게 답변할 수 있다. 따라서 이를 완화할 수 있는 질문방식을 이용하는 것이 좋다. 예를 들어 보자. "여러분은 카지노에서 도박하는 것을 좋아합니까?"라고 직접적으로 질문하기보다 "어떤 사람들은 카지노에서 도박하는 것을 즐깁니다. 반면 어떤 사람들은 카지노에서 도박하는 것을 좋아하지 않습니다. 여러분은 어느 쪽에 속합니까?"라고 우회해서 표현할 수 있다.

- 다중응답척도에서 반응성을 방지하기 위해 역코딩 문항을 만들 때 주의한다. 응답자가 질문내용에 관계없이 일정한 응답 패턴을 보이는 경우가 있다. 이를 왜곡반응(response set)이라고도 한다. 예를 들어, '예, 아니요'로 답하는 질문에 모두 '예'로 답하거나 모두 '아니요'로 답하는 경우, '그렇지 않다, 보통이다, 그렇다' 중 택하는 질문들에 모두 '보통이다'로 답하는 경우 등이 있다. 이러한 경향성 중 하나는 묵종반응 경향(acquiescence response set)이다. 이는 응답자들이 질문내용에 관계없이 무조건 찬성하는 쪽으로 답하는 경향성을 말한다. 이러한 왜곡반응을 방지하기 위한 방법 중 하나는 일부 질문을 역코딩 문항으로 만드는 것이다. 예를 들어, 자아존중감을 측정하는 질문 중에서 "나 자신에 대해 자랑스럽게 생각되는 점이 없다."라는 진술문을 제시하고 '전혀 그렇지 않다(0), 그렇지 않다(1), 보통이다(2), 그렇다(3), 매우 그렇다(4)' 중에 선택하도록 한다면, 이는 점수가 높을수록 자아존중감이 낮은 것을 의미한다. 이러한 문항을 역코딩 문항이라고 하는데, 척도의 총합을 내기 전에 각 척도의 점수를 반대로 계산한다. 즉, 그렇지 않다고 답한 경우는 3점을, 매우 그렇다고 답한 경우는 1점을 준다. 역코딩 문항은 응답자의 왜곡반응을 방지하기 위해 사용된다. 하지만 이들 역코딩 문항이 포함될 경우 척도의 신뢰도와 타당도가 낮아질 수 있다는 주장도 찾아볼 수 있으므로(Barnette, 2000; Wright & Masters, 1982), 문항을 만들 때 문장표현을 매우 주의해서 작성해야 한다.

- 추상적 구성개념을 측정할 때는 다수의 항목을 이용한다. 신뢰도와 타당도를 높이기 위해 하나의 구성개념을 측정할 때 총합평가척도(summated rating scale)를 이용한다. 이는 보통 리커트척도(Likert scale)라고도 불린다. 총합평가척도에서는 다수의 문항을 이용해 합을 내어 하나의 개념을 측정한다. 즉, 일련의 진술문을 제시하고, 각 진술문에 대해 응답자가 얼마나 동의하는지를 표시하도록 한 후, 이들 응답의 총합을 사용하는 방법이다. 이는 복잡한 추상적 구성개념을 측정하기에 적합하고 단일 평가척도에 비해 신뢰도와 타당도가 높은 편이다.

2) 면접법

면접법에서는 면접원이 연구대상에게 구두로 질문을 한 후 연구대상의 응답을 기록한다. 훈련받은 면접원이 연구대상과 일대일로 만나서 상호작용을 하기 때문에 질문지법보다 훨씬 더 개인적인 자료수집 방법이라고 할 수 있다. 면접법은 보통 다음과 같은 목적으로 사용된다(Kerlinger & Lee, 2000). 첫째, 예비적으로 연구변수들을 찾아내고 이들 변수 간의 관계를 알아보는 등 연구가설을 탐색적으로 살펴볼 수 있게 돕는다. 둘째, 연구의 주요 도구가 될 수도 있다. 이 경우 면접에 사용되는 질문들은 관심이 되는 변수를 측정하는 도구가 된다. 셋째, 면접은 다른 방법과 함께 사용되면서 보조적인 역할을 할 수 있다. 즉, 면접을 이용해 예상치 못했던 결과를 추적하거나 다른 방법의 타당도를 증명할 수 있고, 연구대상의 응답 동기나 근거에 대해 보다 심도 있게 살펴볼 수 있다.

면접은 상당히 직접적인 방법으로 제대로 수행된다면 연구대상으로부터 심층적인 정보를 입수할 수 있다. 면접자와 응답자가 직접 얼굴을 맞대고 수행되므로 응답자들은 질문에 비교적 성의껏 답한다. 또한 면접법에서는 자료수집 과정에 상당히 융통성이 있고 다양한 표본도 구성할 수 있다. 예를 들어, 응답자가 질문을 제대로 이해했는지 그렇지 못한지를 알 수 있고, 잘 이해하지 못했다면 응답자의 수준에 맞도록 다시 질문할 수

┃┃ 면접법에서는 훈련을 받은 면접원이 연구대상과 일대일로 직접 만나서 자료를 수집함.

있다. 뿐만 아니라 문맹자나 노인, 어린 아동에게서도 자료를 수집할 수 있다.

반면, 면접은 상대적으로 오랜 시간과 비용이 소요되는 방법이다. 면접자는 응답자를 개별 방문하거나 응답자와 사전에 장소와 시간을 정해 만나기 때문에 많은 시간과 경비가 소요된다. 또한 면접자와 응답자를 직접 대면한 상황에서 이루어지므로 응답자가 개인적인 정보를 쉽게 노출하지 않으려는 경향이 있다. 면접에서는 표준화된 자료수집이 어렵다는 단점도 있다. 즉, 동일한 면접자가 여러 응답자를 대상으로 면접한다고 해도 면접자가 제시한 질문의 형태와 순서에 의해서 응답자들이 다른 반응을 나타낼 수 있기 때문에 자료를 표준화하기가 어렵다. 특히 면접자가 응답자의 반응에 따라 질문의 순서와 내용을 바꾸는 면접에서는 객관적으로 표준화된 자료수집이 힘들다. 응답의 기록과 해석에서도 면접자의 편견이나 주관이 작용할 수 있으므로 자료의 정확성과 객관성에 대한 의문이 제기될 수 있다.

(1) 면접법의 유형

면접법은 질문이나 형식의 구조화 정도에 따라 크게 구조적 면접과 비구조적 면접으로 나뉜다. 그 외 유형으로 특정 주제나 상황에 대한 자료를 수집하기 위해 소수의 사람들을 대상으로 하는 초점면접과 초점집단면접도 있다.

① 구조적 면접과 비구조적 면접

구조적 면접(structured interview)은 보통 사전에 작성된 **면접프로토콜**(interview protocol, 면접용 질문지)을 중심으로 진행된다. 면접프로토콜에는 질문의 순서, 내용, 사용되는 표현, 응답범주, 면접방법 등이 들어 있다. 면접원은 면접프로토콜에 따라서 모든 연구대상에게 동일한 질문을 한다. 또한 질문에 대한 연구대상의 답변을 미리 범주화되어 있는 항목에 표시하게 한다. 구조적 면접은 질문을 할 때 어느 정도의 융통성은 있지만 이미 정해진 면접프로토콜을 따르므로 상당히 고정적이다. 구조적 면접에서 입수되는 것은 주로 양적 자료다. 다음 [그림 3-2]는 구조적 면접의 예로 아동 우울평가척도 수정판(Children's Depression Rating Scale-Revised, Poznanski, & Mokros, 1995)의 문항 일부를 소개한 것이다.

아래 질문에 대해 답에 ☑ 표 하시오.

1. 학교생활 – 학교에 가는 것을 좋아합니까, 싫어합니까? 어떤 것을 특히 좋아합니까? 무엇이 특히 싫습니까?(예: 교사, 또래, 수업시간) 학교에서 성적은 어떻습니까? 성적이 지난해에 비해 어떻습니까? 선생님이나 부모님께서 공부를 더 잘해야 한다고 하십니까? 그럼 뭐라고 대답합니까? 본인 자신도 그렇게 생각합니까? [만약 성적이 문제라면 다음과 같이 질문하시오.] 수업시간에 집중하기 힘듭니까? 왜 그렇습니까? 숙제하는 데 다른 아이들보다 너 오래 걸립니까? 수업시간에 딴 생각합니까? 다른 아이들이 방해합니까? 선생님께서 수업시간에 잘 들으라고 지적하십니까? [학교에서가 아니라면, TV 프로그램이나 게임에 집중할 수 있는지 물어보시오.]

   ☐ 1 수행력이 능력과 일치함
   ☐ 2
   ☐ 3 학교에서의 수행력이 감소함
   ☐ 4
   ☐ 5 대부분의 과목에서 수행력이 떨어짐
   ☐ 6
   ☐ 7 수행하고자 하는 마음(동기)이 없음

⋮

8. 과민함 – 어떤 일이 여러분을 화나게 하거나 기분 상하게 합니까? 얼마나 화가 납니까? 주변의 모든 일이 정말 거슬린다고 느낀 적이 있습니까? 이런 기분이 얼마나 오래갑니까? 이런 기분이 얼마나 자주 듭니까?

   ☐ 1 드물다
   ☐ 2 가끔
   ☐ 3 잠깐씩이지만 일주일에 수차례
   ☐ 4
   ☐ 5 보다 긴 시간동안 일주일에 수차례
   ☐ 6
   ☐ 7 끊임없이

⋮

16. 말의 속도
   ☐ 1 보통
   ☐ 2 느림
   ☐ 3 느림: 면접이 지연됨
   ☐ 4
   ☐ 5 매우 느림; 면접에 방해되는 정도임

그림 3-2 아동 우울평가척도 수정판 면접프로토콜의 일부 예

출처: Poznanski, E. O., & Mokros, H. B. (1995). *Children's Depression Rating Sacle, Revised (CDRS-R)* (Manual ed.). LA: Western Psychological Service.

비구조적 면접(unstructured interview)은 주로 질적 자료를 수집하는 데 사용된다. 비구조적 면접은 연구주제와 관련해 연구대상의 사고, 신념, 지식, 동기, 느낌 등에 대해 심도 있는 정보를 수집하는 데 사용되므로 '심층면접(in-depth interview)'이라고도 한다. 연구주제에 관한 정보를 입수하지만 그 질문과정이나 순서, 표현 등은 연구대상의 응답에 따라 달라질 수 있다. 따라서 매우 융통성이 있고 개방적인 방법이다. 심층면접에서 가장 중요한 것은 연구대상의 내부 세계와 관점을 이해하는 것이다. 따라서 연구대상이 면접원을 신뢰할 수 있는 분위기, 즉 라포(rapport)를 형성하는 것이 중요하다. 심층면접에서는 보통 주관식 질문이 사용되므로 연구대상은 자유롭게 어떤 형식으로든 답변할 수 있다. 면접자는 이들 답변을 통해 연구대상이 질문을 제대로 이해했는지 알 수 있고 연구대상의 실제 의도, 신념, 태도 등을 보다 잘 알아낼 수 있다. 보통 질문 시 깔때기 방식을 써서 일반적이고 광범위한 질문에서 시작하여 점차적으로 중요하고 구체적인 것으로 좁혀 가는 질문을 한다. 면접자는 연구대상의 답변을 주의 깊게 듣고 자세한 정보를 기록해야 한다. 또한 앞서 언급한 바와 같이 면접 도중 적절한 질문 등을 사용하여 답변을 이끌어 내야 한다.

② 초점면접과 초점집단면접

초점면접(focus interview)은 Merton, Fiske와 Kendall(1956)이 개발한 것으로 특정 경험과 효과에 초점을 두고 특정 경험을 해 본 응답자들에게만 집중적으로 질문을 하는 방법이다. 초점면접의 목적은 연구대상자들에게 특정 경험과 특정 상황에 대해 질문하고 응답하게 함으로써 그러한 경험이나 상황의 영향에 대해 집중적으로 파악하는 것이다. 초점면접에서 질문의 주제는 미리 정하지만 질문문항은 미리 만들지 않는다. 이 방법은 주로 사회심리학 분야에서 많이 사용되고 있다(박도순, 2001).

초점집단면접(focus group interview)은 초점면접에서 발달한 것으로 소수의 사람들이 특정 연구주제에 대해 어떻게 느끼고 생각하는지를 토론하는 집단면접방법을 말한다. 초점집단면접에는 사회자(moderator)의 역할을 하는 사람이 있다. 초점집단면접을 진행하는 사회자는 주어진 주제에 대해 논의하

도록 사람들을 이끌어 가면서 집단 내 토론
을 촉진시킨다. 초점집단면접 프로토콜에는
10개 정도의 주관식 질문이 들어 있다. 사
회자는 프로토콜에 제시되어 있는 모든 질
문이 골고루 논의되도록 진행해야 한다. 집
단면접 시간은 보통 1시간에서 3시간 사이
다. 또한 이때의 집단면접 과정을 비디오나
오디오 장치로 기록한다.

▌| 초점집단면접에서는 사회자의 진행하에 소수의
사람들이 특정 주제에 대해 함께 논의함.

　연구자는 자신이 관심을 가지고 있는 주
제에 대해 정보를 제공해 줄 수 있는 사람들
(예: 학생, 교사, 부모)을 의도적으로 선택하여 초점집단을 구성한다. 보통 7~
10명 사이의 사람들이 한 그룹을 형성하는 것이 좋다(Krueger, 1994). 이 정도
규모일 때 모든 사람이 토론에 참여하기 쉽기 때문이다. 초점집단은 보통 동
질적인 성향을 가진 사람들로 구성되는데, 이는 서로 개방적으로 협력하도록
하여 토론을 보다 원활히 진행하기 위해서다. 연구자는 보통 2~4개 정도의
초점집단을 활용하게 된다. 초점집단을 이용하면 연구자는 짧은 시간 내 참
여자를 구할 수 있고, 이들로부터 심도 있는 정보를 입수할 수 있다. 또한
비용 면에서도 상대적으로 저렴하다. 하지만 참여자들이 모집단에서 임의로
선택되는 것이 아니고 그 수도 적으므로 그 결과를 일반화시키는 데 한계가
있다. 따라서 연구자는 어느 특정 초점집단에서 입수한 정보만을 이용해 의
사결정을 내리지 않도록 주의해야 한다. 입수된 정보가 초점집단에 따라 상
당히 달라질 수 있다는 점을 감안해야 한다.

(2) 면접법의 절차

　면접은 면접자와 응답자 간의 대화를 통한 자료수집 방법이다. 따라서 면
접을 계획할 때 면접자와 응답자 간에 원활한 의사소통을 할 수 있는 방법을
모색하는 한편, 면접과정에서 오류가 나타나지 않도록 준비해야 한다. 이를
위해 면접이 진행되기 전에 세심한 면접자 훈련과 면접을 위한 준비는 필수
적이다. 전반적인 면접 절차와 과정은 다음과 같다.

① 면접자의 선정과 훈련

일반적으로 모든 사람과 잘 이야기할 수 있고, 용모가 신뢰감을 주며, 가능하면 고학력인 사람을 면접자로 선정한다. 특히 면접자 선정 시 연구의 목적과 연구대상에 대한 접근 용이성을 고려한다. 예를 들어, 민감한 여성들만의 문제(예: 피임, 낙태)를 남성 면접원이 면접하는 것은 솔직한 응답을 수집하는 데 적절하지 않다.

한편 면접을 통해 신뢰할 수 있고 타당한 자료를 수집하기 위해서 면접자에 대한 체계적인 훈련이 매우 중요하다. 연구자는 면접자로 선정된 사람들을 모아 면접의 목적과 질문순서, 질문내용, 면접 시 주의사항 등을 제시한다. 이때 연구자는 면접하는 과정이 녹화된 비디오를 보여 주거나 실제로 면접하는 과정을 보여 주기도 한다. 이를 통해 면접의 전체적인 내용과 과정을 알려 주고 필요한 세부 지식과 기술을 훈련시킨다. 훈련의 마지막 과정에서는 면접자로 하여금 실제로 모의면접을 하게 함으로써 현장경험을 부여한다.

② 표본(응답자)의 선정

면접법에서는 구체적이고 심층적인 정보를 수집하기 때문에 대규모의 표본을 대상으로 하기 힘들다. 즉, 표본의 크기가 작으므로 모집단을 잘 대표할 표본을 선정하는 것이 중요하다. 또한 모집단의 특성에 따라 표본의 구성비율을 조정하기도 한다. 연구자는 응답자로 선정된 표본의 구체적 특성을 미리 파악해야 한다. 학력, 연령, 성별, 직업, 가정환경 등과 같은 사회인구학적 배경에 따라 면접기법과 전략이 조금씩 달라지기 때문이다. 아울러 표본으로 선정된 대상은 추후연구에서도 다시 검사할 수 있으므로 지속적으로 관계를 유지하는 것이 바람직하다.

③ 면접 실시

본 면접에서는 사전약속, 라포 형성, 면접 진행, 재확인 과정, 면접결과 기록, 면접 마무리 등의 과정을 거치게 된다. 일반적으로 면접은 응답자가 면접자가 기다리고 있는 장소를 방문하거나 반대로 면접자가 응답자가 있는 장소를 방문해 면접을 실시하는 두 가지 유형이 있다. 이들 모두 반드시 응답자와 사전에 면접장소와 시간을 약속한다. 또한 면접 1～2일 전에 전화로 약속을 재확인한다. 면접시간으로는 식사시간이나 너무 늦은 밤 시간을 피하는 것이 좋다.

　일반적으로 처음 면접에 임하는 응답자는 면접이 매우 낯설 뿐 아니라 때로는 자신이 검사를 받는 것처럼 느끼기도 한다. 응답자가 긴장하지 않고 편안히 면접에 임할 수 있도록 분위기를 조성해야 한다. 즉, 면접 전에 면접자는 응답자와 라포, 즉 신뢰감과 친밀감을 형성해야 한다. 바람직한 라포 형성을 위해서 면접자는 자신의 신분과 면접의 목적에 대해 간단히 소개한다. 특히 아동을 대상으로 하는 경우, 면접이 시작되기 전에 아동이 면접자뿐 아니라 면접장소와도 친숙해질 수 있도록 먼저 충분한 시간을 제공해야 한다.

　면접자는 면접이 진행되는 동안 진지하게 임해야 한다. 하지만 면접자의 태도는 응답자에 따라 달라져야 한다. 예를 들어, 성인을 대상으로 하는 면접에서는 진지하고 엄숙해야 하지만, 어린 아동을 대상으로 하는 면접에서는 보다 융통성 있고 조금은 즐겁게 면접을 하는 것이 좋다. 또한 응답자에게 면접내용에 대한 비밀보장을 약속함으로써 응답자가 편안하고 솔직히 답할 수 있도록 유도해야 한다. 응답자의 반응에 지나치게 찬성하거나 반대하는 태도를 보이기보다는 응답자의 말에 면접자가 깊은 관심을 가지고 있다는 태도를 보이는 것이 좋다. 면접에서 응답자가 질문을 오해하였거나 잘못 이해하였을 경우 또는 응답이 모호한 경우에는 몸짓이나 간단한 추가 질문을 통해 보다 정확한 응답을 얻어야 한다. 이를 재확인 또는 프로브(probing) 과정이라고 한다. 재확인은 면접의 장점 중 하나이며 면접의 타당도와 신뢰도를 높이는 데 중요한 기능을 한다.

　면접자는 면접에서 수집한 자료를 편견 없이 객관적으로 기록해야 한다. 면접자가 기록하는 방법으로 면접 현장에서 응답자의 말을 전부 기록하는 방법, 현장에서 요약한 후 다시 정리하는 방법, 녹음기나 비디오를 활용하여 녹음한 후 다시 기록하는 방법 등이 있다. 면접을 마친 후 면접자는 응답자를 친절하게 응대함으로써 응답자와 좋은 기분으로 헤어질 수 있도록 해야 한다. 특히 추후면접이나 다른 자료수집이 남아 있는 경우, 성공적인 연구를 위해 응답자와 좋은 관계를 유지하는 것이 매우 중요하다. 또한 면접의 내용과 응답자에 대한 익명이 보장됨을 재차 언급함으로써 응답자가 편안한 마음으로 면접을 마치도록 해야 한다.

(3) 면접자의 역할

질문지법에서는 질문지를 구성하는 문항의 형태나 내용이 정확한 응답을 수집하는 데 매우 중요한 역할을 한다면, 면접법에서는 자료가 될 응답을 이끌어 내고 기록하는 면접자가 정확한 자료의 수집에 핵심적인 역할을 하게 된다. 면접법에서는 면접원이 연구대상과 라포를 형성하는 것이 특히 중요하다. 라포는 면접원과 연구대상이 서로 우호적이고 조화를 이루는 관계를 의미한다(Seidman, 1998). 즉, 면접 시 연구대상이 면접원을 믿고 자신의 태도나 가치, 생각 등에 대해 솔직히 답변을 할 수 있는 우호적인 분위기를 형성해야 한다. 연구대상과 신뢰를 형성하기 위해 연구를 수행하는 기관을 밝히고 연구의 목적이나 중요성을 간략히 설명하는 것도 도움이 된다. 또한 연구대상의 답변에 대해 비밀이 유지되며 응답 자료는 실명이 아닌 연구대상 번호로만 기록된다는 점을 알려 주는 것이 좋다.

면접원은 연구대상의 답변을 이끌어 내거나 답변에 대한 근거를 알아내기 위해 재확인(probing) 과정을 이용한다. 이는 보통 질문을 되풀이하거나 연구대상의 답변에 뒤이어 "그 밖에 또 무엇이 있을 수 있습니까?" "그 밖에 다른 이유가 있습니까?" "왜 그렇게 생각하십니까?" "방금 하신 그 말씀은 무슨 뜻입니까?" 등의 질문을 적절히 섞어서 사용하는 것을 말한다. 때로는 연구대상이 좀 더 설명해 주기를 기다리면서 적절한 시기에 말을 잠시 중단하고 기다리는 방법도 좋은 재확인 방법이 될 수 있다.

면접 시에는 사전에 준비된 질문지를 이용하여 질문을 한다. 이때 공식적이기보다는 우호적으로 질문을 하지만 질문지에 제시된 그대로 정확히 질문해야 한다. 또한 정해진 질문의 순서도 지켜야 한다. 면접원은 연구대상의 답변에 긍정적으로든 부정적으로든 편견을 갖지 말고 객관적으로 기록해야 한다. 응답이 나오는 대로 바로 기록하고 면접원이 사용한 재확인 질문도 적어 놓는다. 보통은 축약어나 축약 표현을 사용한다. 이러한 모든 역할을 원활히 수행하기 위해서 면접원이 실제 연구에 들어가기 전에 일정 기간 적절히 훈련을 받아야 한다.

다음은 면접원이 면접 시 가져야 할 기본적 자세를 간단히 정리한 것이다 (Seidman, 1998).

- 많이 듣고 적게 말한다. 면접원은 응답자가 무슨 말을 하는지 우선 잘 들어야 한다. 응답자의 '공식적 소리(public voice)'가 아닌 '내적 소리(inner voice)'를 귀담아 들어야 한다.
- 응답자가 한 말에 대해 추후 질문을 통해 보다 자세한 정보를 이끌어 낸다.
- 응답자의 말을 잘 이해하지 못한 경우에는 다시 물어본다. 면접의 구조는 점진적으로 축적되는 특성을 갖는다. 따라서 면접원이 응답자의 답변 내용을 잘 이해하지 못하면 뒤이어 나타나는 중요한 답변도 놓치기 쉽다.
- 답변을 유도할 수 있는 방식으로 질문하지 않는다. 때로는 면접원이 사용하는 톤이나 문장의 구조가 답변을 특정 방식으로 유도할 수 있다.
- 응답자가 답변하고 있을 때 말을 끊지 않도록 주의한다. 때로는 연구대상의 답변이 면접원이 질문한 것과 관계가 없을지라도 중간에서 말을 끊기보다는 추후에 다시 질문하는 것이 좋다.
- 응답자의 답변에 대해 긍정적으로 혹은 부정적으로 반응하지 말고 중립적인 태도를 지켜야 한다. 면접원이 응답자의 답변에 대해 긍정적 또는 부정적으로 반응할 경우 이후 나올 응답자의 답변에 영향을 미칠 수 있다.

2. 실 험

실험을 통한 자료수집 방법에서는 독립변수를 적극적으로 조작하고 그러한 조작의 결과가 종속변수에 미치는 효과를 살펴보는 과정이 주가 된다. 넓은 의미에서 실험이란 연구자가 관심을 가지고 있는 문제에 대해 해답을 찾기 위해서 하는 활동이다. 즉, 연구자의 가설이 옳다는 것을 증명하는 증거를 찾기 위해 수행하는 일련의 체계적 활동을 말한다. 보다 구체적으로 정의하면, 실험(experiment)이란 한두 가지의 특정 변수는 변화 가능하게 하되 그 외의 변수들은 고정시킨, 엄격히 통제된 상황에서 일어나는 현상을 연구자가 객관적으로 관찰하기 위한 환경을 조성하는 것을 말한다. 여기서 현상(phenomenon)이란 관찰이 가능한 사건을 말한다(Smith & Davis, 2001). 즉, 연구자는 일련의 자극(독립변수)을 제시하고 이들 자극이 결과변수에 미치는 영향을 관찰하여 자극과 결과변수 간에 있을 수 있는 인과관계를 찾아내게 된다. 따라서 실험의 기본 목적은 독립변수를 조작하고 가외변수를 통제하여 변수들 간의 인과관계를 명확히 규명하는 데 있다. 여기서는 자료수집을 위한 실험을 계획할 때 고려해야 할 기본 요소들과 여러 가지 실험설계의 종류에 대해 살펴볼 것이다.

1) 실험의 기초

실험은 여러 가지 요소로 구성된다. 과학적인 실험이 되기 위해서는 연구자가 이들 각 요소와 기능을 잘 이해하고 있고 연구가설을 검증할 수 있도록 각 요소를 적절히 선택하여야 한다. 실험대상은 연구자가 연구목적을 위해 관찰하는 사람이나 동물 또는 물질을 말한다. 실험대상의 수가 많아지면 검증력이 높아지지만 현실적으로 실험에 드는 시간이나 비용은 증가하게 된다. 따라서 연구자는 기존의 문헌이나 정보를 바탕으로 적정한 수를 선택할 수 있어야 한다. 일단 실험대상과 그 수가 정해지면 이들을 각 집단에 할당하게 된다. 이때 각 집단을 어떻게 정의하고 피험자들을 어떻게 할당할 것인지, 나아가 어느 집단에 어떤 처치를 할 것인지를 순차적으로 결정해야 한다. 여기서는 실험의 기초가 되는 요소로 실험대상, 연구자가 관심을 가지고 조작하는 변수와 조작의 효과를 평가하기 위해 측정하는 변수 및 기타 변수들, 실험에 관련된 여러 종류의 집단, 피험자를 각 집단에 할당하는 방법, 실험처치의 순서, 실험에 사용되는 도구에 대해 알아볼 것이다.

(1) 실험대상

실험의 대상은 매우 다양하다. 동물실험에서는 파리나 쥐와 같이 작은 것에서부터 돌고래나 코끼리같이 큰 동물이 대상이 될 수 있다. 고전적인 동물실험연구의 예로는 개를 대상으로 고전적 조건화 실험을 한 Ivan Pavlov의 실험을 들 수 있다. 인간을 대상으로 하는 경우도 영아에서 노인까지 연령의 폭이 넓으며, 일반인, 영재나 장애인 등 매우 다양한 실험대상이 있을 수 있다. 또한 자연과학 실험에서는 여러 가지 물질이나 재료가 실험대상이 된다. 따라서 실험대상을 정할 때에는 연구문제의 특성 및 실험대상의 가용성 또는 접근 가능성을 고려해야 한다. 보통 연구자의 관심과 동일한 분야의 선행연구를 검토한 후 특정 종류의 실험대상을 이용해 성공적인 결과가 나타났다면 유사한 실험대상을 선택하는 경우도 많다. 현실적인 측면에서 실험대상은 연구자가 구하거나 모집할 수 있어야 한다.

인간을 실험대상으로 할 경우, 연구자가 여러 집단을 비교할 때 몇 명을 실험대상으로 정할지는 각 집단의 동질성과도 관련이 있다. 같은 집단 내 실험대상들이 보다 동질적일수록 집단 내 변량이 작으므로 연구에 필요한 대상의 수는 더 적어진다. 반대로, 같은 집단 내 실험대상들이 보다 이질적일수록 집단 내 변량이 커지므로 연구에 필요한 대상의 수가 더 많아진다. 이는 집단 내 변량이 큰 경우, 비교되는 집단 간의 차이를 분명하게 찾아내기 힘들기 때문이다. 일반적으로 실험대상의 수를 정할 때 검증력 분석(power analysis)을 이용한다. 검증력이란 독립변수의 효과를 찾아낼 수 있는 정도를 말한다. 이는 통계검증의 결과가 유의하게 나타날 확률, 즉 연구가설이 수락될 확률을 말한다(Huck, 2004). 검증력은 실험대상의 수, 독립변수의 효과 크기, 연구자가 설정한 가설검증 시 유의도수준에 따라 달라지게 되지만, 일반적으로 실험대상의 수가 많아질수록 검증력도 높아진다. 해당 분야에서 유사한 선행연구 결과나 연구자가 실시한 예비연구 등의 자료를 이용하여 검증력 분석을 한다. 이를 통해 집단 간 차이가 있을 경우 유의하다는 판단을 내리도록 하는 데 필요한 실험대상의 수를 계산해 낼 수 있다. 또는 유사한 분야의 선행연구에 사용된 실험대상의 수를 참고하기도 한다. 덧붙여 실험대상의 가용성, 실험처치에 걸리는 시간, 비용 등도 실험대상의 수를 정할 때 고려해야 한다.

(2) 독립변수와 종속변수

연구자가 의도적으로 조작하는 변수를 독립변수라고 한다. 이 변수는 연구자의 조작에 의해서만 변화할 뿐 실험연구 내 다른 변수에 의해서는 영향을 받지 않는 독립된 변수이므로 **독립변수**(independent variable)라고 칭한다. 독립변수의 형태는 연구마다 다양하다.

다음은 독립변수의 형태를 생리학적 변수, 경험, 자극, 연구대상의 일반적 특성이라는 네 가지로 나누어 설명한 것이다(Smith & Davis, 2001). 첫째, 생리학적 독립변수는 실험에 참여하는 연구대상의 생리학적 상태를 바꾸거나 변화시키는 것을 말한다. 예를 들어, 동물실험에서 수태한 쥐를 두 집단으로 나누어 실험집단에는 알코올이 섞인 물을 주고, 통제집단에는 보통 물을 준다. 이는 알코올을 이용해 태어날 쥐의 생리학적 상태를 보통의 쥐와 다르게 조작하는 것이 된다. 둘째, 경험을 이용한 독립변수는 연구자가 훈련 또는 학습의 양이나 종류의 효과에 관심이 있을 때 사용한다. 예를 들어, 청소년을 대상으로 실험집단에는 소비자교육을 실시하고 통제집단에는 실시하지 않는다. 그런 후, 소비자교육 프로그램에 참여한 집단과 통제집단의 물품구매 행동을 관찰하여 비교한다. 이 경우는 소비자교육 프로그램 참가라는 경험에 대한 효과를 검증하는 것이 된다. 셋째, 자극(stimulus)이나 환경변수(environment variables)도 독립변수가 될 수 있다. 이는 연구자가 환경적 측면을 조작하는 것을 말한다. 예를 들어, 학부 학생을 두 집단으로 나누어 실험집단은 영어강의를 수강하게 하고 통제집단은 동일한 과목에 대해 모국어강의를 수강하게 한다. 그런 후 학생들의 성적을 비교해 본다. 이는 대학의 강의라는 환경을 조작한 예가 된다. 넷째, 연구대상의 일반적 특성도 독립변수가 될 수 있다. 즉, 연령이나 성별, 성격, 소득 등과 같은 일반적 혹은 인구학적 특성도 연구에서 독립변수로서 다루어질 수 있다. 하지만 이 경우 연구자는 연구대상의 특성을 직접적으로 조작할 수는 없으므로 엄격한 의미의 독립변수라고 하기는 힘들다. 연구자는 이미 주어진 연구대상의 특성을 바탕으로 각 집단에 연구대상을 할당해야 하기 때문이다.

종속변수(dependent variable)는 연구대상이 경험하는 독립변수의 수준에 따라 변화하는 변수를 말한다. 즉, 이 변수의 값은 연구자가 조작하는 독립변수에 따라 결정되므로 종속변수라고 부른다. 종속변수는 실험의 결과가 되는 변수로 결과변수(outcome variable) 혹은 반응변수(responding variable)라고 하기도 한다. 실험을 계획할 때 종속변수를 무엇으로 할 것인지 어떻게 기록하고 측정할 것인지를 섬세히 결정해야 한다. 행동과학 연구는 주로 행동의 변화에 관심을 가지고 있는 경우가 많으므로, 종속변수가 행동이나 반응이 되는 경우가 많다. 종속변수를 기록하거나 측정하는 방법으로는 특정 검사에서 정답을 택한 정확성을 기록하거나 행동이 나타난 빈도나 비율, 정서나 심리적 상태의 정도(예: 불안수준), 행동이 나타나기까지 걸린 시간이나 행동이 지속된 시간 등이 사용된다.

(3) 실험집단과 통제집단

실험에서는 대부분 실험집단과 통제집단을 설정한다. 실험집단(experimental group)은 일정한 실험조건을 조작하여 그에 따른 반응의 변화를 관찰하고자 하는 집단이고, 통제집단(control group)은 어떠한 조작도 가하지 않고 실험집단과 어떤 차이가 나는가를 비교하기 위한 집단이다. 따라서 통제집단을 비교집단이라고도 한다. 예를 들어, TV 폭력물을 시청하는 것이 아동의 공격성에 영향을 미치는가를 알아보려는 실험을 한다고 가정해 보자. 무선할당에 의해 아동을 두 집단으로 나눈 다음 한 집단의 아동들로 하여금 폭력물을 시청하게 하고, 또 다른 집단의 아동들에게는 TV 폭력물을 보여 주지 않는다. 이때 TV 폭력물을 시청한 집단은 실험집단이고, TV 폭력물을 시청하지 않은 집단은 통제집단이 된다.

(4) 무선할당

실험에서 실험집단은 연구자가 관심을 가지고 있는 처치를 한 집단을 말하고, 통제집단은 처치를 하지 않은 집단을 가리킨다. 연구자가 처치의 효과를 밝히기 위해서는 처치 전에는 실험집단과 통제집단이 동일한 상태여야 한다. 그렇게 해야 처치 후 두 집단의 상태를 측정하여 차이가 나타난다면 그 원인이 처치의 효과라고 결론 내릴 수 있을 것이다. 그렇다면 실험에서 각 집단이 처치 전에 동일하도록 연구대상을 할당해야 한다. 이를 위해 가장 많이 사용되는 방법을 **무선할당**(random assignment)이라고 한다. 이는 실험연구에서 연구대상을 각 집단에 무작위로 배정하는 것을 말한다. 연구대상이 누구든 실험 내 각 집단에 할당될 확률이 동일하도록 연구대상을 각 집단에 배치한다는 것이다. 따라서 각 연구대상이 특정한 실험집단이나 통제집단에 할당될 확률이 모든 연구대상에게서 동일하게 된다. 이는 다양한 특성을 가지고 있는 개인들을 대략적으로 균일하게 각 집단에 배치시킴으로써 독립변수 외 다양한 개인적 특성이 종속변수에 영향을 미치더라도 미치는 정도가 각 집단마다 비슷하게 분포되도록 하는 방법이다.

무선할당을 이용하면 다음과 같은 이점이 있다(Rosnow & Rosenthal, 2002). 첫째, 실험자의 견해가 각 집단이 받을 처치에 미칠 수 있는 영향을 배제한다. 둘째, 통제되지 않은 연구대상의 특성이 있다고 하더라도 그 특성이 실험처치에 미치는 영향을 각 집단마다 균일하게 작용하도록 만든다. 즉, 각 집단이나 처치조건에 연구대상의 통제되지 않은 특성으로 인해 나타날 수 있는 차이를 최소화한다.

(5) 가외변수와 저해변수

연구자가 의도한 독립변수 외에 종속변수에 영향을 미칠 수 있는 제3의 변수로 가외변수와 저해변수를 들 수 있다(Smith & Davis, 2001). 가외변수(extraneous variable)는 연구자가 사전에 통제하지 못한 것으로, 비교되는 집단 간의 차이에 영향을 미치는 변수를 말한다. 이는 독립변수 외에 실험에서 집단 간 차이에 영향을 미치는 것으로 연구자가 의도하지 않은 변수다. 만약 어떤 실험에서 독립변수와 가외변수가 모두 작용했다면 연구자는 실험의 결과가 어느 변수의 효과인지 결론지을 수 없게 된다. 즉, 실험이 뒤죽박죽 혼동되기 때문에 이를 **혼동변수**(confounding variable)라고 부르기도 한다. 연구자가 부부간 새로운 의사소통 방법이 결혼만족도에 미치는 영향에 관심을 가지고 있다고 해 보자. 연구자는 신혼부부와 10년차 부부를 대상으로 두 집단을 구성하여, 실험집단에는 새로운 교수방법을 실시하고 통제집단에는 기존의 교수방법을 실시한다. 이때 만약 연구자가 신혼부부는 모두 실험집단에 배치하고 10년차 부부는 모두 통제집단에 배치하였다면, 두 집단에서 나타난 결혼만족도의 차이가 새로운 의사소통 방법으로 인한 것인지 연구대상 부부들의 결혼지속 연수로 인한 것인지 구분해 낼 수 없다. 이 경우, 결혼지속 연수라는 변수는 연구자가 통제하지 아니한 가외변수가 되어 집단 간 차이에 영향을 미치게 되는 것이다.

반면, 저해변수(nuisance variable) 또는 잡음변수는 실험 상황에서 의도하지 않게 종속변수에 영향을 미쳐 독립변수의 효과를 결정하기 힘들게 만드는 변수다. 저해변수는 실험설계 내 어느 특정 집단에만 영향을 미치는 것이 아니고 실험 내의 모든 집단 내 점수 변화폭을 증가시킨다. 즉, 실험에 관계된 모든 집단에 영향을 미친다. 저해변수가 있는 경우, 각 집단의 종속변수 점수의 변화 범위가 독립변수만 작용할 때보다 더 커지는 경향이 있다. 예를 들어, 연구자가 실험에서 12세에서 80세 사이 사람들을 대상으로 자극에 따른 반응속도를 종속변수로 측정하고자 한다. 이때 자극이라는 독립변수가 종속변수에 영향을 미칠 뿐 아니라 연구대상의 연령도 반응속도에 영향을 미치기 쉽다. 즉, 젊은 사람들은 보다 빠르게 반응할 것이다. 하지만 연구대상이 각 집단에 무작위로 할당되었다면 젊은 사람이나 나이 든 사람이 각 집단에 골고루 퍼져 있을 것이다. 따라서 저해변수인 연령으로 인해 이들 각 집단의 점수분포(반응속도)가 보다 넓어지게 된다. [그림 3-3]과 [그림 3-4]는 저해변수가 작용하지 않은 경우와 저해변수가 작용한 경우에 실험집단과 통

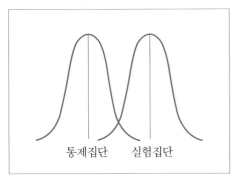

통제집단   실험집단

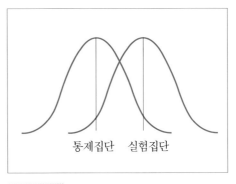

통제집단   실험집단

| 그림 3-3 | 저해변수가 작용하지 않은 경우 각 집단 종속변수 점수의 분포 | 그림 3-4 | 저해변수가 작용한 경우 각 집단 종속변수 점수의 분포 |

제집단의 점수분포를 나타낸 것이다.

연구자는 독립변수의 효과를 확실히 할 수 있도록 이들 제3의 변수가 미치는 영향을 사전에 잘 통제해야 한다. 실험통제란 독립변수를 도입하기 전에 가외변수나 저해변수를 통제함으로써 비교하는 집단을 서로 동일하게 만드는 것이다. 단순한 방법으로는 영향을 미칠 수 있는 제3의 변수를 아예 제거할수 있다. 하지만 일반적으로 완전히 제거할 수 있는 제3의 변수는 많지 않다. 따라서 다른 방법을 통해 제3의 변수가 미치는 영향력을 통제해야 한다.

다음은 제3의 변수를 통제하는 대표적인 방법이다(Johnson & Christensen, 2004; Pelham & Blanton, 2003). 첫째, **무선화**(randomization)를 사용하는 방법이다. 이론적으로 무선화는 있음직한 모든 가외변수를 통제하는 유일한 방법이다. 둘째, **짝짓기**(matching) 방법이다. 짝짓기는 종속변수와 관련된 변수 하나나 둘에 대하여 이들이 각 비교집단에 균등하도록 연구대상을 할당하는 방법이다. 가장 일반적으로 사용되는 짝짓기 방법은 연구자가 정한 가외변수에 대해 동일한 값을 가지는 연구대상을 쌍으로 만들어서 각각을 다른 집단에 할당하는 것이다. 셋째, 가외변수를 제거하는 것이다. 연구자가 선행연구나 예비실험을 통해 가외변수가 무엇인지 정확히 알고 있다면 무선할당보다 더 적극적인 통제방법을 쓸 수 있다. 즉, 연구자가 의도하지 않는 변수를 실험에서 제거하는 방법이다. 넷째, 가외변수가 종속변수에 영향을 미칠 것으로 판단될 때, 해당 가외변수를 처음부터 독립변수의 하나로 포함해서 실험을 진행할 수 있다. 이는 가외변수가 미치는 영향력을 보다 적극적으로 살펴보는 연구설계라고 할 수 있다. 다섯째, **균형화**(balancing) 방법이다. 균형화는 모든 집단에 제3의 변수를 고르게 퍼뜨려서 각 집단을 균등하게 만드는 통제방법이다.

(6) 실험처치 순서효과의 통제

어떤 실험의 경우에는 연구대상자들이 한 번 이상의 실험처치를 받아야 한다. 이러한 경우에는 각 처치의 순서가 종속변수에 영향을 미칠 수 있다. 즉, 앞서 실시한 처치에 대한 반응이 그다음에 실시되는 처치까지 남아 영향을 미칠 수 있다. 이를 **잔여효과**(carryover effect)라고 한다. 따라서 각 처치가 실시되는 순서가 연구대상에 미치는 영향을 통제해야 한다. 역균형화(counterbalancing)는 이러한 순서효과가 미치는 영향을 통제하는 절차를 말한다. 예를 들어, 소비자들이 열 가지 곡물을 첨가해 새로 개발한 차(A)의 맛을 기존의 현미녹차(B)보다 더 좋아할지에 대해 살펴본다고 가정하자. 이 경우는 각각의 연구대상이 맛을 비교하기 위해 두 종류의 차를 모두 마셔야 한다. 하지만 이때 둘 중 먼저 믹은 차의 맛이 나중에 믹은 차의 맛을 평가하는 데 영향을 미칠 수 있다. 따라서 이러한 처치 순서가 미치는 효과를 역균형화 방법을 통해 통제하게 된다.

　역균형화 방법은 피험자 개인 내 역균형화와 집단 내 역균형화로 나눌 수 있다. 개인 내 역균형화(within-subject counterbalancing)는 각 연구대상 개인이 경험하는 처치 순서를 통제하는 것이고, 집단 내 역균형화(within-group counterbalancing)는 각 개인에게 다른 순서로 처치함으로써 처치 순서의 효과를 통제하는 방법이다(Smith & Davis, 2001). 개인 내 역균형화 방법을 앞에서 예로 든 차 실험에 적용해 보자. 각 연구대상이 차를 ABBA 순서로 맛보는 것이다. 즉, 한 번은 새로운 곡물차를 마시고 그다음에 기존의 현미녹차를 마시며, 또 한 번은 기존의 현미녹차를 먼저 마시고 난 후 새로운 곡물차를 마시는 것이다. 이때에는 각 연구대상이 여러 번씩 처치를 받아야 하는 (여러 번 차를 마셔야 하는) 불편함이 있다. 반면, 집단 내 역균형화는 연구대상을 무선적으로 할당하여 반은 새로운 곡물차를 먼저 마시도록 하고, 나머지 반은 기존의 현미녹차를 먼저 마시게 하는 방법이 된다. 예를 들어, 연구대상이 10명이 있다면 무작위로 5명을 선택하여 AB 순으로 차를 마시게 하고, 나머지 5명은 BA 순으로 차를 마시게 하는 것이다. 이와 같은 집단 내 역균형화 방식은 처치가 둘 이상인 보다 복잡한 실험설계에도 사용할 수 있다.

　〈표 3-2〉는 세 가지 처치를 하는 실험에서 연구대상이 6명일 때 집단 내 역균형화 방식을 이용하여 설계한 예다. 설계 시 주의할 점은 각 연구대상이 받는 처치의 수가 동일해야 한다는 것과 각 처치가 실시된 횟수가 전체적으로 혹은 각 처치 회기에 동일해야 한다는 것이다. 또한 특정 처치 전과 후에 다른 종류의 처치를 실시하는 횟수도 동일해야 한다. 다음의 예에서 모든 처치는 각 6회씩 시행되었고 한 회기에 2회씩 실시되었다. 또한 특정 처치의

표 3-2 집단 내 역균형화 방식을 이용한 설계의 예

	처치 회기		
	1	2	3
연구대상 1	A	B	C
연구대상 2	A	C	B
연구대상 3	B	A	C
연구대상 4	B	C	A
연구대상 5	C	A	B
연구대상 6	C	B	A

전과 후에 다른 종류의 처치가 실시된 것도(예: 처치 B 전에 A를 시행, 또는 처치 B 후에 C를 시행) 모두 2회씩이다. 따라서 연구대상을 추가하고자 한다면 이러한 조건을 모두 충족시켜야 하기 때문에 이 실험의 경우 6의 배수가 되도록 연구대상을 추가해야 한다.

(7) 실험도구

독립변수를 선택할 때에는 조작에 필요한 실험도구를 고려해야 한다. 조작 가능성이나 조작에 필요한 비용 등 현실적인 문제를 사전에 염두에 두고 독립변수를 선택해야 한다. 실험연구 설계에 따라 특별히 고안된 도구를 필요로 하는 경우도 있다(사진 참조). 뿐만 아니라 종속변수를 기록하는 데에도

▋▏ 쥐가 지렛대를 누르면 먹이가 나오거나 약한 전기충격이 가해지는 스키너박스

▋▏ 영아의 깊이지각을 실험하기 위한 시각절벽

종속변수의 특성에 따라 특정 도구(예: 비디오카메라)가 필요할 수 있다. 어떤 실험도구를 이용하든지 상업적으로 판매되는 제품을 구입하였다면 출처를 밝히고, 개인적으로 제작하였다면 제작과정을 밝혀야 한다. 이는 원 연구자의 실험뿐 아니라 이후 다른 연구자들이 해당 실험을 재현하거나 반복하고자 할 때 중요한 역할을 하게 된다.

2) 실험설계

실험설계는 실험을 위해 수립한 계획으로 건축에서의 설계도와 같은 역할을 한다. 즉, 독립변수가 종속변수에 미치는 영향을 알아보기 위해 어떻게 실험을 진행할 것인지에 대한 계획의 틀이다. 연구목적과 내용에 따라 실험의 목적은 달라지지만, 어느 실험이든 그 타당성을 평가할 때는 가외변수에 대한 통제가 제대로 이루어진 정도와 실험결과를 다른 모집단이나 다른 상황에 일반화시킬 수 있는 정도가 중요한 기준이 된다. 이들 두 가지 기준 중 전자를 실험의 내적 타당도라고 하고 후자를 실험의 외적 타당도라고 한다.

실험을 설계할 때 내적 타당도와 외적 타당도를 저해하는 요인들을 얼마나 잘 통제하는가에 따라 크게 진형실험설계, 유사실험설계, 사전실험설계 등으로 나눌 수 있다. 먼저, 진형실험설계(true experimental designs)는 실험설계의 이상적인 조건을 잘 갖춘 설계다. 진형실험설계에서는 내적 타당도와 외적 타당도를 저해하는 요인들이 비교적 잘 통제된다. 다음으로, 유사실험설계(quasi-experimental designs)는 연구자가 실험 상황을 전체적으로 통제하지는 못하지만 부분적으로 통제할 수 있는 설계다. 유사실험설계에서는 일반적으로 내적 타당도보다 외적 타당도를 저해하는 요인을 보다 잘 통제할 수 있다. 끝으로, 사전실험설계(pre-experimental designs)는 내적 통제력이 없기 때문에 비실험설계라고 불리기도 한다. 사전실험설계에서는 독립변수를 조작하기 어렵고 피험자를 무선할당할 수 없는 등 실험적 통제가 거의 불가능하다. 따라서 이 실험설계를 이용한다면 연구자가 독립변수의 효과를 평가하기 어렵고 연구결과로부터 타당한 추론을 하기도 힘들다.

여기서는 실험설계 평가의 기준이 되는 내적 타당도와 외적 타당도 및 이를 저해하는 요인들에 대해 간략히 살펴본 후, 진형실험설계와 유사실험설계의 세부 유형에 대해 좀 더 자세히 소개하고자 한다.

(1) 실험설계 평가의 기준

실험설계의 타당도를 평가하는 데에는 두 가지 기준이 있다. 하나는 내적 타당도이고, 다른 하나는 외적 타당도다(Campbell & Stanley, 1963). 내적 타당도(internal validity)는 과연 독립변수만이 종속변수에 일어난 변화의 원인인가를 평가하는 것과 관련된다. 연구자가 가외변수를 잘 통제하지 못한다면, 독립변수 외에 다른 변수가 종속변수에 영향을 미쳐서 변화가 일어날 수도 있기 때문이다. 따라서 내적 타당도가 높은 실험은 가외변수가 잘 통제되고 독립변수가 종속변수에 미치는 효과만을 살펴보도록 설계된 것을 의미한다. 한편, 외적 타당도(external validity)는 연구결과를 다른 모집단이나 다른 상황에 일반화시킬 수 있는 정도와 관련된다. 따라서 외적 타당도가 높은 실험은 그 결과를 일반화시킬 수 있는 가능성이 높다고 할 수 있다. 외적 타당도는 보통 다음 두 가지로 분류된다. 첫째는 모집단에 대한 타당도다. 이는 연구결과를 다른 피험자에게 일반화시킬 수 있는 정도를 말한다. 둘째는 생태학적 타당도다. 이는 실험환경과 유사한 다른 환경적 조건에 연구결과를 일반화시킬 수 있는 정도를 말한다.

내적 타당도를 저해하는 요인으로 역사적 사건, 성숙, 검사, 측정도구의 변동, 통계적 회귀, 피험자 탈락, 피험자 선발 문제 등을 들 수 있다(Campbell & Stanley, 1963; Johnson & Christensen, 2004). 〈표 3-3〉에는 이들 각 요인에 대한 설명이 간략히 제시되어 있다.

외적 타당도를 저해하는 요인으로 모집단과 표본의 차이, 처치효과와 피험자 특성 간의 상호작용, 독립변수의 기술, 종속변수의 기술과 측정, 다중처치의 간섭효과, 역사와 처치효과의 상호작용, 측정시기와 처치효과의 상호작용, 사전검사와 사후검사 민감화, 호손효과, 신기함과 방해효과, 실험자 효과 등이 있다. 이들 중 앞의 두 요인은 모집단에 대한 타당도를 저해하는 것이고, 나머지는 생태학적 타당도를 저해하는 것이다. 〈표 3-4〉에는 이들 각 요인에 대한 설명이 간략히 제시되어 있다.

표 3-3 내적 타당도를 저해하는 요인

저해요인	설명
역사적 사건	어떤 역사적·사회적 사건이 실험 상황 내외에서 발생하여 종속변수에 영향을 미치는 것
성숙	시간이 경과하면서 발생하는 생리적 또는 심리적 변화가 종속변수에 영향을 미치는 것
검사	한 번 이상 검사를 받음으로써 발생하는 피검자의 태도(예: 검사 상황에 익숙해지는 경우, 검사에 흥미를 잃는 경우 등)가 종속변수에 영향을 미치는 것
측정도구의 변동	사전검사와 사후검사 사이에 발생할 수 있는 측정도구나 관찰방법의 변화(예: 기계기능 저하, 평가자의 피로 등)가 종속변수에 영향을 미치는 것
통계적 회귀	사전검사에서 극단 점수를 보인 표본을 대상으로 사후검사를 실시했을 때 이들 표본의 평균이 사후검사 전체 분포의 평균에 가까운 쪽으로 이동하는 현상
피험자 탈락	일부 피험자가 사전검사를 받은 후 사후검사에는 참여하지 않음으로 인해 사전검사 표본과 사후검사 표본이 달라져 종속변수에 영향을 미치는 것
피험자 선발	두 개 이상의 집단을 사용하는 실험에서 피험자를 각 집단에 무선할당하지 않는 경우 집단들의 비동질성이 종속변수에 영향을 미치는 것

표 3-4 외적 타당도를 저해하는 요인

모집단의 타당도 저해요인	설명
모집단과 표본의 차이	연구자가 실험대상으로 이용한 피검자가 속한 집단이 연구결과를 일반화시키고자 하는 모집단을 잘 대표하지 못해서 결과의 일반화 가능성이 낮아지는 것
처치효과와 피험자 특성 간의 상호작용	처치효과가 특정한 조건(예: 특정 지능수준, 특정 교육수준)을 가진 피험자의 경우에만 효과적으로 나타나서 결과의 일반화 가능성이 낮아지는 것

생태학적 타당도 저해요인	설명
독립변수의 기술	연구자가 실험절차, 활동, 처치에 소요된 시간 등 독립변수 조작에 대해 자세하게 기술하지 않아서 구체적으로 무엇이 일반화되어야 하는지 결정을 내리기 힘든 것
종속변수의 기술과 측정	연구자가 종속변수 및 이를 측정하기 위한 절차를 상세히 기술하지 않아서 구체적으로 무엇이 일반화되어야 하는지 결정을 내리기 힘든 것. 또는 측정도구의 신뢰나 타당도가 낮아서 일반화시키고자 하는 연구결과의 안정성이 낮은 것

다중처치의 간섭효과	같은 피험자에게 둘 또는 그 이상의 처치를 하는 경우, 두 번째 처치의 효과는 앞선 처치의 효과와 혼합되므로 두 번째 처치의 효과만을 알 수 없어서 결과의 일반화가 제한되는 것
역사와 처치효과의 상호작용	실험기간 중 일어나는 역사적 사건이 처치효과와 상호작용하여 종속변수에 영향을 미침으로 인해 일반화 가능성이 낮아지는 것
측정시기와 처치효과의 상호작용	처치효과가 처치 후 짧은 기간 동안만 나타나거나 처치 후 어느 정도 시간이 지나야만 나타나는 경우, 종속변수를 언제 측정하는지에 따라 연구결과가 달라지는 것
사전검사와 사후검사 민감화	사전검사로 인해 피험자가 처치에 민감해져서 처치효과가 나타나거나 사후검사 자체로 인해 피검자가 민감해져서 종속변수에 영향을 미침으로써 검사를 받지 않은 대상에게 연구결과를 일반화시키기 힘든 것
호손(Hawthorne) 효과	피험자가 자신이 실험에 참여하고 있다는 인식으로 인해 태도에 변화(예: 평가받고 있다는 불안감, 사회적 바람직성 등)가 일어남으로써 실험에 참여하지 않은 대상에게 연구결과를 일반화시키기 힘든 것
신기함과 방해효과	최초로 시도하는 혁신적인 실험 프로그램의 경우, 피험자들이 신기해함으로써 수행력이 증가하거나 너무 생소하여 수행력이 저해되는 경우가 발생하여 연구결과를 일반화시키기 힘든 것
실험자효과	실험자가 무심코 능동적(언어적 · 비언어적 · 행동적 신호) 또는 수동적(외모, 성별, 인종, 복장 등)으로 피험자의 행동에 영향을 미치는 것. 따라서 실험자가 없는 경우 같은 결과가 나타나지 않으므로 연구결과를 일반화시키기 힘든 것

(2) 실험설계의 종류

일반적으로 진형실험설계는 외적 타당도보다는 내적 타당도를 저해하는 요인들을 통제하는 데에 유리하고, 유사실험설계는 내적 타당도보다는 외적 타당도를 저해하는 요인들을 통제하는 데에 유리하다. 즉, 진형실험설계에서는 독립변수 외에 제3의 변수가 종속변수에 미치는 영향을 철저히 통제하여 독립변수와 종속변수 간의 인과관계를 명확히 밝힐 수 있지만, 엄격히 통제된 실험 상황의 인위성으로 인해 실험결과를 일반화할 때는 한계가 있을 수 있다. 반면, 유사실험설계에서는 부분적으로 통제가 가능하고 자연스럽게 형성된 집단을 대상으로 함으로써 인위적인 상황으로 인한 한계를 어느 정도

해결할 수 있다. 이때 연구자가 실험 상황을 완전히 통제할 수 없으므로 내적 타당도의 저해요인을 어느 정도 감수해야 한다. 여기서는 Campbell과 Stanley(1963)가 고안한 진형실험설계의 몇 가지 형태에 대해 알아본 후, 진형실험설계가 가능하지 않을 때 이용하는 유사실험설계의 몇 가지 형태를 간단히 소개할 것이다.

① 진형실험설계

진형실험설계의 종류 중 사전-사후검사 통제집단 설계, 사후검사 통제집단 설계, 솔로몬 4집단 설계에 관해 도식을 이용해 살펴보기로 한다. 먼저, 사전-사후검사 통제집단 설계(pretest-posttest control group design)에는 비교되는 집단이 두 개 있다. 두 집단은 사전검사와 사후검사에서 관찰 또는 측정된다. 연구자는 피험자의 반을 한 집단에, 나머지 반을 또 다른 집단에 무선적으로 할당한다(R). 따라서 연구의 시작 단계에서 두 집단을 동일한 것으로 간주한다. 종속변수의 측정도 두 집단에서 동시에 실시된다. 하지만 사전검사(O_1)와 사후검사(O_2) 사이에 두 집단 중 하나는 실험적 처치(X)를 받고 다른 하나는 처치를 받지 않는다. 또는 두 집단이 각기 다른 실험 처치를 받는 경우도 있다. [그림 3-5]에는 사전-사후검사 통제집단 설계의 도식이 제시되어 있다. 연구자가 처치를 한 실험집단과 처치하지 않은 통제집단으로 구분하지 않고, 각각 다른 처치를 한 실험집단들로 구분한다면 X 아래 줄의 공백부분을 Y로 대치할 수 있다.

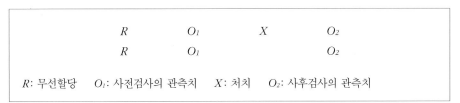

R: 무선할당 O_1: 사전검사의 관측치 X: 처치 O_2: 사후검사의 관측치

그림 3-5 사전-사후검사 통제집단 설계의 도식

사후검사 통제집단 설계(posttest-only control group design)는 두 집단 모두에서 사전검사가 실시되지 않는다는 사실을 제외하고는 사전-사후검사 통제집단 설계와 동일하다. [그림 3-6]에는 이 설계의 도식이 제시되어 있다. 이 설

계에서 만약 두 집단이 각기 다른 형태의 처치를 받는다면, X 아래의 빈 공간을 Y로 대치하고 실험집단과 통제집단 대신에 실험집단 1과 실험집단 2로 구분할 것이다.

R	X	O
R		O

R: 무선할당 X: 처치 O: 사후검사의 관측치

그림 3-6 사후검사 통제집단 설계의 도식

솔로몬 4집단 설계(Solomon four-group design)는 사전-사후검사 통제집단 설계와 사후검사 통제집단 설계를 합쳐 놓은 것이다. 사전검사와 처치효과가 상호작용하여 사전검사를 받은 경우에만 처치효과가 나타난다면 연구결과를 일반화시키고자 할 때 외적 타당도가 제한되기 때문이다. 따라서 이 설계는 사전검사가 피험자들로 하여금 처치에 민감해지게 만드는지를 알아보기 위해서 고안된 것이다. [그림 3-7]에는 솔로몬 4집단 설계의 도식이 제시되어 있다. 이 설계에서 피험자는 네 집단에 무선할당된다. 이때 두 집단은 처치를 받고, 이들 실험집단 중 한 집단만 사전검사를 받는다. 두 집단은 처치를 받지 않고, 이들 통제집단 중 한 집단만 사전검사를 받는다. 그런 후, 네 집단 모두 사후검사를 받는다.

R	O_1	X	O_2
R	O_1		O_2
R		X	O_2
R			O_2

R: 무선할당 O_1: 사전검사의 관측치 X: 처치 O_2: 사후검사의 관측치

그림 3-7 솔로몬 4집단 설계의 도식

② 유사실험설계

유사실험설계의 종류 중 비동질적 통제집단 설계, 분리표본 사전-사후검사 설계, 단일집단 시간계열 설계에 관해 도식을 이용해 살펴보기로 한다. 비동질적 통제집단 설계(nonequivalent control group design)에서는 두 집단 중 한 집단에만 처치를 하고, 두 집단을 처치 전후에 비교한다. 즉, 두 집단이 사용되고, 처치 전에 두 집단이 각각 측정되며, 실험집단에만 처치를 가한후 두 집단 모두를 다시 측정한다. 이때 피험자들이 실험집단과 통제집단에 무선할당되지 않는다. 따라서 실험집단과 통제집단은 동질적 집단이 아니다. 이 설계는 자연스러운 상황에서 이미 형성되어 있는 집단을 활용하여 연구가 진행될 때 적합한 설계다. [그림 3-8]에는 비동질적 통제집단 설계의 도식이 제시되어 있다. 도식에서 두 집단 사이의 점선은 두 집단이 동질적이지 않음을 나타낸다. 두 집단이 동질적이지 않지만 연구자는 이 설계를 이용할 때 실험집단과 통제집단이 가능한 한 비슷하도록 만들어야 한다.

$$O_1 \qquad\qquad X \qquad\qquad O_2$$

$$O_1 \qquad\qquad\qquad\qquad O_2$$

O_1: 사전검사의 관측치 X: 처치 O_2: 사후검사의 관측치

그림 3-8 비동질적 통제집단 설계의 도식

비동질적 통제집단 설계는 실험집단과 통제집단이 유사한 정도에 따라 다음 두 가지로 나눌 수 있다. 하나는 본래 비동질적 집단설계로 원래 자연스럽게 형성되어 있는 두 집단을 이용하는 것이다. 예를 들어, 두 학급이나 한 회사의 두 부서 등이 있다. 이때 연구자는 두 집단 중 하나에 처치를 무선적으로 할당한다. 다른 하나는 자발적 실험집단 설계다. 이 설계에서 실험집단은 처치를 받고자 하는 지원자들로 구성된다. 예를 들어, 체중감량 프로그램에 참가하고 싶어 하는 사람들은 실험집단으로, 체중감량 처치를 원하지 않는 사람들은 통제집단으로 구성하는 것이다.

분리표본 사전-사후검사 설계(separate sample pretest-postest design)는 연구자

가 각 하위집단을 무선적으로 분리해서 각기 다른 처치를 받도록 할 수 없는 경우에 이용한다. 연구자는 처치 전후에 측정되는 피험자들을 무선할당함으로써 어느 정도 실험적 통제를 할 수 있다. 이 설계는 학급이나 공장, 군대 등과 같은 모집단에 이용할 수 있고 처치 전에 명시된 모집단에서 대표적 표집을 할 수 있다. [그림 3-9]에는 이 설계의 도식이 나타나 있다. 이 도식에서 각 줄은 무선적으로 선발된 동질적인 하위집단을 나타낸다. 한 표본은 처치 전에 측정되고 두 표본 모두 처치를 받지만 첫 번째 표본이 처치를 받는 것은 연구설계나 연구결과와 무관하다. 두 번째 하위표본만 처치 후에 측정된다.

$$R \qquad O_1 \qquad (X)$$
$$R \qquad\qquad\qquad X \qquad O_2$$

R: 무선할당 O_1: 사전검사의 관측치 X: 처치 O_2: 사후검사의 관측치

그림 3-9 분리표본 사전-사후검사 설계의 도식

단일집단 시간계열 설계(single-group time-series design)에서는 처치 전후에 반복 측정 혹은 반복 관측된다. 일반적으로 사전-사후검사 설계는 처치를 한 바로 전과 후에 한 번씩 관측한다. 하지만 단일집단 시간계열 설계는 처치가 도입되기 전과 후에 여러 번 측정 또는 관측한다. [그림 3-10]은 단일집단 시간계열 설계의 다양한 형태를 보여 준다. A에서는 처치 전과 후에 네 번씩 관측을 한다. 여기서 처치변수는 O_4와 O_5 사이에 일시적으로 가해진다. B에서는 처치변수가 짧은 기간 동안 지속적으로 적용된 후 중단된다. 계속되는 처치는 O 위에 선을 연결해 표시한다($\overline{O_5\,O_6}$). C는 O_5에서 O_8에 이르기까지 계속적으로 처치를 하는 경우다. 끝으로 D에서처럼 집단에 두 가지 또는 그 이상의 처치가 연속적으로 적용되는 경우도 있다. 시간계열 설계에서 처치변수가 효과적이라면 처치가 적용된 후 시점에서 급격한 변화가 있을 것이다. 또한 그 처치변수의 효과가 단지 일시적인지 아닌지 또는 시간이 지남에 따라 증가하거나 감소하는지 등을 알아볼 수 있다.

$$A \quad O_1 \quad O_2 \quad O_3 \quad O_4 \quad X \quad O_5 \quad O_6 \quad O_7 \quad O_8$$

$$B \quad O_1 \quad O_2 \quad O_3 \quad O_4 \quad X \quad \overline{O_5 \quad O_6} \quad O_7 \quad O_8$$

$$C \quad O_1 \quad O_2 \quad O_3 \quad O_4 \quad X \quad \overline{O_5 \quad O_6 \quad O_7 \quad O_8}$$

$$D \quad O_1 \quad O_2 \quad O_3 \quad O_4 \quad X \quad O_5 \quad O_6 \quad O_7 \quad O_8 \quad Y \quad O_9 \quad O_{10} \quad O_{11} \quad O_{12}$$

$O_1 \sim O_4$: 사전검사의 관측치, $O_5 \sim O_8$, $O_9 \sim O_{12}$: 사후검사의 관측치, X, Y: 처치

그림 3-10 단일집단 시간계열 설계의 다양한 형태

3. 관 찰

관찰(observation)이란 연구자가 관심을 가지고 있는 대상이나 현상에 대한 정보를 입수하기 위해 특정한 상황에서 나타나는 인간의 행동 양상(pattern)을 살펴보는 것을 말한다(Johnson & Christensen, 2004). 관찰을 이용한 자료수집법에서 관찰자가 보고 듣는 연구대상의 행동이나 태도를 기록하여 정보를 수집한다. 이때 관찰자가 연구대상과 직접적으로 접촉하거나 의사소통을 할 수도 있고, 간접적으로 기계적인 도구나 전자적 도구(예: 비디오카메라로 녹화된 행동)를 이용해 연구대상을 살펴볼 수도 있다. 어떤 도구를 사용하든 관찰은 사람들이 실제로 하는 행동에 대한 정보를 입수하는 데 있어 매우 중요한 자료수집 방법이 된다. 관찰법은 언어적으로 의사소통이 힘든 유아, 발달지체아 혹은 동물을 대상으로 한 연구에서도 많이 사용되고 있다. 새의 교미행동, 원숭이들의 공격행동, 유아들의 놀이행동, 어머니와 유아 간의 상호작용 시 발성 등에 관한 연구들을 예로 들 수 있다.

관찰을 통한 자료수집 방법은 양적 연구와 질적 연구 모두에서 활용될 수 있다. 양적 연구에서는 보통 관찰자가 관찰대상 집단이나 상황에 직접 참여하지 아니하고 제3자의 입장에서 행동을 관찰하고 기록한다. 따라서 체계적 관찰을 이용한 양적 관찰연구의 특징으로는 객관성(objectivity)과 반복가능성(replicability)을 들 수 있다. 즉, 연구방법을 자세하고 분명하게 기록해서 다른 사람들이 확인할 수 있도록 한다. 또한 연구가 제대로 수행되었고 동일한

절차를 따랐다면 관찰자가 누구인지 몇 명인지에 상관없이 유사한 결과가 나오게 된다. 한편, 관찰법은 질적 연구에서 가장 핵심적인 자료수집 방법 중 하나다. 질적 연구에서 관찰을 할 때에는 정확히 무엇을 관찰할 것인지 사전에 세부 사항을 정해 놓지 않는다. 질적 관찰연구에서는 연구자가 무엇이 중요하고 어떤 자료를 기록해야 하는지를 관찰을 진행하면서 계속 순간순간 결정해야 한다. 또한 연구자는 연구주제와 관련을 가질 수 있는 모든 것을 관찰하고 기록한다. 경우에 따라서는 중요한 장면을 비디오로 촬영하거나 오디오로 녹음하기도 한다. 이들 방대한 자료를 조직화하고 해석하여 연구주제와 관련이 있는 현상에 대해 이해하고자 한다. 이러한 접근방식은 연구목적이 현상이나 행동에 대한 탐색인 경우에 주로 사용된다.

여기서는 먼저 관찰의 대표적인 유형에 대해 설명할 것이다. 이어서 관찰을 통해 자료를 수집할 때 거쳐야 하는 일반적인 절차에 대해 소개하고, 이러한 일반적 절차 중 관찰 자료를 기록하는 방법에 대해 좀 더 자세히 알아볼 것이다.

1) 관찰의 유형

분류기준이나 체계에 따라 관찰의 유형은 조금씩 차이가 있다. 여기서는 관찰환경을 인위적으로 조작하는지 그렇지 않은지에 따라 자연관찰과 통제관찰로 나누어 살펴보고, 관찰자가 관찰환경에 직접 참여하는지 그렇지 않은지에 따라 참여관찰과 비참여관찰로 나누어 살펴볼 것이다. 그런 후, 이차적 관찰인 문헌의 내용분석법을 간략히 소개할 것이다.

(1) 자연관찰과 통제관찰

자연관찰(naturalistic observation)은 자연적인 상태에서 연구대상의 특정 행동이나 현상을 그대로 관찰하는 것을 말한다. 대표적인 예로 Piaget가 세 자녀를 관찰하여 발달에 대한 자료를 수집한 것을 들 수 있다. 이 방법은 자연스러운 실제 상황에서 연구대상의 행동을 관찰하기 때문에 생태학적 타당도가 매우 높다. 또한 사건이나 현상의 일부가 아닌 전체를 알 수 있다. 즉, 관심의 대상이 되는 사건 자체뿐만 아니라 그와 관계되는 변수들을 모두 알아볼 수 있다. 보통 참여관찰(participants observation)과 같은 질적 접근방법이 자연관찰에 해당된다. 예를 들어, 연구자가 노숙자들의 생활실태에 관심이 있다면 직접 노숙자들이 모여 있는 역 근처에 가서 이들의 행동을 관찰하는 것이다. 또는 아프리카 오지 부족사회 문화에 관심이 있다면 실제로 그 부족들과 같이 거저하면서 그들의 생활을 관찰하고 기록하는 것이나.

통제관찰(controlled observation)에서는 정도의 차이는 있지만 연구자가 관찰 상황을 통제하는 것이 가능하다. 여기에는 엄격한 통제가 가능한 실험실관찰과 상대적으로 통제범위가 제한되는 현장실험관찰이 있다.

먼저, 실험실관찰(laboratory observation)은 연구자가 설정해 놓은 특정 장소(보통 제한된 공간인 실험실 내)에서 나타나는 행동을 관찰하는 방법이다. 관찰자는 보통 일방경을 통해 연구대상의 행동을 살펴보며 기록한다(사진 참조). 예를 들어, 가족의 의사소통 방식에 대한 자료를 수집하기 위해 응접실 모양의 실험실에서 연구대상 가족이 특정 주제에 대해 토의하도록 할 수 있다. 이때 관찰자는 일방경을 통해 의사소통 방식에 대한 자료를

▌| 일방경이 설치된 관찰실

기록한다. 실험실관찰을 이용하는 경우, 관심의 대상이 되는 현상에 중점을 두고 편리하게 효율적으로 자료를 수집할 수 있다. 하지만 실험실에서 연구대상이 관찰당하고 있다는 사실을 알고 있는 상황에서 보인 행동이 실제 사회적 상황으로까지 일반화되기 힘들다는 비판도 있다.

현장실험관찰은 제한된 실험실이 아닌 실제 환경에서 자료를 수집하는 방법이다. 하지만 일상 그대로의 상태가 아닌 연구자가 관심을 가지고 있는 변수를 인위적으로 도입하거나 조작한 상황에서 연구대상의 행동을 관찰하는 것이다. 이때 연구대상들은 자신이 관찰되고 있다는 사실을 알지 못한다. 예를 들어, 동일한 옷을 이용해서 어떤 옷에는 유명한 상표를 붙이고, 나머지 옷에는 아무런 상표를 달지 않고 실제 의류도매상가에서 판매하면서 사람들

의 옷에 대한 반응을 관찰할 수 있다. 현장실험관찰은 실험실관찰에 비해 연구대상들의 반응성을 인위적으로 불러일으킬 염려가 없으므로 생태학적 타당도가 높다. 하지만 연구대상들이 자신이 관찰되고 있다는 사실을 알지 못하므로 윤리적으로 문제가 되는 경우도 있다.

(2) 참여관찰과 비참여관찰

참여관찰은 연구자 자신이 연구대상이 되는 집단의 일부인 내부 구성원이 되어 관찰하는 방법이다. 이 방법은 연구자가 특정 사회경제적 집단이나 문화집단에 대해 이해하고자 할 경우, 정보를 수집하기 위해 해당 집단의 구성원 역할을 하면서 관찰하는 것이다. 즉, 연구자는 관심을 가지고 있는 실제 사회적 상황에 들어가서 사람들의 반응을 이끌어 내고 기록하고자 노력한다. 연구자는 집단 내부자의 역할을 하면서 오랜 기간 현장에 참여하여 관찰하면서 정보를 수집하고, 집단 내 구성원들에게 자신이 연구자이고 집단구성원들이 관찰되고 있다는 점을 알린다. 따라서 연구자가 자신이 입수하고자 하는 자료나 기록하는 행동에 대해 연구대상자들의 허가를 받음으로써 보다 윤리적이라고 할 수 있다. 하지만 이 경우 연구대상자들이 관찰되고 있다는 점을 의식하여 자연스럽게 행동하지 않을 수도 있다. 이런 문제점은 보통 시간이 지나고 연구대상자들이 연구자를 신뢰하게 되면 해결되는 경향이 있다. 참여관찰을 통해 수집한 자료는 대표적인 질적 접근방식 연구 중의 하나인 민속지학(ethnography)[1]의 바탕이 된다.

비참여관찰은 관찰자가 현장에는 있으나 그 장면에서 일어나는 활동에 개입하지 않고 관찰만 하는 방법이다. 비참여관찰은 피험자가 관찰되고 있다는 사실을 인지하지 못하도록 관찰을 해야 한다. 따라서 비디오를 사용하여 몰래 촬영하거나 일방경이 있는 관찰실에서 촬영을 하는 것이 좋다. 하지만 현실적으로 이런 시설이 구비된 현장이 드물기 때문에, 피험자들에게 참견하지 않고 피험자들의 눈에 띄지 않도록 노력한다면, 관찰이 몇 번 진행된 이후에는 피험자들이 관찰자의 존재 자체를 의식하지 않게 된다. 이 경우 관

---

1) 특정 문화적 맥락에서 사람들의 관습 또는 습관이나 행동의 의미를 알아내고 문서화하고자 사회학이나 문화인류학에서 많이 사용되는 방법.

찰자는 참여유발 상황이 발생해도 개입하지 않아야 하며, 관찰대상의 말이나 행동에 반응해서는 안 된다. 비참여관찰은 관찰을 조직적이고 계획적으로 할 수 있다는 점과 관찰장면에 연구자가 직접 참여하지 않기 때문에 객관성을 유지하기 쉽다는 장점이 있다. 그러나 관찰의 기회가 적어 필요한 정보를 모두 수집하기가 어렵고 피상적인 관찰이 되기 쉽다.

(3) 문헌 내용분석법

관찰은 행동을 직접적으로 관찰하는 것 외에 이미 기록되어 있는 문헌이나 자료를 이용해 진행되는 경우도 있다. 이처럼 문헌자료를 이용하는 방법은 이차적 관찰(secondary observation)에 해당한다. 이는 원 출처로부터 보통 두 번 이상의 처리과정을 거쳤기 때문이다. 즉, 누군가 원 출처로부터 정보를 기록한 이후에 다시 다른 연구자에 의해 분석되는 방법이다. 문서에 기록된 글이나 그림 등을 분석하는 방법 중 그 내용을 분류하고 평가하는 방법을 내용분석(content analysis)이라고 한다(Rosnow & Rosenthal, 2002). 내용분석에서는 글이나 그림의 상징이나 단어, 문장, 사고 등 관심이 되는 정보를 범주화하여 출현빈도를 측정한다. 이때 보통 판단자가 한 명 이상 필요하다. 또한 판단자들은 실제 분석에 들어가기 전에 판단자 간 일정 수준의 일치도를 보이도록 훈련을 받게 된다.

다음은 문헌의 내용분석법에 사용되는 문서 종류와 예를 소개한 것이다(Simonton, 2000). ① 실제 기록(예: 출생, 결혼, 사망률), ② 정치적 기록 또는 법률 기록(예: 국회에서의 특정 사안에 대한 국회의원들의 투표 결과, 백범 김구 선생 암살과 관련된 미국정부 문서), ③ 기타 정부부처의 기록(예: 기상관측, 범죄율), ④ 대중매체의 정보(예: 뉴스, 선전, 드라마), ⑤ 판매기록(예: 공항 내 편의점의 판매율, 해외여행자보험 판매율), ⑥ 기업이나 기관의 기록(예: 병가 및 휴가율, 이직률), ⑦ 기타 다양한 문서기록(예: 전시 병사의 일기나 편지, 전래동화).

문헌의 내용을 분석하여 자료를 수집할 경우, 일정한 기간에 걸쳐 일어난 특정 현상의 경향을 알아볼 수 있다. 또한 연구대상이 문서이므로 자료수집 시 반응성을 일으키지 않는다는 장점이 있다. 하지만 연구하려는 현상에 대한 자료를 입수하기가 쉽지 않고 접근이 가능한 자료에만 의존할 수밖에 없으므로 일반화가 제한된다. 게다가 어떤 경우는 일차 기록자의 편견으로 인해 원자료가 왜곡된 내용일 수도 있다.

2) 관찰의 절차

관찰을 통해 자료를 수집할 때 거쳐야 하는 일반적인 절차는 다음과 같다. 첫째, 관찰 목적을 설정한다. 예를 들어, 아동의 공격성에 관한 연구라면 아동의 공격적 행동을 유발하는 상황이 어떤 것인가를 알아보는 것이 관찰의 목적이 될 수 있을 것이다. 관찰자는 관찰을 수행하기 전에 그 기초가 되는 목적에 대해 철저히 알고 있어야 한다.

둘째, 연구자는 관찰자를 선정하고 훈련시켜야 한다. 관찰자는 풍부한 사회적 경험을 가지고 있으며, 분석적이고 공정한 사람, 지적이고 객관적일 수 있는 성품을 지닌 사람이어야 한다(박도순, 2001). 또한 관찰의 정확성과 여러 관찰자들 간 비슷한 기록을 산출하기 위해서 상당한 시간 동안 관찰자를 훈련시켜야 한다. 관찰자 훈련은 자료수집의 가장 기본적인 절차이자 연구결과의 타당성과 직결되는 매우 중요한 문제다(Sommer & Sommer, 1991). 관찰자 훈련에서는 무엇을 관찰할 것인지, 어떻게 기록하고 수량화할 것인지 등을 구체적으로 다루어야 한다. 나아가 관찰자 간의 토의를 통해 의견을 조율하고 이를 통해 관찰행위의 일관성 여부를 검토해야 한다. 관찰자들이 성별과 인종, 문화적인 편견을 버리도록 하고 관찰하려는 대상을 명확하게 파악하는 객관적인 관찰방법을 습득하도록 해야 한다(Billman & Sherman, 2002).

셋째, 관찰행동을 선정한다. 양적 관찰에서는 보통 비언어적 행동(예: 신체 움직임이나 표정, 자세나 시선), 공간적 행동(예: 관찰대상자 간의 물리적 거리, 사람과 사물 간의 물리적 거리), 언어표현적 행동(예: 말의 속도, 목소리 톤, 목소리 크기), 언어적 행동(예: 말의 내용, 글) 등을 살펴본다(Weick, 1968). 연구자가 선정한 행동의 정의와 규칙에 따라서 관찰자(observer) 또는 평정자(rater)가 관찰목표로 정해진 행동을 측정 가능한 단위로 점수화하게 된다(Bakeman, 2000).

넷째, 관찰할 행동을 선정하고 나면 해당 행동을 언제 어떻게 표집할 것인지를 정해야 한다. 일반적으로 사용되는 방법으로는 시간표집법과 사건표집법을 들 수 있다. 시간표집법(time sampling)은 연구의 관심대상이 되는 대표적인 행동을 표집하기 위해서 여러 시간대에 걸쳐 행동을 관찰하는 것이다. 이때 관찰을 진행할 시간대를 무작위로 선택할 수도 있고 보다 대표성을 고려하여 체계적으로 선택할 수도 있다. 반면, 사건표집법(event sampling)은 특정 사건이 일어난 이후에만 그 행동을 관찰하는 방법이다. 이에 관해서는 관찰기록의 방법에서 좀 더 자세히 살펴보기로 한다.

끝으로, 관찰행동을 어떻게 기록할 것인지를 정해야 한다. 양적 관찰에서 가장 기본적인 차원은 지속시간, 빈도, 행동발생 양상이다. 일반적으로 관찰회기(observation session)[2] 내 행동이 지속된 시간, 행동이 발생한 빈도, 발생간격 또는 행동발생 양상 등을 기록하는 방법이 많이 사용된다. 지속시간(duration)은 관찰회기 내에 목표행동이 발생하여 지속된 시간의 양이다. 빈도(frequency)는 관찰회기 내에 특정 행동이 발생한 횟수를 말한다. 발생빈도를 기록하는 방법은 특정 행동이 얼마나 자주 일어나는지에 관심이 있을 때 혹은 관심이 있는 행동이 지속되는 시간이 짧거나 자주 나타날 때 주로 사용된다. 보통 관찰자에게 행동목록을 주고 목록에 있는 행동이 일어나는 빈도를 기록하게 한다. 행동발생 양상(pattern)은 시간의 경과에 따라 행동이 일어남과 일어나지 않음이 반복된 정도, 즉 행동의 발생 경향을 말한다. 발생간격을 기록하는 방법은 주어진 시간 내에 특정 행동이 어느 정도의 시간간격을 두고 발생하는지를 기록하는 것이다. 행동지속시간이나 발생빈도의 절대적 양은 관찰회기의 길이에 따라 달라질 수 있다. 따라서 이들 기록을 이용해 관찰회기 간, 연구대상 간 혹은 집단 간의 행동을 비교할 때 반드시 관찰회기의 시간단위를 동일하게 통일시켜야 한다(Suen & Ary, 1989). 관찰의 객관성을 높이기 위해 오디오나 비디오와 같은 기계에 의한 기록법이 주로 사용된다.

3) 관찰기록의 방법

관찰기록의 대표적인 방법으로는 일화기록법, 시간표집법, 사건표집법, 평

---

2) 관찰을 위해 한 번에 주어진 시간.

정척도법, 행동목록표 등이 있다(김아영, 2000; Billman & Sherman, 2002; Cohen, Manion, & Morrison, 2000; Nilsen, 2001).

(1) 일화기록법

일화기록법(anecdotal records)이란 일화에 대한 서술적인 기록으로 몇 초에서 몇 분 동안 일어난 사건, 행동, 혹은 현상에 대하여 이야기식으로 설명하는 방법이다. 일화기록법은 대체로 예기치 않은 행동이나 사건을 관찰하여 기록하고자 할 때 사용되며, 언제, 어디서, 누가, 무엇을 하였는지 자세히 기술하는 방법이다. 사례연구를 할 경우에 이 방법이 많이 이용된다. 일화기록을 할 때는 가능한 한 사건이 일어나는 즉시 객관적이고 정확하게 기록하여야 한다. 연구대상의 기본 행위와 말을 구체적으로 기록하고 관찰자의 설명이나 느낌, 추론은 피해야 한다. 또한 사건이 일어난 상황, 시간, 기본적 행위 등을 발생 순서를 유지하여 명료하게 제시해야 하고, 등장인물 간의 상호작용을 기록해야 한다.

(2) 시간표집법

시간표집법(time sampling)이란 연구대상을 정해진 짧은 시간 동안 관찰하고 그 시간 동안에 나타나는 행동을 대표적 행동으로 간주하고 기록하는 방법이다. 즉, 일정한 시간간격을 미리 정해 놓고 관심이 되는 행동을 규칙적으로 기록하는 방법이다. 따라서 시간표집법은 관찰하는 시간을 통제할 수 있기 때문에 관찰의 시간단위, 시간간격,[3] 관찰 횟수 등은 연구의 목적과 관찰하는 행동특성에 따라 변화가 가능하다. 시간표집법은 비교적 자주 발현되는 행동(적어도 15분에 한 번 이상)이나 쉽게 눈에 보이는 행동을 관찰할 때 적합한 방법이다. 이러한 시간표집법을 사용할 때에는 먼저, 관찰의 행동범주를 구분하고, 부호체계(예: '친'이란 친사회적 행동, '반'이란 반사회적 행동)를 수립하며, 기록양식을 만들어야 한다. 그리고 적절한 시간단위와 관찰대상의

---

3) 시간표집법에서의 적절한 시간간격은 대체로 10분은 너무 길고, 2분은 너무 짧으며, 3~5분이 적합하다고 본다. 일반적으로 관찰자에게 관찰하는 시간은 1분을, 기록하는 시간은 2~3분을 제공한다(Billman & Sherman, 2002). 하지만 연구의 내용이나 목적에 따라 조정도 가능하다.

	관찰시간			
	11:00~11:01	11:01~11:02	11:02~11:03	11:03~11:04
1. 아동이 소리 내어 웃는다.	/			
2. 어머니가 아동의 웃음에 긍정적으로 반응한다.		///		
3. 어머니가 아동의 질문에 부정적으로 반응한다.				//

참고: 행동 발생빈도는 ///로 표시

그림 3-11 시간표집법의 예

수, 관찰 횟수 등도 사전에 결정해야 한다. 일반적으로 사용하는 시간표집법의 예는 [그림 3-11]과 같다.

(3) 사건표집법

사건표집법(event sampling)은 시간표집법과 달리 관찰의 단위가 시간간격이 아니라 어떤 행동이나 사건 그 자체에 있는 방법이다. 따라서 흔히 일어나는 행동뿐만 아니라 비교적 드물게 나타나는 행동에도 적용할 수 있는 관찰법이다. 사건표집법을 이용하는 연구자는 사건이 언제 발생할지를 알아야 하고, 사건이 발생할 때에 그 장소에 있어야 하며, 관찰하려는 사건이 발생할 때까지 기다렸다가 그 행동이나 사건이 일어나면 일어나는 순서대로 기록에 남겨야 한다. 즉, 행동이나 사건을 기록하거나 사건이 발생할 때마다 사건의 범주를 기록해야 한다. 사건표집법을 이용하기 위해서는 사전에 관찰하려는 행동이나 사건의 성격을 충분히 이해하고 이를 명료화하고 나아가 조작적 정의를 내려야 한다. 또한 관찰하려는 행동특성을 분명하게 규정한 다음에는 언제, 어디서 그러한 행동을 관찰할 것인지를 결정해야 한다. 끝으로 어떤 종류의 정보를 기록할 것인지를 결정해야 하는데, 이를 위해 미리 부호화된 유목표를 사용할 수도 있고 혹은 일화기록법을 사용할 수도 있다.

(4) 평정척도법

평정척도법(rating scales)은 일반적으로 얼마나 자주 어떤 행동이 반복해서 일어나는지를 관찰할 때 사용되는 것으로, 관찰자에게 수록된 유목이나 연속선상에 평가한 대상을 수치로 할당하도록 하는 방법이다. 평정척도법은 척도를 구성하기가 용이하고 사용하기 간편하기 때문에 가장 보편적으로 사용되는 방법이다. 평정척도법은 수량화된 점수를 부과하도록 작성된 것이므로, 관찰과 동시에 사용하기는 어렵고 충분히 관찰을 한 후 그 결과를 평가하는 수단으로 사용된다(양옥승, 1997). 평정척도법은 관찰자가 단순히 행동의 유무만을 표시하는 것이 아니라 그 행동의 빈도 혹은 질에 대한 판단을 표시한다는 점에서 행동목록표와 차별화된다. 특히 평정척도는 관찰자가 개인의 행동유형에서의 차이를 기술하고자 할 때에 보다 유용한 방법이 된다.

(5) 행동목록표

행동목록표(checklists)는 관찰방법 중에서 가장 일반적으로 사용되는 것으로, 일련의 행동목록을 사전에 준비하고 행동목록에 있는 각 행동이 실제로 나타나는지 아닌지를 관찰하여 표시하는 방법이다. 이는 단순히 어떤 기술이나 행동 혹은 발달특성이 나타나는지를 알아보고 싶을 때 쓰이는 관찰방법으로 자세한 행동에 대한 기록은 포함하지 않는다. 행동목록표를 통해 얻어지는 자료의 질은 관찰자가 각 항목들을 어느 정도 잘 알고 있느냐와 얼마나 정확하게 각 항목을 평가하느냐에 달려 있다. 그러므로 각 항목들은 정확하고 명료하게 관찰할 수 있는 행동단위여야 하며 주관적인 평가를 할 가능성이 배제된 것이어야 한다. 구체적으로는 사전에 분류한 행동특성이 일어날 때마다 정해진 규칙(시간간격에 따른 단위 등)에 따라 표시해야 한다. 또한 행동목록표를 사용할 때에는 기억에 의한 것이 아니라 직접적인 관찰 상황 하에서 기록되어야 한다. 따라서 행동을 어떻게 기록할 것인가에 대한 생각보다는 무엇 또는 무슨 행동이 발생하는가를 체크하는 것이 중요하다.

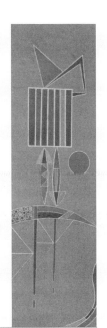

제4장

SPSS 데이터 입력과 활용

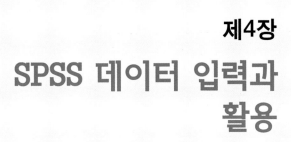

지금까지는 과학적 연구를 수행하는 데 기본이 되는 내용과 절차를 살펴보고, 연구관심사를 평가하는 방법과 실제로 자료를 수집하는 방법에 대해 알아보았다. 연구 수행 시 필요한 자료를 적절한 방식으로 수집하고 난 후 연구자가 해야 할 작업은 수집된 자료의 상태를 확인하고 컴퓨터를 이용한 통계분석에 적절한 형식과 체계를 갖추도록 자료를 전산화하는 것이다. 물론 컴퓨터가 없다고 자료를 분석하지 못하는 것은 아니다. 수십 년 전까지만 해도 컴퓨터 없이 손으로 계산해서 필요한 값을 산출했고, 지금도 표본의 크기가 작고 단순한 분석방법을 사용하는 경우 컴퓨터 없이 수작업으로 자료를 정리하고 분석하는 일이 가능하다. 하지만 과거에 비해 개인용 컴퓨터와 통계소프트웨어의 사용이 용이해졌으므로 이들을 잘 활용한다면 보다 효율적이고 정확하게 자료를 분석할 수 있다.

통계소프트웨어라는 편리한 도구를 이용해 자료를 분석하기 위해서는 일단 연구자가 해당 도구를 다룰 수 있어야 한다. 여러 가지 통계소프트웨어들이 개발되어 사용되고 있는데, 여기서는 초보 사용자가 상대적으로 쉽게 배울 수 있는 SPSS를 이용하는 방식에 대해 알아볼 것이다. 먼저 SPSS를 구성하는 주요 창의 기능을 중심으로 설명한 후, 질문지나 검사도구의 자료를 전산화된 수치로 입력하고 확인하며 관리하는 방법 등에 대해 알아보고자 한다. 이 장을 통해 SPSS를 처음 접하는 독자들도 기본적인 사용방법을 습득할 수 있도록 실제 데이터의 예를 이용해 각각의 처리방법을 살펴볼 것이다.

1. SPSS 소개

자료를 수집한 후에는 컴퓨터의 프로그램을 이용해 분석하게 된다. 자료분석 프로그램의 종류는 SPSS, SAS, Excel 등 다양한데 분석 목적이나 방법에 적합하게 선택하여 사용하여야 한다. 여기서는 사용자 친화적 프로그램인

SPSS에 대해 소개할 것이다. SPSS(Statistical Package for the Social Sciences)는 1968년 첫 버전이 개발된 이후, 사회과학 분야의 통계분석 프로그램으로 널리 사용되고 있다. 지난 2008년까지 17.0버전이 출시된 이후, 2009년부터 2010년까지는 PASW(Predictive Analytics SoftWare)라는 이름으로 18.0버전이 출시된 바 있다. 그 후 2010년 IBM SPSS Statistics 19.0이, 2011년 20.0버전이 출시되었다. 여기서는 IBM SPSS Statistics 20.0버전을 이용할 것이다.

SPSS는 크게 데이터편집기와 실행결과 뷰어, 명령문편집기로 구성된다. 이들은 각각의 창으로 구분된다. 각 창에서 풀다운 메뉴(pull-down menus)나 명령문(command syntax language)을 이용해 쉽게 자료를 관리하고 분석할 수 있다. 이들 창의 기능을 한마디로 정리하면 다음과 같다. 데이터편집기 창에서 데이터를 입력한 후, 풀다운 메뉴를 이용해 기술통계나 추리통계분석을 실행한다. 실행의 결과는 실행결과 뷰어에 제시된다. 명령문편집기에서는 명령문을 직접 입력한 후 실행시킬 수 있고, 명령문의 내용을 저장해 추후에 다시 불러와서 분석에 활용할 수 있다. 다음에서 이들 각 창의 기능과 SPSS 사용법에 대해 좀 더 자세히 살펴보자.

1) SPSS 시작하기

SPSS는 새로운 파일을 생성하려고 하는지 기존 파일을 불러오려고 하는지 등에 따라 시작하는 방법이 다양하다. SPSS 아이콘을 처음 클릭해 프로그램을 시작하면 [그림 4-1]과 같은 창이 나타난다. [자습서 실행]을 선택하면, SPSS 사용법과 통계분석 방법 과정을 자세히 보고 학습할 수 있으므로, 자습서는 SPSS를 처음 사용하는 사람들에게는 유용한 도구다.

새로운 데이터 파일을 생성하려면 [데이터 입력]을 선택한 후, [확인]을 누른다.

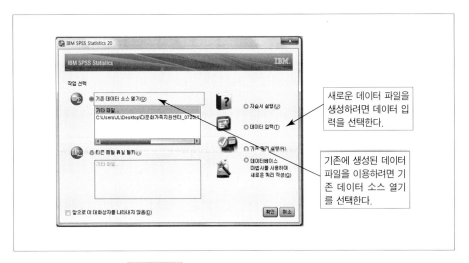

그림 4-1 IBM SPSS 20.0 시작 대화창

2) SPSS 데이터편집기

SPSS 데이터편집기는 자료를 가로 세로의 표 모양으로 제시하는데, 이때 두 가지 방식이 가능하다. [데이터 보기(Data View)] 상태에서 연구자는 새로운 자료를 입력하거나 기존에 생성되어 있는 자료를 볼 수 있다. [변수 보기 (Variable View)] 상태에서는 변수의 명칭과 세부 사항에 대해 알 수 있다. 따라서 처음 데이터 파일을 생성할 때는 먼저 [변수 보기] 상태에서 자료의 명칭과 특성을 작성한 후에 [데이터 보기] 상태를 클릭해 수치 자료를 입력하는 것이 좋다.

SPSS를 시작하면 기본으로 데이터편집기에서 제공하는 화면은 [데이터 보기]다. 따라서 화면 아래쪽의 [변수 보기]를 클릭한 후, 변수의 이름과 특성을 지정한다([그림 4-2] 참조). 또한 처음 데이터편집기를 열었을 때, 데이터편집기의 맨 상단에는 '제목없음1[데이터집합0]'이라고 표시되어 있다. 따라서 자료를 입력하고 나서 풀다운 메뉴바에서 [파일]을 클릭하여 [저장]을 선택한 후, 적절한 파일명을 입력해 자료를 저장한다. 즉, 자료를 입력하거나 기존의 자료를 불러오기 위해서는 데이터 파일(＊.sav) 상태에서 작업을 한다.

파일 ⇒ 저장 ⇒ 파일명 입력

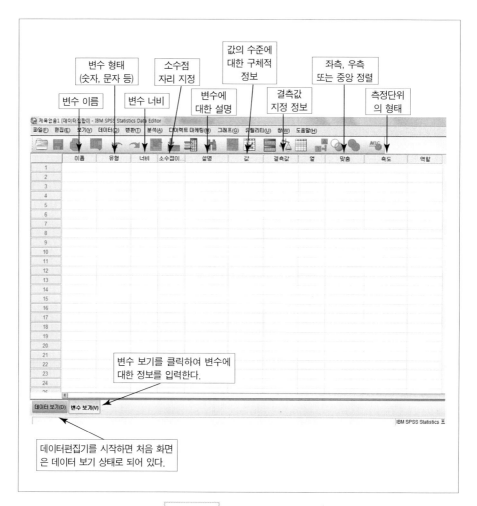

그림 4-2 변수 보기의 구성

[변수 보기] 상태에서 [그림 4-2]에 제시된 각 항목을 변수별로 입력할 때 준수해야 하는 규칙이나 주의사항은 SPSS의 도움말 메뉴를 이용하면 쉽게 알 수 있다. 예를 들어, 변수 이름을 정할 때 따라야 하는 규칙을 알고자 하면, 메뉴를 아래의 순서에 맞게 클릭한다.

도움말 ⇒ 항목 ⇒ Data Editor ⇒ Variable names

다음은 SPSS의 [변수 보기] 창에서 변수에 대한 정보를 입력할 때 알아두면 유용한 사항을 정리한 것이다.

▶ 변수 [이름]은 문자와 숫자로 나타낼 수 있지만, 반드시 문자로 시작해야 한다. 변수 이름은 중간에 공백이 없이 연결되게 나타내야 하며 변수의 특징을 나타내는 것으로 짧게 만드는 것이 좋다.

▶ SPSS에서 사용되는 변수의 형태는 여덟 가지다. 그중 가장 중요한 것은 숫자(소수점이 가능한 숫자)와 문자(예: 피험자 이름이나 주거지 등)다. 특별히 지정하지 않는다면 SPSS는 변수를 숫자형태 변수로 인식한다([그림 4-3] 참조).

▶ [너비] 부분은 문자형 변수를 입력할 때 문자가 들어갈 수 있는 자리의 최대 길이를 지정해 [데이터 보기] 창에서 문자 자료가 끊어지지 않고 입력되도록 할 때 이용한다.

▶ 숫자형태 변수의 경우, [소수점 이하 자리]를 클릭해 소수점 이하 몇 자리까지 나타낼 것인지를 지정할 수 있다.

▶ [설명]에는 변수가 무엇을 뜻하는지에 대해 변수 이름보다 더 자세한 정보를 기록한다. 설명 중간에 띄어쓰기도 허용된다. 예를 들어, 변수 이름이 'Case'인 경우, 설명은 'Case Number'라고 표현할 수 있다. 변수에 대한 설명을 결과 출력 시에 나타나게 할 수도 있다.

▶ [값]은 코딩된 숫자가 무엇을 의미하는지를 표시하는데, 특히 집단변수들 (grouping variables)을 나타내는 데 유용하다. 예를 들어, 'gender'라는 변수를 입력할 때 0은 남아를, 1은 여아를 나타낸다면, 이러한 내용을 [값]에 입력한다. 해당 셀을 클릭하면 오른편에 회색 부분이 나타나고, 이 부분을 클릭하면 [값]의 내용을 입력할 수 있는 새로운 창이 나타난다([그림 4-4] 참조). [기준값]과 [설명]을 입력한 후에 반드시 [추가]를 클릭한다.

▶ 그 밖에 [열] 부분은 [데이터 보기] 창에서 데이터가 나타나는 열의 실제 너비를 지정하는 기능을 한다. [맞춤] 부분을 클릭해 [데이터 보기] 창에서 데이터가 좌측이나 우측 또는 중앙으로 정렬되도록 지정할 수 있다. [측도] 부분에는 데이터의 특성을 입력하게 된다. 등간자료나 비율자료

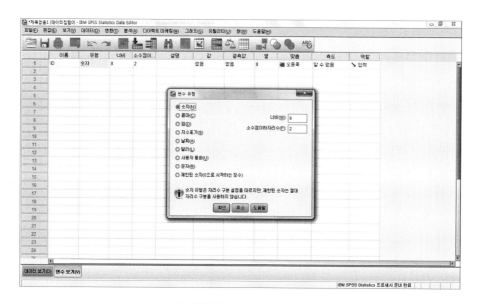

그림 4-3 변수 유형 설정

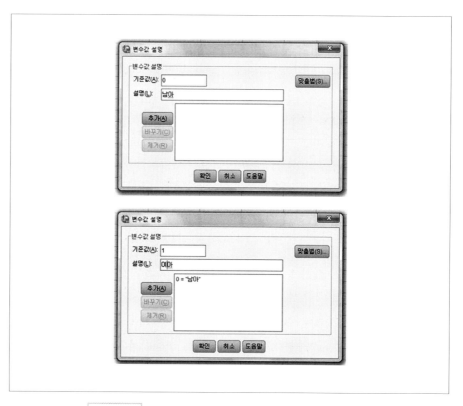

그림 4-4 변수의 값이 나타내는 바를 입력하기 위한 창

인 경우에는 척도(S), 서열자료인 경우에는 순서(O), 범주형 자료인 경우에는 명목(N)으로 지정한다.

[변수 보기] 창에서 변수의 구체적 특성을 입력하고 나서 [데이터 보기] 창을 클릭한 후, [데이터 보기] 창에서 실제 데이터를 입력한다. 예를 들어, 〈표 4-1〉에 제시된 연구대상 번호, 성별, 친사회적 성향 점수 지료를 SPSS에 입력하고자 할 때, [변수 보기] 창에서 이들 세 변수의 구체적 특성을 입력하고 [데이터 보기] 창으로 전환해 자료를 입력하면 [그림 4-5]와 같은 상태가 된다.

표 4-1 연구대상의 성별과 친사회적 성향 점수

남아				여아			
번호	점수	번호	점수	번호	점수	번호	점수
1	60	6	30	11	80	16	80
2	50	7	20	12	60	17	60
3	50	8	40	13	60	18	70
4	10	9	50	14	70	19	50
5	20	10	10	15	60	20	10

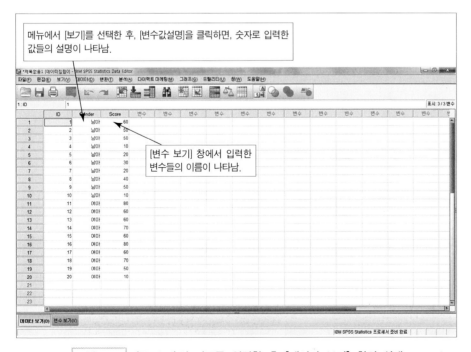

그림 4-5 〈표 4-1〉의 자료를 입력한 후 [데이터 보기] 창의 상태

데이터 입력을 마친 후, 메뉴바의 [파일]에서 [저장]을 클릭하거나 저장을 나타내는 아이콘을 클릭해 파일 이름을 입력한 후 저장한다. 여기서는 파일 이름을 prosocial tendency라고 입력해 보자. 파일을 저장한 후에는 SPSS 타이틀 바에 데이터 파일의 이름이 나타난다([그림 4-6] 참조). SPSS를 종료한 후 다시 시작하여 기존의 데이터 파일을 불러올 때는 메뉴바에서 [파일]을 클릭한 후 [열기]에서 [데이터]를 클릭해 기존의 데이터 파일(예: prosocial tendency.sav)을 찾아 불러오면 된다.

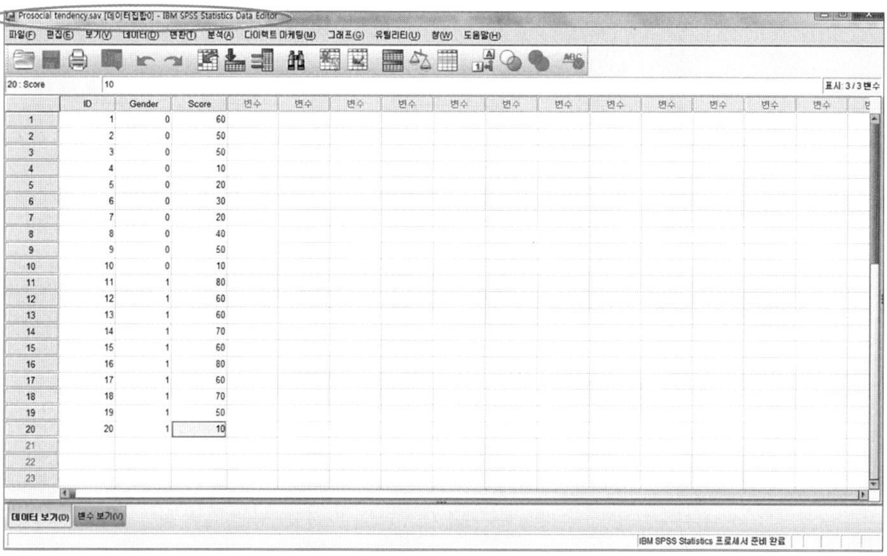

그림 4-6   데이터 파일 저장 후 타이틀 바에 표시되는 파일명

3) SPSS 명령문편집기

〈표 4-1〉은 아동의 성별에 따른 친사회적 성향의 차이를 알아보기 위한 자료다. 여기서는 〈표 4-1〉의 자료를 이용해 명령문편집기에 대해 설명하고자 한다. 〈표 4-1〉의 자료를 바탕으로 남아집단과 여아집단의 친사회적 성향 점수의 평균과 표준편차를 구해 보자.

[그림 4-7]에 제시된 것과 같이 풀다운 메뉴에서 [평균비교]를 클릭해 [집단별 평균분석]을 선택한다.

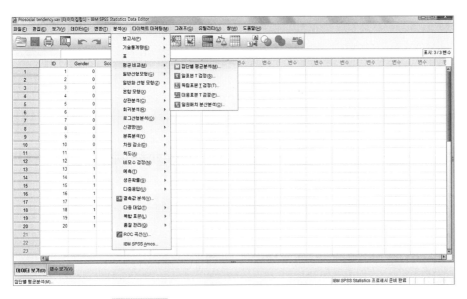

그림 4-7   메뉴바의 분석에서 평균비교 선택하기

[그림 4-8]과 같이 [평균] 창이 나타나면 종속변수인 친사회적 성향과 독립변수인 성별을 [그림 4-9]에 제시된 바와 같이 각각의 해당 위치로 옮긴다. 그런 후, [평균] 창 아래쪽의 [붙여넣기]를 클릭하면, [그림 4-10]과 같은 명령문 창이 나타난다.

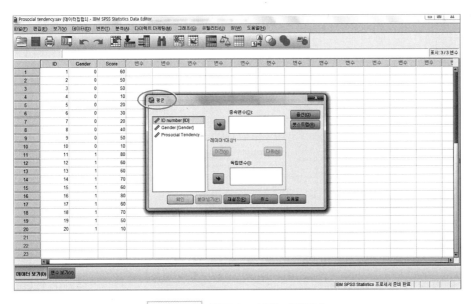

그림 4-8   평균비교 분석 대화상자

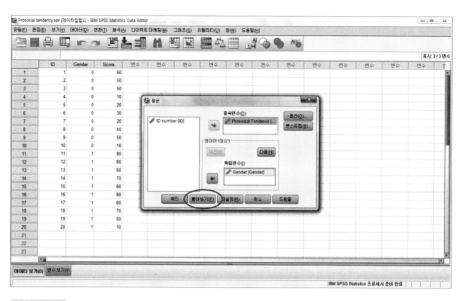

그림 4-9 성별에 따른 친사회적 성향의 평균을 알아보기 위해 대화상자 내 적절한 부분으로 변수 이동

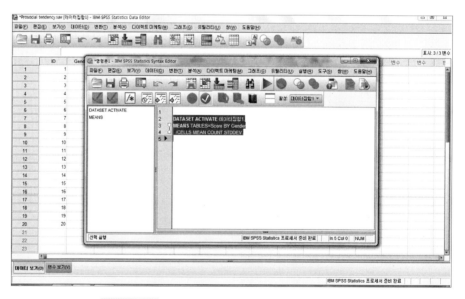

그림 4-10 평균비교를 위한 명령문이 적혀 있는 창

[그림 4-11]에 나타난 바와 같이 분석하고자 하는 내용의 명령문을 하이라이팅하여 명령문 창 위쪽의 실행 아이콘을 클릭하면 분석이 진행되어 [그림 4-12]와 같은 실행결과 뷰어 창이 나타난다.

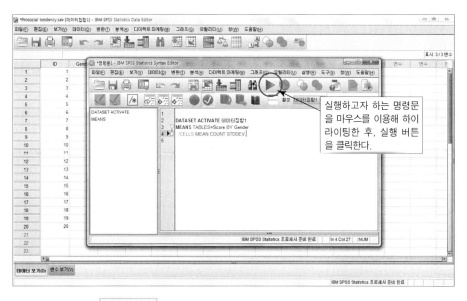

실행하고자 하는 명령문을 마우스를 이용해 하이라이팅한 후, 실행 버튼을 클릭한다.

그림 4-11　SPSS 명령문 창의 명령문을 선택한 상태

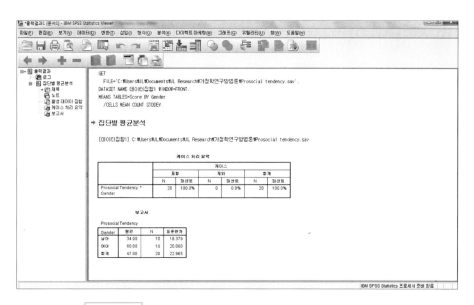

그림 4-12　SPSS 실행결과 뷰어 창에 나타난 평균분석 결과

　명령문 창 상단의 풀다운 메뉴에서 [파일]을 선택한 후, 명령문을 저장할 수도 있고, 명령문 창 상단의 저장 아이콘을 클릭해 명령문을 저장할 수도 있다. 명령문 파일의 확장자명은 sps다. 명령문을 저장할 필요가 없다면, [그

림 4-9]의 상태에서 평균 창 하단의 [확인]을 클릭하면, [그림 4-12]와 같은 실행결과 뷰어 창이 나타난다.

4) SPSS 실행결과 뷰어

SPSS 실행결과 뷰어 창은 [그림 4-12]에 나타난 바와 같이 두 개의 패널로 구분된다. 왼쪽 패널에는 위계적으로 구성된 실행결과 뷰어의 목차가 제시된다. 오른쪽 패널에는 주로 통계분석 결과가 제시된다. 연구자는 필요에 따라 양측 패널의 내용을 각각 편집할 수 있다.

오른쪽 패널의 맨 윗부분에는 SPSS 실행 시 어떤 데이터 파일을 이용해 어떤 분석을 했는지를 알려 주는 명령문이 제시되어 있다. 그 아랫부분에는 연구자의 주된 관심사인 집단별 평균분석 결과가 나타나 있다. 결과에 제시된 내용 중 [보고서] 표는 성별에 따른 친사회적 성향 점수의 평균과 표준편차를 보여 준다. [보고서] 표에 따르면, 여아집단의 친사회적 성향 점수 평균이 남아집단의 친사회적 성향 점수 평균보다 높다는 것을 알 수 있다.

SPSS 뷰어 창에서는 실행결과를 표로 제시해 주는 경우가 많다. 표는 피벗 트레이인 경우가 많은데, 이러한 표들은 행과 열을 바꾸는 등 쉽게 편집할 수 있다. 예를 들어, 독립변수인 성별을 표의 가로축으로 옮겨서 평균과 표준편차를 나타내 보자. 커서를 [보고서] 표에 놓고 두 번 클릭하면 [보고서] 표가 활성화된다. 이 상태에서 마우스 오른쪽 버튼을 클릭하면 [그림 4-13]의 메뉴가 나타나는데 여기서 [피벗 트레이]를 클릭한다. [그림 4-14]에 나타난 바와 같이 [피벗 트레이]에서 표의 행쪽 변수는 열로, 열쪽 변수는 행으로 끌어 놓은 후, [피벗 트레이]를 닫는다. SPSS 실행결과 뷰어창의 [보고서] 표를 확인하면 [그림 4-15]와 같이 행과 열이 바뀐 것을 알 수 있다.

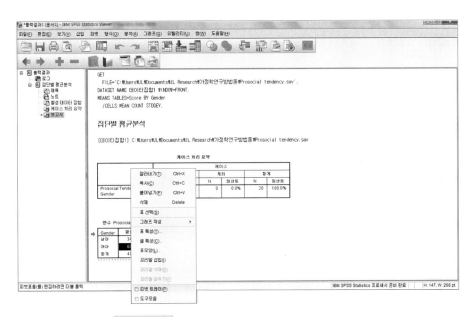

그림 4-13 표를 편집하기 위한 피벗 트레이 선택

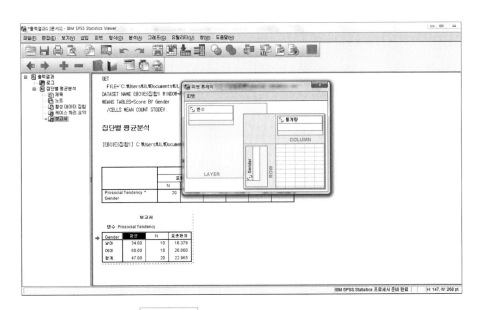

그림 4-14 피벗 트레이에서 표 편집하기

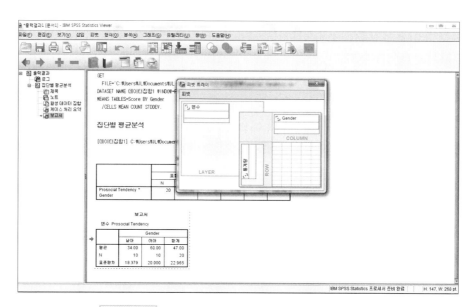

그림 4-15 피벗 트레이에서 표의 행과 열 변수 바꾸기

SPSS 실행결과 뷰어 창 상단의 풀다운 메뉴바에서 [파일]을 클릭하거나 상단의 아이콘을 선택해 출력결과를 저장하거나 인쇄할 수 있다. 실행결과 파일의 확장자명은 spv다. 출력결과 내용을 모두 인쇄할 필요가 없을 경우에는 뷰어 창 왼쪽 패널의 목차에서 필요한 표나 그림, 내용을 선택하여 하이라이팅한 후, [인쇄] 아이콘을 클릭해 나타난 [인쇄] 창에서 [선택한 출력]을 클릭한 후 [확인]을 누르면 된다.

모든 출력결과를 SPSS 뷰어가 아닌 MS Word나 MS Excel, PDF 등 다른 형식의 파일로 저장하고자 하면 뷰어창 왼쪽 패널의 목차를 하이라이팅한 후, 마우스 오른쪽 버튼을 클릭하면 [그림 4-16]과 같이 [내보내기]를 선택할 수 있는 창이 나타난다. [내보내기]를 클릭하면 [그림 4-17]과 같은 [내보내기 출력결과] 창이 나타나서 구체적 세부 사항을 선택할 수 있게 된다. 파일 유형을 선택하고 파일 이름을 설정한 후 [확인]을 누르면, 선택한 결과들이 해당 파일 형태로 지정한 장소에 저장된다.

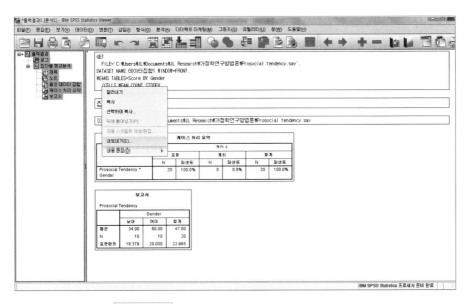

그림 4-16   모든 출력결과 다른 파일로 내보내기

그림 4-17   내보내기 출력결과 창

2. 데이터 입력과 변수 관리

연구대상의 응답이나 행동 등을 기록한 서면 자료를 컴퓨터에 입력하기 위해서는 준수해야 하는 규칙이 있고, 자료 입력 후 이들을 바로 분석이 가능한 형태로 만들기 위해서는 일련의 과정을 거쳐야 한다. 여기서는 체계적인 자료입력을 위한 준비 작업이라고 할 수 있는 데이터 코딩 과정에 대해 알아보고, 데이터 입력 시 준수해야 하는 규칙, 입력된 데이터의 정확성을 보다 효율적으로 확인하는 방법, 자료분석에 투입하기 위해 파일이나 변수를 관리하는 방법 등에 대해 알아볼 것이다.

1) 데이터 코딩

질문지나 검사도구 등을 통해 자료를 수집한 후, 이를 사전에 정한 규칙을 바탕으로 어떻게 통계분석에 적합한 데이터로 만들지 정해야 한다. 데이터 코딩(data coding)이란 각 변수의 수준이나 가치에 숫자를 할당하는 과정을 말한다. 연구자는 데이터 코딩 작업을 거친 후에 질문지나 검사도구의 응답 자료를 컴퓨터에 입력하게 된다. 데이터 코딩 과정에서 유의해야 할 점은 다음과 같다(Morgan, Leech, Gloeckner, & Barrett, 2007; Newton & Rudestam, 1999).

첫째, 모든 데이터는 숫자로 표현된다. 데이터를 나타낼 때 문자나 단어(string variables)를 사용할 수 있긴 하지만, SPSS를 이용해 자료를 분석하고자 할 때는 모든 데이터를 숫자로 표현하는 것이 더 좋다. 예를 들어, 성을 코딩할 때 남자는 M, 여자는 F로 컴퓨터에 입력할 수 있긴 하지만, SPSS로 통계분석을 하기 위해서는 이를 다시 숫자로 전환해야 한다.

둘째, SPSS 데이터 창에 자료를 입력할 때 응답자들은 각각 하나의 열을 차지하게 된다. 즉, 동일한 응답자로부터 수집된 자료는 같은 열에 위치한다. SPSS 데이터 창에서 각 행은 동일한 변수의 값을 나타낸다.

셋째, 한 변수를 나타내는 여러 수준이나 범주들은 서로 상호배타적이어야 한다. 즉, 각 응답자들이 여러 수준 중 어느 한 수준에만 속하도록 구성되어야 한다. 예를 들어, 소득의 수준을 '100만 원 이하'와 '100만 원 이상'으로 구분한다면, 소득이 100만 원인 사람은 두 수준 모두에 해당된다. 따라서 소득의 수준은 '100만 원 미만'과 '100만 원 이상'과 같은 식으로 상호배타적으로 구성해야 한다.

넷째, 한 변수를 나타내는 여러 수준이나 범주들은 포괄적이어야 한다. 즉, 응답 가능한 수준이나 범주가 모두 포함되어야 한다. 예를 들어, 피험자의 학력이 변수인 경우, 응답수준이 '고졸, 전문대졸, 4년제 대학졸'로 구성이 되어 있다면, 고졸 미만이나 4년제 대학졸 이상의 학력을 가진 사람들의 응답을 코딩할 수 없게 된다. 따라서 '기타'와 같은 범주를 포함하거나 학력에 대한 범주를 모두 포함하는 식으로 수정해야 한다.

다섯째, 각 변수는 최대한의 정보를 포함하도록 코딩되어야 한다. 여러 범주나 값을 합하여 하나로 코딩하지 않는다. 이 작업은 코딩이 끝난 이후에 언제든지 수행할 수 있다. 일반적으로 가능한 한 최대로 구체적인 정보를 포함하도록 자료를 코딩하고 입력하는 것이 바람직하다. 예를 들어, 분석 시 연령대를 기준으로 사용한다 할지라도, 질문지를 코딩할 때는 정확한 연령 수치를 입력하고, 분석 시 필요에 따라 이를 연령대로 구분한 새 변수를 만들어 사용하는 것이 좋다.

여섯째, 모든 피험자에게 각 변수의 코드나 값이 할당되어야 한다. 이때 데이터가 결측된 경우를 제외하고는 모든 코드는 숫자로 표시되어야 한다. 데이터가 없는 경우, 해당 자료입력 칸을 비워 놓으면 SPSS는 이를 결측치로 처리한다. 하지만 경우에 따라 한 종류 이상의 결측 데이터가 발생하기도 한다. 예를 들어, 응답자가 답을 하지 않은 항목도 있고, 답을 했으나 부적절하거나 사용할 수 없는 답을 한 경우도 있을 수 있다. 이러한 차이를 구분해 자료를 입력하고자 한다면, 999나 998과 같은 특정 숫자를 SPSS에서 결측치로 지정한 후, 이들 수치를 입력하면 된다.

일곱째, 모든 피험자에게 코딩 규칙을 일관성 있게 적용해야 한다. 예를 들어, 어떤 피험자가 하나만 선택해야 하는 문항에 두 개의 응답을 선택해 이를 결측치로 처리한다면, 다른 피험자가 두 개의 응답을 선택한 경우에도 이를 결측치로 처리해야 한다.

여덟째, 수치가 커질수록 보다 동의하거나 보다 긍정적인, 보다 좋은 것을 의미하도록 수치를 할당하는 것이 좋다. 어떤 질문지에서는 수치 1이 '매우 동의한다'를 의미하고, 수치 5가 '전혀 동의하지 않는다'를 의미하기도 한다. 연구자가 이를 분명하고 일관되게 적용한다면 잘못된 것은 아니다. 하지만 보다 큰 수치가 보다 긍정적인 특성을 의미한다면 연구결과를 해석할 때 혼란에 빠질 가능성이 적다.

2) 데이터 입력과 확인

다음은 질문지를 이용해 자료를 수집한 후 SPSS의 데이터편집기에서 데이터를 입력하는 방법의 예다. 이것은 대학생들의 섭식행동과 신체질량지수의 관련성을 알아보기 위해 수집한 자료의 일부다. [그림 4-18]에는 대학생들을

그림 4-18 대학생을 대상으로 한 섭식행동 질문지

대상으로 한 섭식행동 질문지와 응답 예가 제시되어 있다. 연구자는 질문지 자료를 수집한 후에 수집 순서에 맞추어 질문지에 일련번호를 기입하고, 이를 SPSS 데이터 각 케이스에 대한 식별번호로 활용한다.

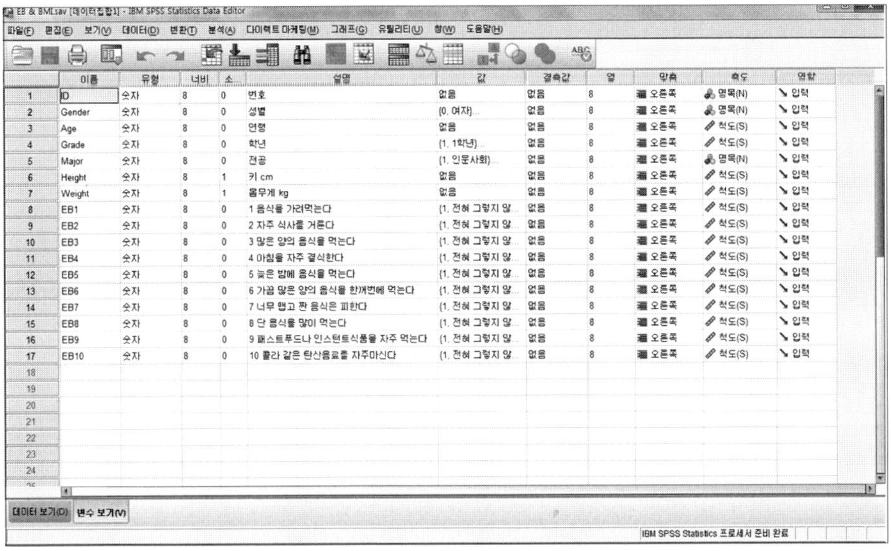

	이름	유형	너비	소...	설명	값	결측값	열	맞춤	측도	역할
1	ID	숫자	8	0	번호	없음	없음	8	오른쪽	명목(N)	입력
2	Gender	숫자	8	0	성별	{0, 여자}...	없음	8	오른쪽	명목(N)	입력
3	Age	숫자	8	0	연령	없음	없음	8	오른쪽	척도(S)	입력
4	Grade	숫자	8	0	학년	{1, 1학년}...	없음	8	오른쪽	척도(S)	입력
5	Major	숫자	8	0	전공	{1, 인문사회}...	없음	8	오른쪽	명목(N)	입력
6	Height	숫자	8	1	키 cm	없음	없음	8	오른쪽	척도(S)	입력
7	Weight	숫자	8	1	몸무게 kg	없음	없음	8	오른쪽	척도(S)	입력
8	EB1	숫자	8	0	1 음식을 가려먹는다	{1, 전혀 그렇지 않...	없음	8	오른쪽	척도(S)	입력
9	EB2	숫자	8	0	2 자주 식사를 거른다	{1, 전혀 그렇지 않...	없음	8	오른쪽	척도(S)	입력
10	EB3	숫자	8	0	3 많은 양의 음식을 먹는다	{1, 전혀 그렇지 않...	없음	8	오른쪽	척도(S)	입력
11	EB4	숫자	8	0	4 아침을 자주 결식한다	{1, 전혀 그렇지 않...	없음	8	오른쪽	척도(S)	입력
12	EB5	숫자	8	0	5 늦은 밤에 음식을 먹는다	{1, 전혀 그렇지 않...	없음	8	오른쪽	척도(S)	입력
13	EB6	숫자	8	0	6 가끔 많은 양의 음식을 한꺼번에 먹는다	{1, 전혀 그렇지 않...	없음	8	오른쪽	척도(S)	입력
14	EB7	숫자	8	0	7 너무 맵고 짠 음식은 피한다	{1, 전혀 그렇지 않...	없음	8	오른쪽	척도(S)	입력
15	EB8	숫자	8	0	8 단 음식을 많이 먹는다	{1, 전혀 그렇지 않...	없음	8	오른쪽	척도(S)	입력
16	EB9	숫자	8	0	9 패스트푸드나 인스턴트식품을 자주 먹는다	{1, 전혀 그렇지 않...	없음	8	오른쪽	척도(S)	입력
17	EB10	숫자	8	0	10 콜라 같은 탄산음료를 자주마신다	{1, 전혀 그렇지 않...	없음	8	오른쪽	척도(S)	입력

그림 4-19 섭식행동 질문지 자료를 입력한 SPSS 데이터편집기 창의 변수 보기

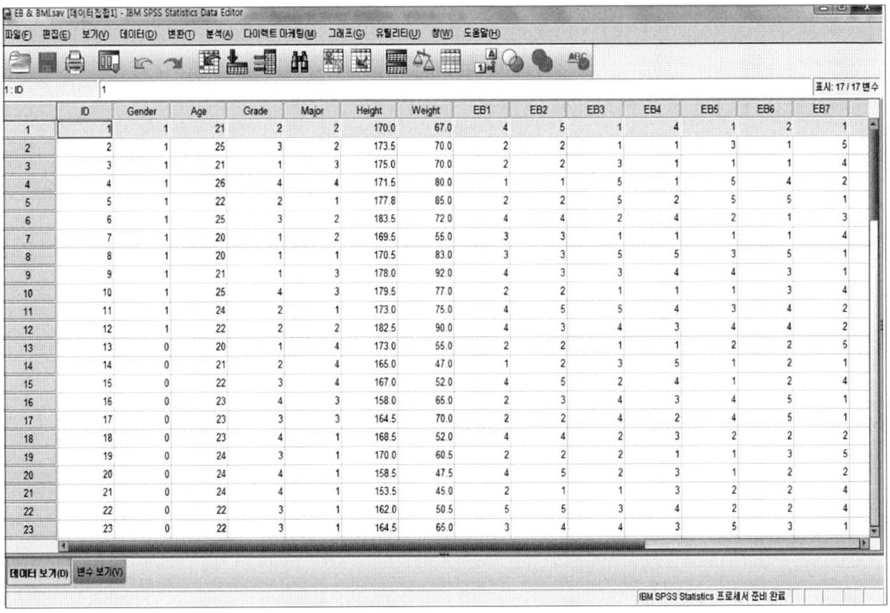

	ID	Gender	Age	Grade	Major	Height	Weight	EB1	EB2	EB3	EB4	EB5	EB6	EB7
1	1	1	21	2	2	170.0	67.0	4	5	1	4	1	2	1
2	2	1	25	3	2	173.5	70.0	2	2	1	1	3	1	5
3	3	1	21	1	3	175.0	70.0	2	2	3	1	1	1	4
4	4	1	26	4	4	171.5	80.0	1	1	5	1	5	4	2
5	5	1	22	2	1	177.8	85.0	2	2	5	2	5	5	1
6	6	1	25	3	2	183.5	72.0	4	4	2	4	2	1	3
7	7	1	20	1	2	169.5	55.0	3	3	1	1	1	1	4
8	8	1	20	1	1	170.5	83.0	3	3	5	5	3	5	1
9	9	1	21	1	3	178.0	92.0	4	3	3	4	4	3	1
10	10	1	25	4	3	179.5	77.0	2	2	1	1	1	3	4
11	11	1	24	2	1	173.0	75.0	4	5	5	4	3	4	2
12	12	1	22	2	2	182.5	90.0	4	3	4	3	4	4	2
13	13	0	20	1	4	173.0	55.0	2	2	1	1	2	2	5
14	14	0	21	2	4	165.0	47.0	1	2	3	5	1	2	1
15	15	0	22	3	4	167.0	52.0	4	5	2	4	1	2	4
16	16	0	23	4	3	158.0	65.0	2	3	4	3	4	5	1
17	17	0	23	3	3	164.5	70.0	2	2	4	2	4	5	1
18	18	0	23	4	1	168.5	52.0	4	4	2	3	2	2	2
19	19	0	24	3	1	170.0	60.5	2	2	2	1	1	3	5
20	20	0	24	4	1	158.5	47.5	4	5	2	3	1	2	2
21	21	0	24	4	1	153.5	45.0	2	1	1	3	2	2	4
22	22	0	22	3	1	162.0	50.5	5	5	3	4	2	2	4
23	23	0	22	3	1	164.5	65.0	3	4	4	3	5	3	1

그림 4-20 섭식행동 질문지 자료를 입력한 SPSS 데이터편집기 창의 데이터 보기

변수 정보를 입력하고 자료를 모두 입력한 후에 코드북이나 변수 사전을 출력할 수 있다. 이는 연구자가 자료를 입력한 방식에 대한 일종의 기록으로 이후에 유용하다. 풀다운 메뉴에서 [파일]을 선택한 후 [데이터파일 정보표시]를 선택해 [작업파일]을 클릭하면, [그림 4-21] 및 [그림 4-22]와 같이 입력된 변수에 대한 코드북이 출력된다. 코드북에는 변수 정보와 변수값에 대한 설명이 들어 있다.

파일 ⇒ 데이터파일 정보표시 ⇒ 작업파일

자료를 모두 입력한 후에 질문지상의 원자료와 SPSS 데이터편집기상에 입력된 자료를 비교하여 확인할 필요가 있다. 케이스 수가 많다면 일부 케이스를 무작위로 선택하여 질문지상 원자료와 동일한지를 확인할 수도 있을 것이다. 이때 자료입력의 오류가 나타나면, 모든 케이스를 다시 한 번 꼼꼼히 질문지 자료와 비교하여 자료입력의 정확성을 확인해야 한다.

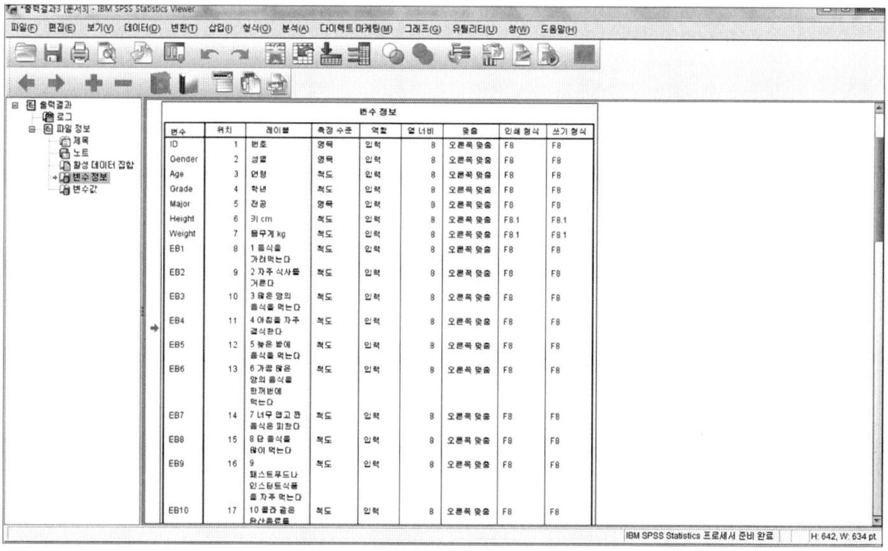

그림 4-21 변수 정보에 대한 출력 결과의 일부

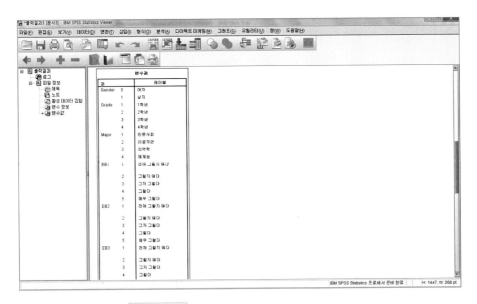

그림 4-22 변수값에 대한 출력 결과의 일부

변수 전환이나 본격적인 자료분석 작업을 시작하기 전에 기술통계를 이용
해 입력된 자료가 적절한지에 대해 다시 한 번 확인한다. 즉, 각 변수의 평
균과 최소값, 최대값을 산출하여 [그림 4-22]의 코드북상에 기록된 변수값의
최소값과 최대값을 확인하여 가능한 범위 안의 값인지를 검토한다. 예를 들
어, [그림 4-23]과 같이 섭식행동 1번 문항의 최소값이 1, 최대값이 11로 나
타났다면, 1번 문항의 응답이 가질 수 있는 최대값은 5이므로 자료입력 단계
에서 오류가 있음을 나타낸다. 이런 경우에는 섭식행동 1번 문항을 중심으로
자료를 정렬하여 11이라는 값을 갖는 케이스를 찾아내서 질문지의 원자료상
값이 무엇인지 다시 확인하여 입력한다.

분석 ⇒ 기술통계량 ⇒ 기술통계 ⇒ 옵션(평균, 최소값, 최대값)

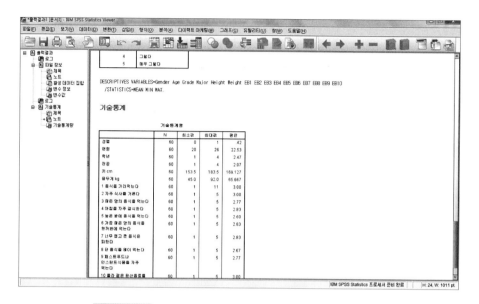

그림 4-23 기술통계를 이용한 데이터입력 오류 탐색의 예

3) 변수 관리

여기서는 앞서 예로 든 대학생들의 섭식행동에 관해 수집한 자료([그림 4-18] 참조)를 이용해 SPSS 데이터편집기상에서 변수를 관리하는 데 필요한 방법을 몇 가지 살펴볼 것이다.

(1) 케이스 선택하기

대학생들의 섭식행동 자료에는 전공계열 정보가 포함되어 있다. 이 정보는 전공(major) 변수에 제시되어 있는데, 인문사회 1, 이공자연 2, 의약학 3, 예체능 4로 코딩되어 있다. 만약 연구자가 분석을 위해 인문사회 전공인 대학생들만을 선택하고자 하면, [그림 4-24]와 [그림 4-25]에 제시된 케이스 선택 기능을 이용하면 된다.

> 데이터 ⇒ 케이스 선택 ⇒ 조건을 만족하는 케이스 ⇒
> 조건 클릭해 입력 후, 계속 ⇒ 확인

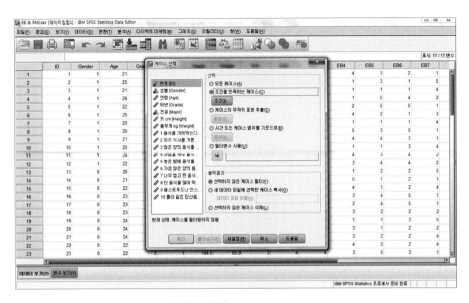

그림 4-24 케이스 선택 창

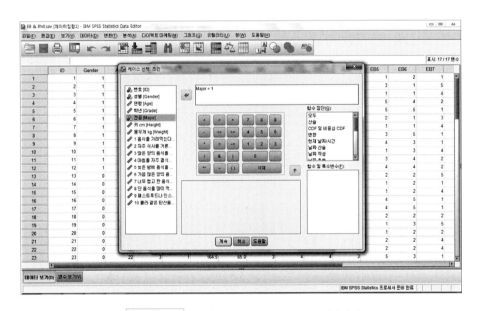

그림 4-25 케이스 선택 창에서 조건 입력하기

	ID	Gender	Age	Grade	Major	Height	Weight	EB1	EB2	EB3	EB4	EB5	EB6	EB7
1	1	1	21	2	2	170.0	67.0	2	5	1	4	1	2	1
2	2	1	25	3	2	173.5	70.0	2	2	1	1	3	1	5
3	3	1	21	1	3	175.0	70.0	2	2	3	1	1	1	4
4	4	1	26	4	4	171.5	80.0	1	1	5	1	5	4	2
5	5	1	22	2	1	177.8	85.0	2	2	5	2	5	5	1
6	6	1	25	3	2	183.5	72.0	4	4	2	4	3	2	4
7	7	1	20	1	2	169.5	55.0	3	3	1	1	1	1	4
8	8	1	21	1	1	170.5	83.0	3	3	5	5	3	5	1
9	9	1	21	1	3	178.0	92.0	4	3	3	4	4	3	1
10	10	1	25	4	3	179.5	77.0	2	2	1	1	1	3	4
11	11	1	24	2	1	173.0	75.0	4	5	5	4	3	4	2
12	12	1	22	2	2	182.5	90.0	4	3	4	3	4	4	2
13	13	0	20	1	4	173.0	55.0	2	2	1	1	2	2	5
14	14	0	21	2	4	165.0	47.0	1	2	3	5	1	2	1
15	15	0	22	3	4	167.0	52.0	4	5	2	4	1	2	4
16	16	0	23	4	3	158.0	65.0	2	4	3	4	1	4	1
17	17	0	23	3	3	164.5	70.0	2	2	4	2	4	5	1
18	18	0	23	4	1	168.5	52.0	4	4	3	2	2	2	2
19	19	0	24	3	1	170.0	60.5	2	2	2	1	1	3	5
20	20	0	24	4	1	158.5	47.5	4	5	2	3	1	2	2
21	21	0	24	4	1	153.5	45.0	2	1	3	2	2	2	4
22	22	0	22	3	1	162.0	50.5	5	5	3	4	2	2	4
23	23	0	22	3	1	164.5	65.0	3	4	4	3	5	3	1

그림 4-26 케이스 선택 작업을 마친 후 [데이터 보기] 창

[그림 4-26]을 살펴보면, 인문사회 전공이 아닌 대학생들의 케이스는 맨 왼편 열에 사선 표시가 되어 있다. 사선 표시가 되어 있는 케이스들은 이후 분석에 포함되지 않는다. 케이스 선택을 취소하고 모든 케이스를 이용해 분석하려면, 다음과 같은 절차를 거치면 된다.

데이터 ⇒ 케이스 선택 ⇒ 모든 케이스 선택 ⇒ 확인

(2) 변수 재코딩하기

척도 문항 중 역코딩 문항이 있는 경우, 총점이나 평균을 산출하기 전에 역코딩 문항을 먼저 전환해야 한다. 대학생의 섭식행동에 대한 10개 문항 중 7번 문항인 '너무 맵고 짠 음식은 피한다.'는 역으로 코딩하여 총점을 산출해야 하는 문항이다. 풀다운 메뉴의 [변환]에서 코딩변경 기능을 이용한다. 변수의 값만 변환할 필요가 있을 때는 [같은 변수로 코딩변경]을 이용하고, 변수의 값과 이름을 모두 변환할 때는 [다른 변수로 코딩변경]을 이용한다. 역코딩 문항의 점수를 전환할 경우, 원 변수를 그대도 놓아 두고 코딩을 변경한 새로운 변수를 추가하는 것이 좋다. 분석 후 시간이 많이 지난 후에는

역코딩을 한 값인지 역코딩 전의 값인지 혼동될 수 있으므로, 원 변수는 그대로 놓아 두고 원 변수명에 역코딩을 나타내는 문자(예: R)를 추가해 새로운 변수로 코딩을 변경한다. 이 예에서 원 변수명은 EB7인데, 이를 역코딩해 새로운 변수인 EB7R로 저장하고자 할 때 다음과 같은 절차를 거친다([그림 4-27], [그림 4-28] 참조). 그런 다음 SPSS 데이터편집기의 [변수 보기] 창을 보면, EB7R이라는 새 변수가 생성된 것을 알 수 있다.

> 변환 ⇒ 새로운 변수로 코딩변경 ⇒ 출력변수명과 설명 입력 후 바꾸기
> 클릭 ⇒ 기존값 및 새로운 값 클릭 후 입력, 계속 ⇒ 확인

변수를 재코딩하는 기능은 앞의 예처럼 역코딩 문항을 전환할 때뿐 아니라 연령과 같은 연속형 변수를 연령대(예: 10대, 20대, 30대)와 같은 범주형 변수로 전환할 때도 유용하다. 이 경우에는 [기존값 및 새로운 값] 입력 시에 기존값 부분에서 [범위] 기능을 활용하면 편리하다.

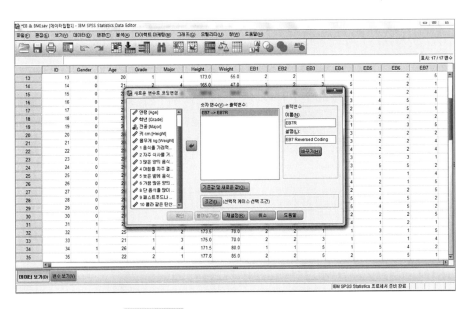

그림 4-27 새로운 변수로 코딩 변경하기 창

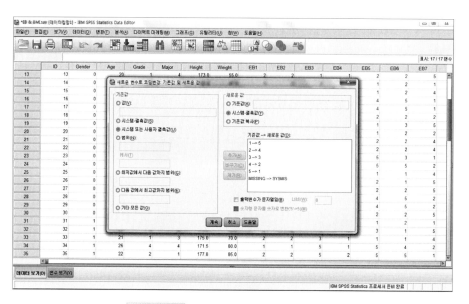

그림 4-28 기존값 및 새로운 값 입력 창

(3) 변수 계산하기

SPSS의 [변수 계산] 기능은 변수들의 값을 결합하는 데 이용된다. 여기서는 [변수 계산] 기능을 이용해 섭식행동 점수의 평균을 두 가지 방식으로 산출해 보자. 첫 번째 방식은 [변수 계산] 창에 숫자표현식을 적어 계산을 하는 것이다. 예를 들어, [그림 4-29]와 같이 섭식행동 점수의 평균을 구하기 위해 각 문항의 값을 모두 더해서 문항 수인 10으로 나누는 것이다. 하지만 이 방식을 사용할 경우, 10개의 섭식행동 문항들 중 한 문항이라도 응답하지 않은 케이스가 있으면 해당 케이스에 대해서는 평균이 산출되지 않고 결측치로 표시된다.

> 변환 ⇒ 변수 계산 ⇒ 대상변수명 및 설명 입력 ⇒ 숫자표현식 입력 ⇒ 확인

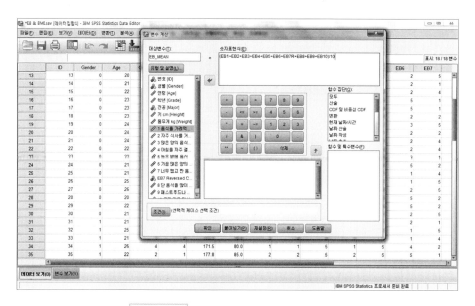

그림 4-29 숫자표현식을 이용한 변수 계산

　또 다른 방식은 [함수 및 특수변수] 기능을 이용해 변수들의 값을 계산하는 것이다. [그림 4-30]과 같이 [변수 계산]에서 [함수 집단]의 [통계]를 선택한 후, 구체적 함수나 특수변수 이름을 클릭해 숫자표현식 칸으로 옮긴다. 그런 후, 계산에 필요한 변수들을 함수식에 포함시킨다. [함수 및 특수변수] 기능을 이용할 경우, 10개의 섭식행동 문항들 중 일부 문항에 응답하지 않은 케이스가 있다면, 해당 케이스의 평균은 응답한 문항들만을 이용해 산출된다는 점을 유의해야 한다.

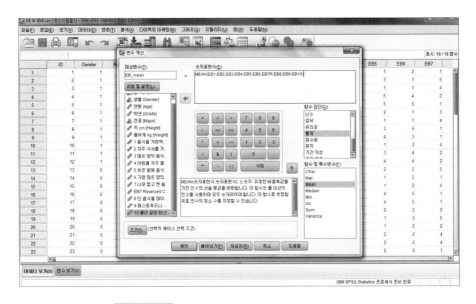

그림 4-30 함수 및 특수변수를 이용한 변수 계산

(4) 데이터 정렬하기

SPSS에서는 변수의 값이 갖는 크기 순서에 따라 오름차순이나 내림차순으로 케이스를 정렬할 수 있다. 여기서는 체질량지수 변수를 기준으로 케이스를 정렬해 보자. 원자료는 케이스 번호(ID)를 기준으로 정렬이 되어 있다. [그림 4-31]과 같이 체질량지수 변수를 선택해 오름차순으로 케이스를 정렬한 결과는 [그림 4-32]에 제시되어 있다. [오름차순]을 선택할 경우 기준 변수의 값이 작은 케이스에서 큰 케이스로 재배열되며, [내림차순]을 선택할 경우 기준 변수의 값이 큰 케이스에서 작은 케이스로 재배열된다.

데이터 ⇒ 케이스 정렬 ⇒ 정렬기준 변수 선택 ⇒
정렬순서 선택 ⇒ 확인

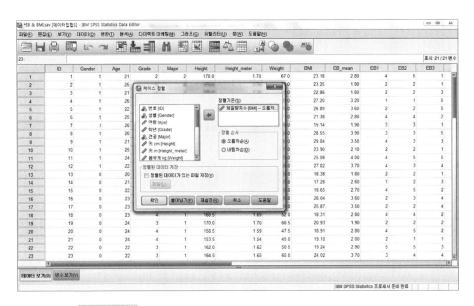

그림 4-31 체질량지수를 기준으로 한 오름차순 케이스 정렬하기

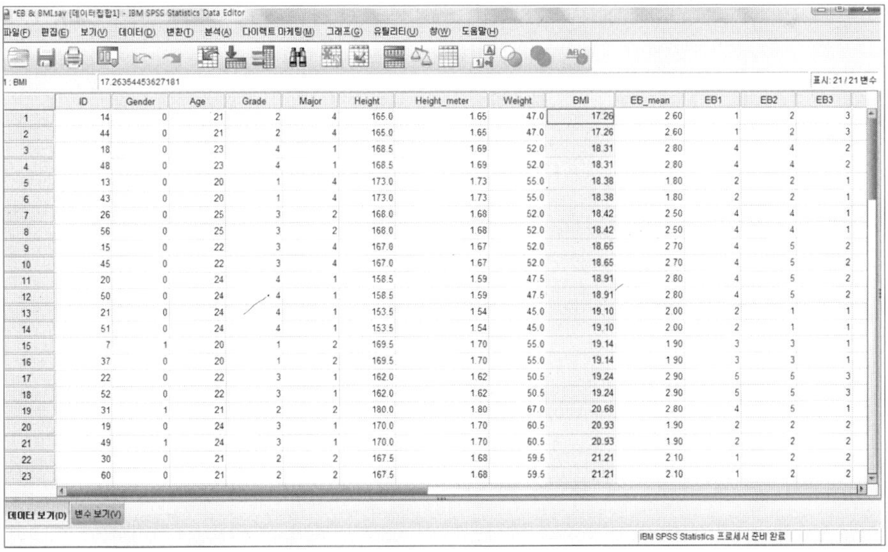

그림 4-32 체질량지수에 따라 케이스를 정렬한 결과

(5) 파일 병합하기

　SPSS에서 데이터 파일 병합은 케이스를 추가하는 경우와 변수를 추가하는 경우로 나눌 수 있다. 케이스를 추가하기 위한 파일 병합은 다음과 같은 절차를 거친다. 먼저, 병합하고자 하는 파일에서 변수명과 유형 등을 포함하는 세부 사항이 일치하는지 확인한다. 또한 두 파일 모두에서 케이스들을 오름차순으로 정렬한다. 그런 후, 풀다운 메뉴의 [데이터]에서 [파일 합치기]를 선택해 [케이스 추가]를 클릭하면 [그림 4-33]처럼 추가할 파일을 선택하도록 하는 창이 열린다. [외부 SPSS Statistics 데이터 파일]을 선택해 [찾아보기]를 누르면, [케이스 추가: 파일 읽기] 창이 열려 케이스를 추가할 파일을 선택할 수 있게 된다. [열기]를 눌러 파일을 선택한 후, 파일 선택 창에서 [계속]을 누르면 [그림 4-34]와 같이 새 활성데이터 파일의 변수 목록이 나타난다. [확인]을 누른 후, [데이터 보기] 창을 확인하면 케이스들이 추가된 것을 알 수 있다.

데이터 ⇒ 파일 합치기 ⇒ 케이스 추가

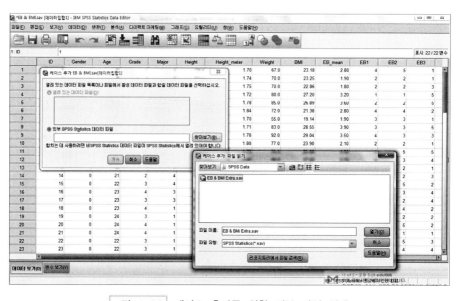

그림 4-33 케이스 추가를 위한 외부 파일 선택

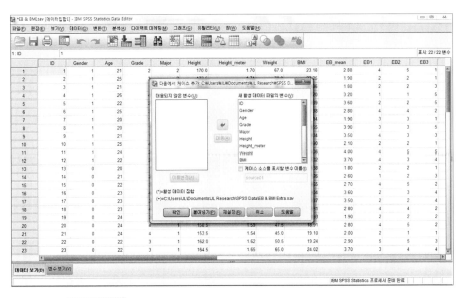

그림 4-34 케이스 추가를 위한 새 활성 데이터 파일의 변수 확인

파일 병합을 통해 변수들을 추가하고자 하는 경우에는 원 파일과 추가할 변수가 있는 파일에 반드시 공통 변수가 있어야 한다. 또한 병합을 하기 전에 두 파일 모두에서 병합 시 기준이 될 공통 변수를 중심으로 케이스를 오름차순으로 정렬해야 한다. 여기서는 대학생들의 섭식행동 및 체질량 파일과 이들의 어머니 체질량 파일을 병합해 보기로 하자. 변수 추가를 위한 파일 병합은 다음과 같은 절차를 거친다. [그림 4-35]와 같이 어머니 체질량 파일을 선택하여 [열기]를 누르고, [확인]을 선택하면 [그림 4-36]와 같은 기준변수 선택 창이 나타난다. 두 파일에 공통으로 포함되어 있는 케이스 번호를 기준 변수로 지정하고, [확인]을 누르면 [그림 4-37]과 같은 경고 메세지가 나타난다. 앞서 언급한 것처럼 파일 병합 전에 두 파일 모두 기준변수를 중심으로 오름차순으로 정렬되어 있지 않으면, 변수 추가가 제대로 진행되지 못한다. [확인]을 누르고, 데이터편집기의 [데이터 보기]를 선택하면 [그림 4-38]과 같이 변수열 맨 끝 편으로 추가된 변수가 나타난다.

> 데이터 ⇒ 파일 합치기 ⇒ 변수 추가

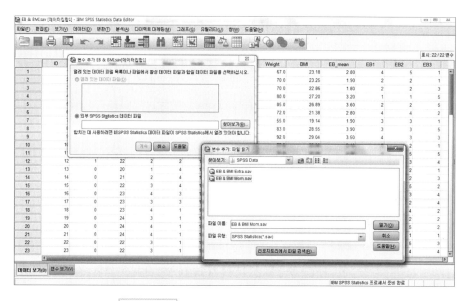

그림 4-35 변수 추가를 위한 외부 파일 선택

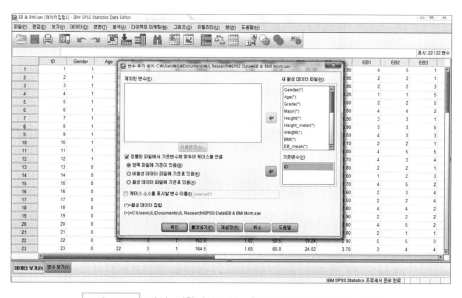

그림 4-36 파일 병합에서 변수 추가를 위한 기준변수 선택

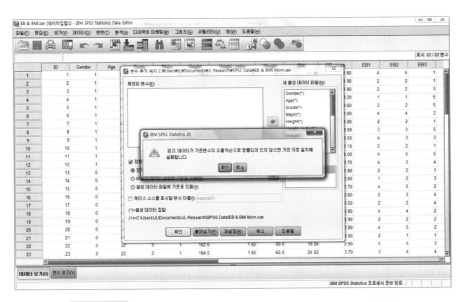

그림 4-37 변수 추가를 위한 파일 병합 시 나타나는 경고 메시지

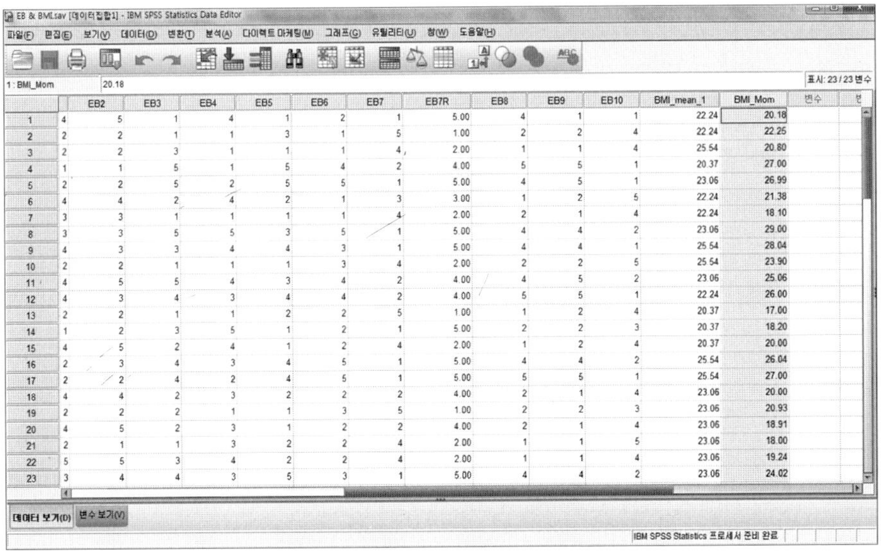

그림 4-38 파일 병합으로 추가된 변수

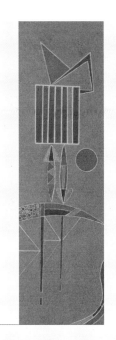

제5장
기술통계

통계는 수집된 자료를 검토하고 추론하는 과정이다. 통계의 두 가지 형태로는 기술통계와 추리통계를 들 수 있다. 기술통계(descriptive analysis)는 원자료로부터 전체 자료를 요약하거나 전체 자료를 특싱짓는 자료(예: 분포의 형태, 평균, 분산, 표준편차 등)를 이끌어 내기 위해 사용되는 방법이다. 즉, 기술통계는 연구자가 수집한 자료의 특성을 기술하기 위해 사용된다. 한편, 추리통계(inferential analysis)는 표본에서 나온 자료의 특성을 모집단에 일반화시키기 위해 사용되는 방법이다.

기술통계 분석방법에는 빈도분포, 집중경향치, 분산도, 상관분석 방법 등이 있다. 빈도분포는 자료를 요약하는 기본적인 통계치로서 전체 자료를 빈도로 기록하는 것을 말하고, 집중경향치는 집단에서 가장 전형적이고 대표적인 값을 알아보고자 할 때 사용된다. 분산도는 각기 다른 점수들이 집중경향치로부터 어느 정도 떨어져 있는가를 나타내는 것으로, 일반적으로 기술통계에서는 집중경향치와 분산도를 함께 제시한다. 빈도분포, 집중경향치와 분산도는 일반적으로 한 번에 한 개의 변수를 다루는 반면, 여러 개의 변수들 간에 어떠한 관계가 있는지를 알아보기 위해서는 상관분석이 사용된다. 이 장에서는 기술통계에 관한 내용으로서 빈도분포, 집중경향치, 분산도, 상관에 관해 살펴보기로 한다.

1. 빈도분포

빈도분포는 전체 자료를 빈도로 기록함으로써 모든 점수를 한눈에 볼 수 있게 하는 장점이 있다. 각각의 점수들의 값이 높은지, 낮은지, 그리고 한곳에 집중되어 있는지 아니면 골고루 퍼져 있는지를 보여 준다.

빈도분포(frequency distribution)는 자료를 요약하는 기본적인 통계치로서 전체 자료를 빈도로 기록한 것이다. 빈도분포는 자료가 범주화되는 유목(명목)

변수일 경우 주로 사용된다. 빈도는 사상(event)이나 대상(object)의 수를 의미하는데, 빈도분포를 통해 가장 빈번히 나타나는 점수를 파악할 수 있다. 예를 들면, 중학생들이 가장 좋아하는 간식 종류, 고등학생들이 가장 싫어하는 과목, 중학생들이 가장 흔히 저지르는 비행 유형, 식생활 단원에 추가되어야 할 주제에 대한 교사들의 선호도(〈표 5-1〉 참조), 소비자교육의 연구유

표 5-1 빈도분포의 예: 현 교과서의 식생활 단원에 추가되어야 할 주제에 대한 교사들의 선호도

	1순위 N(%)	2순위 N(%)	3순위 N(%)	전체 N(%)
1. 성인병 예방을 위한 영양 교육	22(28.2)	19(23.5)	27(33.8)	68(28.4)
2. 기호식품의 위해성에 대한 교육	5(6.4)	10(12.3)	15(18.8)	30(12.6)
3. 인스턴트식품에 대한 교육	21(26.9)	19(23.5)	10(12.5)	50(20.9)
4. 식품위생 혹은 식중독 교육	3(3.9)	3(3.7)	7(8.7)	13(15.4)
5. 올바른 식습관 유지를 위한 식생활 교육	22(28.2)	21(25.9)	10(12.5)	53(22.2)
6. 식품 특성 및 선택 교육	5(6.4)	9(11.1)	11(13.7)	25(10.5)
전체	78(100)	81(100)	80(100)	239(100)

출처: 차명화, 김유경(2005). 식생활단원 교육내용에 대한 교사들의 인식과 변화요구도 및 관련변인 분석. 한국가정과교육학회지, 17(4), 41-54.

표 5-2 빈도분포의 예: 소비자교육의 연구유형

연구주제 수집	연구방법 자료	조사연구 설문조사	실험연구 실험법	내용분석 문헌조사	내용분석 웹사이트	심층면접 면접법	전문가 평가 문헌조사
소비자교육 강화 방안	교육과정 및 교과서			4			
	교수학습방법	3	3				4
	교육평가		3				
	교사관련	2		1			
	교육지원				1		
소비자교육 요구분석		3		1		1	
소비자 능력관련		1					
계		9	6	6	1	1	4

* 두 가지 이상의 연구방법을 병행한 연구들(박승련, 박명희, 1999; 박명희, 2002)이 있어 연구유형별·자료수집 방법별 연구 분류의 합계가 본 연구의 총 자료 수와 일치하지 않음.
출처: 김나연, 이기춘(2005). 취학기 아동·청소년 소비자교육의 연구동향-연구주제, 연구방법 및 교육대상을 중심으로. 한국가정과교육학회지, 17(4), 27-40.

형(〈표 5-2〉 참조) 등과 같이 빈도분포표를 통해 특정범주에 속하는 사상이나 대상이 얼마나 많은지를 한눈에 알 수 있다.

또한 빈도분포를 통해 점수 분포의 형태도 알 수 있다. 만일 대부분의 점수가 중앙에 집중되어 있고 양극단(높은 점수, 낮은 점수)에 매우 적게 분포되어 있는 종모양을 나타낸다면 이것은 **정규분포**(normal distribution)를 이룬다고 한다. 반면에 점수의 분포가 어느 한 극단에 집중되어 있으면 **편포**(skewed distribution)되어 있다고 한다. 예를 들어, 수학 시험이 너무 어려워 전반적으로 학생들의 수학점수가 너무 낮을 경우 낮은 점수에 주로 분포됨에 따라 편포될 가능성이 높다. [그림 5-1]은 정규분포곡선과 편포곡선에 대한 그림이다.

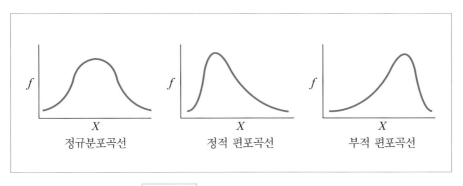

그림 5-1 정규분포곡선과 편포곡선

앞에서 살펴본 바와 같이 한 집단에서 얻은 수치들을 통계적으로 처리하여 그 집단에 대해 의미 있는 특징을 살펴보기 위해 빈도분포표와 빈도분포 그래프를 만든다. 빈도분포표는 숫자(빈도)로 나타내지만, 빈도분포 그래프는 빈도분포표에서 유용한 정보를 그림으로 나타낸 것이다.

1) 빈도분포표의 작성

〈표 5-3〉은 대학생 43명의 성별, 연령, 출생순위, 부모됨의 동기, 부모역할 인식에 관한 자료다. 이 자료로는 대학생들의 성별 구성이 어떠한지, 연령 구성이 어떠한지, 출생순위 구성이 어떠한지, 부모가 되고자 하는 동기 및 부모역할에 대한 인식은 어떠한지에 대해 한눈에 파악하기가 어렵다. 이

자료를 출생순위에 따라 요약해 보면 〈표 5-4〉와 [그림 5-2]와 같다. 〈표 5-4〉는 출생순위를 변수로 하는 빈도분포이고 [그림 5-2]는 이것을 막대그래프로 나타낸 것으로, 이를 통해 출생순위에 따른 분포를 쉽게 파악할 수 있다. 즉, 빈도분포표와 빈도분포그래프를 통해 연구대상자들의 출생순위를 살펴보면, 첫째가 24명으로 가장 많고, 둘째가 15명으로 그다음으로 많고, 셋째가 4명으로 가장 적은 것을 한눈에 알 수 있다. 이처럼 빈도분포표는 필요한 정보를 한

표 5-3 43명의 연구대상자로부터 얻은 원자료

번호	성별	연령	출생순위	부모됨의 동기	부모역할 인식
1	여	25	2	4	4
2	여	20	2	5	5
3	여	20	1	4	4
4	여	21	1	5	5
5	여	22	1	4	4
6	여	24	1	5	5
7	여	22	1	5	5
8	여	20	1	5	4
9	여	19	1	3	3
10	여	20	2	4	4
11	여	20	1	4	4
12	여	19	2	4	4
13	여	19	1	3	3
14	여	19	1	3	3
15	여	20	1	5	4
16	여	19	2	5	4
17	여	19	1	4	4
18	여	20	1	3	3
19	여	22	1	3	3
20	여	20	3	5	3
21	여	19	2	5	3
22	여	22	2	4	3
23	여	21	1	4	3
24	여	19	2	4	4
25	여	22	3	2	2
26	여	26	2	3	3
27	여	21	1	5	5

28	남	25	1	3	3
29	남	24	1	5	3
30	남	20	1	4	4
31	여	19	2	3	3
32	남	20	2	5	5
33	남	20	2	5	5
34	남	23	1	5	5
35	여	19	1	2	2
36	여	20	2	4	4
37	남	18	3	4	4
38	여	18	3	4	4
39	여	20	1	5	4
40	남	19	2	4	2
41	남	21	1	2	1
42	남	19	2	4	4
43	남	26	1	5	5

표 5-4 출생순위를 변수로 하는 빈도분포

출생순위	빈도	백분율	누적백분율
첫째	24	55.8	55.8
둘째	15	34.9	90.7
셋째	4	9.3	100.0
전체	43	100.0	

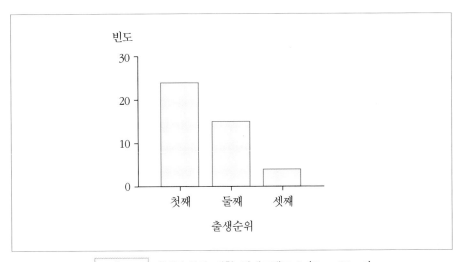

그림 5-2 출생순위에 대한 막대그래프 I (Bar Chart)

눈에 파악할 수 있다는 장점을 갖는다.

자료를 요약하여 빈도를 구하고자 할 때에는 자료를 급간(class interval)으로 나누어 각 범주에 해당하는 빈도를 구할 수도 있다. 이를 **집단빈도분포**(grouped frequency distribution)라고 한다. 점수가 넓게 분포되어 있는 경우, 각 개별값 전부를 빈도분포표로 작성하면 자료를 요약한다는 목적에서 벗어나게 된다. 이런 경우에는 각 점수를 하나씩 제시하기보다는 점수의 범위를 급간으로 나누어 그 급간에 해당하는 사례(빈도수)를 제시하면 자료를 한눈에 파악할 수 있는 장점을 갖게 된다. 〈표 5-5〉는 연령을 급간으로 나눈 빈도분포로, 연령을 하나씩 제시한 것이 아니라 연령을 급간(예: 16~20세, 21~25세 등)으로 나누어 제시하고 있다. 〈표 5-5〉를 통해 연구에 참여한 사람들중 16세에서 20세 미만이 가장 많고, 20대 초반이 두 번째이며, 20대 후반이가장 적다는 것을 쉽게 알 수 있다.

반면, 집단빈도분포표는 정보를 급간으로 나누어 제시하기 때문에 구체적인 정보를 잃게 되는 단점이 있다. 〈표 5-5〉에서 보면 연령이 20세 미만에 해당되는 사람이 27명이나 있는데, 이 27명이 모두 20세인지, 16세인지, 아니면 16세부터 20세까지 골고루 분포되어 있는지 전혀 알 수 없다는 것이다.

표 5-5   연령을 급간으로 나눈 빈도분포

연령	빈도	백분율	누적백분율
16~20세	27	62.8	62.8
21~25세	14	32.6	95.3
26~30세	2	4.7	100.0
전체	43	100.0	

이처럼 점수를 급간으로 나누어 집단빈도분포표를 작성할 때 고려해야 할점은 〈표 5-6〉에 제시되어 있다.

| 표 5-6 | 집단빈도분포표 작성 시 급간을 나눌 때 고려해야 할 점 |

1. 급간은 상호배타적이어야 한다. 즉, 어떤 점수도 2개 이상의 급간에 동시에 포함되면 안 된다.
2. 모든 급간은 연속적이며 같은 넓이(간격)를 유지해야 한다. 연령 범위를 5로 정했을 경우, 급간에 모든 점수가 포함되어야 하며 점수를 5세 단위로 분리해야 한다.
3. 대부분의 경우 급간의 개수는 10~20개로 정한다. 급간의 수가 너무 적으면 점수 분포에 대한 중요한 의미를 놓칠 수 있고, 만약 급간의 수가 너무 많으면 점수를 급간으로 나눈 의미가 퇴색된다.
4. 급간을 되도록 간단한 수로 정한다. 예를 들어, 급간을 9, 11, 13 등으로 나누는 것보다 2, 5, 10 등으로 나누는 것이 훨씬 더 편리하다.

2) 빈도분포표의 종류 및 활용

빈도분포표는 전체 자료를 빈도(수치)로 기록하는 것이다. 이를 이용해 빈도를 비율이나 백분율로 전환함으로써 상대빈도분포를 알 수 있고, 누적된 빈도를 살펴봄으로써 누적빈도분포를 파악할 수 있다.

상대빈도분포표(relative frequency distribution)는 해당 점수의 비율 또는 백분율을 나타내는 것으로, 상대빈도를 구하기 위해서는 각 빈도를 전체 수로 나눈다. 표본의 경우 f/n이고 모집단의 경우는 f/N이다. 상대빈도는 일반적으로 비율로 나타낸다. 상대빈도를 백분율로 나타내기도 하는데, 백분율은 비율에다 100을 곱하면 된다. 즉, 백분율(%)$=f/N \times 100$이다. 상대빈도는 해당 점수의 N 수가 서로 다른 경우의 빈도분포를 비교할 때 유용하게 사용될 수 있다. 〈표 5-7〉은 1차 교육과정부터 6차 교육과정까지 국어 교과서에 사용되는 어종별 빈도수를 비교한 것이다. 1차 교육과정부터 6차 교육과정까지 국어 교과서에 빈번히 사용되는 고유어, 한자어, 외래어 등 총 어휘의 빈도를 비교해 보면 138~225개다. 영역별로 좀 더 구체적으로 살펴보면 1차 교육과정 교과서에는 고유어가 141개로 65% 정도를 차지하지만, 6차 교육과정 교과서에는 고유어가 101개로 56%를 차지한다. 이러한 상대빈도를 통해 교과서에 사용되는 고빈도어를 쉽게 비교할 수 있다.

누적빈도분포(cumulative frequency distribution)는 각 급간의 정확상한계(upper real limit) 아래 얼마나 많은 점수들이 분포되어 있는가를 보여 준다.

| 표 5-7 | 1~6차 교과서에 사용되는 고빈도어 비율의 상대빈도분포 |

어종	1차		2차		3차		4차		5차		6차		합계	평균
	빈도	비율	빈도	비율	빈도	비율	빈도	비율	빈도	비율	빈도	비율	빈도	비율
고유어 수	141	64.98	134	59.56	101	73.19	112	73.68	101	56.42	101	56.42	690	63.30
한자어 수	74	34.10	88	39.11	35	25.36	39	25.66	78	43.58	77	43.02	391	35.87
외래어 수	2	0.92	3	1.33	2	1.45	1	0.66	0	0.0	1	0.56	9	0.83
총 어휘 수	217	100.0	225	100.0	138	100.0	152	100.0	179	100.0	179	100.0	1090	100.0

출처: 장만식(2001). 중학교 국어교과서의 어종별 어휘 빈도수 조사 연구: 체언을 중심으로. 경기대학교 교육대학원 석사학위 청구논문.

예를 들어, 아동의 지능점수에서 상위 20%에 해당되는 아동의 점수는 얼마이고, 하위 20%에 해당되는 아동의 점수는 얼마인가에 관심이 있다면 누적분포표를 보면 도움이 된다. 누적비율은 누적빈도/N이며, 누적백분율은 누적빈도/$N \times 100$이다. 〈표 5-5〉의 오른쪽에는 누적백분율이 제시되어 있다. 연구대상 연령층의 누적백분율을 살펴보면, 20세 이하가 62.8%이고, 25세 이하는 62.8%와 32.6%를 더해 총 95.3%를 차지하는 것으로 나타났다. 이 결과에 따르면 대다수(95.3%)의 연구대상자가 25세 이하임을 알 수 있다.

한편, 원점수 자체로는 의미 있는 정보를 제공하지 못할 때가 많다. 예를 들어, 창의성 검사의 독창성에서 10점을 받았다고 했을 때 10점이 의미하는 바를 정확하게 이해하기가 힘들다. 이럴 경우 원점수를 백분점수로 변환할 수 있다. 백분점수(percentile score)는 한 주어진 집단의 점수 분포에서 어떤 일정한 백분위에 해당되는 사례가 그 점수 미만에 놓여 있을 때, 이러한 백분위에 해당되는 원점수(raw score)를 의미한다. 예를 들어, 창의성 검사에서 A라는 사람이 90점을 얻었는데, 이 점수 밑에 전체 사례의 60%가 놓여 있다면 그의 백분위는 60이 되고 또 백분위 60에 해당하는 백분점수는 90점이 된다. 즉, 백분점수는 일정한 백분위에 해당하는 원점수를 말하고, 반면에 백분위는 일정한 점수 밑에 놓여 있는 사례의 전체 사례에 대한 백분율을 말한다.

〈표 5-8〉은 수학능력평가 백분위의 사례 중 하나로, 수리영역과 언어영역의 백분점수에는 차이가 있음을 알 수 있다. 수리영역이나 언어영역 모두 백분위 100에 해당되는 백분점수는 100점으로 같지만, 수리영역의 백분위 90에

해당되는 백분점수는 85점이고, 언어영역의 백분위 90에 해당되는 백분점수는 90점이다. 달리 말하면, 수리영역에서 원점수 90과 언어영역에서의 원점수 90은 각기 다른 백분위를 갖는다.

표 5-8 수학능력평가의 영역별 백분위 비교의 예

• 수리영역

원점수	표준점수	백분위	등급
100	142	100	1
98	140	99	1
97	139	98	1
96	139	98	1
95	138	97	1
94	137	97	1
93	136	97	1
92	135	95	1
91	135	95	1
90	134	94	2
89	133	93	2
88	132	92	2
87	132	92	2
86	131	91	2
85	130	90	2

• 언어영역

원점수	표준점수	백분위	등급
100	134	100	1
99	133	100	1
98	132	99	1
97	131	99	1
96	130	98	1
95	129	97	1
94	128	96	1
93	127	95	2
92	126	94	2
91	125	92	2
90	123	90	2

3) 빈도분포 그래프

줄기와 잎 그래프(stem-and-leaf diagram)는 구체적인 자료의 손실 없이 한눈에 자료를 파악할 수 있는 장점이 있다. 앞서 살펴본 〈표 5-5〉의 급간으로 나눈 빈도분포에서는 구체적인 정보를 잃게 되는 단점이 있지만, 줄기와 잎 그래프에서는 급간으로 나누어도 정보의 손실이 없다.

〈표 5-9〉는 기술·가정의 중간고사 및 기말고사 점수를 줄기와 잎 그래프로 나타낸 것이다. 줄기는 점수의 간격을 의미하는 것으로 표의 왼쪽에 수직으로 배열한다. '10'(stem) 아래에 쓰인 6, 7, 8은 60, 70, 80점대를 의미한다. 표의 오른쪽 '1'(leaf) 아래에 쓰인 숫자는 각 점수대의 개별점수를 의미한다. 예를 들어, 중간고사의 90점대 점수를 살펴보면, 두 명의 학생이 93점, 또 다른 두 명의 학생이 95점, 나머지 학생들이 97점과 98점을 받은 것을 알 수 있다. 기말고사의 90점대 점수를 살펴보면, 세 명의 학생이 96점, 한 명의 학생이 97점, 3명의 학생이 98점, 두 명의 학생이 99점을 받은 것으로 나타났다. 중간고사와 기말고사의 분포를 비교해 보면, 중간고사에는 70점대가 가장 많지만 기말고사에는 80점대가 가장 많은 것을 알 수 있다.

히스토그램(histogram)과 막대그래프(bargraph)는 주어진 자료에서 특정 점수가 얼마나 자주 나타나는가를 알려 주는 지표다. 앞서 살펴본 출생순위에 따른 빈도를 알아본 막대그래프([그림 5-2])와 연령에 따른 빈도를 알아본 히스토그램([그림 5-3])은 그 양상이 약간 다르다. 막대그래프의 막대는 서로 떨어져 있는 반면, 히스토그램의 막대는 서로 붙어 있다. 막대그래프처럼 막대가

표 5-9 줄기와 잎 그래프의 예: 기술·가정의 중간고사와 기말고사 분포

	중간고사		기말고사
10(stem)	*1*(leaf)	*10*(stem)	*1*(leaf)
6	2 2 3 4 5	6	3 4 5
7	3 3 3 5 5 6 6 6 7 8	7	2 2 4 4 6 6 7
8	2 2 4 4 6 6 7	8	3 3 3 5 5 6 6 6 7 8
9	3 3 5 5 7 8	9	6 6 6 7 8 8 8 9 9
10	0 0	10	0

서로 떨어져 있는 것은 원래의 변수가 질적인 변수라는 것을 나타내고, 히스토그램처럼 막대가 서로 붙어 있는 것은 양적인 변수임을 나타내는 것이다. 막대그래프는 범주화된 질적 변수의 자료를 요약하는 데 사용되며, 히스토그램은 연속적인 양적 변수의 자료를 요약하는 데 사용된다. 즉, 출생순위는 범주화되어 있는 질적 변수이고, 연령은 연속적인 양적 변수임을 의미한다.

　히스토그램과 마찬가지로 꺾은선 그래프(frequency curve) 또한 등간척도나 비율척도로 측정된 자료를 그래프로 표현할 때 사용한다. 히스토그램이나 꺾은선 그래프 모두 동일한 정보를 나타낸다. [그림 5-3]은 〈표 5-3〉의 자료를 가지고 연령을 기준으로 하여 히스토그램으로 나타낸 것이고, [그림 5-4]는 꺾은선 그래프로 나타낸 것이다. [그림 5-3]과 [그림 5-4]에 제시된 연구대상자의 연령분포를 살펴보면 20세가 13명으로 가장 많고, 23세가 1명으로 가장 적음을 쉽게 알 수 있다. 또한 꺾은선 그래프는 두 집단 이상의 빈도분포를 쉽게 비교할 수 있다는 장점이 있다. [그림 5-5]에는 인터넷 사용에 따른 생활영역별 생활시간 변화를 꺾은선 그래프를 통해 2002년과 2004년을 비교하여 보여 주고 있다. 만약 히스토그램을 이용해서 2002년과 2004년에 증감된 생활시간 영역을 비교한다면 상당수의 막대가 겹치기 때문에 비교가

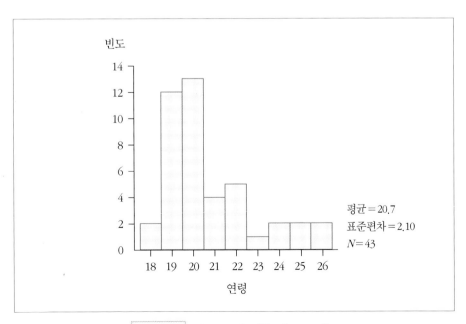

그림 5-3 연령분포에 대한 히스토그램 II

불가능하다. 하지만 꺾은선 그래프는 빈도를 직선으로 연결하기 때문에 2개 이상의 빈도분포를 비교할 때 특히 유용하다.

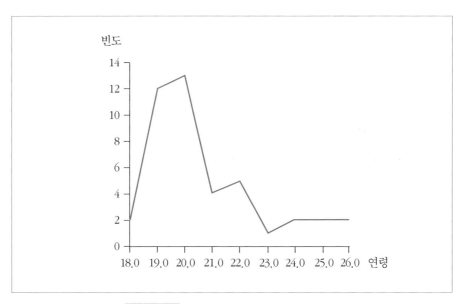

그림 5-4 연령분포에 대한 꺾은선 그래프

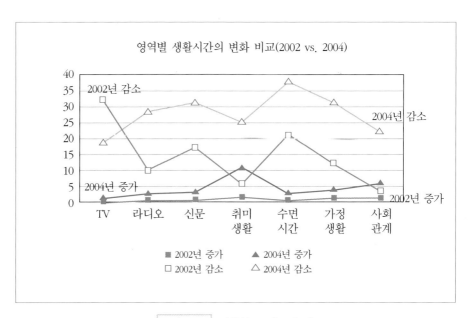

그림 5-5 꺾은선 그래프의 예

출처: 박수호, 유승호(2005). 인터넷 이용과 생활시간 변화(2002-2004)의 상관관계 연구. 한국사회, 6(2), 121-160.

2. 집중경향치

집단의 대표값을 알아보고자 할 때에는 집중경향치가 사용된다. 가장 흔하게 사용되는 집중경향치에는 평균치, 중앙치, 최빈치가 있다. 세 가지 집중경향치 중 어느 것을 사용할 것인가를 결정하기 위해서는 여러 가지 요소를 고려해야 한다.

1) 평균치

평균치(mean)는 가장 흔히 사용되는 집중경향치로서, 일반적으로 평균이라고 하면 이 평균치를 의미한다. 평균치는 모든 관측값의 총합을 전체 사례 수로 나눈 값이다. 즉, 모집단의 평균치를 구하는 공식은 $\mu = \Sigma X/N$이고, 표본의 평균치를 구하는 공식은 $\bar{X} = \Sigma X/n$이다. 이 공식에서 N은 모집단의 크기를 의미하고 n은 표본집단의 크기를 의미한다. 예를 들어, 세 곳의 상담센터를 이용하는 내담자의 평균치를 구하고자 한다면 다음과 같이 계산할 수 있다(〈표 5-10〉 참조).

표 5-10 상담센터의 평균 내담자 수

상담센터	내담자 수
A	12,469
B	25,322
C	18,222
평균	18,671

$$\bar{X} = \Sigma X/n = (12,469 + 25,322 + 18,222)/3 = 56,013/3 = 18,671$$

평균치는 수집된 자료가 양적인 자료(등간척도 이상)일 때 사용된다. 평균치는 최빈치나 중앙치에 비해 표집오차가 적어 안정성이 있기 때문에 표본으로부터 모집단의 특성을 추론하는 데 보다 정확하다는 장점이 있다. 따라서 대부분의 연구논문에서는 평균을 제시한다(〈표 5-11〉 참조).

표 5-11 평균 제시의 예

조사 대상의 평균 신장, 체중, BMI

	남학생			여학생			전체
	도시	농촌	전체	도시	농촌	전체	
신장	168.1±6.0	166.6± 7.6	167.4± 6.9	160.0±4.5	157.7±10.6	158.9±8.2	163.1±8.7
체중	59.0±9.7	57.6±11.8	58.3±10.9	49.9±6.5	51.4± 7.6	50.7±7.1	54.5±9.9
BMI	20.8±2.8	20.5± 4.0	20.5± 5.5	19.5±2.1	20.8± 7.4	20.2±3.5	20.3±4.6
체위 기준	신장(cm) 167.8cm			신장(cm) 159.5cm			
	체중(kg) 58.8kg			체중(kg) 52.7			
	BMI 20.8			BMI 20.8			

출처: 손연, 김행자(2005). 경남 지역 청소년의 식습관, 영양 및 식이섬유 섭취실태에 관한 연구. 한국가
정과교육학회지, 17(4), 1-26.

하지만 평균치는 수집된 모든 점수의 값과 관련되므로 극단치에 영향을
많이 받는다는 단점도 있다. 〈표 5-12〉에서 보는 바와 같이, A반과 B반 키
의 평균치는 120cm로 같다. 하지만 A반의 경우 115~125cm의 비슷한 키의
분포를 보이지만, B반의 경우는 대부분이 90~105cm이지만 205cm와
220cm인 학생 두 명 때문에 평균키가 큰 것으로 계산되었다.

때로는 가중치가 포함된 가중평균(weighted mean)을 구해야 하는 경우도 있

표 5-12 학생들의 키의 평균, 중앙치, 최빈치

(단위 cm)

	A반	B반
	120	90
	120	95
	125	95
	125	100
	120	95
	120	105
	120	100
	120	95
	115	220
	115	205
평균	120	120
중앙치	120	97.5
최빈치	120	95

표 5-13　가중평균치의 예

통계학점수	빈도	통계학점수×빈도
100	4	400
90	16	1,440
80	25	2,000
70	35	2,450
60	17	1,020
50	3	150
	100	7,460

다. 특정값에 2개 이상의 빈도가 발생한 경우 가중평균치를 산출해야 한다. 가중평균치를 구하고자 한다면 다음과 같이 계산할 수 있다(〈표 5-13〉 참조). $\bar{X} = \Sigma X/n$에서 7,460/100은 74.6이다. 이와 같이 각 점수에 해당되는 빈도가 다를 경우에는 각각의 점수에 빈도를 곱한 후 전체 표본 수로 나누게 되는데, 표본의 크기가 큰 집단(점수)에 더 많은 비중을 두게 된다.

2) 중앙치

중앙치(median)는 분포의 중앙에 놓이는 점수를 말한다. 한 예로, 청소년의 식이섬유 섭취 실태를 알아보았을 때, 4.2, 4.5, 5.9, 6.1, 2.1, 7.8, 8.2였다. 이를 낮은 점수부터 서열화하면 2.1, 4.2, 4.5, 5.9, 6.1, 7.8, 8.2로, 이때 가운데에 놓인 5.9가 중앙치가 된다. 이처럼 점수의 사례 수가 홀수인 경우에는 값을 서열화했을 때 가운데에 해당하는 점수가 중앙치다.

원자료	서열화		
4.2	2.1		낮은 점수
4.5	4.2		
5.9	4.5		
6.1	5.9	중앙치	
2.1	6.1		
7.8	7.8		
8.2	8.2		높은 점수

하지만 사례 수가 짝수인 경우에는 가운데 점수를 합해서 반으로 나눈 값이 중앙치다. 〈표 5-12〉의 자료를 점수의 크기순으로 서열화하면 〈표 5-14〉와 같다. 사례 수가 10인 경우에는 다섯 번째와 여섯 번째 값을 반으로 나눈 값이 중앙치가 된다(A반은 (120＋120)/2＝120cm, B반은 (95＋100)/2＝97.5cm). 중앙치를 살펴보면 A반에 비해 B반 학생들의 키가 작다는 것을 알 수 있다. B반과 같이 극단치 때문에 평균치가 원점수들을 잘 대표하지 못할 경우, 수집된 자료가 편포곡선을 이룰 경우, 그리고 서열척도일 경우 중앙치가 대표값으로 더 적절하다.

표 5-14 중앙치 산출의 예

	A반	A반 서열화	B반	B반 서열화
	120	115	90	90
	120	115	95	95
	125	120	95	95
	125	120	100	95
	120	120	95	95
	120	120	105	100
	120	120	100	100
	120	120	95	105
	115	125	220	205
	115	125	205	220
중앙치	120cm		97.5cm	

3) 최빈치

최빈치(mode)는 가장 빈번하게 관찰되는 값이다. 한 예로, 10명의 가정과 실기점수가 3, 4, 6, 8, 6, 6, 5, 4, 2, 1점이라면, 이때 최빈치는 6점이다. 최빈치는 빈도가 아닌 점수나 범주를 의미한다.

실기점수	빈도	
1	1	
2	1	
3	1	
4	1	
5	1	
6	3	← 최빈치(6)
8	1	

〈표 5-12〉의 자료를 빈도분포표로 나타내면 다음 〈표 5-15〉와 같다. 가장 빈도가 높은 값은 A반에서는 120cm이고, B반에서는 95cm다. 중앙치와 마찬가지로 최빈치도 극단치의 영향을 덜 받는다. 〈표 5-12〉에서 두 집단의 평균은 같은 것으로 나타났지만 최빈치를 비교해 보면 B집단이 A집단에 비해 키가 작음을 알 수 있다. 이처럼 자료에 극단치가 있을 때에는 중앙치나 최빈치를 사용하는 것이 더 적절하다.

최빈치는 한눈에 경향을 파악하는 데 도움이 되지만 빈도의 수가 적거나 분포의 모양이 불분명할 때는 최빈치 산출이 어렵다. 그러나 명목척도로 수집된 자료라면 최빈치만 사용할 수 있다.

표 5-15 **최빈치 산출의 예**

	신장	빈도
A반	115	2
	120	6
	125	2
B반	90	1
	95	4
	100	2
	105	1
	205	1
	220	1

이 세 종류의 집중경향치를 정규분포곡선과 편포곡선에서 비교해 보면 그 민감도를 잘 알 수 있다. [그림 5-6]은 〈표 5-12〉의 자료를 빈도분포 그래프로 나타낸 것이다. [그림 5-6]을 살펴보면, A반의 경우 평균, 최빈치, 중앙치가 120cm로 세 가지 값이 모두 일치한다. 이는 A반이 정규분포 곡선을 갖는다는 것을 나타낸다. [그림 5-7]에서 보는 바와 같이 정규분포곡선에서는 세 가지 집중경향치가 모두 같은 점에 있다.

한편, 편포곡선에서는 평균치가 분포의 꼬리 부분에 가장 가깝고, 최빈치는 꼬리 부분에서 가장 멀리 떨어져 있으며, 중앙치는 최빈치와 평균치의 중간에 위치한다([그림 5-8] 참조). [그림 5-8]은 정적 편포곡선(positively skewed distribution)과 부적 편포곡선(negatively skewed distribution)에서의 세 가지 집중경향치의 위치를 보여 주고 있는데, 평균치가 중앙치보다 크면 정적으로

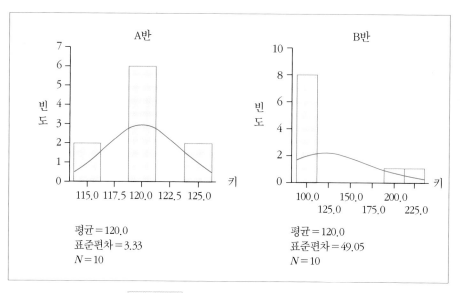

그림 5-6 두 반 학생들의 신장의 분포

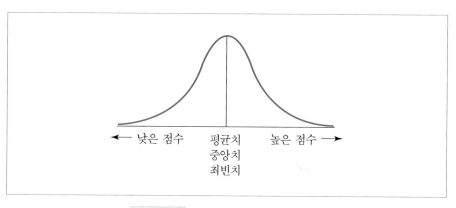

그림 5-7 정규분포곡선과 집중경향치

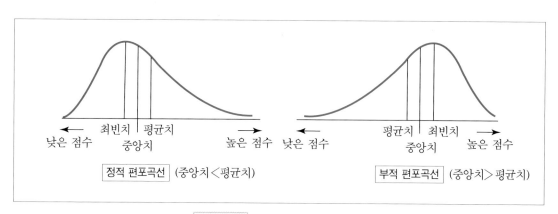

그림 5-8 편포곡선과 집중경향치

편포되어 있고, 평균치가 중앙치보다 적으면 부적으로 편포되어 있다고 한
다. [그림 5-6]을 살펴보면, B반은 정적으로 편포되어 있다(평균(120)>중앙치
(97.5)). [그림 5-6]을 살펴보면 A반의 경우 정규분포에 가깝지만 B반의 경우
정적 편포곡선을 나타내고 있다.

4) 집중경향치 산출 및 해석

집중경향치는 집단에서 가장 전형적이고 대표적인 값을 알아보고자 할 때
사용된다. 예를 들어, 연구자가 '초등학교 1학년 아동이 지각하는 교사와의
친밀감은 어떠한가?'에 관심이 있다면 다음과 같은 절차를 이용하여 집중경
향치를 구할 수 있다.

(1) 집중경향치 분석의 실시

SPSS를 이용하여 집중경향치를 구하는 절차는 다음과 같다.

분석 ⇒ 빈도분석 ⇒ 중심경향 중 평균, 중위수, 최빈값 클릭 ⇒ 확인 ⇒ 결과분석

메뉴바에 있는 분석에 들어가서, [기술통계량]을 클릭한 후, [빈도분석]을
클릭한다.

그림 5-9 기술통계량에서 빈도분석 선택

빈도분석을 실시하고자 하는 [변수]를 투입한다.

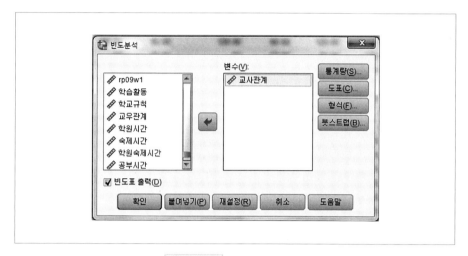

그림 5-10 대상 변수 투입

[통계량]을 클릭해서 [중심경향] 중 [평균], [중위수], [최빈값]을 클릭한다.

그림 5-11 중심경향 중 평균, 중위수, 최빈값 클릭

(2) 빈도분석의 결과

통계량

교사관계

N	유효	2277
	결측	0
평균		1.3712
중위수		1.2000
최빈값		1.00

교사관계

		빈도	퍼센트	유효 퍼센트	누적퍼센트
유효	1.00	833	36.6	36.6	36.6
	1.20	478	21.0	21.0	57.6
	1.40	326	14.3	14.3	71.9
	1.60	226	9.9	9.9	81.8
	1.80	157	6.9	6.9	88.7
	2.00	80	3.5	3.5	92.2
	2.20	56	2.5	2.5	94.7
	2.40	44	1.9	1.9	96.6
	2.60	25	1.1	1.1	97.7
	2.80	20	.9	.9	98.6
	3.00	11	.5	.5	99.1
	3.20	10	.4	.4	99.5
	3.40	2	.1	.1	99.6
	3.60	5	.2	.2	99.8
	3.80	3	.1	.1	100.0
	4.00	1	.0	.0	100.0
	합계	2277	100.0	100.0	

그림 5-12 SPSS에서 집중경향치 output

[그림 5-12]에 제시된 결과를 살펴보면, 초등학생이 지각하는 교사와의 친밀도는 평균이 1.37, 중앙치가 1.20, 최빈치가 1.00으로 나타났다. 교사와의 친밀도 척도가 4점 리커트임을 고려해 볼 때, 초등학교 1학년 아동들은 교사에 대한 친밀감이 낮음을 알 수 있다.

3. 분산도

대표적인 점수만으로는 특정 분포의 특성을 파악하는 데 충분하지 않다. [그림 5-6]에서 보는 바와 같이 A반과 B반 학생들 키의 평균치는 같지만 실제로 분포를 살펴보면 다른 양상을 보인다. 즉, 평균은 같지만 분산도는 다르다. 이처럼 한 집단의 점수를 보다 정확하게 기술하기 위해서는 부가적인 정보가 필요한데, 이 부가적 정보의 한 형태가 분산도(variability)다.

분산도는 자료가 얼마나 이질적인지(heterogeneous) 혹은 동질적인지(homogeneous)를 나타내는 지표다. 자료가 동질적이라는 것은 분산도가 낮다는 것을 의미하고, 자료가 이질적이라는 것은 분산도가 크다는 것을 의미한다. 따라서 분산도가 0이라는 것은 모든 자료가 같은 값을 갖는다는 것을 나타낸다. [그림 5-13]은 평균은 같지만 분산도가 다른 두 분포를 나타낸다. A분포는 평균을 중심으로 몰려 있어 동질적인 집단임을 알 수 있고, B분포는 점수들이 골고루 퍼져 있어 이질적인 집단임을 알 수 있다. 수집된 자료를 요약하는 기술통계에서는 일반적으로 집중경향치와 분산도를 함께 제시한다(〈표 5-16〉 참조).

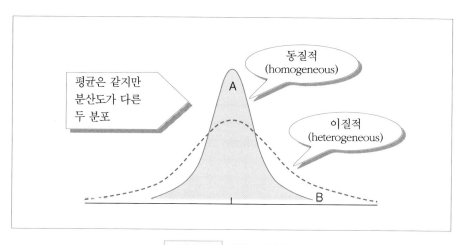

그림 5-13　평균과 분산도

표 5-16　평균과 분산도의 제시 예

조사대상자들의 식이섬유의 1일 평균 섭취량은 남학생은 도시 지역이 5.9(SD=1.9)g, 농촌 지역이 4.0(SD=1.3)g, 여학생은 도시 지역이 5.0(SD=1.4)g, 농촌 지역이 3.7(SD=1.3)g으로 도시 지역 남녀 학생들의 섭취량이 농촌 지역보다는 약간 높았으나 1일 필요량에는 턱없이 부족한 실정이었다.

출처: 손연, 김행자(2005). 경남지역 청소년의 식습관, 영양 및 식이섬유 섭취실태에 관한 연구. 한국가정과교육학회지, 17(4), 1-26.

1) 범 위

범위(range)는 분산도의 가장 간단한 측정치로서 수집된 자료 중에서 최고 점수와 최저점수의 차이를 말한다. $r = h - l$ 이다. r 은 범위를 나타내고, h 는 가장 높은 점수를, l 은 가장 낮은 점수를 나타낸다. 〈표 5-12〉를 보면, A반 키의 범위는 10(125-115=10)이지만, B반 키의 범위는 115(205-90=115)다. 이는 A반보다 B반의 키 차이가 크다는 것을 의미한다. 이처럼 범위는 계산하기는 간단하지만 단지 두 개의 점수만을 사용하므로 안정적이지 못하며, 극단의 두 점수 가운데에 위치한 점수들의 변이에 대한 정보를 제공하지 못한다. 예를 들면, 가정과목 중간고사의 점수범위가 최저 65점, 최고 100점으로 범위가 35이고, 기말고사의 점수범위도 마찬가지로 최저 65점에 최고 100점으로 범위가 35다. 하지만 이 정보만으로는 분산도를 정확하게 파악할 수 없다. 중간고사와 기말고사의 점수범위는 분명히 같지만 다른 점수들의 변이에 대한 정보가 전혀 제시되어 있지 않으므로 분산도를 정확하게 파악하기 힘들다.

2) 변량과 표준편차

변량(variance)과 표준편차(standard deviation)는 각 점수가 평균에서 얼마나 멀리 떨어져 있는가를 나타내는 것이다. 변량과 표준편차는 집단의 모든 점수에 근거하므로 범위보다 점수의 분산 정도를 더 정확하게 나타낸다. 변량의 계산공식은 다음과 같다. ① 각 개인의 점수에서 평균을 뺀 값(편차)들을 자승한다. ② 자승한 값들을 다 더한다. ③ 다 더한 값을 사례 수로 나눈다. 이 공식에서 s^2 은 변량, s 는 표준편차를 의미하고, Xi 는 각 개인의 점수를, $\overline{X}$ 는 집단의 평균을, n 은 사례 수를 의미한다.

$$\text{변량} \quad s^2 = \frac{\Sigma(Xi - \overline{X})^2}{n}$$

$$\text{표준편차} \quad s = \sqrt{\frac{\Sigma(Xi - \overline{X})^2}{n}}$$

앞에 제시된 공식은 기술통계에서 표본의 변량과 표준편차를 구하고자 할 때 사용한다. 이때에는 편차를 자승한 값들을 n으로 나눈다.

하지만 표본통계치로 모수를 추정할 때에는 다음의 공식을 사용한다.

모수추정치로서의 변량 $s^2 = \dfrac{\Sigma (Xi - \overline{X})^2}{n-1}$

모수추정치로서의 표준편차 $s = \sqrt{\dfrac{\Sigma (Xi - \overline{X})^2}{n-1}}$

일반적으로 표본통계치를 이용하여 모수를 추정한다. 모집단에서 크기가 n인 모든 가능한 표본을 뽑아서 구한 추정치의 평균이 모집단 모수와 같다면 그 추정치(표본 통계치)는 비편파적 추정치(unbiased estimator)라고 할 수 있다. 표본의 표준편차와 모집단의 표준편차를 같게 해야 하는 이유는 표본 평균에 의해 모집단의 평균 및 신뢰구간을 구하고자 할 때 모집단의 표준편차를 이용하여 표준오차(standard error of the mean)을 구해야 하는데 모집단의 표준편차를 알기 어렵기 때문에 표본의 표준편차를 사용해야 한다.

이 경우 표본의 표준편차와 모집단의 표준편차를 같게 하기 위해, 표본의 표준편차 산출 시 분모를 n 대신 $n-1$을 사용하게 된다. 즉, 표본에서의 표준편차를 산출할 때, 편차의 제곱의 합을 n으로 나누는 것이 아니라 $n-1$로 나누게 된다. 이는 편파(bias)를 가져오는 요인을 상쇄시키기 위한 것이다.

일반적으로 표본의 표준편차는 모집단의 표준편차보다 약간 작다. 표본의 표준편차를 구할 때 모집단의 평균($\overline{\mu}$) 대신 표본으로 추출된 사례들에 의해 조정된 평균($\overline{X}$)을 기준으로 표준편차를 구하기 때문에 표집에 따라 표본 평균이 달라질 수 있어 $\Sigma (Xi - \overline{X})^2$의 값은 $\Sigma (Xi - \overline{\mu})^2$보다 작아질 수 있다. 작아진 분자만큼 분모의 크기를 줄여야 하기 때문에 n 대신 $n-1$을 사용함으로써 표본의 표준편차를 모집단의 표준편차와 동일하게 한다.

모집단에서 변량과 표준편차를 구하는 공식은 다음과 같다. 모집단을 대상으로 한 평균은 μ로 표시하며, 변량은 σ^2로, 표준편차는 σ로 표시한다.

$$\text{모집단에서의 변량 } \sigma^2 = \frac{\Sigma (Xi - \overline{\mu})^2}{N}$$

$$\text{모집단에서의 표준편차 } \sigma = \sqrt{\frac{\Sigma (Xi - \overline{\mu})^2}{N}}$$

표준편차는 변량의 제곱근이다. 표준편차는 각 점수가 평균으로부터 떨어져 있는지 혹은 가까이 있는지를 기술함으로써, 표준편차가 크면 평균에서 상대적으로 많이 떨어져 있고 표준편차가 작으면 평균에 가깝게 위치해 있다는 것을 의미한다. 표준편차는 표집에 따른 변화가 적으므로 표본으로부터 모집단의 분포를 추정할 때 가장 안정성 있는 분산도 지수라 할 수 있다. 한 모집단에서 여러 개의 표본을 뽑은 다음 표본의 범위를 계산하면 표본마다 그 차이가 크지만, 표준편차를 구해 보면 그 차이가 별로 크지 않다.

〈표 5-17〉에는 두 반 학생들의 키의 평균과 변량 및 표준편차가 제시되어 있다. A반과 B반 학생들의 평균키는 120으로 같지만, A반의 표준편차는 3.16이

표 5-17　두 반 학생들의 키의 평균과 변량 및 표준편차

	A반		B반	
	키	(키-평균)²	키	(키-평균)²
	120	0	90	900
	120	0	95	625
	125	25	95	625
	125	25	100	400
	120	0	95	625
	120	0	105	225
	120	0	100	400
	120	0	95	625
	115	25	220	10,000
	115	25	205	7,225
합		100		21,650
평균	120		120	
변량	10		2,165	
표준편차	3.16		46.53	

고, B반의 표준편차는 46.53으로 양상이 다르다. A반의 경우 키가 동질적인 집단으로 구성되어 있지만, B반의 경우 키가 이질적인 집단으로 구성되어 있다고 볼 수 있다.

3) 분산도 산출 및 해석

분산도는 자료가 얼마나 동질적인지 혹은 이질적인지를 나타내 주는 지표다. 예를 들어, "초등학교 1학년 학생들이 지각하는 교사와의 관계에 대한 분산도는 어떠한가?"에 관심이 있다면 다음과 같은 절차를 통해 분산도를 알아볼 수 있다.

(1) 분산도 분석의 실시

SPSS를 이용하여 분산도를 구하는 절차는 다음과 같다.

```
분석 ⇒ 빈도분석 ⇒ 산포도 중 표준편차, 분산, 범위 클릭 ⇒ 확인 ⇒ 결과분석
```

메뉴바에 있는 분석에 들어가서, [기술통계량]을 클릭한 후, [빈도분석]을 클릭한다.

그림 5-14   기술통계량에서 빈도분석 선택

빈도분석을 실시하고자 하는 [변수]를 투입한다.

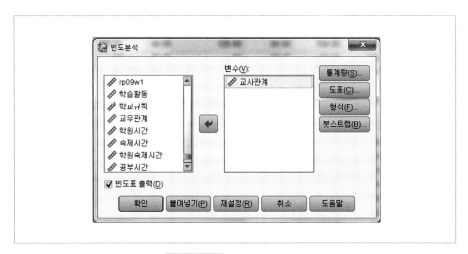

그림 5-15　대상 변수 투입

통계량에서 [산포도] 중 [표준편차], [분산], [범위]를 클릭한다.

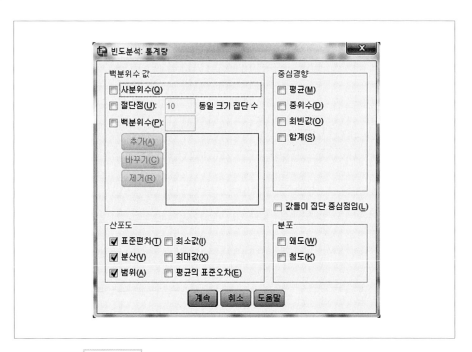

그림 5-16　통계량에서 산포도 중 표준편차, 분산, 범위 클릭

(2) 분산도 분석의 결과

통계량

교사관계

N	유효	2277
	결측	0
표준편차		.46177
분산		.213
범위		3.00

교사관계

		빈도	퍼센트	유효 퍼센트	누적퍼센트
유효	1.00	833	36.6	36.6	36.6
	1.20	478	21.0	21.0	57.6
	1.40	326	14.3	14.3	71.9
	1.60	226	9.9	9.9	81.8
	1.80	157	6.9	6.9	88.7
	2.00	80	3.5	3.5	92.2
	2.20	56	2.5	2.5	94.7
	2.40	44	1.9	1.9	96.6
	2.60	25	1.1	1.1	97.7
	2.80	20	.9	.9	98.6
	3.00	11	.5	.5	99.1
	3.20	10	.4	.4	99.5
	3.40	2	.1	.1	99.6
	3.60	5	.2	.2	99.8
	3.80	3	.1	.1	100.0
	4.00	1	.0	.0	100.0
	합계	2277	100.0	100.0	

그림 5-17 SPSS에서 분산도 output

[그림 5-17]에 제시된 결과를 살펴보면, 초등학생이 지각하는 교사와의 친밀도에 대한 분산도에서 표준편차는 .46, 분산은 .21, 범위는 3으로 나타났다. 표준편차와 분산에 비해 상대적으로 범위가 크다. 범위는 최대치와 최저치만을 사용하므로 안정적이지 못한 단점이 있다.

4. 상 관

집중경향치와 분산도는 하나의 변수에 대한 측정치인 반면, 상관(correlation)은 둘 이상인 변수들의 관계를 기술하는 것으로 변수들 간의 관계의 정도를 밝히기 위해 통계적 분석에 기초한 상관계수를 사용한다. 상관을 통해 두 변수들 간에 관계가 있는지, 그리고 이 두 변수들 간에 관계가 있다면 어느 정도 약하거나 강한지를 알아볼 수 있다. 상관계수는 −1에서 1까지의 범위를 가지며 부호에 상관없이 1에 가까우면 상관이 높고 0에 가까우면 상관이 거의 없음을 나타낸다. 또한 양수는 정적 상관을 의미하며 음수는 부적 상관을 의미한다.

예를 들어, 중학생들을 대상으로 공격성과 또래관계를 측정해 본 결과, 중학생들의 공격성이 높을수록 또래관계가 좋지 않다면 이들 간에는 부적 상관이 있다고 할 수 있다. 반면, 공격성이 높을수록 자퇴율이 높게 나타난다면 이들 간에는 정적 상관이 있다고 할 수 있다. 그리고 공격성과 외모 간의 관계를 살펴보면 이들 간에는 관계가 없음을 발견하게 되는데 이때의 상관계수는 0에 가깝다고 볼 수 있다.

가장 흔히 사용되는 상관기법은 Pearson의 적률상관계수(Pearson product-moment correlation coefficient)이지만 그 외에도 각기 다른 형태의 변수에 적합한 다양한 상관기법이 많이 있다.

Pearson 적률상관계수는 1896년에 Karl Pearson이 개발한 것으로 연속적인 두 값을 갖는 두 변수 간의 관계를 말해 주는 통계기법이다. 상관은 한 변수가 변화함에 따라 다른 변수가 어떻게 변화하는지를 살펴보는 것이다. 상관계수(r)를 통해 변수들 간의 관련성을 알 수 있는데, 상관계수가 양수일 경우는 두 변수들 간에 정적인 상관이 있음을 나타내고, 음수일 경우는 두 변수들 간에 부적인 상관이 있음을 나타낸다. 그리고 부호에 상관없이 상관계수(r)가 1에 가까울수록 변수들 간의 관련성이 높고 0에 가까울수록 변수들 간의 관련성은 낮다. 즉, 상관계수의 절대값이 상관의 강도를 반영한다. 상관계수 −.70은 상관계수 .50보다 변수들 간의 관련성이 높다. 〈표 5-18〉에는 변수들 간의 관계에 대한 표가 제시되어 있다.

이러한 두 변수 간의 관계를 X변수를 수평축으로 하고 Y변수를 수직축으로 하는 직교좌표 위에 그래프로 나타낼 수 있는데, 이것을 산포도(scatterplot)라고 한다. 산포도에서 각각의 점들이 형성하는 패턴을 통해 두 변수 간의 관계를 파악할 수 있다. 점들을 둘러싼 가상적인 타원을 그려 보았을 때, 이

표 5-18	상관관계 유형			
X값의 변화	Y값의 변화	상관유형	값	예
X값의 증가	Y값의 증가	정적	양수 0에서 1 사이의 값	공부시간이 많을수록 성적이 높음
X값의 감소	Y값의 감소	정적	양수 0에서 1 사이의 값	게임을 적게 할수록 공격성이 감소함
X값의 증가	Y값의 감소	부적	음수 −1에서 0 사이의 값	운동을 많이 할수록 몸무게 감소
X값의 감소	Y값의 증가	부적	음수 −1에서 0 사이의 값	학교준비도가 낮을수록 학교부적응이 증가

출처: Salkind, N. J. (2000). *Statistics for people who hate statistics.* Thousand Oaks, CA: Sage Publication.

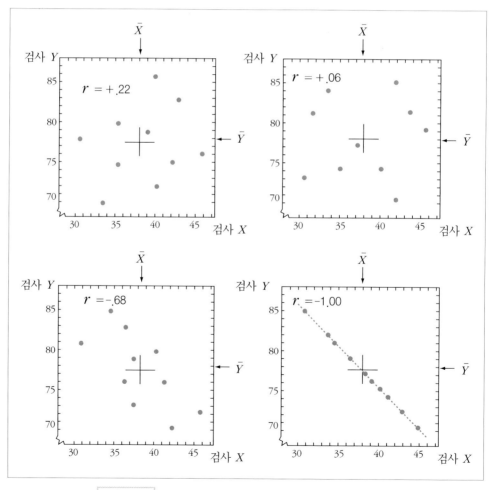

그림 5-18 여러 가지 다양한 상관관계를 보여 주는 산포도

출처: Minium, E. W. (1978). *Statistical reasoning in psychology and education* (2nd ed.). New York: Wiley.

타원의 모양이 길고 가늘면 두 변수 간에 강한 상관이 있는 것이다. 반면, 이 타원의 모양이 둥근 원에 가깝다면 상관이 거의 없는 것이다. 즉, 산포도를 통해 X가 증가함에 따라 Y가 증가하거나 감소하는가를 살펴볼 수 있고, X와 Y의 관련성이 강한가 혹은 약한가를 살펴볼 수 있다. [그림 5-18]은 두 변수 간의 관계가 정적 상관 또는 부적 상관, 높은 상관 또는 낮은 상관, 전혀 상관이 없는 경우 등을 보여 주고 있다. 상관관계의 기본 원리, 기본 가정과 SPSS 실시 절차 및 해석 등에 대해서는 8장에서 보다 자세히 다룰 것이다.

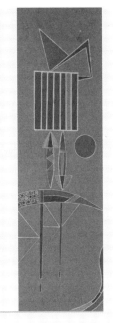

제6장
추리통계와
가설검증

지금까지 살펴본 빈도, 집중경향치, 분산도와 같은 분석방법은 자료를 요약하고 정리할 때 유용한 것들이다. 이들 방법은 주로 자료를 수집한 대상의 특성을 요약하고 기술하는 것이 연구의 유일한 목적일 때 사용된다. 하지만 대부분의 경우, 연구의 주된 목적은 자료를 수집한 대상에 한정해 그 특성을 기술하는 것 이상의 것이다. 즉, 연구를 하는 목적은 자료를 수집한 집단보다 더 큰 집단에 연구결과를 일반화시키는 것이다. 이때는 자료를 수집한 집단의 특성을 바탕으로 보다 큰 집단의 특성을 추론해야 한다. 이처럼 표본 자료를 바탕으로 보다 큰 집단의 특성을 추론해 내는 것을 **통계적 추리**(statistical inference)라고 한다. 따라서 **추리통계**(inferential statistics)는 연구자가 직접 자료를 수집한 집단 이상으로 해당 연구결과를 일반화시키고자 하는 데 사용되는 통계 기법을 말한다.

즉, 추리통계는 표본에서 나온 자료의 특성을 바탕으로 모집단의 특성을 추정해 보는 방법이다. 기술통계에서와 같이 평균이나 표준편차 혹은 상관계수 등의 통계치를 산출하지만 그 목적은 기술통계의 경우와 다르다. 기술통계의 목적은 산출한 통계치를 이용해 표본의 자료를 요약하고 정리하는 것인 반면, 추리통계의 목적은 산출한 통계치를 이용해 그에 상응하는 모집단의 수치를 추정하는 것이다. 이 장에서는 추리통계와 관련된 기본 개념들을 살펴본 후, 추리통계의 여러 방식 중 가설검증 방식을 중심으로 살펴볼 것이다.

1. 추리통계

여기서는 먼저 추리통계의 핵심인 모수와 통계치, 그리고 이들의 차이인 표집오차에 대해 알아볼 것이다. 이어서 추리통계의 종류 중 모수통계와 비모수통계의 차이를 간단히 설명한 후, 추리통계의 기초가 되는 확률의 개념에 대해 생각해 볼 것이다.

1) 모수와 통계치 및 표집오차

연구자가 표본을 바탕으로 모집단에 대해 추론하고자 할 때 추리통계의 초점을 어디에 둘 것인지 정해야 한다. 연구자가 표본 내 피험자들을 대상으로 관심이 되는 변수에 관해 측정한 후, 이들 자료를 요약하는 데 어떤 수치를 중점적으로 이용할 것인지를 정해야 한다. 자료를 요약하는 데는 여러 가지 방법이 사용될 수 있다. 예를 들어, 집중경향치 중 평균이나 중앙값을 구하거나 분산도 중 변량이나 범위를 구할 수 있다. 만약 연구관심사가 변수 간의 관련성이라면 관련성 지수를 구할 수도 있을 것이다.

연구자가 구체적으로 어떤 방법을 사용해 표본 자료를 요약하고 분석하든지 간에 연구의 통계적 초점은 늘 두 종류의 수치, 즉 통계치 및 모수와 관련된다. 통계치(statistics)는 표본의 피험자들로부터 자료를 입수한 후 바로 계산할 수 있는 것으로 실제로 획득한 표본 자료를 이용해 계산된 수치다. 반면 모수(parameter)는 모집단으로부터 나온 수치를 말한다. 따라서 모집단을 구성하는 일부 피험자집단만으로부터 자료를 입수한 경우 정확한 모수를 계산하는 것이 불가능하다. 나아가 표본으로 계산된 통계치가 모집단의 모수와 정확히 일치하기보다는 모수와 차이가 있을 가능성이 높다. 다시 말해, 어떤 표집방법이 사용되었든지 간에 표본의 통계치는 모집단의 모수와 정확히 일치하지 않을 것이다. 표집오차(sampling error)는 모집단 모수와 표본 통계치 간의 차이를 말한다. 표집오차가 있다는 것이 표본이 모집단에서 부적절한 방식으로 추출되었다거나 표본 자료가 부적절하게 요약되었다는 것을 의미하지는 않는다(Huck, 2012). 일반적으로 표본들은 그에 상응하는 모집단을 정확히 축소해 놓은 것이라고 하기 어렵고, 통계치는 그에 상응하는 모수와 동일하다고 보기 힘들다. 따라서 적절한 표집기법이나 자료분석 절차를 사용했다고 하더라도 보통은 표집오차가 생길 것이라고 예측할 수 있다.

다음 〈표 6-1〉은 추리통계에서 통계적 초점이 되는 기호를 통계치와 모수로 구분하여 정리한 것이다. 일반적으로 통계치를 나타낼 때와 그에 상응하

표 6-1	통계치와 모수를 나타내는 기호	
통계적 초점	통계치 (표본)	모수 (모집단)
평균	$\overline{X}$ 또는 M	μ
변량	s^2	σ^2
표준편차	s	σ
비율	P	P
적률상관관계	r	ρ
순위상관관계	r_s	ρ_s
집단크기	n	N

는 모수를 나타낼 때는 구별되는 기호가 사용되기 때문이다. 통계치는 주로
로마문자로 표시하는 반면 모수는 그리스문자로 나타낸다. 이들 용어를 이
용하여 정리하면, 추리통계란 연구자가 표본에서 알려진 통계치를 이용하여
알려지지 않은 모수에 대해 훈련된 추론을 하는 것이라고 할 수 있다(Huck,
2008). 예를 들어, 통계적 초점이 평균이라면, 표본에서 계산된 평균값인 M
을 이용하여 모집단의 평균인 μ를 추정하는 것이다.

　연구를 수행할 때 보통 모집단에서 하나의 표본을 선택하게 되는데, 선택
된 표본이 모집단을 완벽하게 대표하지는 못한다. 예를 들어, 5개의 흰 바둑
알과 5개의 검은 바둑알이 있다고 가정해 보자. 이들 총 10개의 바둑알이 여
러분이 연구하고자 하는 모집단이라고 하자.

모집단: 바둑알 10개

　이들을 속이 보이지 않는 봉투 안에 넣은 후, 5개의 바둑알로 구성된 표본
을 하나 추출해 보자. 다음 그림은 이 작업을 여러 번 반복하여 얻을 수 있
는 표본들의 예다.

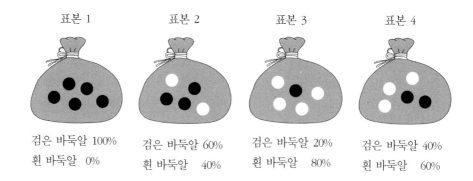

표본 1　　　　　表본 2　　　　　表본 3　　　　　표본 4

검은 바둑알 100%　검은 바둑알 60%　검은 바둑알 20%　검은 바둑알 40%
흰 바둑알　 0%　　흰 바둑알　40%　흰 바둑알　80%　흰 바둑알　60%

　모집단은 검은 바둑알이 50%, 흰 바둑알이 50%로 구성되어 있지만, 이들 표본에서 검은 바둑알과 흰 바둑알이 50:50으로 구성된 것은 없다. 첫 번째 표본은 검은 바둑알이 100%이고, 네 번째 표본은 검은 바둑알이 40%, 흰 바둑알이 60%다. 이들 표본 중 모집단의 특성을 정확히 반영하고 있는 것은 없다. 즉, 각각의 표본은 모두 표집오차를 가지고 있다. 이처럼 하나의 표본이 모집단을 완벽하게 반영할 가능성은 매우 희박하므로, 통계치를 해석할 때 표집오차를 감안해야 한다.

　나아가 표집오차를 반영하고자 할 때 나타나는 특정 패턴이 있으므로, 통계치를 해석할 때 이를 고려해야 한다. 이러한 패턴의 하나인 중심극한정리(central limit theorem: CLT)는 표본 평균들로 이루어진 분포의 특성에 대해 예측할 수 있게 해 준다. 앞서 언급한 바와 같이 연구를 수행할 때는 보통 하나의 표본을 선택하므로 대부분의 경우 표본은 모집단의 특성을 완벽히 반영하지 못한다. 결국 표집오차가 무선적으로 발생하게 되므로, 어떤 경우에는 표본 평균이 모집단 평균보다 더 높고, 어떤 경우에는 더 낮게 나타날 것이다. 중심극한정리는 이러한 표집오차에 대해 이해하고 표본 평균들에 대한 결정을 내리는 것을 도와준다. 다음은 중심극한정리의 특성이다(Smith, Gratz, & Bousquet, 2009). 첫째, 표본 평균들의 평균은 모집단의 평균과 같다. 둘째, 표본 평균들의 표준편차는 모집단의 평균에서 각 표본 평균들이 떨어져 있는 거리들의 평균과 같다. 이를 평균의 표준오차(standard error of the mean: SEM)라고 한다. 셋째, 모집단으로부터 무작위로 표본을 추출할 때 추출 횟수가 충분히 크다면 표집분포는 정규분포를 이룬다. 중심극한정리는 모집단에서 반복적으로 표집하고 이때 나타나는 표집오차들의 패턴을 살펴본 것으로, 모집단에서 표본들을 무한 번 표집한다는 것을 전제로 한다.

덧붙여 다음은 평균의 표준오차를 계산하는 공식이다. 이 공식이 보여 주듯이 평균의 표준오차를 산출하기 위해 분모로 사용되는 것은 표본 크기다.

$$v_M = \frac{\sigma}{\sqrt{n}}$$

따라서 표본의 크기는 평균의 표준오차에 직접적인 영향을 미친다. 즉, 표본의 크기가 클수록 표본 평균이 모집단의 평균에 가까운 값이 된다. 또한 표본의 평균이 모집단의 평균에 가까울수록 표집오차는 작아지게 된다. 즉, 모집단의 자료를 많이 포함할수록 모집단의 특성에 가깝고 오차가 적은 값을 갖게 된다는 것이다. 그러므로 표본 크기가 작을수록 표집오차는 커지고, 표본 크기가 클수록 표집오차는 작아지게 된다.

2) 모수통계 대 비모수통계

모수통계(parametric test)는 모수에 대한 특정 조건을 전제로 한 자료분석 방법이다. 즉, 모수통계를 사용할 경우 표본을 표집한 모집단의 모수가 다음과 같다는 가정이 전제된 것이다.

첫째, 연구에 사용되는 표본은 정규분포를 이루는 모집단으로부터 표집되어야 한다. 정규분포(normal distribution)란 점수분포가 평균을 중심으로 좌우대칭을 이루고 평균, 중앙치 및 최빈치가 모두 동일한 값이며 분포의 꼬리 부분이 점차적으로 수평축과 가까워지지만 결코 수평축에 닿지는 않는 분포를 말한다. 이는 [그림 6-1]에서 보이듯이 종과 같은 모양이므로 흔히 종 모양 분포(bell-shaped curve)라고도 한다. 다행히도 일반적으로 키나 몸무게, 지능지수와 같이 많은 변수는 대부분 정규분포를 이루는 것으로 알려져 있다. 예를 들어, 키의 경우에는 보통 정도의 키를 가진 사람들이 가장 많고 아주 크거나 아주 작은 키를 가진 사람들은 그렇게 많지 않다. 지능지수 또한 보통 수준의 지능을 가진 사람들이 대부분이고 아주 높거나 아주 낮은

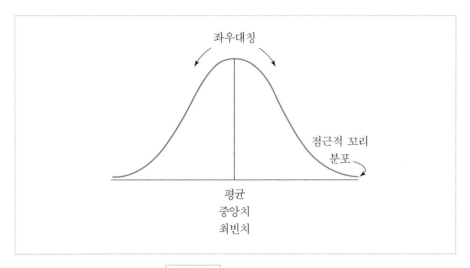

그림 6-1 정규분포의 특성

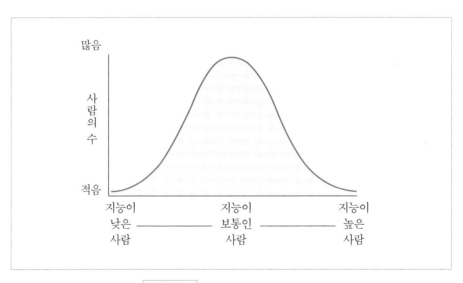

그림 6-2 지능지수 점수분포의 예

지능을 가진 사람들은 상대적으로 드물다([그림 6-2] 참조).

둘째, 비교되는 각 표본에 상응하는 각 모집단의 변량이 동일하다. 이를 동변량성 가정(homogeneity of variance assumption)이라고 한다. 집단의 평균을 비교하는 경우, 관련 통계치(예: t값, F값)를 계산하는 공식이 각 집단의 모집단 변량이 같다는 가정을 전제로 하기 때문이다. 최근에는 수집한 자료가 이러한 가정을 충족시키는지를 대부분의 통계 프로그램을 이용해 쉽게 알 수 있다. 또한 사례 수가 많거나 비교되는 각 집단의 사례 수가 같을 때에는 이들 가정에 위배되어도 추론 결과에 미치는 영향이 크지 않으므로 대부분의 경우 검증력이 높은 모수통계를 사용하게 된다. 하지만 정규분포 가정이나 동변량성 가정에 위배되고, 사례 수가 적거나 각 집단의 사례 수가 같지 않을 때 이러한 가정들을 전제하지 않는 비모수통계를 사용하는 것이 바람직하다.

셋째, 평균이나 표준편차를 이용하기 위해서는 자료값이 최소한 등간척도 이상으로 측정되어야 한다.

반면, 비모수통계(nonparametric test)에서는 모수의 분포에 대해 아무런 가정을 하지 않는다. 따라서 모수통계에서 전제로 하는 가정을 충족시키지 못하는 자료의 유의도 검증을 위해 사용된다. 비모수통계를 사용하는 또 다른 이유는 측정의 수준과 관련된다. 2장에서 살펴보았듯이 측정수준에는 명목척도, 서열척도, 등간척도, 비율척도가 있다. 연구자가 수집한 자료가 명목척도인 경우에는 모수통계를 사용할 수 없다. 서열척도의 경우에는 연구자에 따라 모수통계를 사용하기도 하고 비모수통계를 사용하기도 한다. 등간척도의 경우에는 다른 조건이 충족된다면 모수통계를 사용하는 것이 검증력이 더 높다. 비모수통계를 사용하는 세 번째 이유는 표본의 수에 있다. 표본의 수가 너무 적으면 모수분포에 대한 가정을 충족시키기 어려우므로 비모수통계를 사용하는 것이 좋다.

3) 확률과 추리통계

우리는 일상생활을 할 때 늘 어떤 일이 일어날 가능성에 대해 생각한다. 내일 비가 내릴 가능성, 교통 혼잡으로 버스가 막힐 가능성, 내가 필요한 책이 도서관에 있을 가능성 등 비록 일일이 수치로 계산하는 것은 아니지만 어떤 일이나 사건이 발생할 가능성을 바탕으로 판단하고 행동한다. 확률(probability)이란 한마디로 이런 특정 사건이나 일이 발생할 가능성을 비율로 표시한 것이다. 이때 수치가 클수록 해당 사건이나 일이 발생할 가능성이 높다는 것을 의미한다.

보통 발생 가능성이 높다고 생각한 사건이 일어났을 때 우리는 그저 당연하게 지나친다. 하지만 발생 가능성이 매우 낮다고 생각한 사건이 일어난다면 보통 한 번쯤은 왜 그런 일이 생겼을까 생각해 보게 된다. 즉, 확률이 높은 사건이 발생하면 당연하게 여기지만, 확률이 매우 낮은 사건이 발생하면 그러한 사건이 발생한, 평소와는 다른 원인이 있을 것이라고 생각한다. 예를 들어, 자동차를 새로 구입한 날 바로 타이어가 펑크가 났다고 가정해 보자. 예전에는 타이어 제작기술이 잘 발달되지 않았고 비포장도로도 많았으므로 타이어가 펑크 나는 일이 흔했다. 하지만 요즘은 드문 일이며 더군다나 새 차의 타이어가 펑크 나는 일은 발생 가능성이 매우 낮은 사건이라고 할 수 있다. 그러나 발생 가능성이 낮다고 해서 발생이 불가능한 것은 아니다. 새 차의 새 타이어지만 우연히 펑크가 났을 수 있다. 그래서 자동차 타이어의 기술적 결함 가능성을 생각하다가도 그냥 운이 없어서 그랬다고 생각하고 넘어갔다고 하자. 그다음 날, 반대편 타이어에 펑크가 났다면 어떻게 할 것인가? 자동차 타이어에 기술적 결함이 있을지도 모른다는 생각이 보다 확고해질 것이다. 왜냐하면 우연히 두 개의 타이어가 연이어 펑크 날 가능성은 더욱 낮기 때문이다.

이처럼 자연적으로 발생할 확률이 매우 낮은 일이나 사건이 발생할 때 우연이라기보다는 체계적 영향에 의해 발생했다는 결론을 내리게 된다. 추리통계의 논리도 이와 유사하다. 표본의 통계치를 바탕으로 가설을 세우고, 모집단에서 그 가설이 참일 확률을 계산한다. 확률이 높으면 가설이 참이라고, 확률이 매우 낮으면 가설이 참이 아니라고 결론짓게 된다. 그렇다면 확률이 얼마나 높으면 가설을 받아들이고 얼마나 낮으면 가설을 기각할 것인가? 다행히 과학적 연구를 하는 사람들은 확률을 바탕으로 수집한 자료가 연구가설을 지지하는지 아닌지에 대해 추측하는 일련의 절차를 개발하였다. 이를 가설검증 과정이라고 하는데 이에 대해서는 이후 자세히 살펴볼 것이다. 여기서는 추리통계가 확률과 실제 관측된 자료인 통계치를 바탕으로 모집단의 특성을 추론하는 방법에 관한 것이라는 점만 기억하고 넘어가도록 하자.

2. 가설검증

표본의 통계치를 이용해 모집단의 모수를 추정해 내는 추리적 사고를 하는 방식은 여러 가지가 있다. 크게 추정(estimation)과 가설검증(hypothesis testing)으로 나뉜다. 신뢰구간(confidence interval)을 추정하는 구간 추정(interval estimation) 방식이나 특정 값을 알아내는 점 추정(point estimation) 방식이 전자에 속한다. 반면 6단계 또는 9단계의 절차를 거쳐서 연구자가 정한 가설을 수락할지 기각할지를 정하는 방식은 후자에 속한다. 여기서는 초심자들을 대상으로 가장 흔히 사용되는 방법 중 하나인 6단계의 가설검증에 대해 설명할 것이다. 이와 관련된 주요 용어와 개념을 살펴보고, 가설검증의 절차 및 쟁점 등에 대해 알아볼 것이다.

1) 영가설과 연구가설

연구자는 모집단에서 표본을 추출한 후, 수집한 자료를 바탕으로 가설을 검증해야 한다. 이때 가설은 크게 영가설과 연구가설로 구분된다. 영가설(null hypothesis: H_0)은 비교되는 모집단 간에 차이가 없다거나 변수 간에 관계가 없다고 진술하는 것이다. 예를 들어, "대학생의 성별에 따라 우울 정도는 차이가 없다." 혹은 "성인 직장인의 월소득과 자선기부액 간에는 관계가 없다."로 진술된다. 즉, 영가설은 둘 이상의 사건이 같다거나 서로 관계가 없다는 진술문이다. 영가설은 대부분의 연구보고서에서 직접적으로 언급되지 않는 경우가 많다. 그 이유는 실제 연구자가 관심을 가지고 있는 것은 연구가설이기 때문이다. 연구가설은 대안가설(alternative hypothesis: H_A)이라고도 한다. 이는 영가설과 완전히 반대되는 개념으로, 비교되는 집단 간에 차이가 있다거나 변수 간에 관계가 있다고 진술하는 것이다. 연구가설은 연구자가 실제로 관심을 가지고 증명하고자 하는 가설이 되므로 연구자는 영가설이 기각되고 그 대안으로 연구가설이 인정되기를 희망한다. 연구가설의 예를 들면, "대학생의 성별에 따라 우울 정도는 차이가 있다." 혹은 "성인 직장인의 월소득과 자선기부액 간에는 관계가 있다." 등이 있다. 즉, 연구가설은 둘 이상의 사건이 같지 않다거나 서로 관계가 있다는 진술문이다.

연구가설은 그 특성에 따라 등가설과 부등가설로 나뉜다. 등가설(nondirectional research hypothesis)에서는 연구자가 집단 간 차이에 대해 언급하지만 그 차이의 구체적 특성은 제시하지 않는다. 마찬가지로 두 변수 간의 관련성에 대해서는 언급하지만 그 관련성의 방향은 제시하지 않는다. 예를 들어, "30대 미혼 직장남성들의 월평균소득은 30대 미혼 직장여성들의 월평균소득과 같지 않다."라고 진술한 것처럼, 남성집단과 여성집단의 월평균소득에 차이가 있다고 언급하지만 어느 집단의 월평균소득이 더 높은지에 대해서는 진술하지 않는다. 이 경우 연구가설은 두 집단의 월평균소득에 차이가 있다는 것이고 차이의 구체적 방향성, 즉 어느 집단의 평균이 더 높은지에 대해서는 언급하지 않았다. 등가설을 기호로 나타내면 다음과 같다.

$$H_\text{A} : \overline{X}_\text{남성} \neq \overline{X}_\text{여성}$$

H_A : 연구가설

$\overline{X}_\text{남성}$: 남성집단의 월평균소득

$\overline{X}_\text{여성}$: 여성집단의 월평균소득

$\neq$: 같지 않음을 나타냄

반면, **부등가설**(directional research hypothesis)에서는 연구자가 두 집단 간 차이가 있다는 것과 그 차이가 구체적으로 어떠한지 제시한다. 마찬가지로 두 변수 간 관계가 있다는 것과 그 관련성의 방향이 어떠한지를 언급한다. 앞의 예를 부등가설로 바꾸어 진술하면 다음과 같다. "30대 미혼 직장남성들의 월평균소득은 30대 미혼 직장여성들의 월평균소득보다 더 많다." 혹은 "30대 미혼 직장남성들의 월평균소득은 30대 미혼 직장여성들의 월평균소득보다 더 적다."라는 식으로 진술한다. 남성집단과 여성집단의 월평균소득 차이를 구체적으로 어느 집단의 월평균소득이 더 높을지에 대해서 진술하는 것이다. 이 경우, 연구가설은 두 집단 중 어느 특정 집단의 평균이 더 높다는 것이다. 부등가설을 기호로 나타내면 다음과 같다.

$$H_A : \overline{X}_{남성} > \overline{X}_{여성}$$

H_A : 연구가설

$\overline{X}_{남성}$: 남성집단의 월평균소득

$\overline{X}_{여성}$: 여성집단의 월평균소득

$>$: 부등호 왼편에 제시된 평균이 오른편에 제시된 평균보다 큼을 나타냄

다음 〈표 6-2〉는 영가설과 이에 대응하는 연구가설의 예를 정리한 것이다.
이어서 살펴볼 가설검증에서는 통계이론에 따라 가설을 영가설로 진술한
다. 그 이유를 잠시 생각해 보자. 여러분이 새 자동차를 구입해 운전한 지
며칠 지나지 않아 자동차의 타이어 하나가 펑크가 났다는 가정을 다시 이용
해 보자. 여러분은 요즘같이 기술이 발전한 시대에 새 자동차의 타이어가 펑
크 난 것은 타이어에 결함이 있어서라고 생각할 수 있다. 그래서 자동차 회
사에 "해당 자동차의 타이어에 결함이 있다."라고 주장하고자 한다. 이때 가
장 기본적인 문제는 타이어 하나가 펑크 난 것이 모든 타이어의 체계적 결함
인지 아니면 우연히 여러분이 산 그 차에서만 발생한 문제인지를 알기 어렵

표 6-2　영가설과 이에 대응하는 연구가설

영가설	연구가설	
	등가설	부등가설
50대 남성집단과 50대 여성집단의 기억력 점수는 차이가 없다.	50대 남성집단과 50대 여성집단의 기억력 점수는 차이가 있다.	50대 남성집단의 기억력 점수는 50대 여성집단의 기억력 점수보다 높다.
전일제보육시설, 반일제보육시설, 가사도우미보육을 이용하는 유아집단의 친사회성 점수는 차이가 없다.	전일제보육시설, 반일제보육시설, 가사도우미보육을 이용하는 유아집단의 친사회성 점수는 차이가 있다.	가사도우미보육을 이용하는 유아집단의 친사회성 점수는 전일제보육시설과 반일제보육시설을 이용하는 유아집단의 친사회성 점수보다 낮다.
명품 충동구매 행동과 문제해결력 간에는 관계가 없다.	명품 충동구매 행동과 문제해결 간에는 관계가 있다.	명품 충동구매 행동과 문제해결력 간에는 부적인 관계가 있다.
월평균소득과 자선기부액 간에는 관계가 없다.	월평균소득과 자선기부액 간에는 관계가 있다.	월평균소득과 자선기부액 간에는 정적인 관계가 있다.

다는 것이다. 왜냐하면 세상의 모든 자료나 관측치에는 우연히 발생한 오류가 있을 수 있기 때문이다. 따라서 여러분은 이미 생산된 또는 앞으로 생산될 자동차의 모든 타이어를 살펴보지 않고는 여러분이 경험한 타이어 펑크문제가 해당 자동차의 체계적 결함인지 단지 운이 없어 우연히 발생된 문제인지 단정 지을 수 없다(이는 모두 연구에서 가설이나 이론을 결코 직접 증명할수는 없는 이유 중 하나다).

하지만 만일 여러분이 "해당 자동차의 타이어에 결함이 없다."라고 진술한다면, 이를 검증하는 문제는 보다 쉬워진다. 왜냐하면 이미 생산된 또는 앞으로 생산될 자동차를 모두 조사하지는 않는다고 하더라도 여러분이 조사한 대다수 자동차 타이어에서 결함이 발생한다면, '결함이 없다'는 진술문은 거짓이 되기 때문이다. 이와 같은 논리로 자동차 타이어에 결함이 있다는 여러분의 주장이 맞는지 틀리는지를 직접 검증할 수는 없다. 하지만 다행스럽게도, 여러분의 주장이 사실이 아닐 때(이 경우 해당 자동차 타이어에 결함이 없을 때) 관측치들이 어떻게 분포할지에 대해서는 통계적 의미에서 구체적으로 언급하는 것이 가능하다. **표집분포**(sampling distribution)란 통계치가 가질 수 있는 모든 값으로 구성된 분포를 말한다. 표집분포는 통계치의 종류에 따라 달라진다. 즉, 통계치마다 고유한 표집분포를 갖는다. 따라서 연구자들은 영가설이 참인 경우의 표집분포를 참고로 영가설이 참인지 아닌지에 대한 결정을 내리게 된다. 만약 영가설이 참일 확률이 분포의 극단에 위치해 매우 낮다면, 영가설을 기각하고 그 대안으로 연구가설을 받아들이게 되는 것이다. 즉, 연구가설을 직접 검증할 수 없으므로 영가설을 검증하고, 영가설이 참일 확률을 계산하여 그 확률이 지나치게 낮으면 영가설이 참이 아니라는 결론을 내린다. 동시에 영가설에 상반되는 연구가설을 채택하게 된다.

2) 가설검증의 절차

연구자가 영가설과 연구가설을 설정한 후, 표본의 자료를 이용해 영가설을 기각할지 채택할지를 결정하기 위해서는 다음과 같은 단계를 거쳐야 한다.

(1) 가설 설정

가설검증의 첫 단계는 가설을 설정하는 것이다. 통계이론에 따라 가설을 영가설로 진술한다. 이때 연구자가 실제로 관심을 가지고 증명하고자 하는 것은 연구가설 또는 대안가설이다. 따라서 연구자는 영가설이 기각되고 그 대안으로 연구가설이 인정되기를 희망한다.

(2) 유의수준(α) 설정

가설을 진술한 후 유의수준을 설정한다. 유의수준은 표본의 통계치에 기초하여 영가설을 기각할지 채택할지를 결정하는 확률적 기준이 된다. 가장 보편적으로 쓰이는 유의수준은 .05와 .01이다. 이는 영가설이 참일 때 영가설을 기각할 확률이 5% 또는 1% 미만이라는 것을 의미한다. 다시 말해, 유의수준을 .05로 설정할 경우 연구자가 같은 모집단에서 동일 수의 표본을 100번 추출하여 각각 자료를 분석하였을 때 그중 5번은 영가설이 참인데도 기각하고 대안가설을 채택하는 오류를 범할 수 있다는 것이다. 즉, 100번 중 5번은 오류를 범할 가능성이 있음에도 95번은 동일한 연구결과가 나올 것이므로, 현재의 표본에 근거하여 모집단의 특성에 대한 영가설을 기각 혹은 채택하는 결정을 내리겠다는 의미다. 따라서 유의수준을 .01로 설정한다면 영가설에 대한 잘못된 의사결정을 내릴 확률은 100번 중 1번이 된다. 때로는 유의수준을 .001로 정하는 경우도 있는데, 이 경우 영가설을 기각하는 확률이 더 낮아지므로 그만큼 엄격한 검증이 된다.

흔히들 유의수준(α)과 유의확률(p값)을 혼동하는 경우가 있다. 하지만 유의수준(α)은 자료를 수집하기 전에 연구자가 결정하는 것이고, 유의확률은 자료를 수집한 후 표본에서 얻어지는 값이다. 예를 들어, 표본을 이용해 계산된 p값이 .05보다 작은 경우 연구자가 수집한 자료에 근거하여 영가설이 참일 확률은 100번 중 5번 미만이 된다. 따라서 이를 매우 드문 경우로 간주하고, 영가설을 기각하는 결론을 내린다. 실제 자료를 바탕으로 얻어진 p값은 다양한 수치가 될 수 있다(예: $p = .035$ 또는 $p = .067$). 연구자는 이러한 p값을 유의수준(α)과 비교하여 p값이 α보다 작으면 영가설을 기각하고 통계적으로 유의하다는 결론을 내린다. 반면 p값이 α보다 크면 영가설을 기각하지 못하고 통계적으로 유의하지 않다는 결론을 내리게 된다.

(3) 통계치 구하기

표본의 자료를 수집하고 나서 해당 가설을 검증하는 데 적절한 통계방법을 적용하여 통계치를 구한다. 예를 들어, 집단들의 평균이 차이가 있는지를 알아보기 위해 t검증을 이용한다면 t값을 구하고, F검증을 이용한다면 F값을 계산한다. 계산공식과 자료는 연구보고서에 제시하지 않지만 통계치(예: t값, F값)는 제시하는 것이 보편적이다.

(4) 임계치 또는 유의확률 구하기

표본 자료를 바탕으로 통계치를 계산한 후 연구자는 통계표에서 임계치(critical value)를 찾아보아야 한다. 통계치의 종류 및 표본의 크기에 따라 고유의 표집분포가 있다. 임계치는 해당 통계치의 고유 표집분포에 나타나는 확률을 바탕으로 구할 수 있다. 즉, 영가설이 참인 확률분포에서 연구자가 사전에 설정한 유의수준인 .05 또는 .01에 해당하는 값이 영가설을 기각하거나 채택하는 기준이 되는 임계치가 된다. 즉, 임계치를 기준으로 영가설 채택영역과 기각영역이 구분되므로 이를 기각치라고 하기도 한다. 임계치는 연구자가 설정한 유의수준과 자유도에 따라 달라진다. 통계학자들은 각 통계방법마다 여러 가지 유의수준과 자유도에 따라 임계치를 정리하여 표로 만들었다. 이러한 통계표는 보통 통계 관련 문헌의 맨 뒷부분에 제시되어 있다. 예전에는 표본 자료를 바탕으로 연구자가 직접 손으로 통계치(예: t값, F값)와 자유도를 계산한 후 설정한 유의수준에서의 임계치를 통계표에서 일일이 찾았다. 하지만 요즘에는 통계 프로그램(예: SPSS 또는 SAS 등)에서 표본의 통계치뿐 아니라 그에 해당하는 정확한 유의확률을 제공해 주므로 일일이 손으로 통계표에서 임계치를 찾아보고 유의확률을 계산하는 일은 드물다.

(5) 영가설 기각 또는 채택하기

가설검증의 마지막 단계에서는 영가설을 기각할 것인지 아니면 채택할

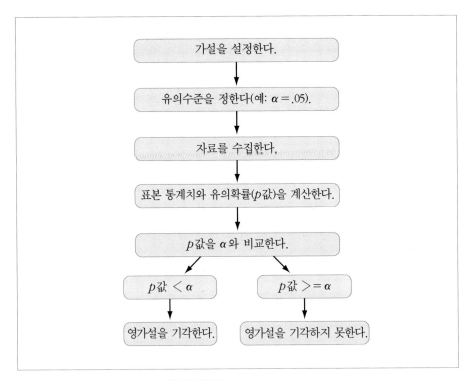

그림 6-3   가설검증의 과정

것인지를 결정해야 한다. 표본 자료로 계산한 통계치가 임계치를 기준으로
구분한 기각역에 위치한다면 영가설을 기각한다. 반면, 통계치가 확률분포
상 채택역에 위치한다면 영가설을 기각할 수 없다. 또 다른 방법은 표본의
통계치에 상응하는 유의확률을 가지고 영가설에 대한 결정을 내리는 것이
다. 즉, 표본 통계치의 유의확률을 나타내는 p 값이 유의수준인 α값보다 작
으면 영가설을 기각한다. 그 반대로 유의확률이 유의수준보다 크면 영가설
을 기각할 수 없다. [그림 6-3]은 유의확률을 이용한 가설검증의 과정을 나
타낸 것이다.

3) 일방검증과 양방검증

연구자가 설정한 가설이 통계적으로 유의한지를 검증할 때에는 양방검증
을 할 것인지 일방검증을 할 것인지를 미리 결정해야 한다. 양방검증(two-

tailed test)은 양쪽 방향의 차이에 민감한 반면, 일방검증은 단지 한 방향의 차이에만 민감하다. 다시 말해서, 양방검증은 "두 집단 간에 차이가 있다." 또는 "두 변수 간 관련이 있다."와 같이 방향성이 확실하지 않아 등가설을 이용해 양쪽 방향의 차이를 모두 고려하는 방법이다. 예를 들어, 야채식을 섭취한 성인집단과 일반식을 섭취한 성인집단의 체내 콜레스테롤 수치를 비교한다고 가정해 보자. 이때 양방검증으로 두 집단의 평균 콜레스테롤 수치를 비교한다면 영가설은 다음과 같을 것이다. "야채식을 섭취한 성인집단과 일반식을 섭취한 성인집단의 체내 콜레스테롤 수치에는 차이가 없다."

반면, 일방검증(one-tailed test)은 "집단 1의 평균이 집단 2의 평균보다 더 높다." 또는 "두 변수 간 정적인 관련성이 있다."와 같이 특정 방향성이 있는 차이나 관련성을 검증하고자 할 때 사용하는 방법이다. 따라서 이때는 부등가설을 이용해 진술한다. 앞의 예를 적용하면 일방검증에서의 가설은 다음과 같다. "일반식을 섭취한 성인집단의 체내 콜레스테롤 수치가 야채식을 섭취한 성인집단의 체내 콜레스테롤 수치보다 더 높다."

[그림 6-4]는 z검증에서 양방검증을 적용할 경우 영가설의 기각 영역에 관한 것이고, [그림 6-5]는 z검증에서 일방검증을 적용할 경우 영가설의 기각 영역에 관한 것이다. 이들 그림에 나타나 있듯이 영가설을 기각하기 위한 임계치는 일방검증보다 양방검증을 적용했을 경우 더 커지는 것을 알 수 있다. 유의도 수준을 .05로 정한 경우 양방검증에서는 임계치(z값)가 ±1.96이지만 일방검증에서는 임계치가 ±1.65다. 다시 말해, 일방검증을 하는 경우 양방검증을 하는 경우보다 영가설을 기각하기가 더 쉽다. 하지만 모집단 간 차이의 방향을 확실히 알지 못할 때 반대 방향으로 일방검증을 하면 영가설을 기각할 수 없기 때문에 일방검증을 적용하는 경우 보다 신중을 기해야 한다. 따라서 해당 분야의 이론이나 선행연구들을 바탕으로 특정 방향성이 예상되는 경우에 한해 일방검증을 사용해야 한다. 즉, 일방검증을 사용할 것인지 양방검증을 사용할 것인지는 선행연구를 바탕으로 한 연구가설의 논리에 따라 결정해야 한다.

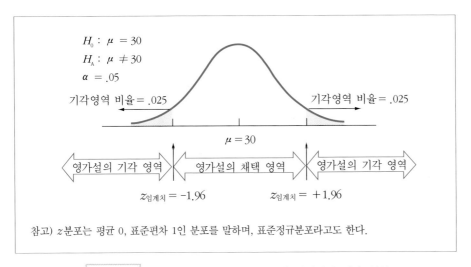

그림 6-4 z분포를 이용한 양방검증 시 영가설의 기각 영역

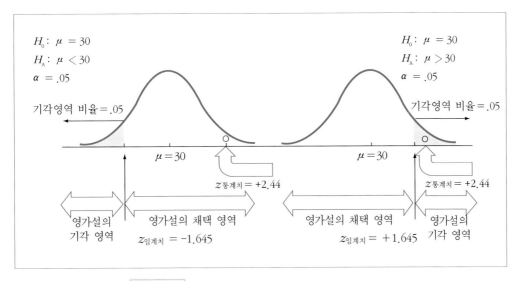

그림 6-5 z분포를 일방검증 시 영가설의 기각 영역

4) 가설검증의 오류

가설을 검증하는 과정에서 표본의 통계치를 가지고 영가설의 기각 여부를 결정할 때 발생할 수 있는 오류가 두 가지 있다. 즉, 연구자가 영가설을 기각해야 함에도 영가설을 채택하거나, 영가설을 받아들여야 함에도 영가설을

기각하는 잘못된 결정을 내릴 수 있다. 왜냐하면 연구자가 내리는 결정은 모집단이 아닌 표본의 자료에 근거하기 때문이다. 비록 표본이 모집단으로부터 무선적으로 추출되었다 할지라도 표본이 모집단을 잘 대표하지 못하는 경우도 있다.

　영가설이 참일 때 이를 기각하는 잘못을 제1종 오류(Type I Error)라고 한다. 이것은 유의수준(α)과 일치한다. 만약 유의수준이 .05라면 100번 중 5번은 연구자가 참인 영가설을 기각할 수도 있다는 것이다. 그러므로 제1종 오류를 피하고자 한다면 유의수준을 .01이나 .001로 높여야 한다. 반면, 영가설이 거짓인데 이를 채택하는 잘못을 제2종 오류(Type II Error)라고 한다. 제2종 오류는 β로 표시하는데, 이는 검증력과 관계가 있다. 검증력(power)은 영가설이 거짓일 때 이를 기각하는 확률을 말하는 것으로 $(1-\beta)$로 표시한다. 제2종 오류는 검증력이 낮을수록 발생할 가능성이 많아진다. 검증력은 집단 간의 평균차가 클수록, 표본의 크기가 클수록, 유의수준의 값이 클수록(.01보다는 .05가 검증력이 높다), 양방검증보다는 일방검증의 경우에 더 높다. 만약 연구자가 제2종 오류를 피하고자 한다면 .05가 아니라 .10이나 그보다 더 큰 값의 유의수준을 채택해야 한다.

　제1종 오류와 제2종 오류가 동시에 발생하는 것은 불가능하다. 왜냐하면 연구자가 영가설을 기각한다면 제1종 오류가 발생할 가능성이 있고, 영가설을 받아들인다면 제2종 오류가 발생할 가능성이 있기 때문이다. 다시 말해, 제1종 오류가 발생할 가능성이 낮아지면 반대로 제2종 오류가 발생할 가능성이 높아진다. 따라서 연구자는 제1종 오류와 제2종 오류의 적정선(타협점)을 찾아야 한다. 대부분의 경우 연구자들은 제1종 오류를 제2종 오류보다 더 위험한 것으로 여기기 때문에 유의수준을 우선적으로 생각하는 경향이 있다. [그림 6-6]는 제1종 오류와 제2종 오류에 대한 것이다.

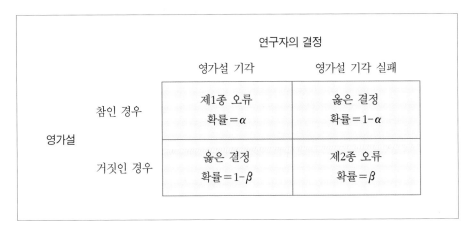

연구자의 결정

	영가설 기각	영가설 기각 실패
참인 경우	제1종 오류 확률=α	옳은 결정 확률=$1-\alpha$
거짓인 경우	옳은 결정 확률=$1-\beta$	제2종 오류 확률=β

영가설 (좌측 라벨)

그림 6-6 제1종 오류와 제2종 오류

5) 통계적 유의성과 실질적 중요도

앞에서 통계적 유의도 검증을 위한 과정을 살펴보았다. 연구자가 유아들의 읽기능력을 증진시키기 위해 특정 프로그램을 고안하고 그 효과를 알아보고자 실험연구를 진행했다고 해 보자. 연구결과, 특정 프로그램에 참여한 유아들의 읽기능력과 그렇지 않은 유아들의 읽기능력 간에 통계적으로 유의한 차이가 있었다. 기술적으로 말하면 통계적 유의성(statistical significance)이란 '차이가 없다'는 영가설이 표본의 자료를 이용해 검증하였을 때 참일 확률이 매우 낮다는 것이다. 따라서 관측된 표본의 평균 차이를 설명하기에 영가설이 별로 논리적이지 않다는 것이다. 하지만 통계적으로 유의한 결과가 늘 실질적으로도 매우 중요한 결과라고 해석할 수는 없다.

앞서 예로 든 유아들의 읽기능력을 증진시키기 위한 프로그램의 효과 연구에서 매우 많은 수의 표본을 이용했다고 해 보자. 전체 표본이 3,000명의 유아들이었고 이들 중 반은 실험집단에, 반은 통제집단에 배정한 후, 실험집단 유아들에게만 컴퓨터를 이용한 읽기능력 증진 프로그램을 실시하였다. 프로그램 실시 후, 실험집단과 통제집단 유아들의 읽기능력을 측정하였다. 그 결과 실험집단의 읽기능력 점수 평균은 86점이고, 통제집단의 읽기능력 점수 평균은 85점으로 나타났다. 이때 두 집단의 변량은 각각 9.2점과 8.9점으로 크게 차이 나지 않았다. 두 집단의 평균 차이는 1점에 지나지 않는다. 하지만 이 자료를 이용해 평균을 비교하는 유의도 검증(예: t 검증)을 한다면, 그 결과는 $\alpha = .01$ 수준에서 유의한 것으로 나타난다. 즉, 실험집단 유아들의 읽기능력이 통제집단 유아들의 읽기능력보다 통계적으로 매우 유의하게 높은 것으로 나타난다. 즉, 읽기능력 점수 1점의 차이가 통계적으로는 매우 유의한 차이로 나타난다는 것이다. 그렇다면 과연 1점의 차이가 실질적으로 읽기능력에서 의미가 있는 것인지는 또 다른 문제다. 더군다나 해당 프로그램을 실시하는 데 많은 비용이 든다면 많은 비용을 무릅쓰고라도 1점을 향상시켜야 하는 것인지 재고해 보아야 한다. 통계적으로 아무리 유의한 결과라도 두 집단의 차이가 실질적으로는 별로 의미가 없는 것일 수도 있다는 말이다.

따라서 통계적으로 유의한 결과의 실질적 중요도(practical importance)에 대해 결론을 내릴 때는 다음과 같은 점을 유의해야 한다(Huck, 2008). 첫째, 제대로 된 개념적·이론적 근거를 바탕으로 실시된 연구가 아니라면 통계적으로 아무리 유의한 결과가 나온다고 해도 그 분야의 지식 축적에 의미 있게 기여하지 못할 것이다. 따라서 검증할 가설이 해당 분야 지식의 축적에 실질적으로 기여할 수 있는 것이어야 한다. 둘째, 통계적 유의성은 연구가 진행된 맥락과 별개의 것이 아니다. 유의성 결과를 연구 맥락에 준하여 적절히 해석해야 한다. 예를 들어, 치료약이 전무한 불치병 환자의 상태를 증진시키는 약이라면 아주 작은 점수 차이라도 의미 있게 해석될 수 있을 것이다. 셋째, 유의도 검증은 가설을 검증하기 위해 매우 중요한 절차이지만 유의도 검증 결과 자체가 과학적 연구의 유일한 목표는 아니다. 연구가 제대로 설계되고 수행되었다면 통계적으로 유의하지 않은 결과일지라도 중요한 무언가를 말해 준다고 볼 수 있다. 예를 들어, 연구자가 실험한 특정 신약이 불치병 환자의 상태를 호전시키지 못했다면, 그러한 결과 또한 같은 분야의 신약을 개발하고 있는 다른 연구자들이 알아야 할 중요한 정보인 것이다.

제7장

평균비교분석

6장에서 설명한 추리통계는 표본집단에서 얻은 자료를 통해 모집단의 특성을 추론해 내는 것이다. 즉, 모집단에 대한 추론은 미리 설정된 가설을 표본을 대상으로 검증함으로써 이루어진다. 이러한 가설검증에는 집단 간의 평균 차이를 알아보는 차이검증과 변수 간의 관계를 알아보는 상관검증이 있다.

이 장에서는 집단 간의 차이를 알고자 할 때 사용하는 분석에 대해 알아보고자 한다. t검증은 두 집단 간의 평균 차이를 검증할 때 사용하는 통계기법이다. 예를 들면, 청소년의 성별에 따른 의복구매 금액의 차이를 알아보기위해 남학생들의 의복구매 금액 평균치과 여학생들의 의복구매 금액 평균치를 비교하는 것이다. 하지만 비교하는 대상이 세 집단 이상일 경우에 t검증을 여러 번 사용하게 되면 제1종 오류를 증가시키게 되므로, 변량분석을 통해 비교하게 된다. 변량분석은 전체 평균을 중심으로 각 집단의 평균이 어느정도 분산되어 있는지를 알아보는 것으로, 집단 간 변량과 집단 내 변량을 비교하는 것이다. 반복측정 변량분석은 반복적으로 측정되는 요인이 있을 때 반복측정에 따른 차이가 있는지를 검증하기 위해 사용하는 통계기법이고, 공변량분석은 종속변수에 영향을 미칠 수 있는 공변인의 효과를 통제한후 집단 간의 차이를 비교하는 것이다. 이 장에서는 t검증, 변량분석, 반복측정 변량분석, 공변량분석에 대해 알아보고자 한다.

1. t검증

두 표본집단의 평균을 단순히 비교해서 두 모집단 간에 유의한 차이가 있는지를 밝히기는 어렵다. 이를 위해 사용하는 것이 t검증이다. 예를 들면, t검증은 성별(남녀), 애착유형(안정, 불안정), 학년(저학년, 고학년)처럼 두 집단 간의 학교적응 혹은 성적 등에서의 평균차를 비교하기 위해 사용할 수 있다.

여기에서는 t검증의 기본 원리 및 기본 가정에 대해 살펴보고, 두 집단의 독립성이 보장될 때 사용하는 독립표본 t검증과 두 집단이 서로 관련되어 있을 때 사용하는 상관표본 t검증에 대해 살펴본 후, SPSS를 이용하여 t검증을 실시하는 과정 및 결과를 해석하는 방법을 제시하고자 한다.

1) t검증의 기본 원리

t검증은 두 집단 간의 평균 차이를 검증할 때 사용하는 통계기법이다. t검증에서의 독립변수는 질적 변수이고 종속변수는 양적 변수여야 한다. 예를 들어, 우리나라 고등학교 여학생들과 남학생들의 학업스트레스를 비교한다고 가정해 보자. 전국의 모든 고등학생을 대상으로 학업스트레스 검사를 실시하여 두 집단을 비교하는 것이 이상적이지만, 이 과정은 시간과 비용이 많이 들고 현실적으로 어렵다. 이런 이유로 남자 고등학생 150명과 여자 고등학생 150명을 무작위로 추출하여 학업스트레스 검사를 실시한다. 〈표 7-1〉에 제시된 자료를 가지고 평균치를 계산해 보면, 남학생은 3.21($SD=.52$)이고 여학생은 4.14($SD=.32$)로, 여학생들의 학업스트레스가 남학생들의 학업스트레스보다 더 높은 것으로 보인다. 그러나 이 결과는 모집단을 대상으로 한 것이 아니라 적은 수의 표본을 대상으로 한 것이기 때문에 결과의 해석에 있어 오류가 발생할 수 있다. 따라서 연구자는 두 모집단의 평균이 서로 다르다고 주장할 만큼 두 개의 표본집단의 평균이 확실히 다른가라는 질문에 답하기 위해 t검증을 실시하게 된다.

t값을 구하는 공식은 다음과 같다.

$$t = \frac{\overline{X_1} - \overline{X_2}}{SE_{\overline{X_1} - \overline{X_2}}}$$

$\overline{X_1}$ = 집단 1의 평균
$\overline{X_2}$ = 집단 2의 평균
$SE_{\overline{X_1} - \overline{X_2}}$ = 두 집단의 표준오차

표 7-1	남녀 고등학생의 학업스트레스 점수

집단 1 (남자 고등학생 $n = 150$)	집단 2 (여자 고등학생 $n = 150$)
4	4
2	4
3	3
4	5
2	4
3	5
4	4
4	4
3	3
2	5
⋮	⋮
⋮	⋮
$\overline{X_1} = 3.21(SD = .52)$	$\overline{X_2} = 4.14(SD = .32)$

앞서 제시한 공식에서 보는 바와 같이, 만약 다른 요인(n 수, 표준편차 등)들은 같은데 집단 간의 평균차가 커지게 되면 t값이 커지게 되고 유의확률(p)은 낮아진다. 이 경우 두 모집단의 평균은 차이가 있다고 주장할 수 있다.

2) *t*검증의 기본 가정

t검증의 기본 가정은 다음과 같다. 첫째, 각 모집단 종속변수의 점수분포가 종모양의 정상분포를 이루어야 한다(정규분포 가정[normality assumption]). 그러나 각 집단의 사례 수가 많으면 모집단이 정상분포에서 벗어났다고 해도 추론결과에 큰 영향을 미치지 않으므로, 모집단이 정상분포를 이룬다는 가정이 의심스러울 때는 표본의 크기가 보다 커야 한다.

둘째, 각 집단의 모변량이 동일해야 한다(동변량성 가정[homogeneity of variance assumption]). 각 집단의 사례 수가 같으면 동변량성을 가정하기 어려운 경우에도 결론에 심각한 영향을 미치지 않지만, 사례 수가 같지 않은 경우에 이 가정이 충족되지 않으면 추론결과의 타당도에 심각한 문제가 있을 수 있다. 만약 연구자가 사례 수가 다른 두 집단을 비교하기 위해 t검증을 사용한다면 반드시 동변량성 가정을 검증해야 한다. 동변량성을 검증하

| 표 7-2 | 동변량성 검증: Levene의 동변량검사 |

		Levene의 등분산 검정		평균의 동일성에 대한 t-검정		
		F	유의확률	t	자유도	유의확률 (양쪽)
키	등분산이 가정됨	3.632	.063	20.522	49	<.001
	등분산이 가정되지 않음			20.191	42.639	<.001

t검증의 기본 가정인 동변량성이 충족되는지를 살펴보기 위해, Levene의 동변량검사를 실시한 결과 유의확률(p)이 .05 이상으로 나타나 "두 집단은 등분산이다."라는 영가설을 수용하게 된다. 이에 두 집단의 변량이 유사하다는 결론을 내릴 수 있다.

는 방법에는 Levene의 동변량성 검사(〈표 7-2〉 참조), Bartlett의 x^2, Hartley의 F-max 검사, Cochran의 C검사 등이 있다. 검증결과 동변량성의 가정에 위배되는 경우에는 동변량성의 가정이 필요없는 비모수통계를 고려해 보는 것이 바람직하다.

셋째, 각 집단의 표집은 무선적이고 독립적이어야 한다. 실험설계의 경우 각 실험집단에 피험자를 무작위 할당함으로써 이 가정을 충족시킬 수 있고, 조사연구의 경우 각 집단의 표본이 독립임의표본일 경우 표집은 서로 독립적이라고 가정할 수 있다. 하지만 같은 피험자에게 여러 번 반복해서 측정하는 반복측정(repeated measure)이나 서로 짝짓기를 하는 상관표본의 경우에는 독립성을 가정할 수 없으므로 상관표본 t검증을 실시해야 한다.

3) t검증의 종류와 활용: 독립표본 t검증과 상관표본 t검증

독립표본 t검증은 서로 독립적인 두 집단의 평균(예를 들면, 남자 대 여자, 중학생 대 고등학생, 전통적 학습 대 열린 학습 등)을 비교할 때 사용한다. 두 집단은 독립적이라 서로에게 전혀 영향을 미치지 않는다. 이때 독립변수는 질적 변수이고, 종속변수는 양적 변수여야 한다. 앞서 살펴본 남자 고등학생들과 여자 고등학생들의 학업스트레스 점수를 비교하는 경우, 이 두 남녀 집단의

독립표본 *t*검증의 예

성별에 따른 정서지능의 차이

성별(*n*)	남아(344)		여아(336)		*t*값
정서지능	*M*	*SD*	*M*	*SD*	
정서인식	1.49	.33	1.52	.30	−1.47
정서표현	1.25	.42	1.40	.36	−5.17***
감정이입	1.16	.42	1.15	.40	.45
정서조절	1.21	.36	1.27	.33	−2.18*
정서활용	1.13	.48	1.09	.45	1.13
정서지능(전체)	1.24	.26	1.28	.23	−1.94*

* $p < .05.$ *** $p < .001.$

출처: 장미선, 문혁준(2006). 아동의 정서지능에 관련된 생태학적 변인 연구. 대한가정학회지, 44(4), 11-21.

점수는 서로 관련이 없기 때문에 독립적이라고 할 수 있다. 〈표 7-3〉에는 독립표본 *t*검증의 예가 제시되어 있다. 성별에 따른 정서지능의 차이에 관한 연구결과를 살펴보면, 정서지능(전체)에서 여아집단(*M*=1.28, *SD*=.23)이 남아집단(*M*=1.24, *SD*=.26)보다 점수가 높았으며, 하위영역으로는 정서표현에서 여아집단(*M*=1.40, *SD*=.36)이 남아집단(*M*=1.25, *SD*=.42)보다, 정서조절에서 여아집단(*M*=1.27, *SD*=.33)이 남아집단(*M*=1.21, *SD*=.36)보다 높은 점수를 보인 반면, 정서인식, 감정이입, 정서활용은 성별에 따른 유의한 차이가 나타나지 않았다.

상관표본 *t*검증은 첫 번째 집단의 점수와 두 번째 집단의 점수가 서로 관련이 있을 때 사용한다. 예를 들면, 동일한 피험자가 실험처치 전과 처치 후에 측정되거나(사전-사후검사) 서로 짝을 이룬 집단의 평균을 비교하거나(몸무게나 신장으로 짝짓기를 한 두 집단의 사전과 사후 운동효과의 비교), 부부나 형제자매로 이루어진 두 집단의 평균을 비교하는 것 등이다. 상관표본 *t*검증에서는 첫 번째 집단의 점수와 두 번째 집단의 점수 간의 차이 점수를 이용해 가설을 검증한다(영가설: 차이 점수가 0이다). 여기에서는 사례 수가 차이 점수 세트의 개수가 되고 자유도는 [차이 점수 세트의 개수−1]이다. 예를 들면, 18명의 고등학생을 대상으로 운동 다이어트 효과를 알아보기 위해 다이어트 실시 전과 후에 체중을 쟀다면, 차이 점수는 사후 체중에서 사전 체중을 뺀 점수다. 이때 차이 점수 세트는 18개(사례 수)이고 자유도는 17(= 18-1)이 된다. 앞서 말한 바와 같이 다이어트를 실시하기 전의 체중은 다이어트 실시 후의 체중과 독립적이지 않고 서로 관계가 있기 때문에 상관표본 t검증을 사용하여 다이어트 효과를 검증해야 한다.

〈표 7-4〉에는 상관표본 t검증의 예가 제시되어 있다. 각 쌍의 부부의 부모 역할에 대한 인식은 서로 관련이 있으므로, 아버지와 어머니가 생각하는 아버지 역할에서의 차이를 알아보기 위해 상관표본 t검증을 실시하였다. 결과를 해석해 보면, 부부 간에 아버지 역할에 대한 생각은 자원 제공자로서의 책임감을 제외한 모든 하위영역에서 차이가 있는 것으로 나타났다. 즉, 어머니들은 아버지의 역할과 관련하여 양육자로서의 역할, 발달적 지지자로서의 역할, 돌보기 및 지도자로서의 역할과 함께하는 활동자로서의 역할에서 아버지들보다 해당 역할을 더 중요하게 생각하는 것으로 나타났다.

표 7-4   상관표본 t검증의 예

아버지와 어머니가 생각하는 아버지 역할		아버지 (n = 380)	어머니 (n = 380)	paired-t
		$M(SD)$	$M(SD)$	
양육 책임감	자원 제공자	3.74(.69)	3.79(.72)	1.67
	양육자	3.78(.71)	3.88(.79)	2.98***
	발달적 지지자	3.61(71)	3.74(74)	3.83***
양육 참여	돌보기 및 지도자	3.67(.69)	3.82(.70)	4.47***
	함께하는 활동자	3.70(.78)	3.91(.76)	6.14***

*** $p < .001$.

출처: 나종혜(2005). 자녀의 발달단계에 맞는 새로운 부모역할 제안: 변화하는 부모역할 개념과 수행을 중심으로. 한국생활과학학회지, 14(3), 411-421.

4) *t*검증의 실시 및 해석

SPSS를 이용하여 독립표본 *t*검증을 실시하고 해석하는 방법과 상관표본 *t*검증을 실시하고 해석하는 방법에 대해 살펴보고자 한다.

(1) 독립표본 *t*검증의 예

앞서 설명한 바와 같이 독립표본 *t*검증은 두 집단 간의 평균 차이를 검증할 때 사용하는 통계방법이다. 예를 들어, 연구자가 "아동의 성별에 따라 TV 시청 시간에는 차이가 있는가?"라는 연구문제를 설정했다면 다음과 같은 절차를 이용하여 성별에 따른 TV 시청 시간의 차이를 검증할 수 있다.

SPSS를 이용하여 독립표본 *t*검증을 실시하는 절차는 다음과 같다.

> 자료 입력 ⇒ 분석 ⇒ 평균 비교 ⇒ 독립표본 *t*검증 ⇒ 검정변수(종속변수)
> ⇒ 집단변수(독립변수), 집단정의(집단 1, 집단 2) ⇒ 확인 ⇒ 결과분석

분석에 들어가서, [평균 비교]를 클릭한 후, [독립표본 *t*검정]을 클릭한다.

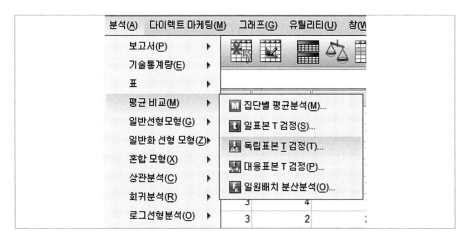

그림 7-1 평균 비교에서 독립표본 *t*검정 선택하기

[검정변수]에는 종속변수를 투입하고, 독립변수는 [집단변수]에 투입한 후 집단의 값을 지정해 준다. [계속]과 [확인]을 차례대로 클릭한다.

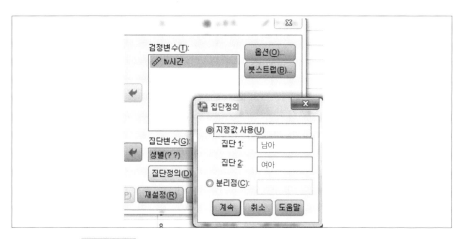

그림 7-2　종속변수(검정변수)와 독립변수(집단변수) 투입하기

집단통계량					
	성별	N	평균	표준편차	평균의 표준오차
tv시간	남아	1171	69.7822	53.41956	1.56107
	여아	1104	73.6685	56.33240	1.69541

독립표본 검정		Levene의 등분산 검정		평균의 등일성에 대한 t-검정						
		F	유의확률	t	자유도	유의확률 (양측)	평균차	차이의 표준오차	차이의 95% 신뢰구간	
									하한	상한
tv시간	등분산이 가정됨	2.273	.132	-1.689	2273	.091	-3.88624	2.30103	-8.39859	.62611
	등분산이 가정되지 않음			-1.686	2244.895	.092	-3.88624	2.30463	-8.40568	.63319

그림 7-3　SPSS에서 t 검증 결과

[그림 7-3]에 제시된 결과를 살펴보면, 남아집단의 지난 한 달 동안 TV 시청 시간의 평균은 69.78(SD=53.42)이고 여아집단의 TV 시청 시간의 평균은 73.67(SD=56.33)이다. 하지만 이 평균치만을 가지고 두 모집단 간에 차이가 있다고 말하기에는 무리가 있으므로, 모집단에서도 성별에 따라 TV 시청 시간에 차이가 있는지를 알아보기 위해 t검증을 실시한다. t검증에 앞서 Levene의 동변량성 검증 결과, 두 모집단의 변량에는 차이가 없는 것으로 나타나 동변량성 가정은 충족이 되었다. t값은 -3.89이고 자유도는 2,273으로 이때의 p 값은

표 7-5	성별에 따른 월 평균 TV 시청 시간의 차이			
	성별	*n*	*M(SD)*	*t*
TV 시청 시간	남아	1,171	69.78(53.42)	−3.89
	여아	1,104	73.67(56.33)	

.05보다 크므로 영가설을 채택하게 되어, 두 집단 간에 유의한 차이가 없다고 말할 수 있다. 이러한 결과를 표로 정리하면 〈표 7-5〉와 같다.

(2) 상관표본 *t*검증의 예

상관표본 *t*검증은 첫 번째 집단과 두 번째 집단의 점수가 서로 관련이 있을 때 두 집단 간의 평균차를 검증하기 위해 사용하는 통계방법이다. 예를 들어, 연구자가 "예비유아교사를 위한 창의성 교육 프로그램을 실시하기 전과 실시한 후에 예비유아교사의 유창성 점수에 차이가 있는가?"라는 연구문제를 설정했다면 다음과 같은 절차를 이용하여 예비유아교사를 위한 창의성 교육 프로그램의 효과를 검증할 수 있다.

SPSS를 이용하여 상관표본 *t*검증을 실시하는 절차는 다음과 같다.

> 자료 입력 ⇒ 분석 ⇒ 평균 비교 ⇒ 대응표본 *t*검증 ⇒
> 변수선택(변수 1, 변수 2) ⇒ 확인 ⇒ 결과분석

분석에 들어가서, [평균 비교]를 클릭한 후, [대응표본 *t*검정]을 클릭한다.

그림 7-4 평균 비교에서 대응표본 *t*검정 선택하기

[대응변수] 영역에 비교하고자 하는 변수인 사전유창성과 사후유창성을 선택하면 현재 선택부분에 [변수 1]에는 사전유창성, [변수 2]에는 사후유창성이 나타나게 된다. [계속]과 [확인]을 차례대로 클릭한다.

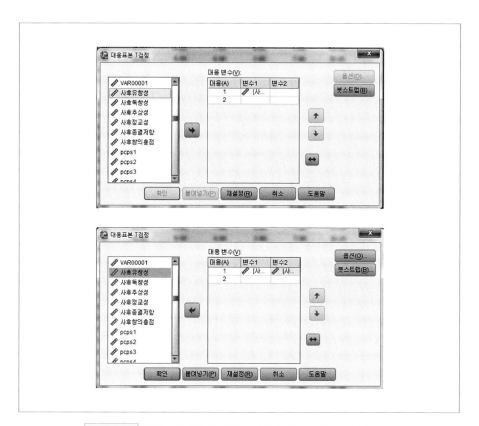

그림 7-5 변수 선택하기, 변수 1(사전점수), 변수 2(사후점수)

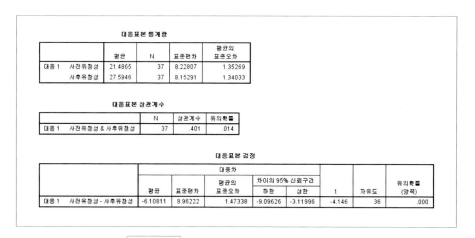

그림 7-6 SPSS에서 종속표본 *t* 검증 결과

[그림 7-6]에 제시된 결과를 살펴보면, 예비유아교사들에게 창의성 교육 프로그램을 실시하기 전 유창성의 평균은 21.49($SD=.8.23$)이고 프로그램 실시 후 유창성의 평균은 27.59($SD=8.15$)다. 하지만 이 평균치만을 가지고 예비유아교사를 위한 창의성 교육 프로그램이 효과가 있다고 말하기에는 무리가 있으므로, 예비유아교사를 위한 창의성 교육 프로그램이 예비유아교사의 유창성 증신에 효과가 있는지를 알아보기 위해 상관표본 t검증을 실시한다. 사전점수와 사후점수 간에는 유의한 관계가 있는 것으로 나타났다($r=.40$, $p<.05$). 즉, 사전점수와 사후점수는 독립적이지 않음을 나타낸다. t값은 -4.15이고 자유도는 36이다. 이때의 p값은 .001보다 작으므로 영가설을 기각하게 되어, 사전점수와 사후점수 간에 유의한 차이가 있다고 말할 수 있다. 즉, 예비유아교사를 위한 창의성 교육 프로그램은 예비유아교사들의 유창성 증진에 효과가 있다. 이러한 결과를 표로 정리하면 〈표 7-6〉과 같다.

표 7-6　예비유아교사를 위한 창의성 교육 프로그램의 유창성 증진에 대한 효과검증

	n	$M(SD)$	paired-t
사전유창성	37	21.49(8.23)	-4.15^{***}
사후유창성	37	27.59(8.15)	

*** $p < .001$.

2. 변량분석

t검증이 두 집단 간의 평균차를 비교하기 위해 사용된다면, 변량분석은 두 집단 이상의 평균을 비교하기 위해 사용된다. t검증의 t값처럼, 변량분석에서는 F값을 산출하게 된다. 여기서 F값의 F는 변량분석을 개발한 Ronald Fisher경의 성(性)의 첫 글자에서 따온 것이다. F값은 단순히 각 집단 간의 평균을 비교하는 것이 아니라 집단 간의 변량과 집단 내의 변량(오차변량)을 비교하는 것으로, 집단 내 변량보다 집단 간의 변량이 더 커지게 되면 F값이 커지게 되고 p값은 작아져서, 집단 간에 차이가 있다고 말할 수 있다. 이때 다원변량분석은 독립변수가 둘 이상이다. 독립변수가 둘이면 이원변량분

석, 독립변수가 셋이면 삼원변량분석이라고 말하며, 이를 통틀어 다원변량분석이라고 한다.

여기에서는 독립변수가 하나인 경우 집단 간 평균 차이를 비교하는 일원변량분석과 독립변수가 둘일 경우 집단 간 평균 차이를 비교하는 이원변량분석에 대해 살펴보고자 한다.

1) 일원변량분석

일원변량분석은 두 집단 이상의 평균을 비교할 때 사용하는 것이다. 예를 들어, 유아의 애착유형에 따른 사회적 능력에서의 차이를 비교해 본다면 안정애착아, 불안정회피아, 불안정거부아에 따라 사회적 능력에서 유의한 차이를 보이는지를 비교할 수 있다. 변량분석의 기본 가정은 앞서 살펴본 t검증의 기본 가정과 동일하다. 정규분포 가정, 동변량성 가정, 무선성과 독립성의 가정이 충족되어야 한다. 여기에서는 우선 일원변량분석의 기본 원리 및 기본 가정에 대해 살펴보고, 집단 간(세 집단 이상)에 유의한 차이가 있을 경우 집단 평균을 비교하는 다중비교검증에 대해 알아본 후, SPSS를 이용하여 일원변량분석을 실시하는 과정 및 결과를 해석하는 방법을 제시하고자 한다.

(1) 일원변량분석의 기본 원리

일원변량분석은 두 집단 이상의 평균을 비교하기 위해 사용하는 것으로, t검증과 마찬가지로 독립변수는 질적 변수이고 종속변수는 양적 변수여야 한다. 평균을 비교하는 집단이 두 집단일 경우에는 t검증이나 변량분석(analysis of variance: ANOVA)이 동일한 결과를 나타낸다. 하지만 세 집단 이상을 비교할 때에는 다음과 같은 이유로 t검증이 적합하지 않다. 첫째, 한 번의 검증 대신 여러 번의 검증을 해야 한다. 예를 들어, 사회계층에 따른 여가시간 활용도에서의 차이를 본다면 상집단과 중집단 간의 차이, 중집단과 하집단 간의 차이, 상집단과 하집단 간의 차이에 대한 t검증을 총 세 번 실시해야 한다. 둘째, 비교되는 모든 집단에 대한 정보는 없고 비교되는 두 집단에 대한 정보만 제공된다. 앞서 말한 대로 세 번의 검증을 할 경우 세 번의 검증에 대한 정보(예: 상집단과 중집단의 평균차이, 상집단과 하집단의 평균차이, 중집단과 하집단의 평균차이 등)만 있지 세 집단 전체의 평균차에 대한 전체적인 정보가 없다. 셋째, 여러 번의 검증으로 인해 제1종 오류군(Familywise Type I Error)[1]이 증가하여 집단 간의 차이가 없을 때에도 차이가 있는 것으로 나타날 가능성이 많다. 이러한 이유로 비교집단이 셋 이상인 경우에는 변량분석을 사용한다.

변량분석은 전체평균(grand mean)을 중심으로 각 집단의 평균(group mean)이 어느 정도 분산되어 있는지, 그리고 각 집단에서 개인의 점수가 그 집단의 평균을 중심으로 어느 정도 분산되어 있는지를 알아보는 것이다. 다시 말해, 변량분석은 단순히 각 집단 간의 평균을 비교하는 것이 아니라 집단 간의 변량과 집단 내의 변량(오차변량)을 비교하는 것이다([그림 7-7] 참조). 그래서 이 분석의 명칭을 변량분석이라고 한다. 집단 간 변량이 집단 내 변량보다 상당히 크면 집단 간의 차이가 우연이거나 오류일 가능성이 낮다. 즉, 집단 내의 변량에 대한 집단 간의 변량의 비율이 F값인데, 이 F값이 임계치보다 크면 집단 간 평균에 차이가 있다는 결론을 내린다. 예를 들어, 사회계층에 따라 여가시간 활용도에서의 차이를 보고자 한다면, 각 사회계층(상, 중, 하)에 속하는 사람들 내의 여가시간 활용도에서의 차이와 각 사회계층(상, 중, 하) 집단 간의 여가시간 활용도에서의 차이를 비교한다. 사회계층 내에서의 여가시간 활용도의 변량보다 사회계층 간 여가시간 활용도 변량이 유의하게 더 크다면 사회계층에 따라 여가시간 활용도의 차이가 있다고 할 수 있다.

$$F = \frac{집단\ 간\ 변량}{집단\ 내\ 변량}$$

[1] Familywise Type I Error($P(F)$)는 검증을 여러 번 하게 될 경우 하나 이상의 제1종 오류가 발생할 확률을 말한다. 예를 들어, 유의도 수준을 .05로 설정하고 세 번의 t검증을 한다고 가정하면 $P(F) = 1-(1-\alpha)^m$에서 $P(F) = 1-(1-\alpha)^3 = .142625$가 된다. 따라서 $P(F)$는 항상 설정한 유의도 수준보다 높아진다.

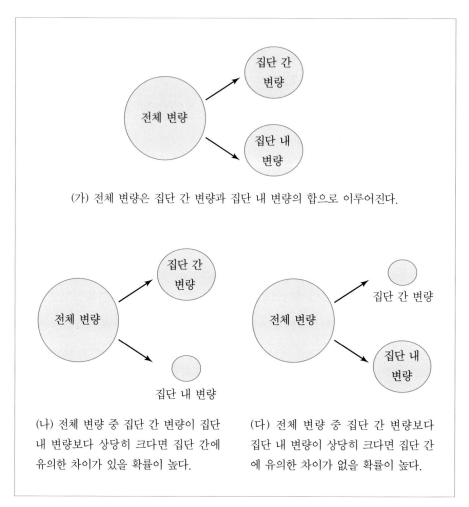

(가) 전체 변량은 집단 간 변량과 집단 내 변량의 합으로 이루어진다.

(나) 전체 변량 중 집단 간 변량이 집단 내 변량보다 상당히 크다면 집단 간에 유의한 차이가 있을 확률이 높다.

(다) 전체 변량 중 집단 간 변량보다 집단 내 변량이 상당히 크다면 집단 간에 유의한 차이가 없을 확률이 높다.

그림 7-7 전체 변량, 집단 내 변량, 집단 간 변량의 관계

〈표 7-7〉에는 F값을 계산해 내는 절차가 제시되어 있다. 컴퓨터의 발달로 일일이 손으로 계산해야 할 필요는 없어졌지만, 어떠한 원리에서 F값이 나오게 되었는지를 알아두면 변량분석을 이해하는 데 도움이 된다.

표 7-7　　*F* 검증의 계산

케이스	집단	우울점수	집단 간 변량	집단 내 변량
1	1	7	$(6-4)^2 = 4$	$(6-7)^2 = 1$
2	1	5	$(6-4)^2 = 4$	$(6-5)^2 = 1$
집단평균			$12/2 = 6.00$	
3	2	2	$(3-4)^2 = 1$	$(3-2)^2 = 1$
4	2	3	$(3-4)^2 = 1$	$(3-3)^2 = 0$
5	2	4	$(3-4)^2 = 1$	$(3-4)^2 = 1$
6	2	3	$(3-4)^2 = 1$	$(3-3)^2 = 0$
집단평균			$12/4 = 3.00$	
7	3	5	$(4-4)^2 = 0$	$(4-5)^2 = 1$
8	3	3	$(4-4)^2 = 0$	$(4-3)^2 = 1$
9	3	5	$(4-4)^2 = 0$	$(4-4)^2 = 0$
집단평균			$12/3 = 4.00$	
전체평균			$36/9 = 4.00$	
전체변량(SS)			12	6
자유도(df)			$3-1 = 2$	$9-3 = 6$
평균제곱(MS)			$12/2 = 6$	$6/6 = 1$
F			$6.00/1.00 = 6.00$	

〈표 7-8〉의 ANOVA 요약표를 보면 집단 간 변량과 집단 내 변량, 전체 변량과 *F*값이 제시되어 있고, 이 표에 제시된 자유도(*df*)를 통해 연구에 포함된 연구대상 수, 전체 집단의 수를 파악할 수 있다. 집단 간 자유도는 집단의 수에서 1을 뺀 값이고, 집단 내 자유도는 전체 연구대상 수에서 집단의 수를 뺀 값이다. 〈표 7-8〉을 통해 집단의 수는 셋이고 전체 연구대상은 40명임을 알 수 있다. 이 표를 해석해 보면, *F*값은 10.67이고 *p*값은 .002로 .05보다 작으므로 영가설을 기각하게 되어, 사회계층에 따라 여가시간 활용도에 차이가 있음을 알 수 있다.

표 7-8   ANOVA 요약표의 예

사회계층에 따른 여가시간 활용도의 차이

	SS	df	MS	F
집단 간 변량(사회계층)	28.80	2	14.40	
집단 내 변량	49.78	37	1.31	10.67**
전체 변량	78.58	39		

** $p < .01$.

(2) 일원변량분석의 기본 가정

일원변량분석의 기본 가정은 t검증의 기본 가정과 유사하다. 첫째, 일원변량분석은 독립변수가 비연속적(명목, 서열) 변수이고, 종속변수는 연속적(등간, 비율) 변수일 때 사용된다. 특히 독립변수가 1개일 때, 일원변량분석이 사용된다.

둘째, 각 집단이 추출된 모집단의 분포가 정규분포여야 한다. 일반적으로 각 집단의 사례수가 많으면 모집단이 정상분포에서 벗어났다고 해도 추론결과에 큰 영향을 미치지 않으므로, 모집단이 정규분포를 이룬다는 가정이 의심스러울 때는 표본의 크기가 더 커야 한다.

셋째, 각 모집단의 분산이 동일해야 한다. 모집단의 분산이 조금 다르더라도 표본의 크기가 같으면 크게 문제가 되지 않는다. 현실적으로 각 모집단의 분산형태를 알기 어렵기 때문에 등분산성의 요건을 충족시키기 위해서는 비교하는 집단의 크기를 유사하게 하는 것이 바람직하다.

(3) 다중비교검증

변량분석을 통해 집단 간에 유의한 차이가 있다는 결론을 내릴 수 있다. 하지만 변량분석만으로는 어떤 집단의 평균이 어떤 집단의 평균과 다른지에 대해서는 알 수 없다. 이를 알아보기 위해 사용하는 것이 다중비교검증(multiple comparison tests)이다. 어떤 집단들의 평균에서 차이가 나는지를 알아보기 위해 두 집단씩 비교하게 된다. 이러한 검증은 사전비교이거나 사후비교일 수 있다.

　사전비교(planned comparison)는 자료를 수집하기 전에 연구자가 특별히 어느 집단과 어느 집단 간의 평균차를 알아보는 데 관심이 있는 경우에 사용한다. 사전에 어떤 집단끼리 비교할 것인지를 계획하게 되는데, 이것을 선험적 비교(a priori comparison)라고도 한다. 사전비교에서는 관심 있는 집단들만 비교하게 되므로 사후비교보다 검증력이 비교적 높다. 예를 들어, 사회계층에 따른 가사노동시간의 차이를 알아보는 연구에서 하류계층과 중류계층 간에는 유의한 차이가 없고 상류계층과 중류계층 간에는 가사노동시간에서 유의한 차이가 있다고 가정한다면, 하류계층과 상류계층 간에 유의한 차이가 있을 거라고 논리적으로 추론해 볼 수 있다. 이처럼 자료를 수집하기 전에 어느 집단의 평균이 더 높을 것이라는 근거가 있다면, 집단비교를 위해 일방 t검증을 사용하면 된다. 사전비교에는 계획비교(planned comparison)와 본페로니 방법(Bonferroni method)이 있다. 이 두 방법 모두 공식[2]에 의해 유의도 수준을 재정의함으로써 제1종 오류군($P(F)$)을 통제할 수 있다.

　연구결과에 대한 선험적인 가설이 없을 경우에는 사후검증(unplanned comparison 또는 post hoc comparison)을 실시하게 된다. 사후검증은 유의한 F값의 차이가 어디에 있는지에 대한 원인을 밝혀 주는 통계기법이다. 다중비교검증의 방법에는 Fisher의 LSD(Least Significant Difference), Duncan의 NMRT(New Multiple Range Test), Newman-Keuls Test, Tukey의 HSD(Honestly Significant Difference), Dunnet Test, Scheffé Test 등이 있다.

　F값이 유의하게 나오면 두 집단씩 짝을 지어 평균 차이를 검증하게 되는데, 이때 일반적인 t검증 대신 다중비교검증을 하는 이유는 '유의도 수준' 때문이다. 두 집단의 평균을 비교하는 경우 한 번의 t검증을 실시하게 되므로 α가 .05인 경우 유의도 수준은 그대로 0.05가 된다. 그러나 세 집단의 평균을 비교하는 경우에는 세 번의 t검증을 실시하게 되므로 α가 0.05에서

---

2) 계획비교에서는 $P(F)=1-(1-\alpha)^m$이므로, 예를 들어, α를 .05로 설정하면 그 공식은 다음과 같다. $.05=1-(1-\alpha)^m$이고 여기서 m은 검증하는 횟수다. 본페로니 방법은 유의도 수준을 조정해 제1종 오류의 증가를 막는 것으로, $\alpha=P(F)/m$이다. 예를 들어, $P(F)$를 .05로 설정하고 m=4이면 $\alpha=.05/4=.0125$다. 따라서 일방검증에서는 α를 .0125로 설정하고 양방검증에서는 α를 .00625로 설정해야 한다.

0.14로 증가하게 된다.[3] 즉, 비교되는 집단의 수가 증가하면 t검증의 수가 증가하고, 결과적으로 α 수준이 증가하게 되어 영가설이 참일 때 영가설을 기각할 확률이 증가한다. 하지만 다중비교검증은 관찰된 두 평균 차이가 유의한지 결정하는 데 사용되는 임계치의 크기를 조정하는 방식으로 제1종 오류의 증가를 막아 준다. 이들은 조정의 정도(degree of adjustment)에서 차이가 있는데, 이 중 Scheffé 검증은 두 집단 간에 확실한 차이가 있을 때 유의한 결과가 나오는 가장 엄격한 검증이고, Fisher의 LSD는 가장 덜 엄격한 검증이다. 〈표 7-9〉는 조정의 정도, 즉 엄격함의 정도 순으로 다중비교검증을 나열한 것이다.

〈표 7-10〉에는 부부의 가사노동시간에 따른 생활만족도에서의 차이를 변량분석을 이용하여 살펴본 결과가 제시되어 있다. 부인의 가사노동시간에 따른 부인의 생활만족도와 남편의 생활만족도에서 차이가 없는 것으로 나타났으나, 남편의 가사노동시간에 따른 부인의 생활만족도와 남편의 생활만족도에서는 유의한 차이가 있는 것으로 나타났다. 집단이 세 개 이상이므로 어

표 7-9   다중비교검증의 종류와 특징

다중비교검증	특징	
Scheffé Test	비교되는 집단의 수와 상관없이 제1종 오류의 비율을 유지시킨다. 가장 엄격한 검증방법이다.	엄격함
Dunnett Test	여러 개의 실험집단을 단지 한 개의 통제집단과만 비교할 때 사용한다.	
Tukey's HSD Test	두 집단씩 이루어지는 짝비교에서 제1종 오류의 비율을 일정하게 유지한다.	
Newman-Keuls Test	모든 가능한 짝을 비교하고 각 비교마다 제1종 오류율을 통제한다.	
Ryan-Test	수정된 Newman-Keuls Test로, 최고평균과 최저평균 간의 차이가 줄어들수록 임계치가 감소한다.	
Duncan Test	모든 가능한 짝의 평균을 비교한다.	느슨함
Fisher Test	모든 가능한 평균들의 조합을 비교한다.	

---

3) 유의도 수준을 .05로 설정하고 세 번의 t검증을 한다고 가정하면 $P(F)=1-(1-\alpha)^m$에서 $P(F)=1-(1-\alpha)^3=.142625$가 된다.

| 표 7-10 | 사후검증 결과 보고의 예 |

부부의 가사노동시간에 따른 생활만족도

		n	부인 생활만족도		남편 생활만족도	
			M	Scheffé Test	M	Scheffé Test
부인 가사노동 시간	25시간 이하	47	3.30		3.04	
	25~35시간 이하	39	3.26		3.31	
	35시간 초과	26	3.15		3.15	
	F값		.39		1.25	
남편 가사노동 시간	0.5시간 이하	58	3.07	a	3.02	a
	0.5~4시간 이하	27	3.26	ab	2.89	a
	4시간 초과	27	3.63	b	3.74	b
	F값		7.31**		12.19***	

주. 각 집단에 같은 문자가 제시되어 있는 경우 동질적인 집단임을 나타낸다.
** $p < .01$.　*** $p < .001$.

출처: 채로, 이기영(2004). 맞벌이부부의 가사노동시간과 생활만족도에 관한 연구. 한국가정관리학회, 22(5), 1-17.

느 집단에서 차이가 나는지를 알아보기 위해 추후검증을 실시한 결과, 남편의 가사노동시간이 일주일에 30분 이하인 집단과 4시간 이상인 집단 간에는 부인의 생활만족도에서 유의한 차이가 있는 것으로 나타났고, 남편의 가사노동시간이 4시간 이하인 집단과 4시간 초과인 집단 간에는 남편의 생활만족도에서 유의한 차이가 있는 것으로 나타났다.

(4) 일원변량분석의 실시 및 해석

SPSS를 이용하여 일원변량분석을 실시하고 해석하는 방법에 대해 살펴보고자 한다. 앞서 설명한 바와 같이 일원변량분석은 두 집단 이상의 평균 차이를 검증할 때 사용하는 통계방법이다. 예를 들어, 연구자가 "방과후 자기돌봄 경험에 따라 게임시간에는 차이가 있는가?"라는 연구문제를 설정했다면 다음과 같은 절차를 이용하여 성별에 따른 TV 시청 시간의 차이를 검증할 수 있다.

SPSS를 이용하여 일원변량분석을 실시하는 절차는 다음과 같다(그림 7-8 참조).

> 분석 ⇒ 일반선형모형 ⇒ 일변량 ⇒ 종속변수 ⇒
> 모수요인(독립변수) ⇒ 사후분석 ⇒ 옵션 ⇒ 확인 ⇒ 결과분석

분석에서 [일반선형모형]을 클릭하고, [일변량]을 클릭한다.

그림 7-8   분석에서 일반선형모형, 일변량 클릭

[종속변수]에 게임시간을 선택하고 [모수요인]에 독립변수인 자기돌봄 유형을 선택한 후 완전요인모형으로 설정이 되어 있는지 확인한다.

그림 7-9   종속변수와 모수요인(독립변수) 투입

[사후분석]을 클릭해서 Scheffé를 클릭한다. [옵션]을 클릭해서 [기술통계
량], [동질성 검정] 등을 클릭한다. 계속과 확인을 차례대로 클릭한다.

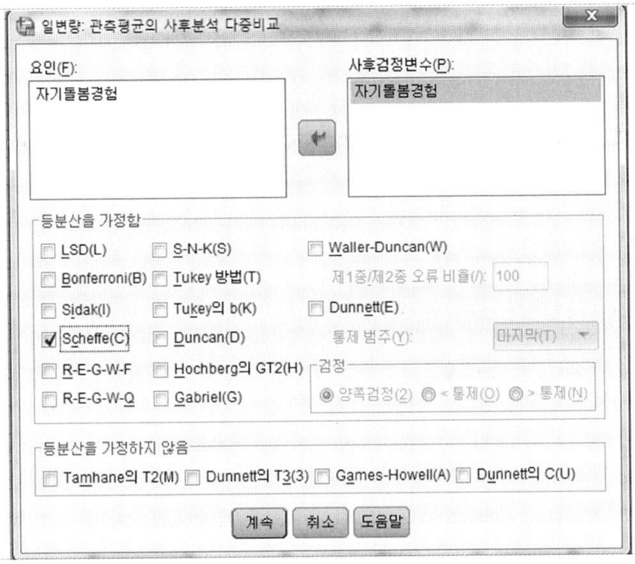

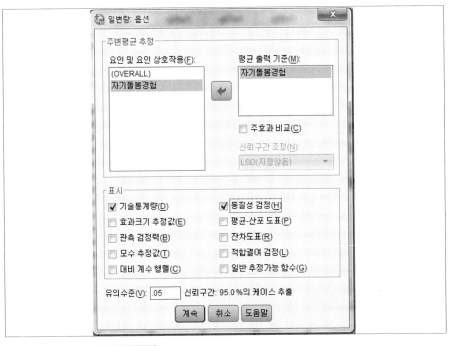

그림 7-10　사후분석에서 Scheffé 선택

그림 7-11　옵션에서 기술통계량, 동질성 검정 선택

기술통계량

종속 변수: 게임시간

자기홍보 경험	평균	표준편차	N
거의 없다	28.0634	34.51068	1689
1~2일 정도	33.9318	36.47254	220
3~4일 정도	44.0000	42.28541	145
거의 매일	35.1835	37.06034	218
합계	30.3319	35.74086	2272

오차 분산의 동일성에 대한 Levene의 검정[a]

종속 변수: 게임시간

F	df1	df2	유의확률
4.865	3	2268	.002

여러 집단에서 종속변수의 오차 분산이 동일한
영가설을 검정합니다.

a Design: 절편 + 자기홍보경험

개체-간 효과 검정

종속 변수: 게임시간

소스	제 III 유형 제곱합	자유도	평균 제곱	F	유의확률
수정 모형	43762.914[a]	3	14587.638	11.579	.000
절편	1199154.005	1	1199154.005	951.858	.000
자기홍보경험	43762.914	3	14587.638	11.579	.000
오차	2857232.859	2268	1259.803		
합계	4991286.000	2272			
수정 합계	2900995.773	2271			

a. R 제곱 = .015 (수정된 R 제곱 = .014)

다중 비교

종속 변수: 게임시간
Scheffe

(I) 자기홍보 경험	(J) 자기홍보 경험	평균차(I-J)	표준오차	유의확률	95% 신뢰구간	
					하한값	상한값
거의 없다	1~2일 정도	-5.8685	2.54406	.150	-12.9857	1.2488
	3~4일 정도	-15.9366*	3.07151	.000	-24.5295	-7.3438
	거의 매일	-7.1201	2.55437	.051	-14.2662	.0259
1~2일 정도	거의 없다	5.8685	2.54406	.150	-1.2488	12.9857
	3~4일 정도	-10.0682	3.79667	.071	-20.6897	.5533
	거의 매일	-1.2517	3.39194	.987	-10.7409	8.2376
3~4일 정도	거의 없다	15.9366*	3.07151	.000	7.3438	24.5295
	1~2일 정도	10.0682	3.79667	.071	-.5533	20.6897
	거의 매일	8.8165	3.80358	.147	-1.8243	19.4573
거의 매일	거의 없다	7.1201	2.55437	.051	-.0259	14.2662
	1~2일 정도	1.2517	3.39194	.987	-8.2376	10.7409
	3~4일 정도	-8.8165	3.80358	.147	-19.4573	1.8243

관측평균을 기준으로 합니다.
오류 조건은 평균 제곱(오류) = 1259.803입니다.

* 평균차는 .05 수준에서 유의합니다.

그림 7-12 SPSS의 일변량분석 결과

[그림 7-12]에 제시된 결과를 살펴보면, 자기돌봄 경험이 거의 없는 집단의 한 달 평균 게임시간은 28.06($SD=34.51$), 일주일에 1~2일 자기돌봄을 경험하는 집단은 33.93($SD=36.47$), 일주일에 3~4일 자기돌봄을 경험하는 집단은 44.00($SD=42.29$), 일주일 동안 매일 자기돌봄을 경험하는 집단은 35.18($SD=37.06$)이다. 네 집단 간의 평균치만을 비교하여 집단 간에 차이가 있나고 말하기에는 무리가 있으므로, 모집단에서도 자기돌봄 경험에 따라 게임시간에서 차이가 있는지를 알아보기 위해 F검증을 실시한다. F검증에 앞서 동변량성 검증 결과, 비교되는 모집단의 변량에는 차이가 없는 것으로 나타나 동변량성 가정은 충족되었다. F값은 11.58이고 자유도는 3으로 이때의 p값은 .05보다 작기 때문에 영가설을 기각하게 되어, 자기돌봄 경험 집단에 따라 게임시간에서 유의한 차이가 있다고 말할 수 있다. 이때 추후검증으로 Scheffé 검증을 실시한 결과, 자기돌봄 경험이 거의 없는 집단, 일주일에 1~2일 정도 자기돌봄 경험이 있는 집단, 일주일에 3~4일 정도 자기돌봄이 있는 집단 간에 차이가 있는 것으로 나타났다. 이러한 결과를 표로 정리하면 〈표 7-11〉과 같다.

표 7-11 자기돌봄 경험에 따른 한 달 평균 게임시간에서의 차이

	자기돌봄 경험	n	$M(SD)$/Scheffé	F
	거의 없는 집단	1,689	28.06(34.51)a	
게임	1~2일 정도	220	33.93(36.47)a	
시간	3~4일 정도	145	44.00(42.29)b	11.58***
	매일	218	35.18(37.06)ab	

*** $p < .001$.
주) 각 집단에 같은 문자가 제시되어 있는 경우 동질적인 집단임을 나타낸다.

2) 이원변량분석

이원변량분석은 두 개의 독립변수를 갖는다. 이원변량분석에서 독립변수를 각각 요인(factor)이라고 부르고, 각 요인의 범주(category)를 수준(level)이라고 부른다. 예를 들어, 첫 번째 독립변수가 성별이고 두 번째 독립변수가 애착유형이며, 종속변수는 사회적 능력이라고 가정해 보자. 성별은 남녀로, 애

		애착유형		
		안정	불안정회피	불안정저항
성별	남			
	녀			

그림 7-13 성별 및 애착유형에 따른 사회적 능력에서의 차이: 이원변량분석의 예

착유형은 안정애착, 불안정회피, 불안정저항으로 나누어 이를 도식화하면 [그림 7-13]과 같다. 성별(2수준)과 애착유형(3수준)에 따라 여섯 개의 셀이 만들어진다. 이처럼 유아의 사회적 능력이 성별과 애착유형에 따라 차이가 있는지를 알아보고자 할 때 이원변량분석을 사용하게 된다.

이원변량분석에는 항상 두 개의 요인이 있다. 각 요인의 수준의 수는 둘 이상이다. [그림 7-13]의 경우 성별의 수준은 둘이고 애착유형의 수준은 셋이다. 또 다른 예로, 성별 및 자아정체감 유형에 따른 진로성숙도에서의 차이를 살펴보는 연구의 경우, 성별은 남녀로 두 가지 수준이지만 자아정체감은 성취, 유실, 유예, 혼미의 네 가지 수준으로 나뉜다. 각 요인의 수준의 수를 구체적으로 나타내기 위해 2×4 이원변량분석이라고 한다. 때로는 더 구체적으로 괄호 속에 요인명을 밝히기도 해서 2(성별)×4(자아정체감) 이원변량분석이라고 부르기도 한다.

(1) 이원변량분석의 기본 원리

이원변량분석은 두 독립변수의 주효과와 독립변수들 간의 상호작용 효과를 알아보기 위한 분석이다. 일원변량분석에서는 단 한 개의 연구문제에 답할 수 있지만, 이원변량분석에서는 세 개의 연구문제에 답할 수 있다. 앞의 성별과 애착유형의 예에서 연구문제는 다음과 같은 것일 수 있다.

첫째, 성별에 따라 사회적 능력에 차이가 있는가?
둘째, 애착유형에 따라 사회적 능력에 차이가 있는가?

셋째, 성별과 애착유형에 따라 사회적 능력에 차이가 있는가?

앞의 첫 번째와 두 번째 연구문제는 두 가지 독립변수의 주효과(main effect)에 관한 것이고, 세 번째 연구문제는 두 가지 독립변수의 상호작용효과(interaction effect)에 관한 것이다. 이원변량분석에서 첫 번째 연구문제는 전체 열의 평균에 관한 것이고(*A* vs *B*), 두 번째 연구문제는 전체 행의 평균에 관한 것이다(*C* vs *D* vs *E*). 세 번째 연구문제는 여섯 개의 셀의 평균을 다룬다(X_1 vs X_2 vs X_3 vs X_4 vs X_5 vs X_6)([그림 7-14] 참조).

		애착유형			
		안정	불안정회피	불안정저항	
성별	남아	X_1	X_2	X_3	*A*
	여아	X_4	X_5	X_6	*B*
		C	*D*	*E*	

그림 7-14 성별 및 애착유형에 따른 사회적 능력에서의 차이: 이원변량분석

첫 번째 연구문제에 답하기 위해 남아집단과 여아집단의 사회적 능력의 평균을 비교한다. 만약 이들의 사회적 능력 점수에서 유의한 차이가 있는 것으로 나오면 성별의 주효과가 있는 것이다. 두 번째 연구문제에 답하기 위해 안정 애착유형, 불안정회피 애착유형, 불안정저항 애착유형 세 집단의 사회적 능력 평균을 비교한다. 만약 결과가 유의한 것으로 나타나면 애착유형의 주효과가 있는 것이다. 세 번째 연구문제(상호작용효과)에 답하기 위해 여섯 개의 평균을 비교하는데, 만약 남아집단의 경우 안정 애착유형이 사회적 능력이 가장 높은 반면 여아집단의 경우 불안정저항 애착유형이 사회적 능력이 가장 높은 것으로 나타난다면, 이때는 성별과 애착유형의 상호작용효과가 있는 것이다([그림 7-15] 참조).

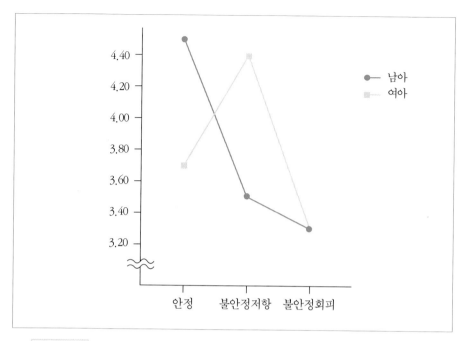

그림 7-15 성별 및 애착유형에 따른 사회적 능력에서의 차이: 상호작용효과의 예

성별 및 애착유형 두 독립변수의 주효과에 대해 두 번의 일원변량분석(또는 한 번의 t검증과 한 번의 일원변량분석)을 실시하지 않고 한 번의 이원변량 분석을 실시하는 이유는 다음과 같다. 첫째, 이원변량분석에서는 연구대상의 수를 줄일 수 있으므로 경제적(parsimonious)이다. [그림 7-16]과 같이 일원변

성별	N
남	30
여	30

애착유형	N
안정	20
불안정회피	20
불안정저항	20

일원변량분석의 설계

	안정 ($N=20$)	불안정 회피($N=20$)	불안정 저항($N=20$)
남($N=30$)	10	10	10
여($N=30$)	10	10	10

이원변량분석의 설계

그림 7-16 이원변량분석의 경제성

량분석을 통해 분석한다면 성별에 따른 차이를 알아보기 위해 남아 30명, 여아 30명 총 60명이 필요하다. 또한 애착유형에 따른 차이를 알아보기 위해서는 안정 애착유형, 불안정회피 애착유형, 불안정저항 애착유형 각 20명씩, 60명이 필요하다. 만약 성별과 애착유형의 차이를 각각 일원변량분석을 통해 검증한다면 120명이 필요하지만, 이원변량분석을 실시하면 60명만으로도 두 번의 일원변량분석과 같은 결과를 얻을 수 있다. 둘째, 이원변량분석이 더 검증력이 높다. 셋째, 일원변량분석에서는 밝힐 수 없는 두 독립변수 간의 상호작용효과 여부를 알 수 있다.

(2) 이원변량분석의 기본 가정

이원변량분석과 같은 다원변량분석에서는 정규분포 가정, 동변량성 가정, 무선성과 독립성의 가정 외에도 각 집단의 사례 수가 같거나 동등한 비율관계가 성립되어야 한다는 가정을 충족시켜야 한다. 이 가정이 위배될 경우 집단 간 변량, 집단 내 변량, 상호작용 변량 등의 추정이 각각 독립적이지 않다. 따라서 이러한 관계에서 얻어진 F값은 두 변량이 각각 독립적 추정치라는 가정하에서 얻어진 이론적 F분포를 이루지 못한다. 그러므로 각 집단이 동일한 사례 수를 갖도록 연구계획을 세우는 것이 좋다. 비록 처음에는 동일한 사례 수를 갖도록 계획하였지만 실험과정에서 피험자 탈락현상 등으로 인해 동일한 사례 수를 갖지 못하게 되는 수도 있다. 또는 기존의 집단을 그대로 사용해야 하는 경우 처음부터 이 집단들 간에 사례 수가 같지 않을 수도 있다. 이처럼 집단의 사례 수가 같지 않은 경우에 이를 해결하는 방법은 두 가지가 있다. 첫째, 사례 수가 제일 적은 집단을 기준으로 다른 집단에서 난수표 등을 이용하여 무작위로 사례들을 제거하는 방법인데, 이 방법은 많은 사례를 제거하게 되어 모집단 평균의 추정치로서의 신뢰성이 떨어진다. 둘째, 통계적인 방법으로 비가중 평균분석(unweighted mean analysis)과 최소자승법(least squares analysis)이 있다. 이러한 통계방법은 SPSS 프로그램의 ANOVA default option에 들어 있다.

(3) 사후검증

일원변량분석과 마찬가지로 주효과가 유의한 것으로 나타나면 세 집단 이상일 경우 다중비교검증을 해야 한다. 〈표 7-12〉에는 성별과 월령에 따른 학교준비도에서의 차이를 알아보기 위해 이원변량분석을 실시한 결과가 제시되어 있다. 〈표 7-12〉에 나타난 바와 같이 학교준비도의 하위요인인 정서교류 능력에서 성별에 따른 주효과가 있는 것으로 나타났으나, 성별과 월령의 상호작용효과는 유의하지 않은 것으로 나타났다. 성별에 따른 주효과를 살펴보면, 여아집단이 남아집단에 비해 정서교류 능력이 높은 것으로 나타났다([그림 7-17] 참조).

표 7-12 성별 및 월령에 따른 정서교류 능력에서의 차이

학교준비도	분산원	df	SS	MS	F
	성별	1	1.82	1.82	9.37**
	월령	3	.79	.27	1.36
정서교류 능력	성별×월령	3	.62	.21	1.07
	오차	290	75.82	.19	
	합계	297	79.18		

** $p < .01$.
출처: 박연정(2007). 학령 전 아동의 학교준비도 척도개발 및 학교준비도와 관련변수 연구. 고려대학교 대학원 박사학위 청구논문.

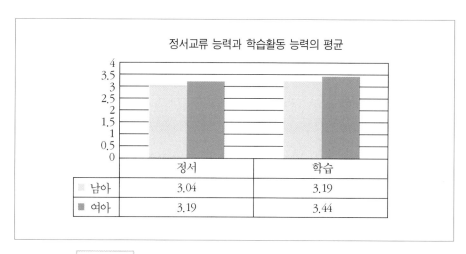

그림 7-17 성별에 따른 정서교류 능력과 학습활동 능력의 평균

| 표 7-13 | 성별 및 월령에 따른 학습활동 능력에서의 차이 | | | | |

학교준비도	분산원	*df*	*SS*	*MS*	*F*
	성별	1	5.73	5.73	28.27***
	월령	3	1.98	.66	3.25*
학습활동 능력	성별×월령	3	1.64	.55	1.70*
	오차	290	79.09	.20	
	합계	297	88.87		

*$p < .05$. ***$p < .001$.

출처: 박연정(2007). 학령 전 아동의 학교준비도 척도개발 및 학교준비도와 관련변수 연구. 고려대학교 대학원 박사학위 청구논문.

또 다른 이원변량분석의 결과가 〈표 7-13〉에 제시되어 있다. 성별 및 월령에 따른 학습활동 능력에서의 차이를 분석한 결과, 성별 및 월령에 따른 주효과뿐 아니라 상호작용효과도 유의한 것으로 나타났다. 이처럼 상호작용효과가 유의하게 나올 경우, 주효과는 해석하지 않고 상호작용효과를 중심으로 살펴보아야 한다. 상호작용효과(interaction effect)라는 것은 종속변수에 대한 각 독립변수들의 결합된 효과다. 앞의 예에 적용해 본다면 성별과 월령이 결합하여 학습활동 능력에 영향을 미친다는 것을 의미하며, 만약 상호작용효과가 유의한 것으로 나타났다면 학습활동 능력에 대한 월령의 효과는 남아인지 여아인지에 따라 각기 다르게 나타난다. 이 상호작용효과를 그림으로 나타내면 [그림 7-18]과 같다. [그림 7-18]에서 보듯이 1~3월생, 4~6월생, 7~9월생들은 남아들에 비해 여아들이 학습활동 능력이 높지만 10~12월생들은 남아들과 여아들 간에 큰 차이가 없음을 알 수 있다.

학습활동 능력에서 월령과 성별의 상호작용효과가 유의하게 나타났기 때문에 남녀별로 월령에 따른 학습활동 능력을 분석하는 단순 주효과 검증(simple main effect)을 실시하였다. 단순 주효과 검증이란 전체 횡렬이나 종렬 평균을 비교하는 대신에 한 요인의 여러 수준을 다른 요인의 독립적인 각 수준에서 비교하는 것이다. 예를 들면, 월령 수준에서 남아집단과 여아집단의 차이를 비교하여 해석하는 것이다. 단순 주효과 검증에 대한 결과는 〈표 7-14〉에 제시된 바와 같다. 학교준비도와 관련하여 월령 수준에서 성별의 차이를 비교해

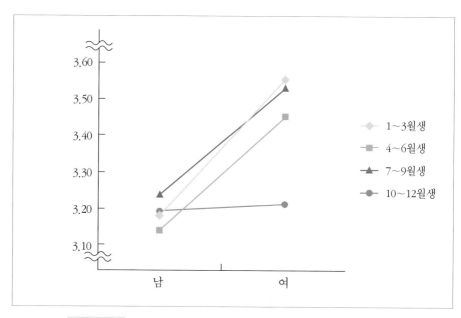

그림 7-18 성별과 월령에 따른 학습활동 능력에서의 상호작용효과

출처: 박연정(2007). 학령 전 아동의 학교준비도 척도개발 및 학교준비도와 관련변수 연구. 고려대학교 대학원 박사학위 청구논문.

표 7-14 월령별 아동의 학습활동 능력에 대한 성별의 단순주효과 검증

			남	여	t
학습활동 능력	1~3월생	M	3.18	3.55	11.60**
		SD	.50	.43	
	4~6월생	M	3.14	3.45	15.71***
		SD	.41	.44	
	7~9월생	M	3.24	3.53	12.94***
		SD	.46	.38	
	10~12월생	M	3.19	3.21	.02
		SD	.40	.50	

* $p < .01.$ ***$p < .001.$
출처: 박연정(2007). 학령 전 아동의 학교준비도 척도개발 및 학교준비도와 관련변수 연구. 고려대학교 대학원 박사학위 청구논문.

보면, 1~3월생, 4~6월생, 7~9월생의 경우 남아집단에 비해 여아집단이 준비도가 더 높음을 알 수 있다. 하지만 10~12월생은 남아집단과 여아집단 간에 유의한 차이가 없음을 알 수 있다. 이것이 바로 단순 주효과에 대한 검증

이다.

[그림 7-18]처럼 두 선이 교차하는 경우를 교차 상호작용효과라고 한다. 두 선이 교차하지 않은 경우도 있는데, 이를 비교차 상호작용효과라고 한다. 하지만 두 선이 완전히 겹치거나 평행선을 이루면 상호작용효과가 없는 것이다.

(4) 이원변량분석의 실시 및 해석

이원변량분석은 두 독립변수의 주효과와 독립변수들 간의 상호작용효과를 검증할 때 사용하는 통계방법이다. 예를 들어, 연구자가 "아동의 성별과 방과후 돌봄 유형에 따라 게임시간에는 차이가 있는가?"라는 연구문제를 설정했다면 다음과 같은 절차를 이용하여 성별과 돌봄 유형에 따른 게임시간의 차이를 검증할 수 있다.

SPSS를 이용하여 이원변량분석을 실시하는 절차는 다음과 같다.

> 분석 ⇒ 일반선형모형 ⇒ 일변량 ⇒ 종속변수 ⇒ 모수요인
> (독립변수 2개) ⇒ 도표 ⇒ 사후분석 ⇒ 옵션 ⇒ 확인 ⇒ 결과분석

분석에 들어가서, [일반선형모형]을 클릭한 후, [일변량]을 클릭한다.

그림 7-19 일반선형모형의 일변량 클릭

[종속변수]에 게임시간을 선택하고 [모수요인]에 독립변수인 돌봄 유형, 성별을 선택한 후 완전요인모형으로 설정이 되어 있는지 확인한다.

그림 7-20   종속변수와 모수요인(독립변수 2개) 투입

[도표]를 클릭해서 독립변수들 중에서 성별을 [수평축 변수], [돌봄 유형]을 [선구분 변수]로 하나씩 투입하여 추가를 클릭한다.

그림 7-21   도표에서 수평축 변수, 선구분 변수

[사후분석]을 클릭해서 Scheffé를 클릭한다. [옵션]을 클릭해서 [기술통계량] [동질성 검정] 등을 클릭한다. [계속]과 [확인]을 차례대로 클릭한다.

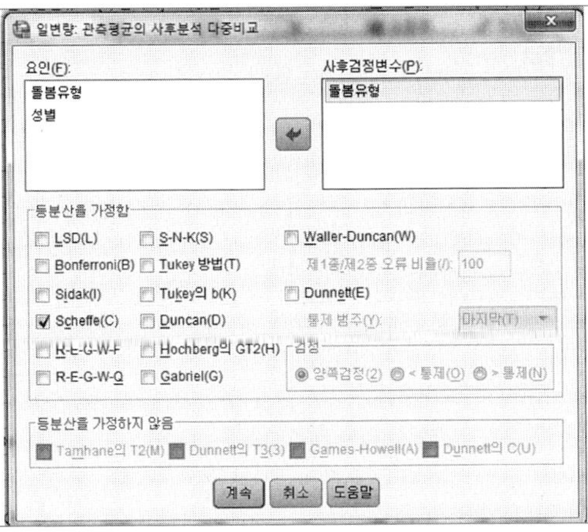

그림 7-22　사후분석

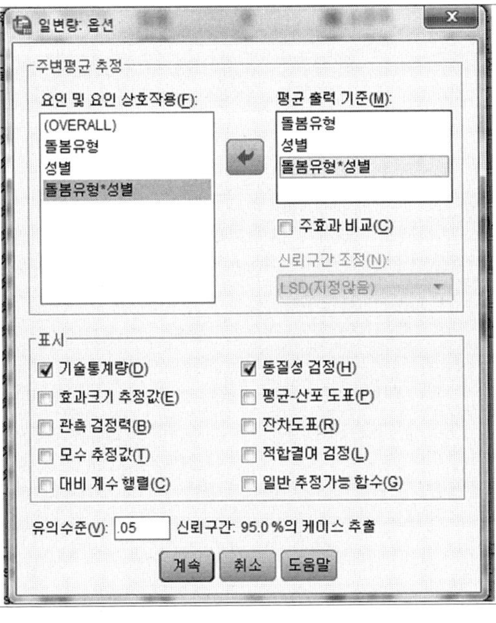

그림 7-23　옵션에서 기술통계량, 동질성 검정 선택

　[그림 7-24]에 제시된 결과를 살펴보면, 방과후 성인돌봄을 받는 남아집단의 하루 게임시간 평균은 1.28($SD=.80$), 성인돌봄 여아집단의 평균은 1.19 ($SD=.76$), 자기돌봄인 남아집단의 평균은 4.21($SD=.72$), 자기돌봄인 여아집단은 2.78($SD=.61$)이다. 자기돌봄 경험 및 성별에 따라 게임시간에서 차이가 있는지를 알아보기 위해 이원변량분석을 실시한다. F검증에 앞서 동변량

기술통계량

종속 변수: 게임시간

성별	돌봄유형	평균	표준편차	N
남	성인돌봄	1.2833	.79981	12
	자기돌봄	4.2083	.71916	12
	합계	2.7458	1.66889	24
여	성인돌봄	1.1917	.75973	12
	자기돌봄	2.7833	.61175	12
	합계	1.9875	1.05637	24
합계	성인돌봄	1.2375	.76432	24
	자기돌봄	3.4958	.97779	24
	합계	2.3667	1.43384	48

오차 분산의 동일성에 대한 Levene의 검정[a]

종속 변수: 게임시간

F	df1	df2	유의확률
.116	3	44	.950

여러 집단에서 종속변수의 오차 분산이 동일한
영가설을 검정합니다.

　　a. Design: 절편 + 성별 + 돌봄유형 +
　　　성별 * 돌봄유형

개체-간 효과 검정

종속 변수: 게임시간

소스	제 III 유형 제곱합	자유도	평균 제곱	F	유의확률
수정 모형	73.435[a]	3	24.478	46.441	.000
절편	268.853	1	268.853	510.077	.000
성별	6.901	1	6.901	13.092	.001
돌봄유형	61.201	1	61.201	116.112	.000
성별 * 돌봄유형	5.333	1	5.333	10.119	.003
오차	23.192	44	.527		
합계	365.480	48			
수정 합계	96.627	47			

　　a. R 제곱 = .760 (수정된 R 제곱 = .744)

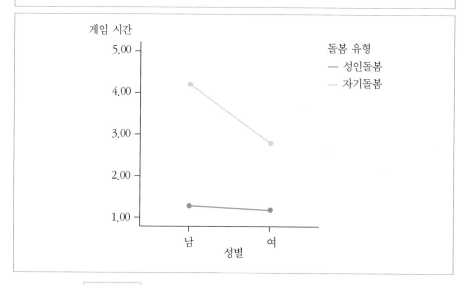

그림 7-24 SPSS에서 이원변량분석 검증 실시과정 및 결과

성 검증 결과, 네 모집단의 변량에는 차이가 없는 것으로 나타나 동변량성 가정은 충족되었다. 네 집단의 사례 수도 유사하였다. 주효과는 성별($F=13.09$, $p < .01$)과 돌봄 유형($F=116.11$, $p < .001$)에서 모두 유의한 것으로 나타났으며, 성별과 돌봄 유형 간의 상호작용효과도 유의한 것으로 나타났다($F=10.12$, $p < .01$). 상호작용효과가 유의한 것으로 나타났으므로 단순 주효과 검증을 실시한 결과, 성인돌봄 유형의 경우 남아집단과 여아집단 간에 게임시간에서 유의한 차이가 없는 것으로 나타난 반면, 자기돌봄 유형의 경우 남아집단이 여아집단에 비해 게임시간이 높은 것으로 나타났다. 이러한 결과를 표로 정리하면 〈표 7-15〉와 같다.

표 7-15　돌봄 유형 및 성별에 따른 게임시간에서의 차이

	분산원	df	SS	MS	F
게임시간	돌봄 유형	1	6.90	6.90	13.09**
	성별	1	61.20	61.20	116.11***
	돌봄 유형×성별	1	5.33	5.33	10.12**
	오차	44	23.19	.53	
	합계	47	96.63		

** $p < .01$. *** $p < .001$.

이원변량분석에서 상호작용이 유의하게 나왔을 경우, 추후검증으로 SPSS를 이용하여 단순 주효과 검증을 실시하는 절차는 다음과 같다.

데이터 ⇒ 케이스 선택 ⇒ 분석 ⇒
독립표본 t 검증(혹은 일원변량분석) ⇒ 확인 ⇒ 결과분석

[데이터]에 들어가서, [케이스 선택]을 클릭한 후, [조건설정(독립변수)]을 클릭한다.

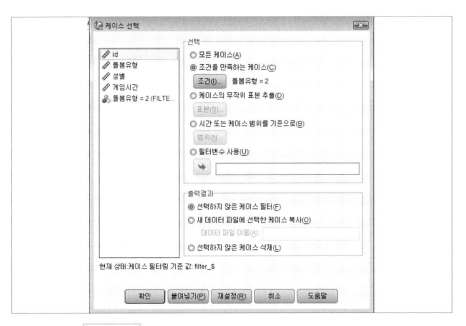

그림 7-25   데이터에서 케이스 선택 후 조건 설정(독립변수)

	id	돌봄유형	성별	게임시간	filter_$
1	1.00	1.00	1.00	3.20	0
2	2.00	1.00	1.00	2.10	0
3	3.00	1.00	1.00	1.00	0
4	4.00	2.00	1.00	4.50	1
5	5.00	2.00	1.00	4.30	1
6	6.00	2.00	1.00	5.20	1
7	7.00	1.00	1.00	1.10	0
8	8.00	1.00	1.00	1.00	0
9	9.00	1.00	1.00	.20	0
10	10.00	2.00	1.00	4.30	1
11	11.00	2.00	1.00	3.80	1
12	12.00	2.00	1.00	3.30	1
13	13.00	1.00	1.00	2.00	0
14	14.00	1.00	1.00	1.00	0
15	15.00	1.00	1.00	1.20	0
16	16.00	2.00	1.00	4.50	1

그림 7-26   조건이 설정된 상태(자기돌봄만 선택됨)

[분석]에 들어가서, 독립변수의 수준에 따라 t 검증 혹은 일원변량분석을 실시한다.

그림 7-27　분석에 들어가서 독립변수의 수준에 따라 t 검증 혹은 일원변량분석 실시

위와 같은 방법으로 [케이스 선택]의 조건만을 변경하여 독립변수의 수준에 따라 t 검증 혹은 일원변량분석을 실시한다.

(1) 성인돌봄 유형의 독립표본 t 검증

집단통계량

	성별	N	평균	표준편차	평균의 표준오차
게임시간	남	12	1.2833	.79981	.23089
	여	12	1.1917	.75973	.21932

독립표본 검정

		Levene의 등분산 검정		평균의 동일성에 대한 t-검정					차이의 95% 신뢰구간	
		F	유의확률	t	자유도	유의확률 (양쪽)	평균차	차이의 표준오차	하한	상한
게임시간	등분산이 가정됨	.212	.650	.288	22	.776	.09167	.31845	-.56875	.75208
	등분산이 가정되지 않음			.288	21.942	.776	.09167	.31845	-.56885	.75218

(2) 자기돌봄 유형의 독립표본 t 검증

집단통계량

	성별	N	평균	표준편차	평균의 표준오차
게임시간	남	12	4.2083	.71916	.20760
	여	12	2.7833	.61175	.17660

독립표본 검정

		Levene의 등분산 검정		평균의 동일성에 대한 t-검정					차이의 95% 신뢰구간	
		F	유의확률	t	자유도	유의확률 (양쪽)	평균차	차이의 표준오차	하한	상한
게임시간	등분산이 가정됨	.096	.760	5.228	22	.000	1.42500	.27256	.85975	1.99025
	등분산이 가정되지 않음			5.228	21.448	.000	1.42500	.27256	.85891	1.99109

그림 7-28　SPSS에서 단순 주효과검증 실시과정 및 결과

3. 반복측정 변량분석

영아가 성장해 감에 따라 언어습득 능력에서 어떠한 차이가 있는지 관심이 있을 경우, 연구자는 동일한 영아를 대상으로 특정 시기 동안(12개월, 18개월, 24개월) 반복해서 언어능력을 측정하게 된다. 이때에는 어떠한 분석방법을 사용할 것인가? 3회에 걸친 언어습득 능력을 비교하는 것이기 때문에 F검증을 사용한다고 생각할 수 있으나, 여기에서는 동일한 영아를 세 번에 걸쳐 측정하기 때문에 F검증의 기본 원리인 자료의 독립성 가정에 위배된다. 따라서 이때는 다른 형태의 변량분석을 사용해야 하는데, 이것이 반복측정 변량분석(ANOVA with repeated measure)이다. 여기에서는 반복측정 변량분석의 기본 원리 및 기본 가정에 대해 살펴보고, 반복측정 일원변량분석을 살펴본 후 SPSS를 이용하여 반복측정 변량분석 검증을 실시하는 과정 및 결과를 해석하는 방법을 제시하고자 한다.

1) 반복측정 변량분석의 기본 원리

반복측정 변량분석은 반복적으로 측정되는 요인이 있을 때 반복측정에 따른 차이가 있는지를 검증하기 위해 사용하는 통계기법이다. t검증이나 변량분석과 마찬가지로 독립변수는 질적 변수이고 종속변수는 양적 변수여야 한다. 독립표본설계의 경우 서로 다른 조건에 할당된 피험자들로부터 얻어진 데이터는 특별한 문제가 없는 한 상호 독립적인 것으로 간주할 수 있다. 하지만 반복측정의 경우 피험자는 여러 조건에 반복적으로 할당된다. 예를 들면, 연구자가 유아의 3세, 4세, 5세 때 문제해결 능력의 변화에 관심이 있다고 하자. 연구자는 3회에 걸쳐 유아의 문제해결 능력을 반복적으로 측정하게 된다. 이 유아들이 3~5세를 거치면서 획득하게 되는 문제해결 능력 점수들은 명백히 서로 관련이 있다. 문제해결 능력이 우수한 유아는 이후로도 문제해결 능력이 우수할 가능성이 높고, 낮은 유아는 이후로도 낮을 가능성이 높기 때문이다. 이러한 이유로 인해 일반적으로 반복측정 설계를 사용한 연구에서 얻어진 데이터를 분석할 때에는 반복측정 변량분석을 사용해야 한다. 반복측정 변량분석은 비체계적인 변량을 감소시킴으로써 검증력을 높일 수 있고, 적은 수의 피험자만 있어도 분석이 가능하므로 매우 경제적이라는 장점을 갖는다.

반복측정 일원변량분석은 일원변량분석과 거의 유사하지만 반복되는 요인이 있다는 점에서 차이가 있다. 앞서 예로 든 3~5세 유아의 문제해결 능력의 변화 연구에서는 문제해결 능력이 3세, 4세, 5세 때 반복적으로 측정된다는 특징을 갖는다. 5명의 유아를 대상으로 3세, 4세, 5세 때의 문제해결 능력을 측정한다고 가정하면 총 15개의 자료를 갖게 된다. 이를 도식화하면 〈표 7-16〉과 같다.

〈표 7-17〉은 〈표 7-16〉의 자료를 기초로 한 반복측정 변량분석 결과 요약표다. 표에서 보는 바와 같이 반복측정 일원변량분석에서는 F값이 1개 산출된다는 점에서는 일원변량분석의 표와 유사하지만 2개의 변수와 오차항으로 구성되어 있고 오차항의 자유도가 이원변량분석표에서의 상호작용효과의 자유도와 같은 방법으로 산출된다는 점에서 이원변량분석의 결과 요약표와 유사하다.

표 7-16　반복측정 변량분석 자료의 예: 3, 4, 5세 때의 문제해결 능력

피험자	3세	4세	5세	평균
1	2.1	2.5	3.5	2.70
2	1.4	2.1	2.3	1.93
3	3.6	3.9	4.4	3.97
4	4.4	4.5	4.8	4.57
5	1.2	1.5	2.1	1.60
평균	2.54	2.90	3.42	

표 7-17　반복측정 일원변량분석의 결과 요약표

분산원	SS	df	MS	F
문제해결 능력	1.96	2	.98	21.58***
피험자	19.70	4	4.92	
오차	.36	8	.05	
전체	22.02	14		

*** $p < .001$.

반복측정 일원변량분석에서 반복측정 요인은 두 가지 형태를 취한다. 첫째, 반복측정 요인이 측정시기로서, 같은 피험자를 대상으로 각기 다른 시점에 자료가 수집된다. 앞에서 본 바와 같이, 같은 아동을 대상으로 3세, 4세, 5세 때의 문제해결 능력에 대한 자료를 수집한다. 둘째, 반복측정 요인이 각기 다른 처치조건으로서, 모든 피험자가 각기 다른 처치조건에서 반복측정된다. 예를 들면, 다양한 과목(국어, 수학, 영어, 과학 등)을 수강하고 있는 학생들을 대상으로 각 과목에 대한 수업만족도를 측정한다.

만약 반복측정이 각기 다른 시점에서 자료가 수집되는 것이라면 이때 자료가 수집되는 순서는 한 가지밖에 없다. 그러나 반복측정 요인이 처치조건이라면 자료가 수집되는 순서는 다양하다. 만약 모든 피험자에게 처치조건이 같은 순서로 제시된다면 연습효과, 피로효과, 혼합효과 등 체계적 오차가 발생할 수 있다.

연습효과(practice effect)는 검사 상황에 보다 익숙해지거나 이전 검사에서 비슷한 문제를 어떻게 풀었는지 기억함으로써 다음 번 검사에서 점수가 높게 나오는 효과를 말한다. 피로효과(fatigue effect)는 반복되는 검사로 인해 싫증을 느끼거나 피로를 느끼는 효과를 말하며, 혼동효과(confounding effect)는 각기 다른 처치의 효과가 서로 혼합되어 나타나는 것을 말한다.

이러한 효과들로 인해 각기 다른 처치조건의 효과가 유사함에도 불구하고 다르게 나타나기도 하고, 서로 다름에도 불구하고 비슷한 결과가 나타나기도 한다. 이러한 효과를 배제하기 위해 연구자는 처치조건이 제기되는 순서를 피험자마다 다르게 한다. 예를 들어, 학생들을 대상으로 교과목에 대한 만족도를 측정할 경우, 만족도 검사를 모든 학생에게 국어, 수학, 영어, 과학 등의 순서로 실시하는 것이 아니라 몇몇 학생들에게는 국어, 수학, 영어, 과학 등의 순서로, 몇몇 학생들에게는 수학, 영어, 과학, 국어 등의 순서로, 또 몇몇 학생들에게는 영어, 과학, 수학, 국어 등의 순으로 제시한다.

2) 반복측정 변량분석의 기본 가정

반복측정 변량분석은 표집의 독립성을 가정할 수 없으므로 변량분석의 기

표 7-18	구형성 가정 검증의 예

Mauchly's W값을 이용한 가정의 검토

개체-내 효과	Mauchly's W	근사 카이제곱	자유도	유의확률
자기표현	.73	7.32	2	.026
양가감정	.91	2.21	2	.332
여가활동	.93	1.57	2	.456

위 표를 보면 구형성 검정 결과, 양가감정과 여가활동의 경우 개체-내 층위의 검정을 통해 얻은 p값이 .05보다 크므로 구형성 가정이 충족되었다.

출처: 나숙희(2011). 통합예술치료 프로그램을 활용한 Schizophrenic의 사회행동 증진효과. 서남대학교 대학원 박사학위 청구논문.

본 가정인 독립성 가정을 충족시킬 수가 없다. 그 대신 반복측정 변량분석에서는 구형성 가정을 충족시켜야 한다(〈표 7-18〉 참조). **구형성 가정**(sphericity assumption)은 반복측정 요인의 모든 수준에서 모집단의 변량이 동일하다는 가정이다. 이것은 각 집단의 모변량이 동일해야 한다는 변량분석의 동변량성 가정과 유사하다. 구형성 가정을 충족시키지 못하면 제1종 오류를 범할 확률이 높아진다. 구형성 가정을 검증하기 위해서는 반복측정 요인의 자료를 수집한 후 Mauchly 구형성 검증을 적용한다. Mauchly 구형성 검증에서 영가설은 데이터가 구형성을 갖고 있다는 것이며, 이 영가설을 기각한다는 것은 데이터가 구형성을 충족시키지 못한다고 결론 내리는 것을 의미한다. 검증 결과 구형성 가정에 위배되면 Greenhouse-Geisser Correction과 Hyunh-Feldt Correction을 사용한다.

3) 반복측정 변량분석의 실시 및 해석

반복측정 변량분석은 동일한 피험자들에게 두 번 이상의 측정을 하게 될 때 반복되는 측정에서 유의한 차이가 있는지를 알아보기 위해 사용하는 통계기법이다. 변량분석이 집단 간의 차이에 초점을 둔다면, 반복측정 변량분석은 동일한 집단 내의 반복측정되는 요인에서의 차이에 초점을 둔다. 앞서 살펴본 바와 같이 반복측정되는 요인은 측정시기일 수도 있고, 각기 다른 처치조건일 수도 있다. 예를 들어, 연구자가 "다문화센터 프로그램 종류에 따라 이용자들의 만족도에 차이가 있는가?"라는 연구문제를 설정했다면 연구자는 다문화센터 이용자를 대상으로 각기 다른 종류의 프로그램(한국어교육, 가족통합교육, 취창업교육, 문화사업)에서의 효과 만족도를 비교하기 위해, 한국어교육, 가족통합교육, 취창업교육, 문화사업 모두를 이용하고 있는 다문화센터 이용자에게 각각의 프로그램에 대한 효과 만족도를 측정한다. 다음과 같은 절차를 이용하여 다문화센터 프로그램에 따른 효과 만족도에서의 차이를 검증할 수 있다.

(1) 반복측정 변량분석의 실시

SPSS를 이용하여 반복측정 변량분석을 실시하는 절차는 다음과 같다.

> 분석 ⇒ 일반선형모형⇒ 반복측정 ⇒ 반복측정 요인 정의
> (요인이름, 수준 지정) ⇒ 반복측정 개체-내 변수(반복측정변수 투입)
> ⇒ 모형 ⇒ 옵션(기술통계량) ⇒ 확인 ⇒ 결과분석

메뉴바에 있는 [분석]을 클릭해서, [일반선형모형]을 클릭한 후, [반복측정]을 클릭한다.

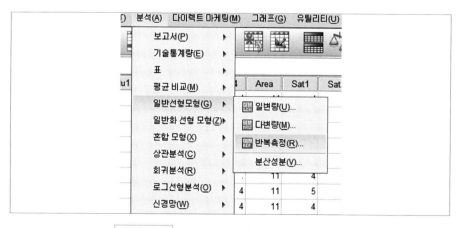

그림 7-29 일반선형모형의 반복측정 선택하기

　[반복측정 요인 정의]에서 [정의]를 클릭하여 [개체-내 요인이름]과 [수준의
수]를 지정하고 [추가]를 클릭한다. 여기에서는 반복되는 요인이 네 가지 프
로그램 유형으로 이루어져 있기 때문에 4로 지정한다.

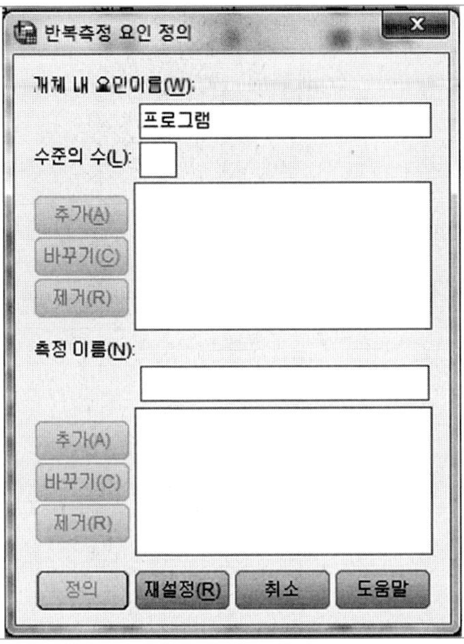

그림 7-30 반복측정 요인의 요인이름 지정하기

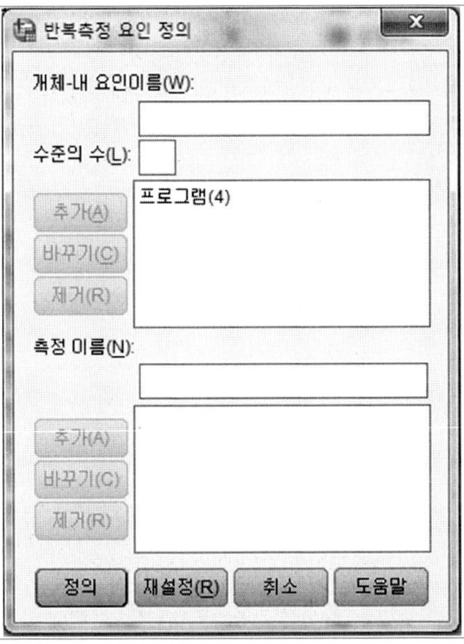

그림 7-31 반복측정 요인의 수준의 수 지정하기

반복측정의 변수 목록에서 [개체-내 변수]에 반복측정된 종속변수를 선택
해서 투입한다.

그림 7-32   개체-내 변수에 반복측정된 종속변수를 선택하여 투입하기

[모형]에서 기본설정값인 완전요인모형과 제III유형 제곱합을 유지하고 계
속을 클릭한다.

그림 7-33   완전요인모형과 제III유형 제곱합 선택

[옵션]의 출력 부분에서 [기술통계량]을 선택한다. [계속]과 [확인]을 클릭한다.

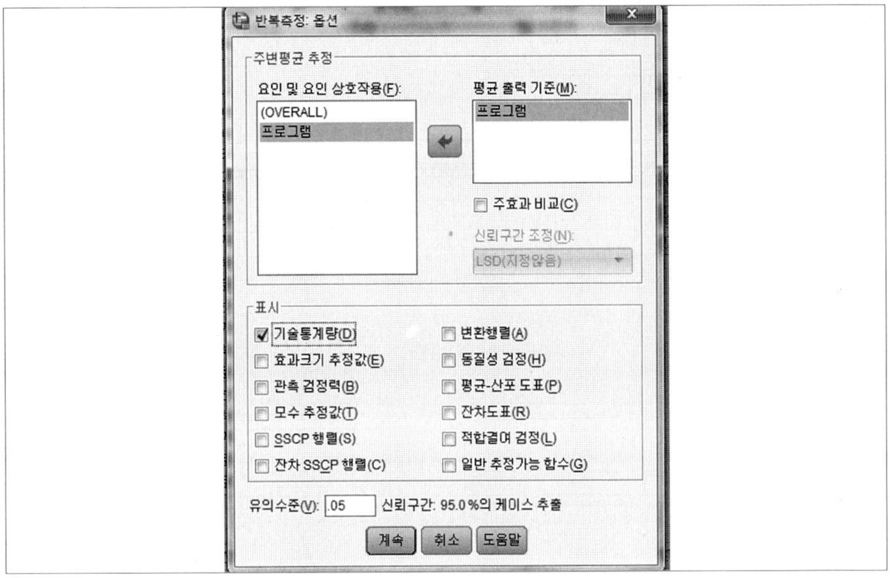

그림 7-34　옵션에서 기술통계량 선택

(2) 반복측정 변량분석 결과

[그림 7-35]에 제시된 결과 중 기술통계량을 간단히 살펴보면, 한국어교육 효과 만족도는 4.14(SD=.67), 가족통합교육 효과 만족도는 4.19(SD=.61), 문화교육 효과 만족도는 4.14(SD=.64), 취창업교육 효과 만족도는 4.00(SD=.72)이다. 이처럼 동일한 이용자라도 다문화지원센터에서 제공되는 프로그램에 따라 만족도에 차이가 있는 것으로 보임으로써 각 프로그램에 따른 다문화지원센터 이용자들의 만족도에서의 차이를 알아보기 위해 반복측정 변량분석을 실시한다(〈표 7-19〉 참조).

다변량검정 결과(결과 부분의 두 번째 표 참조), 제공되는 사업에 대한 Wilk's Lamda 값은 .867이고 $p < .001$이다. 이는 네 번의 반복측정(프로그램)이 다문화지원센터 이용자의 만족도에 각기 다른 영향을 미친다는 것을 의미한다.

반복측정 변량분석에 앞서 공분산의 동질성을 검증한 결과([그림 7-35]의 세 번째 표 참조), 네 모집단의 공분산행렬이 동일하지 않은 것으로 나타났다(Mauchly's W=.90, x^2=87.19, $p < .001$). 이처럼 공분산의 동질성 가정이 충족

기술통계량

	평균	표준편차	N
한국어효과	4.1381	.67273	832
가족통합효과	4.1922	.60674	832
문화효과	4.1398	.63764	832
취창업효과	4.0000	.71622	832

다변량 검정[a]

효과		값	F	가설 자유도	오차 자유도	유의확률
요인1	Pillai의 트레이스	.133	42.554[b]	3.000	829.000	.000
	Wilks의 람다	.867	42.554[b]	3.000	829.000	.000
	Hotelling의 트레이스	.154	42.554[b]	3.000	829.000	.000
	Roy의 최대근	.154	42.554[b]	3.000	829.000	.000

a. Design: 절편
개체-내 계획: 요인1

b. 정확한 통계량

Mauchly의 구형성 검정[a]

측도: MEASURE_1

개체-내 효과	Mauchly의 W	근사 카이제곱	자유도	유의확률	엡실런[b]		
					Greenhouse-Geisser	Huynh-Feldt	하한값
요인1	.902	85.820	5	.000	.933	.936	.333

정규화된 변형 종속변수의 오차 공분산행렬이 단위행렬에 비례하는 영가설을 검정합니다.

a. Design: 절편
개체-내 계획: 요인1

b. 유의성 평균검정의 자유도를 조절할 때 사용할 수 있습니다. 수정된 검정은 개체내 효과검정 표에 나타납니다.

개체-내 효과 검정

측도: MEASURE_1

소스		제 III 유형 제곱합	자유도	평균 제곱	F	유의확률
요인1	구형성 가정	6.170	3	2.057	39.159	.000
	Greenhouse-Geisser	6.170	2.798	2.206	39.159	.000
	Huynh-Feldt	6.170	2.808	2.197	39.159	.000
	하한값	6.170	1.000	6.170	39.159	.000
오차(요인1)	구형성 가정	130.939	2493	.053		
	Greenhouse-Geisser	130.939	2324.734	.056		
	Huynh-Feldt	130.939	2333.386	.056		
	하한값	130.939	831.000	.158		

개체-내 대비 검정

측도: MEASURE_1

소스	요인1	제 III 유형 제곱합	자유도	평균 제곱	F	유의확률
요인1	선형모형	9.059	1	9.059	59.739	.000
	2차모형	7.824	1	7.824	71.791	.000
	3차모형	.015	1	.015	.181	.671
오차(요인1)	선형모형	126.012	831	.152		
	2차모형	90.561	831	.109		
	3차모형	69.528	831	.084		

개체-간 효과 검정

측도: MEASURE_1
변환된 변수: 평균

소스	제 III 유형 제곱합	자유도	평균 제곱	F	유의확률
절편	56423.082	1	56423.082	40418.428	.000
오차	1160.055	831	1.396		

그림 7-35 SPSS에서 반복측정 변량분석 output

되지 않을 때, 이에 따른 오류를 교정하게 위해 Greenhouse-Geisser 방법을 주로 사용한다. 위의 예에서는 구형성 가정이 충족되지 않았으므로 Greenhouse-Geisser의 F값을 기초로 해석한다([그림 7-35]의 네 번째 표 참조).

　요컨대, 다문화지원센터에서 제공되는 프로그램에 대한 이용자 만족도에서의 차이를 알아보기 위해 반복측정 분산분석을 실시한 결과, 제공되는 프로그램에 따라 다문화지원센터 이용자들의 만족도에 차이가 있는 것으로 나타났다($F = 39.16$, $p < .001$). 즉, 동일한 이용자라도 다문화지원센터에서 제공하는 프로그램에 따라 만족도에 차이를 보이는데, 가족통합교육 프로그램의 효과에 대한 만족도가 가장 높고, 그다음으로는 문화교육, 한국어교육, 취창업교육 순으로 나타났다. 이러한 결과를 표로 정리하면 〈표 7-19〉, 〈표 7-20〉과 같다.

　표 7-19　다문화지원센터 프로그램별 이용자 만족도의 평균과 표준편차

	$M(SD)$
한국어교육	4.14(.67)
가족통합교육	4.19(.61)
문화교육	4.14(.64)
취창업교육	4.00(.72)

　표 7-20　다문화지원센터 프로그램별 이용자 만족도에 대한 반복측정 분산분석 결과

	SS	df	MS	F
프로그램 종류	6.17	2.80	2.21	39.16***
개인	126.01	831.00	.15	
오차	130.94	2,493.00	.05	
전체	263.12	3,327.00		

*** $p < .001$.

4. 공변량분석

공변량분석은 기본적으로는 변량분석과 마찬가지로 집단 간의 평균차를 검증하는 추리통계 방법이다. 하지만 공변량분석은 종속변수에 영향을 미치는 공변인의 효과를 통계적으로 제거하여 분석할 수 있는 장점을 갖는다. 즉, 공변량분석은 집단 간에 있을 수 있는 차이를 조정한 다음 집단 간의 평균을 비교하는 통계기법이다. 예를 들어, 중학생 대상 진로체험 프로그램이 중학생의 진로성숙도 증진에 효과가 있는지 알아보기 위해 공변량분석을 사용할 수 있다. 실험집단과 통제집단 중학생의 진로성숙도 사전검사를 공변인으로 놓고 실험집단과 통제집단 중학생의 진로성숙도 사후검사 점수의 평균차를 비교함으로써 진로체험 프로그램의 효과를 보다 명확하게 검증할 수 있다. 여기에서는 공변량분석의 기본 원리와 기본 가정에 대해 살펴보고 SPSS를 이용하여 공변량분석을 실시하는 과정 및 결과를 해석하는 방법을 제시하고자 한다.

1) 공변량분석의 기본 원리

공변량분석(ANCOVA: Analysis of Covariance)은 종속변수에 영향을 미칠 수 있는 공변인의 효과를 통제한 후 집단 간의 평균 차이를 비교하는 것이다. 예를 들어, 연구자가 중학교 1학년 대상 창의인성 프로그램이 창의성 증진에 효과가 있는지 알아보고자 한다고 가정해 보자. 우선 연구대상을 실험집단과 통제집단으로 무선할당한 후, 사전에 이들을 대상으로 창의성 검사를 실시한다. 한 학기 동안 실험집단에는 창의인성 프로그램을 실시하고, 통제집단에는 아무런 처치를 가하지 않는다. 창의인성 프로그램이 끝난 후 두 집단의 학생을 대상으로 창의성 사후검사를 실시한다. 〈표 7-21〉에 제시된 자료를 살펴보면, 실험집단의 창의성 사전검사 평균은 3.59(SD = .40)이고 통제집단의 창의성 사전검사 평균은 3.69(SD = .46)다. 또한 실험집단의 창의성 사후검사평균은 3.79(SD = .29)이고 통제집단의 창의성 사후검사평균은 3.79

| 표 7-21 | 창의인성 프로그램 효과검증을 위한 실험집단과 통제집단의 창의성점수 |

실험집단		통제집단	
사전	사후	사전	사후
3.50	3.60	3.70	4.10
3.10	3.33	3.70	4.00
3.70	3.90	3.70	3.90
3.20	3.80	3.70	3.60
3.80	3.90	3.40	3.80
3.40	4.20	4.00	4.10
3.20	3.40	3.10	3.00
4.30	4.20	4.02	3.70
3.60	3.70	3.00	3.30
4.10	3.90	4.60	4.40
$M(SD)$ 3.59(.40)	3.79(.29)	3.69(.46)	3.79(.41)

$(SD=.41)$다. 이러한 결과를 살펴보면 두 집단 모두 사전검사보다 사후검사의 점수가 더 높다. 하지만 연구자가 궁금한 것은 "창의인성 프로그램의 처치효과가 있는가?"이므로 집단 간에 사후검사에서 차이가 있는지를 살펴보아야 한다. 사후검사를 비교해 보면, 실험집단과 통제집단의 평균이 같아서 두 집단 간에는 차이가 없어 보인다. 하지만 두 집단의 사전검사에서 평균차이가 있었기 때문에$(3.59(SD=.40) : 3.69(SD=.46))$ 사후검사만을 비교하는 것은 적절하지 않다. 다시 말해, 통제집단의 학생들은 실험집단의 학생들에 비해 전반적으로 창의성이 높았기 때문에 이러한 차이점을 고려해서 조정한 후 창의인성 프로그램의 효과를 비교해야 한다.

공변인에 대한 두 집단의 차이를 통제하기 위해 공변량분석에서는 사후검사에 대한 조정이 이루어진다. 조정의 논리는 다음과 같다. 통제집단은 출발선에서 유리하게 시작했기 때문에 사전검사 평균(3.69)이 전체평균(3.64)보다 0.05점 높다. 따라서 사후검사의 평균점수는 더 낮게 조정이 이루어진다. 즉, 3.79-0.05=3.74가 된다. 반면 실험집단의 사전검사 평균은 전체평균보다 0.05점 낮다. 따라서 사후검사 평균점수는 더 높게 조정이 이루어진다. 즉, 3.79+0.05=3.84가 된다. 사후검사만 보면 실험집단과 통제집단 간에 차이가 없지만 조정된 사후검사의 평균을 살펴보면 실험집단이 통제집단보다 높다. 조정되지 않은 사후검사를 가지고 두 집단 간의 평균을 비교하게 되면 잘못된 결론을 내릴 수 있기 때문에 사후검사의 점수를 조정하는 것은 매우 중요하다. 사후검사의 평균을 조정한 다음 집단 간의 평균을 비교하는 통계기법이 공변량분석이다.

공변량분석의 목적은 첫째, 종속변수에 영향을 미칠지 모르는 가외변수를 통제하는 것이다. 예를 들어, 앞서 언급한 진로체험 프로그램의 효과를 검증함에 있어 실험집단은 성적이 우수한 학생이 많고 통제집단은 성적이 낮은 학생이 많을 경우, 사후검사에서 실험집단의 학생들이 진로성숙도가 높게 나타난 것은 진로체험 프로그램의 효과 때문인지, 혹은 학생들의 성적 때문인지, 혹은 진로체험 프로그램과 성적 간의 상호작용효과 때문인지를 명확히 밝히기 어렵다. 이럴 경우 성적을 공변인으로 사용하면 성적을 통제한 후에도 처치(프로그램 실시)효과가 있는지를 분석할 수 있게 된다. 즉, 공변량분석은 공변인을 기초로 하여 사후검사의 평균을 조정하고 조정된 사후검사의 평균을 비교한다.

둘째, 검증력을 높일 수 있다. 어떤 통계기법이 비교되는 집단 간의 차이를 민감하게 감지한다면 검증력이 높다고 할 수 있다. 다른 조건이 비슷하다면 연구자는 검증력이 높은 통계기법을 선호한다. 공변량분석은 공변인과 종속변수 간의 관련성에 따른 변량을 추출해 냄으로써 오차변량을 감소시키기 때문에 독립변수가 유의한 효과를 나타내는 경향이 있다. 따라서 공변인의 자료를 가지고 공변량분석을 실시하면 공변인을 생략하고 사후검사의 평균 차이만 분석하는 것보다 훨씬 검증력이 높다. 하지만 공변인과 종속변수 간의 상관이 매우 낮거나 전혀 없을 경우에는 공변량분석을 사용하지 않고 변량분석을 사용해야 한다.

공변량분석의 두 가지 목적인 가외변수의 통제와 검증력의 증가는 동시에 발생한다. 즉, 연구자가 이 중 한 가지 목적만을 염두에 두고 공변량분석을 실시한다고 하더라도 공변량분석의 두 가지 목적이 동시에 달성된다는 것이다.

공변량분석은 대부분의 경우 1개의 공변인을 사용하지만 때로는 2개 이상의 공변인을 사용하기도 한다. 공변량분석은 기존의 변량분석에 공변인이 추가된 것으로 변량분석의 종류와 다르지 않다. 일원변량분석에 대응하는 일원공변량분석이 있고, 이원변량분석에 대응하는 이원공변량분석이 있으며, 반복측정 일원변량분석에 대응하는 반복측정 일원공변량분석 등이 있다.

일원공변량분석(One-Way Anaysis of Covariance)은 일원변량분석과 마찬가지로 독립변수가 하나이면서 비교하고자 하는 집단은 둘 이상이고 종속변수 외에 공변인이 있다. 〈표 7-22〉에는 일원공변량분석의 예가 제시되어 있다. 유아의 정서지능 증진 프로그램이 유아의 정서지능 향상에 효과가 있는지를 알아보기 위해 유아를 실험집단과 통제집단으로 무선할당한 후 실험집단(37명)

표 7-22 공변량분석의 예

〈표 1〉 집단별 정서지능 사전 · 사후검사의 평균과 표준편차

정서지능		실험집단($n=37$)		통제집단($n=41$)	
		사전	사후	사전	사후
자기정서의 이용	M	3.45	4.11	3.54	3.59
	SD	.86	.59	.78	.84
타인정서의 인식 및 배려	M	3.50	4.05	3.65	3.97
	SD	.67	.69	.77	.70

〈표 2〉 유아의 정서지능 하위요인의 공분산분석

하위요인	변량원	SS	df	MS	F
자기정서의 이용	공변인(사전검사)	21.68	1	21.68	86.61***
	집단 간	6.58	1	6.58	26.00***
	오차변량	18.99	75	.25	
	전체	45.95	77		
타인정서의 인식 및 배려	공변인(사전검사)	16.05	1	16.05	58.10***
	집단 간	.61	1	.61	2.20
	오차변량	20.71	75	.28	
	전체	36.89	77		

*** $p < .001$.

출처: 정옥분 외(2010). 유아의 정서지능 증진을 위한 프로그램 개발과 효과연구. 인간발달연구, 17(4), 191-209.

과 통제집단(41명)의 유아에게 사전검사를 실시하였다. 실험집단에 16차시에 걸쳐 정서지능 증진 프로그램을 실시한 후 두 집단의 유아에게 사후검사를 실시하였다. 자기정서의 이용 하위요인에서 집단별 사후검사의 평균과 표준편차를 살펴보면, 실험집단의 경우 $4.11(SD=.59)$이고 통제집단의 경우 $3.59(SD=.84)$로 실험집단이 높은 것으로 나타났다. 하지만 이것이 통계적으로 유의한 차이인지 알아보기 위해서는 실험집단과 통제집단의 출발선을 동일하게 조정해 주어야 한다. 따라서 이 연구에서는 사전검사를 공변인으로 놓고 실험집단과 통제집단의 사후검사 평균을 비교하였다. 공변량분석 결과, 사전점수를 통제한 이후에도 실험집단과 통제집단 간에는 자기정서의 이용에 유의한 차이가 있는 것으로 나타났다($F=26.00$, $p<.001$). 즉, 정서지능 증진 프로그램은 유아의 자기정서 이용 능력을 높이는 데 효과가 있다고 결론 내릴 수 있다.

2) 공변량분석의 기본 가정

공변량분석은 변량분석과 마찬가지로 정규분포 가정, 동변량성 가정, 무선성과 독립성의 가정을 기본 전제로 한다. 이외에 공변량분석에만 해당되는 몇 가지 기본 가정이 있다(Huck & Cormier, 1996).

첫째, 독립변수가 공변인에 영향을 미쳐서는 안 된다. 실험연구에서 공변인의 자료가 실험처치 전에 수집된다면 이 가정은 충족된다. 그러나 실험처치 후에 공변인의 자료가 수집된다면 이 가정이 충족된다는 보장이 없다. 따라서 실험연구에서 사전검사가 공변인이라면 실험처치가 이루어지기 전에 반드시 사전검사를 실시해야 한다. 특히 무선할당이 이루어지지 않는 비실험연구(nonexperimental study)에서는 연구를 시작하기 전에 이미 독립변수가 공변인에 영향을 미쳤을 가능성이 높기 때문에 이 가정을 충족시키기가 쉽지 않다. 공변량분석이 집단 간에 있을 수 있는 모든 가외변수의 차이를 조정해 주지는 못한다는 점을 명심해야 한다.

둘째, 비교되는 집단은 모두 동일한 회귀계수(homogeneity of regression coefficient)를 가져야 한다. 즉, 공변인과 종속변수 간의 상관계수가 비교되는 모든 집단에서 동일하다는 것이다. 대부분의 연구에서 이 두 번째 가정이 충족되지만, 이 가정이 충족되지 못할 경우에는 공변량분석 대신 공변인을 무시하고 변량분석를 사용하거나 Johnson-Neyman 방법 등을 사용해야 한다.

　셋째, 공변인과 종속변수 간의 관계는 선형적이어야 한다. 대부분의 연구에서 선형관계 가정이 충족되지만, 이 가정이 의심스러울 때에는 산포도나 그 외 다른 통계방법으로 선형관계 가정의 위배 여부를 알아볼 수 있다.

3) 일원공변량분석의 실시 및 해석

　공변량분석은 종속변수에 영향을 미칠 수 있는 제3의 변수를 통제한 후 독립변수의 영향을 검증할 때 사용하는 통계방법이다. 예를 들어, 연구자가 창의성 프로그램의 효과를 검증하고자 한다면, 프로그램을 처치한 집단(실험집단)과 프로그램을 처치하지 않은 집단(통제집단) 간의 사후점수를 비교하면 된다. 아주 간단하게 이 두 집단의 사후점수를 t검증을 사용하여 분석할 수도 있을 것이다. 하지만 이 두 집단 간에 사전점수에서 이미 차이가 존재했다면 이것은 프로그램의 효과와는 상관없이 종속변수에 영향을 미치게 된다. 즉, 사전점수에서의 차이로 인해 프로그램의 효과를 명확히 밝힐 수 없다는 문제를 가지게 된다. 이럴 경우 사전점수를 공변인으로 놓고 공변량분석을 실시하면 사전점수(공변인)의 효과를 통제할 수 있게 된다. 연구자가 "창의성 프로그램이 예비유아교사의 창의성 증진에 효과가 있는가?"라는 연구문제를 설정했다면, 다음과 같은 절차를 이용하여 집단 간의 차이를 검증할 수 있다.

(1) 일원공변량분석의 실시
SPSS를 이용하여 일원공변량분석을 실시하는 절차는 다음과 같다.

> 분석 ⇒ 일반선형모형 ⇒ 일변량 ⇒ 종속변수 ⇒ 모수요인(독립변수) ⇒
> 공변인 ⇒ 옵션(주변평균추정, 기술통계량, 동질성 검정) ⇒ 확인 ⇒ 결과분석

분석을 클릭해서, [일반선형모형]을 클릭한 후, [일변량]을 클릭한다.

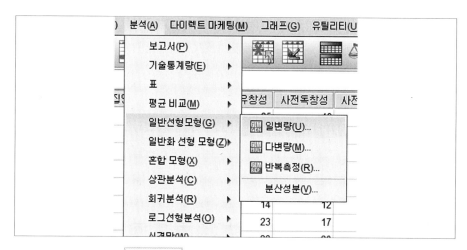

그림 7-36 일반선형모형의 일변량 선택하기

[종속변수]에 사후창의성을 선택하고 [모수요인]에 독립변수인 집단을 선택한 후 [공변량]에 사전창의성을 클릭한다.

그림 7-37 종속변수, 모수요인(독립변수), 공변량 투입하기

[옵션]을 클릭해서 [기술통계량], [동질성 검정]을 클릭한다. [계속]과 [확인]을 차례대로 클릭한다.

그림 7-38   모형에서 완전요인모형과 제III유형 제곱합 확인

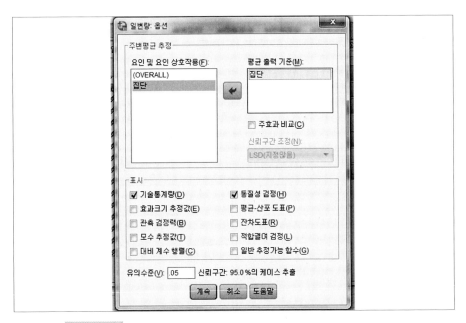

그림 7-39   옵션에서 집단 평균 출력, 기술통계량, 동질성 검정 클릭

(2) 일원공변량분석 결과

기술통계량

종속 변수: 사후창의성

집단	평균	표준편차	N
1	5.65	3.641	48
2	3.33	2.548	39
합계	4.61	3.384	87

오차 분산의 동일성에 대한 Levene의 검정[a]

종속 변수: 사후창의성

F	df1	df2	유의확률
6.051	1	85	.056

여러 집단에서 종속변수의 오차 분산이 동일한
영가설을 검정합니다.

a. Design: 절편 + 사전창의성 + 집단

개체-간 효과 검정

종속 변수: 사후창의성

소스	제III유형 제곱합	자유도	평균 제곱	F	유의확률
수정 모형	260.314[a]	2	130.157	15.093	.000
절편	199.868	1	199.868	23.176	.000
사전창의성	145.247	1	145.247	16.843	.000
집단	111.786	1	111.786	12.962	.001
오차	724.399	84	8.624		
합계	2833.000	87			
수정 합계	984.713	86			

a. R 제곱 = .264 (수정된 R 제곱 = .247)

추정된 주변평균

1. 총평균

종속 변수 사후창의성

평균	표준오차	95% 신뢰구간	
		하한값	상한값
4.491[a]	.317	3.862	5.121

a 모형에 나타나는 공변량은 다음 값에
대해 계산됩니다: 사전창의성 = 4.30.

2. 집단

종속 변수 사후창의성

집단	평균	표준오차	95% 신뢰구간	
			하한값	상한값
1	5.631[a]	.424	4.788	6.474
2	3.352[a]	.470	2.416	4.287

a. 모형에 나타나는 공변량은 다음 값에 대해
계산됩니다: 사전창의성 = 4.30.

그림 7-40 SPSS 일원공변량분석 output

[그림 7-40]에 제시된 결과의 기술통계량을 살펴보면, 창의성에 대한 실험
집단의 사후점수 평균은 5.65(*SD*=3.64)이고 통제집단의 사후점수 평균은

3.33($SD=2.55$)이다. 이 두 집단 간의 사후점수만을 비교하여 집단 간에 차이가 있다고 말하기에는 무리가 있으므로, 사전점수를 공변인으로 하여 사전점수를 통제한 후에도 집단 간에 창의성에서 차이가 있는지를 알아보기 위해 공변량분석을 실시하였다.

공변량분석을 검증하기에 앞서, Levene의 등분산 검증 결과($F=6.05$, $p >$ .05) 영가설을 기각하지 못하므로 두 집단의 분산은 같다고 볼 수 있다. 개체-간 효과검정표를 살펴보면, 집단 간에 창의성에서 유의한 차이가 있는 것으로 나타났다($F=12.96$, $p < .01$). 창의성 프로그램 실시 후 실험집단의 예비유아교사가 통제집단의 예비유아교사에 비해 창의성 점수가 높았다. 이는 창의성 프로그램이 예비유아교사의 창의성을 증진하는 데 유의한 효과가 있음을 나타낸다. 결과 부분의 다섯 번째 표에는 집단별 교정된 사후창의성 점수의 평균과 표준편차가 제시되어 있다. 이러한 결과를 표로 정리하면 〈표 7-23〉과 같다. 공변량분석표를 제시할 때에는 반드시 교정된 평균과 표준편차를 제시해야 한다.

표 7-23 **창의성 프로그램이 예비유아교사의 창의성 증진에 미치는 효과**

창의성의 사전점수와 사후점수

집단	사전점수 $M(SD)$	사후점수 $M(SD)$	교정된 사후점수 $M(SD)$
실험집단	4.33(3.36)	5.65(3.64)	5.63(.42)
통제집단	4.26(2.60)	3.33(2.55)	3.35(.47)

창의성 프로그램의 효과

	분산원	SS	df	MS	F
	사전점수(공변인)	145.25	1	145.25	16.84***
창의성 프로그램	집단	111.79	1	111.79	12.96**
	오차	724.40	84	8.62	
	합계	984.71	86		

** $p < .01$. *** $p < .001$.

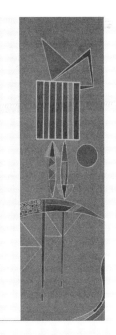

제8장

관련성분석

둘 이상의 변수들 간의 관계를 분석한다는 측면에서 상관분석, 회귀분석, 요인분석에는 공통점이 있다. 상관분석은 연속적인 값을 갖는 두 변수 간의 관계를 상관계수를 통해 기술하는 것이다. 회귀분석은 둘 또는 그 이상의 변수들 간의 관계를 체계적으로 분석한 것으로, 원인이 되는 독립변수와 결과가 되는 종속변수를 통해 그 예측력이 어느 정도 되는지를 규명하는 것이다. 상관분석과 회귀분석 모두 변수들 간의 관련성을 살펴본다는 점에서는 같지만, 회귀분석에서는 독립변수와 종속변수를 구분해 관계를 살펴본다는 점에서는 상관분석과 차이가 있다. 한편, 요인분석은 변수들 간의 상관관계를 기초로 상관이 높은 변수들을 묶어서 몇 개의 요인으로 요약하고 그 요인에 의미를 부여하는 통계방법이다. 요인분석에서는 변수들 간의 상관관계나 공변량을 기초로 공통적인 특성을 보이는 일련의 변수들을 하나의 요인으로 묶고, 이들 일련의 변수들에게 영향을 미치는 것으로 보이는 내재된 특성인 요인을 찾아낸다. 즉, 요인분석은 변수들 속에 내재하는 대표적인 구조나 차원을 찾아내는 방법이다. 이 장에서는 상관분석, 회귀분석과 요인분석에 대해 살펴보고자 한다.

1. 상관분석

상관분석은 연속적인 값을 갖는 두 변수 간의 관계를 상관계수를 통해 기술하는 것이다. 예를 들어, 유아의 놀이수준과 사회적 능력 간에는 관계가 있는지, 노년기 가계의 소득수준과 은퇴 후 적응 간에는 관계가 있는지 등을 검증할 때 상관을 사용한다. 상관관계를 분석하는 통계기법은 변수의 종류에 따라 달라진다. 일반적으로 가장 많이 사용하는 방법은 Pearson 적률상관계수로, 두 변수가 모두 연속적 변수일 때 사용된다. Pearson 적률상관계수는 1896년에 Karl Pearson이 개발한 것으로, 연속적인 값을 갖는 두 변수 간의 관계를 말해 주는 통계기법이다. 상관(correlation)은 한 변수가 변화함에 따라 다른 변수가 어떻게 변화하는지를 살펴보는 것이다. 상관계수(r)를 통해 변수들 간의 관련성을 알 수 있는데, 상관계수가 양수일 경우는 두 변수들 간에 정적 상관이 있음을 나타내고, 음수일 경우는 두 변수들 간에 부적 상관이 있음을 나타낸다. 그리고 부호에 상관없이 상관계수(r)가 절대값 1에 가까울수록 변수들 간의 관련성이 높고 0에 가까울수록 변수들 간의 관련성은 낮다. 여기에서는 상관분석의 기본 원리 및 기본 가정에 대해 살펴보고, 상관관계의 다양한 종류에 대해 살펴본 후, SPSS를 이용하여 상관분석 실시 과정 및 결과를 해석하는 방법을 제시하고자 한다.

1) 상관분석의 기본 원리

상관분석의 주요 목적은 두 변수들 간의 관련성을 밝히기 위한 것이다. 집중경향치와 분산도는 하나의 변수에 대한 측정치인 반면, 상관은 둘 이상의 변수 간의 관계를 기술하는 것으로 변수들 간의 관계의 정도와 방향을 밝히기 위해 통계적 분석에 기초한 상관계수를 사용한다. 상관을 통해 두 변수들 간에 관계가 있는지, 그리고 이 두 변수들 간에 관계가 있다면 어느 정도 약하거나 강한지 등을 알아볼 수 있다. 상관계수는 −1에서 1까지의 범위를 가지며, 절댓값이 1에 가까우면 관련성이 높고 0에 가까우면 관련성이 낮음을 나타낸다.

이러한 두 변수 간의 관계를 X변수를 수평축으로 하고 Y변수를 수직축으로 하는 직교 좌표 위에 그래프로 나타낼 수 있는데 이것을 산포도라고 한다. 산포도에 대한 구체적인 설명은 5장에 제시되어 있다.

산포도는 각각의 점들이 형성하는 패턴을 통해 두 변수 간의 관계를 파악할 수 있게 해 준다. [그림 8-1]을 보면 두 그래프 모두 중학교 입학성적은 중학교 기말고사 성적과 정적인 관계에 있음을 알 수 있다. 그러나 (가)의 분포가 (나)의 분포보다 직선에 가까우며 높은 상관관계를 가지고 있음을 나타낸다. 즉, 남학생들에 비해 여학생의 경우 중학교 입학성적과 중학교 기말고사 성적 간에 밀접한 정적인 관계가 있다고 볼 수 있다.

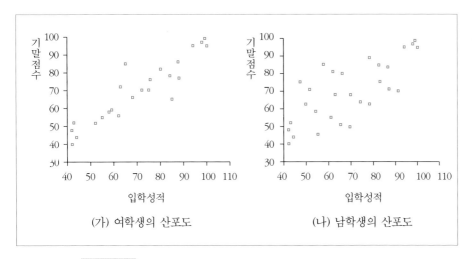

그림 8-1 중학교 입학성적과 중학교 기말고사 성적 간의 관계

또한 상관계수에서 양수는 정적 상관을 의미하며 음수는 부적 상관을 의미한다. 변수 X의 값이 커질 때 변수 Y의 값이 동시에 커지면 상관계수는 양수를 갖게 되지만, X의 값이 커질 때 Y의 값이 작아지면 상관계수는 음수를 갖게 된다. 예를 들어, 중학생들을 대상으로 자아존중감과 부적응행동을 측정해 본 결과 중학생들의 자아존중감이 높을수록 부적응행동을 나타내지 않는다면 이들 간에는 부적 상관이 있다고 할 수 있다. 반면, 자아존중감이 높을수록 자아정체감이 높게 나타난다면 이들 간에는 정적 상관이 있다고 할 수 있다([그림 8-2] 참조). 그리고 자아존중감과 식사량 간의 관계를 살펴보면 이들 간에는 관계가 없음을 발견하게 되는데 이때의 상관계수는 0에 가깝다고 볼 수 있다.

두 변수 간의 상관관계를 나타내는 상관계수를 구하는 공식은 다음과 같다.

$$r = \frac{S_{XY}}{\sqrt{S_{XX} \cdot S_{YY}}} = \frac{\Sigma(X_i - \bar{X})(Y_i - \bar{Y})}{\sqrt{\Sigma(X_i - \bar{X})^2 \cdot \Sigma(Y_i - \bar{Y})^2}}$$

여기에서 S_{XY}는 X와 Y의 공분산을 의미하고, S_{XX}는 X의 분산, S_{YY}는 Y의 분산을 의미한다. 공분산이란 두 변수 X, Y가 각각의 평균 $\bar{X}$, $\bar{Y}$로부터 떨어진 정도를 곱한 값을 사례 수로 나눈 것이다. 공분산을 표준화하기 위해

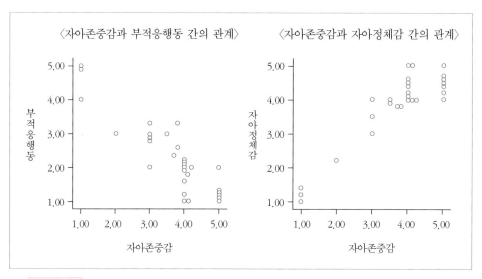

그림 8-2 중학생의 자아존중감과 자아정체감 및 부적응행동 간의 관계에 관한 산포도

공분산의 값을 X의 분산과 Y의 분산을 곱한 값의 제곱근으로 나눈 값이 상관계수 r이다. 공분산이 커질 때 r값은 커지게 될 가능성이 높고, 각 변수의 분산이 작아질수록 r값이 커질 가능성이 높다.

어머니와의 애착안정성과 유아의 사회적 능력 간의 관계를 조사한 결과 〈표 8-1〉과 같은 자료를 얻었다고 가정해 보자. 이 자료를 그래프로 나타내면 [그림 8-3]과 같다. 이 자료를 이용하여 r값을 산출해 보면 상관계수 $r=.92$다. 애착안정성과 유아의 사회적 능력 간에 높은 정적 상관이 있음을 알 수 있다. 이 자료에서 애착안정성의 평균은 2.90이고, 사회적 능력의 평균은 2.60이다. 그림에 있는 각 점들이 애착안정성과 사회적 능력의 평균을 나타내는 직선 X와 Y로부터 동시에 멀리 떨어져 있을수록 직선 A에 가까워진다. 즉, X와 Y가 동시에 평균 $\bar{X}$와 $\bar{Y}$로부터 떨어져 있을수록 $(X-\bar{X})(Y-\bar{Y})$의 값이 커지게 되어 상관계수 r값이 커지게 된다. 반면, 그림에 있는 점들이 직선 X와 직선 Y에 가까워질수록 $(X-\bar{X})(Y-\bar{Y})$ 값은 작아져서 상관계수 r값이 작아지게 된다.

〈표 8-2〉에는 상관관계분석을 이용한 예가 제시되어 있다. 초등학생들의 자아존중감과 의복행동 간의 관계가 제시되어 있다.

표 8-1	애착안정성과 유아의 사회적 능력

애착안정성	유아의 사회적 능력
3	2
1	2
1	1
5	5
2	1
5	4
4	3
1	1.2
5	4.8
2	2
$M=2.90$	$M=2.60$

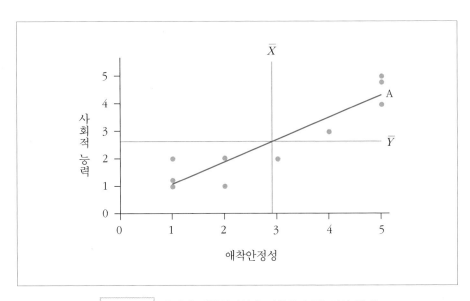

그림 8-3　유아의 애착안정성과 사회적 능력 간의 관계

표 8-2   상관관계의 예

〈표 1〉 초등학생의 자아존중감과 의복행동 간의 상관관계

	의복행동				
	의복 동조성	의복 흥미성	의복 관리성	의복 자립성	의복 편이성
자아존중감	-.04	.08	.23***	-.02	-1.0

*** $p < .001$.

초등학생의 자아존중감과 의복행동 간의 관계를 알아보기 위해 Pearson의 적률상관관계 분석을 실시한 결과 〈표 1〉과 같다. 결과를 살펴보면, 초등학생의 자아존중감은 의복 관리성($r = .23$, $p. < .001$)과 유의한 정적 상관관계가 있었다. 이는 자아존중감이 높을수록 의복을 잘 관리할 수 있음을 의미한다. 반면, 초등학생의 자아존중감은 의복 동조성, 의복 흥미성, 의복 자립성, 의복 편이성과는 유의한 관계가 없는 것으로 나타났다.

출처: 유지연(2005). 초등학생의 자아존중감과 의복행동에 관한 연구. 한국가정과교육학회지, 17(3), 97-108.

2) 상관분석의 기본 가정

여기에서는 Pearson 적률상관계수의 기본 가정을 중심으로 살펴보고자 한다.

첫째, 두 변수가 모두 연속적(등간 혹은 비율척도)인 변수여야 한다. 한 변수라도 비연속적 변수일 때에는 다른 상관기법을 이용해야 한다. 예를 들어, 한 변수가 서열척도일 경우에는 Spearman 순위상관계수를 이용해야 한다.

둘째, Pearson 적률상관계수를 산출하는 공식은 변수 X와 Y의 분포가 직선관계에 있다는 것을 전제로 한다. 그러나 두 변수 간의 관계는 직선관계일 수도 있고 그렇지 않을 수도 있다. 예를 들어, 키와 연령의 관계를 살펴보면, 태어난 순간부터 30대까지는 정적으로 증가한다([그림 8-4a] 참조). 하지만 보통 30대가 지나면 키가 더 이상 자라지 않고 유지되거나 50~60대가 되면 오히려 줄어드는 경향을 나타낸다([그림 8-4b] 참조). 이때 키와 연령 간의 상관을 Pearson 적률상관계수로 산출하면 두 변수 간의 상관은 과소평가된다. [그림 8-4b]는 [그림 8-4a]보다 직선으로부터 더 멀어져 있다. 따라서 a보다 b는 그 관계가 더욱 과소평가될 것이다. 두 변수 간의 관계가 직선이 아니라 곡선일 때는 곡선상관기법인 상관비율(correlation ratio: eta)을 적용해야 한다.

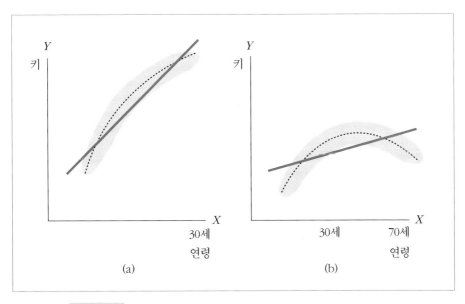

그림 8-4 | 곡선관계를 보여 주는 자료의 산포도(연령과 키의 관계)

셋째, 두 변수가 모집단에서 정규분포를 가져야 한다. 표본의 상관계수로부터 모집단의 상관계수를 추정할 때나 예측 오차의 범위를 결정할 때에는 X와 Y가 정규분포를 이룬다는 가정을 충족시켜야 한다. 만약 X나 Y가 편포되어 있다면 두 변수는 곡선 관계일 가능성이 있으므로, X나 Y가 정규분포를 이루지 않는다면 두 변수의 회귀선이 직선이라고 가정할 수 있는지 산포도를 확인해 보아야 한다. 일반적으로 표본의 크기가 커지면 정규분포의 가정이 충족될 가능성이 높아지므로 이 가정을 충족시키기 위해서는 표본의 크기를 크게 하는 것이 좋다. 더불어 표본의 통계량으로부터 모집단의 모수를 추정하려는 목적으로 산출된 상관계수는 표본의 크기에 따라 그 값이 달라진다. 특히 표본 수가 적을 때에는 표본이 크면 표본상관계수(r)는 모집단상관계수(ρ)에 가까워지지만 표본이 작으면 모집단상관계수(ρ)에서 멀어진다. 일반적으로 표본의 크기가 작으면 상관계수가 우연히 높아질 가능성이 크다. 따라서 표본의 크기를 크게 하는 것이 바람직하다.

넷째, 상관관계 분석은 두 변수가 얼마나 관련되어 있는지를 분석할 뿐이지 어느 변수가 어느 변수에 영향을 미치는지를 분석하지 않는다. 예를 들어, 청소년의 식욕과 체중 간에 상관이 있다는 것이 식욕과 체중 간 인과관계가 있다는 것을 의미하지는 않는다. 어떤 연구에서 식욕이 높은 청소년일수록 체중이 많이 나가는 것으로 나타났다면, 이는 식욕과 체중이 서로 관련되어 있다는 것을 말해 줄 뿐이다. 즉, 청소년의 식욕이 반드시 과체중의 원인이 된다고는 볼 수 없다. 오히려 청소년들의 스트레스 증가로 인한 폭식, 공부시간 증가로 인한 운동 감소 등이 과체중의 원인이 될 수도 있다. 또한 유전적 요인, 경제적 요인 등과 같은 제3의 요인이 두 변수 간 상관의 원인이 될 수 있다. 즉, 상관계수가 높다는 것이 인과관계를 추론할 충분한 정보를 제공해 주지는 못한다([그림 8-5] 참조).

두 변수 간에 상관이 있다는 것은 인과관계의 필요조건으로, 두 변수가 인과관계를 갖기 위해서는 반드시 두 변수 간에 상관관계가 있어야 한다. 하지만 상관은 인과관계의 충분조건은 아니다. 두 변수에 영향을 미칠지도 모르는 가외변수를 통제할 수 있는 실험연구를 통해서만 인과관계를 확인할 수 있다. 따라서 상관관계분석은 두 변수 간의 상호 관련성에 대한 정보만 제공할 뿐이다.

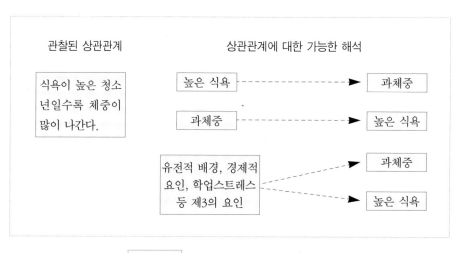

그림 8-5 상관관계에 대해 가능한 해석

3) 상관분석의 종류와 활용

Pearson 적률상관계수는 두 변수가 연속적인 등간척도인 경우에만 사용할 수 있다. 그 외에도 각기 다른 형태의 변수에 적합한 다양한 상관분석 기법이 있다. 여기서는 Pearson 적률상관계수를 사용하기에 적합하지 않은 자료를 가지고 산출할 수 있는 상관분석 기법인 순위상관계수, 양분상관계수, 상관비율, 정준상관, 편상관에 대해 알아보기로 한다.

(1) 순위상관계수

두 변수가 모두 서열척도인 경우에는 Spearman 순위상관계수(Rank Order Correlation: rho)를 산출하는 것이 적합하다. 순위상관계수는 비모수통계방법으로서 두 변수가 모두 등간척도인 경우라도 표본의 크기가 너무 작을 경우(예: 30미만)에는 Pearson 적률상관계수 대신에 순위상관계수가 사용되기도 한다.

〈표 8-3〉에는 순위상관계수를 이용한 예가 제시되어 있다. 유아의 일상적 스트레스 내용의 순위를 산출하기 위하여 유아 지각과 어머니 지각에 대한 순위를 각각 분석하였고, 유아 지각과 어머니 지각 간 순위를 비교하기 위하여 순위 간 상관계수를 Spearman 순위상관계수로 산출하였는데, 유의하게 나타났다($rho = .75$, $p < .001$). 결과를 살펴보면, 유아 지각과 어머니 지각에서 동일한 순위를 나타낸 문항은 23개 문항 중 총 5개 문항임을 알 수 있다. 즉, 24번 문항인 '내 얘기를 엄마, 아빠가 제대로 들어주지 않을 때'는 유아 지각과 어머니 지각에서 동일하게 11위를 나타냈다. 또한 16번 문항인 '먹고 싶은데 먹지 못하게 하거나 먹을 수 없을 때'는 유아 지각과 어머니 지각에서 동일하게 16위를 나타냈다. 4번 문항인 '어두운 곳에 있는 것', 21번 문항인 '엄마나 아빠가 친구나 형제보다 내가 더 못한다고 말할 때', 22번 문항인 '선생님이 나를 예뻐하지 (사랑하지) 않을 때'에서는 유아 지각과 어머니 지각에서 각각 동일하게 20위, 21위, 22위를 나타냈다. 그 밖에도 10번, 11번, 26번, 8번, 6번, 14번, 7번, 27번, 20번, 23번, 19번 문항은 순위에 있어서 근소한 차이(5 이하)를 나타냈다. 즉, 유아의 일상적 스트레스

표 8-3 순위상관계수의 예

유아의 일상적 스트레스에 대한 유아 지각과 어머니 지각 간 순위 비교

문항 번호	내용	순위 유아 지각	순위 어머니 지각
10	엄마, 아빠께 야단 맞을 때	1	3
11	엄마, 아빠께 매 맞을 때	2	1
31	친구와 싸울 때	3	9
26	잘못한 일을 했다고 생각하여 엄마나 아빠한테 혼날 것 같을 때	4	7
8	친구가 때리거나 꼬집을 때	5	4
1	내가 원하는 물건을 엄마, 아빠가 사 주지 않을 때(예: 장난감, 과자, 옷 등)	6	12
6	친구들이 놀이에 끼워 주지 않을 때	7	5
25	엄마, 아빠가 함께 놀아 주지 않을 때	7	14
14	밖에서 놀고 싶은데 못 나가게 하는 것	9	10
13	선생님께 야단 맞을 때	10	17
24	내 얘기를 엄마, 아빠가 제대로 들어주지 않을 때	11	11
9	가족이 내가 좋아하는 TV 프로그램을 못 보게 하거나 보고 있는 채널을 바꿀 때	12	2
7	친구들이 놀릴 때	13	8
3	집에 혼자 있는 것	14	23
15	친구나 동생이 장난감을 빼앗아 갈 때	15	6
16	먹고 싶은데 먹지 못하게 하거나 먹을 수 없을 때	16	16
27	엄마가 듣기 싫은 소리(잔소리) 할 때 혹은 같은 말을 두 번 이상 할 때	17	13
20	친구들은 잘하는데 나는 잘하지 못했다고 생각할 때	18	15
23	엄마나 아빠께 칭찬받고 싶은데 칭찬받지 못할 때	19	18
4	어두운 곳에 있는 것	20	20
21	엄마나 아빠가 친구나 형제보다 내가 더 못한다고 말할 때	21	21
22	선생님이 나를 예뻐하지(사랑하지) 않을 때	22	22
19	엄마나 아빠가 나에게 어떤 것(예: 그림, 공부)에 대해 못한다고 말할 때	23	19

Spearman's rank correlation coefficient(rho) = .75 ($p < .001$)

출처: 염현경(1998). 유아의 일상적 스트레스 척도 개발 및 타당화 연구. 이화여자대학교 대학원 박사학위 청구논문.

문항의 순위에 있어서 유아의 지각과 어머니 지각 간에 대체로 유사함을 알 수 있다.

(2) 양분상관계수

두 변수가 모두 연속변수지만 그중 한 변수를 인위적으로 양분하는 경우 양분상관계수(Biserial Correlation: r_{bis})를 사용한다. 예를 들어, 내적 동기에 따른 성공여부를 성공–실패로 나눈 후 내적 동기와 성공–실패의 관계를 살펴보는 것이다. 양분상관계수는 그 변수가 측정하고 있는 특성이 연속적인 정상분포를 이룬다는 가정을 할 수 있을 때 적용되는 것으로, 정규분포의 가정을 충족하지 못할 경우에 양분상관계수는 1보다 큰 값을 가질 수 있다.

(3) 상관비율

두 변수의 관계가 곡선을 나타낼 때 상관비율(Correlation Ratio: η)을 사용한다. Pearson 적률상관계수는 두 변수의 관계가 직선관계일 때 적합한 상관분석 기법으로, 만약 두 변수의 관계가 곡선관계라면 이때 산출되는 r값은 두 변수 간의 상관계수를 과소평가하게 된다. 전문적 지식과 창의적 산물 간의 관계를 예를 들어 살펴보자. 특정 분야에 대한 전문적 지식이 너무 없으면 그 분야의 창의적 산물을 생산해 내는 데 어려움을 겪기도 하지만, 전문적 지식이 너무 많을 경우 오히려 새로운 산물을 생산해 내는 데 제약을 받게 되어, 중간 정도의 전문적 지식이 오히려 창의적 산물을 산출하는 데 도움이 되는 경향이 있다([그림 8-6] 참조).

(4) 정준상관

둘 이상의 예측변수와 둘 이상의 준거변수 간의 관계를 알아보고자 할 때 사용하는 것이 정준상관(Canonical Correlation: R)이다. 정준상관은 독립(예측)변수군과 종속(준거)변수군의 선형관계를 최대로 표현해 주는 변량분석 기법이다. 즉, 여러 개의 독립변수가 여러 개의 종속변수에 미치는 선형관계 및 설명력의 크기를 나타내 주는 분석기법이다. 한 예로, 청소년의 창의성 하위변수인 유창성, 독창성, 제목의 추상성, 정교성, 성급한 종결에의 저항, 창의적 강점 등을 예측변수군으로 하고, 자아존중감 중 학업능력, 운동능력, 사회적 수용, 신체적 용모, 행동·품행, 전반적 자아가치감 등을 준거변수군으로 하여 정준상관분석을 실시하였다(〈표 8-4〉 참조). 분석결과를 살펴보면, 청소

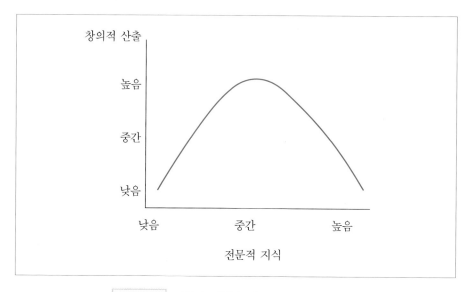

그림 8-6 전문적 지식과 창의적 산출 간의 관계

년의 창의성 변수들 중 정준부하치가 가장 높은 변수는 제목의 추상성(-.883)으로 군내변량의 34.1%를 설명하였고, 창의적 강점(-.701)이 21.5%, 정교성(-.645)이 18.2%, 성급한 종결에의 저항(-.609)이 16.2%를 설명하였다. 다시 말해서, 이는 청소년의 창의성 변수 중에서 추상성이 자아존중감 변수에 대한 예측력이 가장 높고, 그다음이 창의적 강점, 정교성, 성급한 종결에의 저항이며, 예측력이 가장 낮은 것은 유창성과 독창성 요인이라는 것을 의미한다.

이러한 예측변수군에 의해 가장 잘 예측되는 유력한 준거변수는 행동·품행(-.589)으로 군내변량의 37.8%를 설명하였고, 그다음으로는 학업능력(-.537)이 29.6%, 사회적 수용(-.403)이 16.7%를 설명하였다. 즉, 창의성 요인들이 가장 잘 설명할 수 있는 자아존중감 요인은 행동·품행 요인이며, 두 번째는 학업능력, 그다음이 사회적 수용이라는 것을 알 수 있다.

표 8-4　청소년의 창의성 하위변수군과 자아존중감 하위변수군 간의 정준상관분석 결과

1. 청소년의 창의성 하위변수군과 자아존중감 하위변수군 간의 정준변량함수

정준변량함수	정준계수	정준근	비율	고유치	Wilk's	χ^2	df	Sig.
제1정준함수	.350	.122	54.884	.140	.784	61.783	36	.005
제2정준함수	.252	.064	26.708	.068	.894	28.530	25	.284
제3정준함수	.157	.025	9.895	.025	.995	11.805	16	.757
제4정준함수	.113	.013	5.122	.013	.979	5.480	9	.791
제5정준함수	.090	.008	3.227	.008	.991	2.186	4	.702
제6정준함수	.020	.000	.164	.000	1.000	.106	1	.744

2. 청소년의 창의성 하위변수군과 자아존중감 하위변수군 간의 정준상관관계 분석

		예측변수군						준거변수군					
		유창성	독창성	제목의 추상성	정교성	성급한 종결에의 저항	창의적 강점	전체	학업능력	운동능력	사회적 수용	신체적 용모	행동·품행	전반적 자아가치감	전체

정준변량함수		유창성	독창성	제목의 추상성	정교성	성급한 종결에의 저항	창의적 강점	전체	학업능력	운동능력	사회적 수용	신체적 용모	행동·품행	전반적 자아가치감	전체
정준변량함수	W	.241	-.400	-.666	-.151	-.232	-.121		-.525	.425	-.515	.676	-.417	-.260	
	L	-.280	-.391	-.883	-.645	-.609	-.701		-.537	.131	-.403	.185	-.589	-.322	
	L^2	.078	.153	.780	.416	.371	.491	2.289	.288	.017	.162	.034	.367	.104	.972
	%ΣL^2	.034	.066	.341	.182	.162	.215		.296	.017	.167	.035	.378	.107	

3. 청소년의 창의성 하위변수군과 자아존중감 하위변수군 간의 교차상관

예측변수군	정준준거변수군과의 교차상관적재치	준거변수군	정준예측변수군과의 교차상관적재치
유창성	-.098	학업능력	-.188
독창성	-.137	운동능력	.046
제목의 추상성	-.309	사회적 수용	-.141
정교성	-.226	신체적 용모	.065
성급한 종결에의 저항	-.213	행동·품행	-.206
창의적 강점	-.245	전반적 자아가치감	-.113

출처: 정옥분, 김경은, 박연정(2006). 청소년의 창의성과 자아존중감 및 자기효능감과의 관계. 인간발달연구, 13(1), 35-60.

(5) 편상관

편상관분석(Partial Correlation: $r_{AB \cdot C}$)은 두 변수에 영향을 미칠 수 있는 제3의 변수의 영향을 제거한 후에 두 변수 간의 관계를 알아보는 것이다. 예를 들어, 지능과 학업성적 간의 상관관계를 산출해 보면 관계가 높은 것으로 나타나는데, 이때 이 두 변수 모두에 영향을 미칠 수 있는 변수가 가정의 사회경제적 수준이다. 두 변수 모두에 영향을 미치는 가정의 사회경제적 수준의 효과를 제거한 후에 상관계수($r_{IG \cdot S}$)를 산출하여 두 변수 간의 관계를 알아보는 것이 편상관이다. [그림 8-7]에 제시된 바와 같이 지능과 학업성적의 상관관계는 겹쳐지는 부분인 A + B로 표현할 수 있다. 통제변수인 사회경제적 수준과 겹쳐지는 부분인 B를 제외한 A가 지능과 학업성적 간의 편상관관계를 나타내는 부분이다.

〈표 8-5〉는 편상관분석을 이용한 예다. 청소년의 낙관성, 감사성향, 주관적 안녕감 간의 관계를 살펴보면, Pearson 상관분석 결과 이들 변수는 서로 유의한 관계가 있는 것으로 나타났다. 낙관성과 감사성향 간의 상관이 높기 때문에 우선 낙관성을 통제한 후의 감사성향과 주관적 안녕감 간의 편상관 결과를 살펴보면, 낙관성을 통제하기 전의 상관계수($r = .54$, $p < .001$)에 비해 낮기는 하지만 낙관성을 통제한 후에도 청소년의 감사성향과 주관적 안

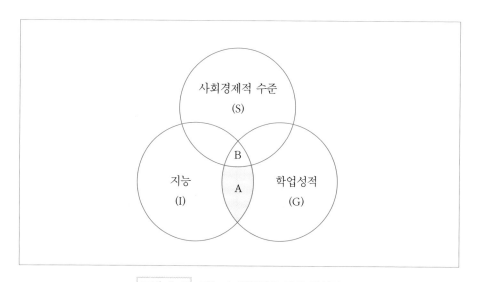

그림 8-7   지능과 학업성적 간의 편상관

표 8-5   편상관분석의 예

1. 청소년의 낙관성, 감사성향, 주관적 안녕감 간 상관분석

	낙관성	감사성향
낙관성	1	
감사성향	.45***	1
주관적 안녕감	.45***	.54***

*** $p < .001$.

2. 청소년의 낙관성, 감사성향, 주관적 안녕감 간의 편상관분석

통제변수	상관변수	상관계수
낙관성	감사성향-주관적 안녕감	.42***
감사성향	낙관성-주관적 안녕감	.27***

*** $p < .001$.

출처: 박소정(2009). 청소년의 낙관성 및 감사성향과 주관적 안녕감의 관계. 고려대학교 대학원 석사학위 청구논문.

녕감 간에 유의한 관계가 있는 것으로 나타났다($r=.42$, $p < .001$). 감사성향을 통제한 후의 낙관성과 주관적 안녕감 간의 편상관 결과를 살펴보면, 감사성향을 통제하기 전의 상관계수($r=.45$, $p < .001$)에 비해 낮기는 하지만 감사성향을 통제한 후에도 청소년의 낙관성과 주관적 안녕감 간에 유의한 관계가 있는 것으로 나타났다($r=.27$, $p < .001$).

자료에 적합하지 않은 상관분석 기법을 사용하면 상관계수가 과소평가되거나 과대평가된다. 따라서 자신이 수집한 자료에 적합한 상관분석 기법을 사용하도록 유념해야 한다. 〈표 8-6〉은 자료에 적합한 상관분석 기법에 대한 내용을 정리한 것이다.

표 8-6   각기 다른 형태의 변인에 적합한 상관분석 기법

상관분석 기법	상징	제1변인	제2변인	비고
Perason 적률상관 계수	r	등간척도 (연속변인)	등간척도 (연속변인)	두 변인이 모두 연속변인인 경우에 사용되는데, 가장 안정적인 상관기법이다.
Spearman 순위상관 계수	ρ	서열척도	서열척도	두 변인이 모두 서열척도인 경우에 사용된다.
양분 상관계수	r_{bis}	인위적 양분변인	연속변인	두 변인이 모두 연속변인이지만 그중 한 변인을 인위적으로 이분하는 경우에 사용된다.
양분점 상관계수	r_{pbis}	양분변인	연속변인	한 변인은 연속변인이고 다른 한 변인은 본래 이분변인인 경우에 사용된다.
Phi 상관 계수	ϕ	양분변인	양분변인	두 변인이 모두 본래 이분변인인 경우에 사용된다.
사분상관 계수	r_t	인위적 양분변인	인위적 양분변인	두 변인이 모두 인위적으로 이분된 경우에 사용된다.
분할상관 계수	C	셋 이상의 범주	셋 이상의 범주	두 변인이 모두 셋 이상의 범주를 가진 경우에 사용된다. 카이제곱검증과 밀접한 관련이 있다.
상관비율	η	연속변인	연속변인	두 변인 간의 관계가 곡선 관계다.
다중상관	R	한 개의 연속변인	둘 이상의 연속변인	둘 이상의 예측변인으로 한 개의 준거변인과의 관계를 예측한다.
정준상관	R	둘 이상의 연속변인	둘 이상의 연속변인	둘 이상의 예측변인으로 둘 이상의 준거변인과의 관계를 예측한다.
편상관	r	연속변인	연속변인	제3의 변인의 영향을 제거한 후에 두 변인 간의 관계를 알아본다.
부분상관	r	연속변인	연속변인	제3의 변인의 영향을 두 변인 중 한 변인으로부터만 제거한 후에 두 변인 간의 관계를 알아본다.

4) 상관분석의 실시 및 해석

SPSS를 이용하여 Pearson 상관분석을 실시하고 해석하는 방법과 편상관분석을 실시하고 해석하는 방법에 대하여 살펴보고자 한다.

(1) Pearson 상관분석의 예

앞서 설명한 바와 같이 Pearson 상관분석은 두 변수(양적 변수) 간의 관계를 검증할 때 사용하는 통계방법이다. 예를 들어, 연구자가 "예비유아교사의 경험에의 개방성과 창의적 행동 간에는 어떤 관계가 있는가?"라는 연구문제를 설정했다면 다음과 같은 절차를 이용하여 경험에의 개방성과 창의적 행동 간의 관계를 검증할 수 있다.

① Pearson 상관분석의 실시

SPSS를 이용하여 상관분석을 실시하는 절차는 다음과 같다.

> 분석 ⇒ 상관분석 ⇒ 이변량 상관계수 ⇒ 변수 이동 ⇒ 상관계수(Pearson) ⇒
> 그래프 ⇒ 산점도 ⇒ 단순산점도 ⇒ X, Y축으로 이동 ⇒ 확인 ⇒ 결과분석

분석에 들어가서, [상관분석]을 클릭한 후, [이변량 상관계수]를 클릭한다.

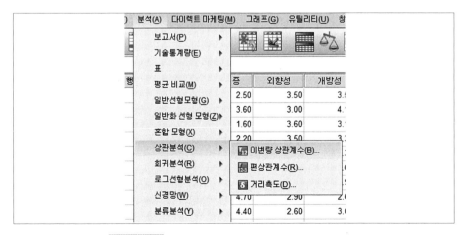

그림 8-8 상관분석에서 이변량 상관계수 선택하기

관계성을 살펴보고자 하는 변수를 선택한 후 상관계수를 [Pearson]으로 클릭하고 확인을 누른다.

그림 8-9 관계성을 살펴보고자 하는 변수 선택

[그래프]에서 [산점도]를 클릭해서 [단순산점도]를 선택하고 두 변수 중 하나는 X축에, 다른 한 변수는 Y축으로 옮긴다. [확인]을 클릭한다.

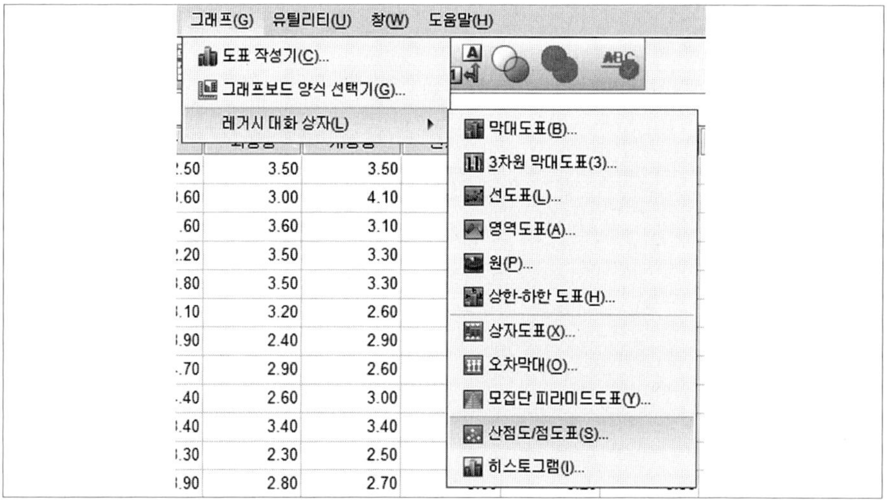

그림 8-10 그래프에서 산점도 선택하기

그림 8-11 산점도에서 단순산점도 선택하기

그림 8-12 두 변수 중 독립변수를 X축에 종속변수를 Y축으로 선택

② Pearson 상관분석의 결과

[그림 8-13]에 제시된 결과를 살펴보면, 예비유아교사의 경험에의 개방성과 창의적 행동 간에는 유의한 관계가 있는 것으로 나타났다($r=.67$, $p < .01$). 즉, 예비유아교사가 경험에 개방적일수록 창의적 행동을 많이 한다는 것을 추론해 볼 수 있다. 〈표 8-7〉은 이 결과를 정리해 놓은 상관분석표다.

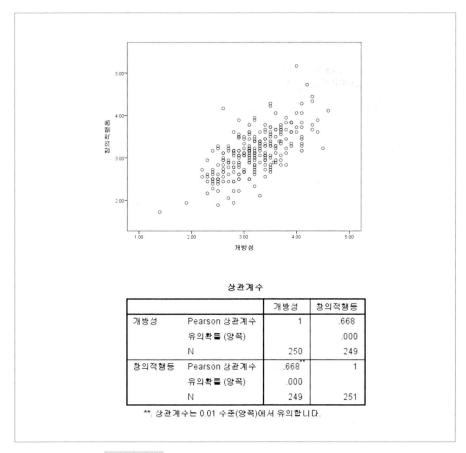

그림 8-13 │ SPSS에서 Pearson 상관분석 output

표 8-7   예비유아교사의 경험에의 개방성과 창의적 행동

	경험에의 개방성
창의적 행동	.67**

** $p < .01.$

(2) 편상관분석의 예

편상관분석이란 제3의 변수의 영향을 통제한 후 두 변수 간의 관계를 알아보는 것이다. 예를 들면, 앞의 예에서 예비유아교사의 경험에의 개방성과 창의적 행동 간의 관계를 분석할 때, 제3의 변수인 행복은 경험에의 개방성 혹은 창의적 행동에 영향을 미칠 수 있다. 따라서 편상관분석에서는 행복을 통제한 상태에서 이 두 변수 간의 관계를 살펴보는 것이다.

① 편상관분석의 실시

SPSS를 이용하여 편상관분석을 실시하는 절차는 다음과 같다.

> 분석 ⇒ 상관분석 ⇒ 편상관계수 ⇒ 변수, 제어변수 이동 ⇒
> 옵션 ⇒ 0차 상관 클릭 ⇒ 확인 ⇒ 결과분

분석에 들어가서, [상관분석]을 클릭한 후, [편상관계수]를 클릭한다.

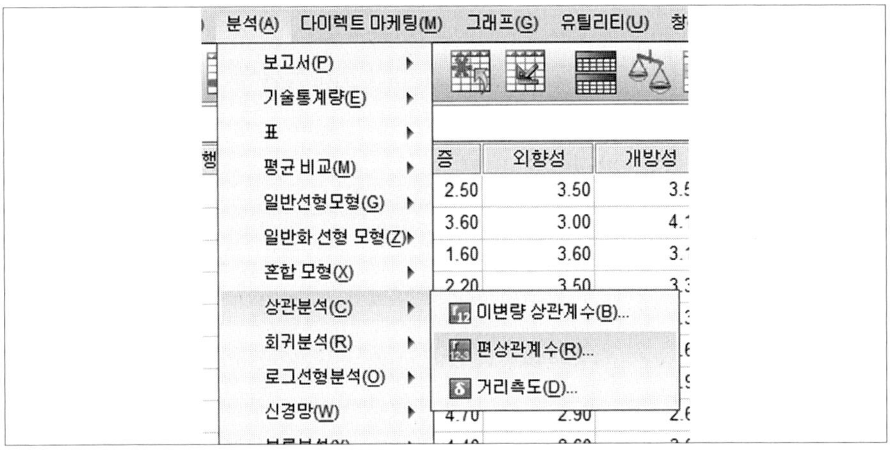

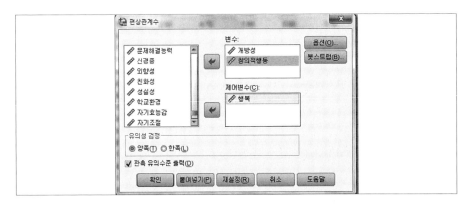

그림 8-14 상관분석에서 편상관계수 선택

관련성을 살펴보고자 하는 변수들을 [변수]에 투입하고, 통제하고자 하는 변수를 [제어변수]에 투입한다.

그림 8-15 관련성을 보고자 하는 변수를 변수로 투입, 통제변수를 제어변수로 투입

옵션을 선택해서 [0차 상관]을 클릭한다. [계속]과 [확인]을 클릭한다.

그림 8-16 옵션에서 0차 상관 선택

② 편상관분석의 결과

[그림 8-17]에 제시된 결과 부분을 살펴보면, 행복을 통제했을 때 예비유아
교사의 경험에의 개방성과 창의적 행동 간에는 유의한 관계가 있는 것으로
나타났다($r = .57$, $p < .001$). 이는 예비유아교사의 행복과는 상관없이 예비유
아교사가 경험에 개방적일수록 창의적 행동을 많이 한다는 것을 의미한다.

상관

통제변수			개방성	창의적행동	행복
-지정않음-[a]	개방성	상관	1.000	.668	.521
		유의수준(양측)	.	.000	.000
		df	0	247	247
	창의적행동	상관	.668	1.000	.460
		유의수준(양측)	.000	.	.000
		df	247	0	247
	행복	상관	.521	.460	1.000
		유의수준(양측)	.000	.000	.
		df	247	247	0
행복	개방성	상관	1.000	.566	
		유의수준(양측)	.	.000	
		df	0	246	
	창의적행동	상관	.566	1.000	
		유의수준(양측)	.000	.	
		df	246	0	

a. 셀에 0차 (Pearson) 상관이 있습니다.

그림 8-17 SPSS에서 편상관분석 output

2. 회귀분석

변수들 간의 관계를 살펴본다는 점에서는 앞서 살펴본 상관분석과 유사하지만 회귀분석은 상관분석과 몇 가지 주요한 측면에서 차이가 있다. 첫째, 상관분석은 변수들 간의 관계를 기술하는 데 목적을 두는 반면, 회귀분석은 예측과 설명에 초점을 둔다. 둘째, 상관분석은 두 변수 간의 관계를 기술하기 때문에 독립변수와 종속변수의 구분이 없지만, 회귀분석은 독립변수(원인이 되는 변수)와 종속변수(결과가 되는 변수) 간에 구분이 명확하다.

회귀분석의 주요 목적은 예측과 설명이다. 회귀분석은 두 개 또는 그 이상의 변수들 간의 인과관계를 체계적으로 분석한 것으로, 원인이 되는 독립변수와 결과가 되는 종속변수를 통해 원인과 결과의 관계를 밝히고 그 예측력이 어느 정도 되는지를 규명하는 것이다. 예를 들어, 초등학교 입학 전의 학교준비도가 초등학교에서의 학교생활 적응을 어느 정도 예측할 수 있는지를 알아보기 위해 회귀분석을 사용한다. 또 다른 예로, 학교폭력과 관련된 다양한 변수들을 측정함으로써 어떠한 변수가 학교폭력에 가장 큰 영향을 미치는지 알아볼 수 있다. 원인과 결과의 관계를 규명하고 그 예측력이 어느 정도 되는지를 분석하기 위해 회귀방정식이 만들어졌으며, 독립변수의 수에 따라 독립변수가 하나일 경우 단순회귀분석, 독립변수가 두 개 이상일 경우 다중회귀분석으로 구분된다.

1) 단순회귀분석

앞서 간단히 소개한 바와 같이 단순회귀분석은 독립변수(X)로 종속변수(Y)를 설명하거나 예측하기 위한 것이다. 예를 들어, 소득이 노년기 성공적 노화에 미치는 영향을 분석할 수 있다. 단순회귀분석의 기본 가정은 앞서 살펴본 상관분석의 기본 가정과 유사하다. 여기에서는 우선 단순회귀분석의 기본 원리 및 기본 가정에 대해 살펴본 후, SPSS를 이용하여 단순회귀분석을 실시하는 과정 및 결과를 해석하는 방법을 제시하고자 한다.

(1) 단순회귀분석의 기본 원리

1개의 종속변수와 1개의 독립변수 사이의 관계를 분석할 경우 단순회귀분석(Simple Regression Analysis)을 실시하게 된다. 단순회귀분석은 독립변수가 종속변수를 어느 정도 예측하는지에 초점을 두게 된다. 회귀분석의 기본 목적은 예측변수로부터 실제로 측정한 결과변수의 데이터에 가장 근접한 변수 Y값을 추정하는 것이다. 단순회귀분석은 1차 방정식에 근거한 단순회귀선이다.

예를 들어, 자기돌봄 시간이 비행에 미치는 영향을 분석할 때 다음과 같은 식으로 나타낼 수 있다.

$$Y = a + bX + e$$

이 방정식에서 종속변수 Y값은 세 가지 요소로 구성된다. 첫째, 자기돌봄 시간에 상관없이 얻는 기본점수(a)다. 둘째, 자기돌봄 시간이 1시간 늘어날 때마다 얻게 되는 점수(b)다. 셋째, 각 개인의 다양성으로 인해 예측할 수 없는 나머지 부분(e)이다.

a는 종속변수 Y의 절편 또는 회귀상수(regression constant)로서 독립변수 X가 0일 때의 Y의 기본값을 나타낸다. 즉, 자기돌봄 시간이 전혀 없었을 때의 비행 점수다. b는 이 방정식의 기울기(slope)로서 회귀계수(regression coefficient)라고 하며, 독립변수 X의 값이 한 단위 변할 때 종속변수 Y의 변화량을 나타낸다. 즉, 자기돌봄 시간이 한 시간 늘어날 때마다 증가하게 될 비행 점수다. e는 오차(error), 잔차(residual) 또는 추정오차(error in estimation)라고 하며, 독립변수 X와 종속변수 Y 간 관계의 모델로 설명되지 않는 값으로 정의할 수 있다. 즉, 자기돌봄 시간에 따라 기대되는 점수(a와 bX)로부터 벗어난 점수를 나타낸다. 자기돌봄 아동 10명을 표본으로 추출하여 자기돌봄 시간과 비행 간의 관계를 조사한 결과는 〈표 8-8〉과 같았다.

〈표 8-8〉을 산포도로 나타내면 [그림 8-18]과 같다. [그림 8-19]에서 산포도의 각 점으로부터 가장 가까운 직선을 구할 수 있는데, 이를 회귀선이라고 하며 이것은 최소자승법에 의해 구해진다. 회귀선은 자기돌봄 시간으로 비

표 8-8	자기돌봄 시간과 비행

자기돌봄 시간	비행 점수
3	2
1	2
1	1
6	6
2	1
6	4
7	6
8	7
9	7
2	2
$\overline{X} = 4.50$	$\overline{X} = 3.80$

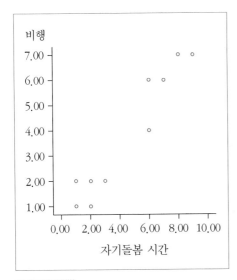

그림 8-18   자기돌봄 시간과 비행 간의 산포도

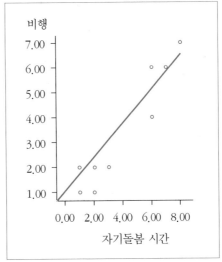

그림 8-19   자기돌봄 시간에 따른 비행의 회귀선

행을 예측해 주는 기능을 한다. 즉, 자기돌봄 시간이 6시간일 경우 X축에서 6을 찾아 회귀선을 만날 때까지 수직으로 올라간 다음 회귀선상의 점에서 Y축과 만날 때까지 수평으로 나아가면 대략 5.2점과 만나게 된다([그림 8-20] 참조). 따라서 자기돌봄 시간이 하루 평균 6시간일 경우 비행 점수는 5.2점

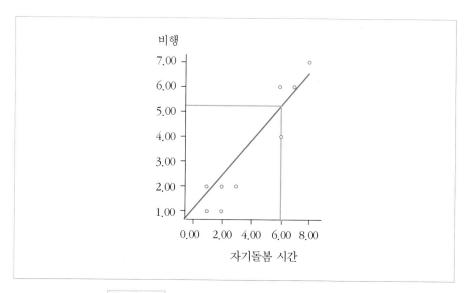

비행

자기돌봄 시간

그림 8-20   자기돌봄 시간을 통해 비행 점수 추정

정도가 된다고 볼 수 있다. 만약 자기돌봄 시간이 하루 평균 3시간일 경우 비행 점수는 2.8점 정도 된다고 볼 수 있다. 자기돌봄 시간이 짧을수록 비행 점수가 낮고, 자기돌봄 시간이 길수록 비행 점수가 높을 것이다. 이와 같이 회귀선을 가지고 예측하는 것이 가능하지만 회귀방정식에 의해 좀 더 과학적인 예측을 할 수 있다.

앞서 살펴본 바와 같이 회귀방정식은 독립변수 X를 알 때 종속변수인 Y를 예측할 수 있는 식이다. 이 식에서 Y는 실제 값이라기보다는 예측되는 값이므로 Y 대신 Y'를 사용한다. e는 각 사례의 고유한 특성에 따른 값이므로 회귀방정식에 의해 예측되기 어려우므로 회귀방정식에서 제외된다. 따라서 회귀방정식은 다음과 같이 표시한다.

$Y' = a + bX$이다.

여기서 Y'는 예측되는 변수로서 준거변수 또는 종속변수이고,
a는 상수(절편)이고,
b는 회귀계수(기울기)이며,

X는 예측변수 또는 독립변수다.

상수와 회귀계수는 변하지 않으므로, 변수 Y에 대한 각 케이스의 관찰값이 다양할수록, 결국 잔차는 다양할 수밖에 없다. 따라서 단순회귀분석에서는 변수 X와 Y의 관계 속에서 잔차의 변화량을 최소화하는 회귀모델을 구힘으로써 자료에 가장 적합한 변수 Y 값을 추정할 수 있는 최적의 선형회귀선을 도출하는 것이 핵심이다.

〈표 8-8〉의 자료를 이용하여 회귀방정식을 구해 보면 $Y' = 0.26 + 0.79X$다. 여기서 자기돌봄 시간에 따른 비행 정도를 예측하기 위해 자기돌봄 시간 6을 대입하면 $Y' = 5$가 된다. 이것은 [그림 8-19]의 산포도를 가지고 예측했던 비행 점수와 유사하다. 예측방정식(회귀방정식)을 만들기 위해 사용된 원래 집단의 비행 점수(Y)와 예측 점수(Y')가 유사하다면 이 예측방정식을 다른 집단에도 적용할 수 있게 된다.

회귀방정식에서 준거변수와 예측변수 간의 상관계수의 제곱(r^2)은 결정계수(coefficient of determination)라고 불리는데, 결정계수는 준거변수 점수 중에서 예측변수에 의해 설명될 수 있는 점수의 비율을 의미한다. 예를 들어, 자기돌봄 시간과 비행 점수 간의 상관계수가 .70이라면 결정계수는 .49이고, 이것은 자기돌봄 시간이 비행 점수 변량의 49%를 설명하는 것을 의미한다.

(2) 단순회귀분석의 기본 가정

단순회귀분석의 기본 가정은 Pearson 상관분석의 기본 가정과 유사하다.

첫째, 독립변수와 종속변수가 등간척도 이상인 양적 변수일 경우에 주로 사용한다. 그러나 선형회귀분석에서는 독립변수가 범주화된 질적 변수일 경우에도 가변수 또는 더미변수(dummy variable)을 사용해 종속변수를 추정하기도 한다.

둘째, 두 변수의 관계는 직선관계, 즉 일차함수의 관계여야 한다. 두 변수의 관계가 직선관계가 아닌 경우 회귀분석을 사용하기 어렵다.

셋째, 잔차(residuals)는 모든 독립변수 값에 대하여 동일한 분산을 가져야 한다.

넷째, 독립변수와 종속변수가 모집단에서 정규분포를 이루어야 한다. 정규분포의 가정을 충족시키기 위해서는 표본의 크기를 크게 하는 것이 좋다.

다섯째, 상관분석에서는 두 변수 간의 관련성만 살펴보지만 회귀분석은 한 변수가 다른 변수에 미치는 영향을 분석하는 것이기 때문에 독립변수와 종속변수를 구분해야 한다.

(3) 단순회귀분석의 실시 및 해석

단순회귀분석은 하나의 예측변수가 종속변수를 어느 정도 예측할 수 있는지를 검증할 때 사용하는 통계방법이다. 예를 들어, 연구자가 "예비유아교사의 행복에 대한 지각이 예비유아교사의 우울을 어느 정도 설명할 수 있는가?"라는 연구문제를 설정했다면 다음과 같은 절차를 이용하여 검증할 수 있다.

① 단순회귀분석의 실시

SPSS를 이용하여 단순회귀분석을 실시하는 절차는 다음과 같다.

분석 ⇒ 회귀분석 ⇒ 선형 ⇒ 종속변수, 독립변수 선택 ⇒ 확인 ⇒ 결과분석

분석에 들어가서 [회귀분석]을 클릭한 후, [선형]을 클릭한다.

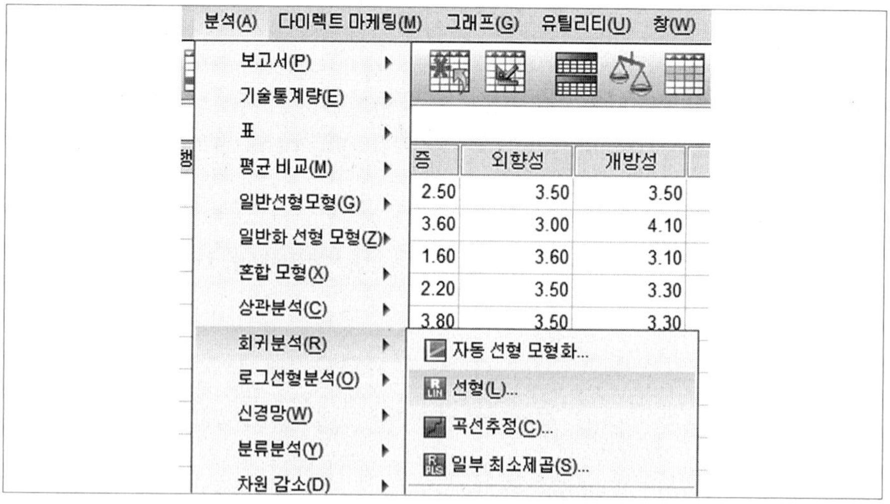

그림 8-21 회귀분석의 선형 선택

　종속변수 창에 [종속변수]를 선택해서 넣고 예측변수를 [독립변수] 창에 선택해서 넣는다. [확인]을 클릭한다.

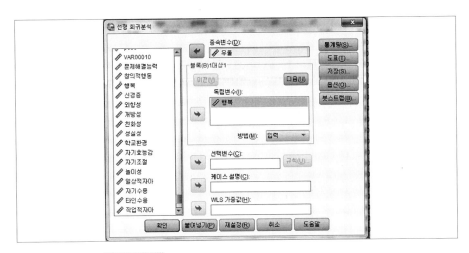

그림 8-22　회귀분석에서의 독립변수와 종속변수 투입

② 단순회귀분석의 결과

　[그림 8-23]에 제시된 결과 부분에서 모형 요약은 본 자료의 회귀분석 모형을 요약한 것이다. 모형 요약을 살펴보면 $R = .67$이고 결정계수 R^2은 .44로, 예비유아교사의 행복이 우울 변량의 44%를 설명한다는 것을 의미한다. 분산분석표를 살펴보면, 예비유아교사의 행복이 독립변수로 들어간 선형모형이 (우울에서 유의한 차이를 보여) 적절하다는 것을 의미한다. 계수를 살펴보면, 선형모형에서 상수는 4.87이고, 행복의 기울기(비표준화계수)는 -.54다. 행복의 표준화계수는 -.67이다. 상수와 기울기 모두 t검증 결과 유의한 것으로 나타났다. 예비유아교사의 우울을 나타내는 식을 다음과 같이 나타낼 수 있다.

$$Y(예비유아교사의\ 우울) = 4.87 - .54X(예비유아교사의\ 행복)$$

　이러한 결과를 표로 요약해 보면 〈표 8-9〉와 같다.

모형 요약

모형	R	R 제곱	수정된 R 제곱	추정값의 표준오차
1	.666ᵃ	.444	.441	.40401

a. 예측값: (상수), 행복

분산분석ᵃ

모형		제곱합	자유도	평균 제곱	F	유의확률
1	회귀 모형	31.887	1	31.887	195.351	.000ᵇ
	잔차	39.991	245	.163		
	합계	71.877	246			

a. 종속변수: 우울
b. 예측값: (상수), 행복

계수ᵃ

모형		비표준화 계수		표준화 계수	t	유의확률
		B	표준오차	베타		
1	(상수)	4.870	.166		29.336	.000
	행복	-.535	.038	-.666	-13.977	.000

a. 종속변수: 우울

그림 8-23 SPSS에서 회귀분석 output

표 8-9   예비유아교사의 우울에 대한 단순회귀분석

독립변수	B	β	t	R	R^2	F
행복	-.54	-.67	-13.98***	.67	.44	195.35***

*** $p < .001$

2) 다중회귀분석

단순회귀분석에서는 1개의 독립변수가 1개의 종속변수에 미치는 영향력을 살펴보지만 다중회귀분석은 2개 이상의 독립변수가 1개의 종속변수에 미치는 영향력을 분석하는 방법이다. 예를 들어, 소득과 신체적 건강이 노년기 성공적 노화에 미치는 상대적 영향력을 분석할 수 있다. 다중회귀분석의 기본 가정은 앞서 살펴본 단순회귀분석의 기본 가정과 유사하다. 여기에서는 우선 다중회귀분석의 기본 원리 및 기본 가정에 대해 살펴본 후, SPSS를 이용하여 다중회귀분석을 실시하는 과정 및 결과를 해석하는 방법을 제시하고자 한다.

(1) 다중회귀분석의 기본 원리

다중회귀분석(Multiple Regression Analysis)이란 2개 이상의 독립변수와 하나의 종속변수 간의 관계를 분석하는 방법이다. 앞서 살펴본 단순회귀분석에서 자기돌봄 시간과 비행 점수 간의 결정계수는 .49였는데 이것은 자기돌봄 시간이 비행 점수 변량의 49%를 설명하는 것을 의미한다. 비행을 예측하기 위해 자기돌봄 시간만 사용하는 것보다 비행과 관련된 또 다른 예측변수를 사용한다면 예측오차를 감소시킬 수 있을 것이다. 비행이라는 것이 단순히 자기돌봄 시간이라는 변수에 의해서만 영향을 받는다고 볼 수 없기 때문에 다른 요인을 고려해 봄으로써 자기돌봄 시간에 의해 설명할 수 없었던 51%의 변량 중 상당한 부분을 설명할 수 있을 것이다. 예를 들어, 자기돌봄 시간과 비행 간에 높은 정적 상관이 있고 자아존중감과 비행 간에는 높은 부적 상관이 있다고 할 때, 자기돌봄 시간과 자아존중감을 모두 예측변수로 사용함으로써 비행을 보다 정확하게 예측할 수 있다.

이와 같이 다중회귀방정식은 일반적으로 다음과 같은 형태를 취한다.

$$Y' = a + b_1 X_1 + b_2 X_2 + b_3 X_3 \cdots \cdots$$

여기서 Y'는 예측되는 변수로서 준거변수 또는 종속변수이고,

a는 상수(절편)이며,

b_1, b_2, b_3는 회귀계수(기울기)이며,

X_1, X_2, X_3는 예측변수 또는 독립변수다.

자기돌봄 시간과 자아존중감이 비행에 미치는 영향을 살펴보자. 〈표 8-8〉에 자아존중감이라는 한 가지 독립변수를 더 추가할 경우 〈표 8-10〉과 같다.

〈표 8-10〉의 자료를 이용하여 회귀방정식을 구해 보면 $Y' = 4.68 + .40X_1 - .84X_2$이다. 여기서 Y'는 비행 점수, X_1은 자기돌봄 시간, X_2는 자아존중감 점수이고, 4.68은 상수다. 이것은 자기돌봄 시간이 전혀 없고 자아존중감 점수가 0일 때 비행 점수는 4.68점이며, 자기돌봄 시간이 1시간 늘어날수록 비행 점수가 0.40점씩 올라가고, 자아존중감 점수가 1점 높아질수록 0.84점씩

표 8-10   자기돌봄 시간 및 자아존중감과 비행

자기돌봄 시간	자아존중감	비행 점수
3	4	2
1	4	2
1	5	1
6	2	6
2	5	1
6	3	4
7	1	6
8	2	7
9	1	7
2	4	2
$\overline{X}=4.50$	$\overline{X}=3.10$	$\overline{X}=3.80$

낮아진다는 것을 의미한다. 만약 어떤 아동의 자기돌봄 시간이 1시간이고 자아존중감이 3점일 경우, X_1에 1을 대입하고 X_2에 3을 대입하면 아동의 예측되는 비행 점수는 2.56점이다. 반면, 어떤 아동의 자기돌봄 시간이 4시간이고 자아존중감 점수가 1점일 경우, 이 아동의 예측되는 비행 점수는 5.44점이다. 자기돌봄 시간이 많고 자아존중감 점수가 낮을수록 비행 점수는 높아짐을 알 수 있다.

앞의 회귀방정식에서 자기돌봄 시간을 1시간 증가시켰을 때 비행 점수가 0.40점 증가하고, 자아존중감 점수가 1점 높아졌을 때 비행 점수가 0.84점이 낮아졌다. 그렇다면 자아존중감이 자기돌봄 시간에 비해 비행에 2배 이상($0.84 \div 0.40 = 2.1$)의 영향을 미쳤다고 볼 수 있을까? 만약 자기돌봄 시간을 시간이 아닌 분으로 측정했다면 같은 결과가 나올까에 대해 의문을 가질 수 있다.

회귀계수는 독립변수의 측정단위에 따라 달라질 수 있으므로 독립변수들의 영향력을 정확하게 비교하기 위해서는 단위를 통일시켜야 한다. 두 개 이상 변수의 단위를 통일시키는 방법은 각 변수의 값을 표준점수로 전환시키는 것이다. 표준점수로 전환된 회귀계수를 표준회귀계수라고 하며, β로 표시한다. 부호에 상관없이 절대치가 가장 큰 베타값을 갖는 변수가 가장 좋은 예측변수가 된다. 즉, 베타값이 작은 예측변수는 다른 예측변수에 비해 예측력이 낮다고 볼 수 있다.

앞의 자료를 통해 계산된 표준회귀계수를 살펴보면, 자기돌봄 시간의 β는 .48, 자아존중감의 β는 −.52다. 따라서 자기돌봄 시간을 통제했을 때 자아존중감을 1 표준편차 증가시키면 비행은 0.52 표준편차만큼 감소하고, 자아존중감을 통제했을 때 자기돌봄 시간을 1 표준편차 증가시키면 비행은 0.48 표준편차만큼 증가한다. 즉, 표준회귀계수를 통해 독립변수의 종속변수에 대한 영향력을 비교할 수 있는데, 자아존중감(절대값 0.52)이 자기돌봄 시간(절대값 0.48)에 비해 영향력이 높다.

단순회귀분석에서 결정계수는 r^2으로 표시되며 이것은 상관계수를 제곱한 값이다. 반면, 다중회귀분석에서 결정계수는 R^2으로 표시되며 이것은 2개 이상의 변수를 결합한 한 세트의 독립변수들에 의해 설명될 수 있는 종속변수의 변량의 비율을 나타낸다. 즉, 결정계수 R^2은 두 독립변수(X_1, X_2)의 결합과 종속변수 간의 상관계수의 제곱이다. 앞서 자기돌봄 시간이 비행 점수 변량의 49%를 설명하는 것으로 나타났는데, 자기돌봄 시간과 자아존중감 점수를 결합했을 때에는 비행 점수 변량의 94.6%를 설명하는 것으로 나타났다. 즉, 어떤 아동의 자기돌봄 시간과 자아존중감을 모두 알게 되면 비행 변량의 95%만큼 예측할 수 있다.

(2) 다중회귀분석의 기본 가정

다중회귀분석을 사용하기 위한 기본 가정은 단순회귀분석의 기본 가정과 크게 다르지 않다.

첫째, X와 Y는 선형관계다. 독립변수 X와 종속변수 Y의 분포가 직선관계에 있다는 것을 전제로 한다.

둘째, 독립변수들은 서로 독립적이어야 한다. 즉, 독립변수들 간에는 상관관계가 없어야 한다는 것을 전제로 한다. 독립변수들 간에 상관관계가 강한 것을 다중공선성(multicollinearity)이라고 하는데, 이 경우 회귀계수의 변량이 너무 커지기 때문에 회귀계수를 검증하는 것은 의미가 없다. 다중공선성을 해결하는 가장 좋은 방법은 서로 상관이 높은 변수들 중에서 가장 중요한 독립변수만을 선택하거나 상관을 보이는 변수들을 단일변수로 만드는 것이다.

셋째, 한 예측변수가 다른 예측변수들의 조합으로 나타나서는 안 된다. 이를 단일성(singularity)이라고 한다. 예를 들어, 정서인식, 정서이해, 정서표현, 정서조절 점수들과 정서지능 총점을 예측변수들로 사용할 수 없다. 정서지능 총점은 정서인식, 정서이해, 정서표현, 정서조절 점수의 조합으로 나타나기 때문이다.

넷째, 각 변수의 잔차는 서로 독립적이고 동일한 변량을 가져야 한다. 각 변수의 잔차가 독립적이라는 가정은 Durbin-Watson 계수로 검증할 수 있는데, Durbin-Watson 계수는 0에 가까우면 정적 상관이, 4에 가까우면 부적 상관이 있으며, 2 정도는 상관이 없는 것으로 해석한다.

[그림 8-24]에는 다중회귀분석 전에 다중공선성 및 잔차의 독립성을 검증한 결과의 예가 제시되어 있다.

이를 바탕으로 이들 변인 중 40대와 50대 중년 직장 남성의 행복심리에 상대적으로 가장 많은 영향력을 미치는 변인을 규명하기 위해 단계적 다중회귀분석을 실시하였다. 단계적 다중회귀분석 전 독립변인 간 다중공선성을 살펴보기 위해 공차한계와 분산팽창계수를 알아보았다. 공차한계 값인 Tolerance는 40대는 .76에서 .89, 50대는 .71에서 .90으로 40~50대 전체는 .77에서 .86으로 나타났다. 한편 분산팽창계수는 VIF값 역시 40대는 1.12~1.31, 50대는 1.11~1.36, 40~50대 전체는 1.17~1.30으로 나타났다. 이와 같은 값은 독립변인 간 다중공선성의 위험성을 배제할 수 있는 값(양병화, 2002)이다. 한편 더빈 왓슨 계수인 D-W는 40대는 1.97, 50대는 1.95, 40~50대 전체는 1.94로 나타났다. 이는 오차항 간 자기상관이 없이 독립성이 확보되었음을 의미하는 것이다. 독립변인 간 다중공선성의 위험성 배제와 오차항 간 자기상관 배제 등이 나타났으므로 단계적 다중회귀분석을 위한 기초조건은 충족되었다고 볼 수 있다.

그림 8-24 다중공선성 및 잔차의 독립성 제시의 예

출처: 곽금주, 민하영, 김경은, 최지영, 전숙영(2011). 중년 직장 남성의 가족관계, 가족 외 관계 및 직무만족이 행복심리에 미치는 영향. 인간발달연구, 18(3), 115-133.

(3) 다중회귀분석의 종류

다중회귀분석에는 여러 가지 형태가 있다(Cone & Foster, 1997; Huck, 2008). 예측변수들을 회귀방정식에 투입하는 순서와 관련하여 예측변수를 하나씩 투입할 수도 있고, 둘 이상을 투입할 수도 있다. 각 회귀분석의 형태는 예측 변수가 준거변수를 예측하는 데 있어 각 변수가 새로운 정보에 기여하는지를 검증하는 분석방식에 따라서도 다양하다.

동시 다중회귀(simultaneous multiple regression)에서는 모든 독립변수가 동시에 방정식에 투입된다. 반면, 위계적 다중회귀(hierarchical multiple regression)에서는 연구자가 이론적 혹은 방법론적인 근거에 따라 방정식에 투입할 변수들의 순서를 미리 정한다.

단계적 다중회귀(stepwise multiple regression)에서는 어떤 변수가 준거변수를 가장 잘 예측하는지, 그다음으로 어떤 변수가 유의하게 추가될 수 있는지 등을 계산적인 결정 규칙을 통해 규명한다. 위계적 다중회귀에서는 연구자가 미리 입력 순서를 정하는 반면, 단계적 다중회귀에서는 컴퓨터가 그 순서를 정한다.

〈표 8-11〉에 제시된 결과는 위계적 다중회귀분석과 단계적 다중회귀분석이 함께 사용된 예다. 40대와 50대 중년 직장 남성의 행복심리에 영향을 미치는 가족관계(자녀관계, 부부관계, 부모관계), 가족 외 관계(친구관계, 동료관계), 직장관계(직무만족)의 상대적 영향력을 살펴보기 위해 위계적 다중회귀분석과 단계적 다중회귀분석을 실시하였다. 월소득은 중년기 행복심리에 영향을 미치는 유의한 사회인구학적 변수로 규명되고 있기 때문에 1단계에서는 월소득을 우선적으로 투입하였다. 이후 월소득의 영향력을 통제한 후에도 가족관계, 가족 외 관계, 직장관계가 행복심리에 영향을 미치는지를 살펴보고자 하였다. 2단계에 투입된 각 독립변수들에 대해서는 단계적 다중회귀분석을 통해 상대적 영향력을 살펴보았다.

이러한 순서를 정하는 데에는 여러 가지 방법이 있고, 어떤 절차를 사용할지를 컴퓨터에 입력해야 한다. 전진투입법(forward entry)에서는 변량을 가장 많이 설명하는 변수를 처음에 입력한 후 (첫 번째 변수가 입력되어 있는 상태에서) 두 번째로 많이 설명하는 변수를 그다음으로 입력하는 방식이다. 이러한

표 8-11   다중회귀분석 실시의 예

중년 직장 남성의 행복심리에 미치는 영향(다중회귀분석)

변인	구분	40대(406)		50대(178)		전체(584)	
		$B(SE)$	β	$B(SE)$	β	$B(SE)$	β
상수		.71(.12)		1.10(.17)		83.(.10)	
통제	월소득	.002(.17)	.01**	.04(.10)	.20**	.10(.01)	.06*
독립 가족 관계	자녀	2.64(.03)	.17***	.01		.19(.03)	.13***
	부부	.12(.03)	.25***	.21(.05)	.30***	.20(.03)	.27***
	부모	.05(.02)	.08*	.08(.03)	.16*	.16(.02)	.10**
가족 외 관계	친구	.12(.03)	.14**	.14(.05)	.19**	.12(.03)	.14***
	동료	.05		.09		.04	
직장관계	직무만족	.28(.03)	.39***	.12(.04)	.18**	.23(.03)	.33***
F값(df)		62.02(6, 399)**		25.98(5, 172)***		78.27(6, 577)**	
$adj R^2$		.48		.41		.44	

종속변수: 행복심리
* $p < .05$. ** $p < .01$. *** $p < .001$.
통제변인 외 모든 변인은 단계적 다중회귀분석을 실시하였으나 결과표를 구성할 때는 가족 영역
→ 가족 외 영역 → 직장 영역 순으로 기재하였다. 이는 상대적 기여도가 높은 변인이 40대와 50대
에 달라 순서를 맞추기 어려웠기 때문이다.

출처: 곽금주, 민하영, 김경은, 최지영, 전숙영(2011). 중년 직장 남성의 가족관계, 가족 외 관계 및 직무
만족이 행복심리에 미치는 영향. 인간발달연구, 18(3), 115-133.

분석의 문제점은 일단 첫 번째 변수가 방정식에 투입되면 계속 방정식에 들어 있는 채로 진행이 된다는 것이다. 전진단계적 절차(forward stepwise)에서는 새로운 변수들을 입력할 때마다 이미 투입되어 있는 변수들이 중복되지 않고 새로운 정보를 제공하는 데 기여하는지를 검증하여 이러한 문제점을 해결한다. 후진제거법(backward deletion)은 모든 변수를 한꺼번에 회귀방정식에 입력한 후, 변량을 적게 설명하는 변수들을 제거해 나가는 방식이다. 몇몇 후진단계적 절차에서는 각 변수의 입력 시 방정식의 결과를 재검증한다.

동시다중회귀에서는 결정계수(R^2)만 보고하지만, 위계적 다중회귀와 단계적 다중회귀에서는 R^2뿐만 아니라 독립변수가 투입됨에 따라 R^2가 얼마나 증가했는가를 보여 주는 R^2변화량(ΔR^2)도 함께 보고한다.

(4) 다중회귀분석의 실시 및 해석

앞서 설명한 바와 같이 다중회귀분석은 둘 이상의 예측변수가 종속변수를 어느 정도 예측할 수 있는지를 검증할 때 사용하는 통계방법이다. 예를 들어, 연구자가 예비유아교사의 창의적 행동에 영향을 미치는 변수들에 관심을 가지고 있다고 가정해 보자. 여러 변수들 중 "예비유아교사의 경험에의 개방성과 자기효능감이 예비유아교사의 창의적 행동을 어느 정도 예측할 수 있는가?"라는 연구문제를 설정했다면 다음과 같은 절차를 이용하여 검증할 수 있다.

① 다중회귀분석의 실시

SPSS를 이용하여 다중회귀분석을 실시하는 절차는 다음과 같다.

> 분석 ⇒ 회귀분석 ⇒ 선형 ⇒ 종속변수, 독립변수, 입력방법 선택 ⇒ 통계량
> ⇒ R제곱변화량, 공선성진단, Durbin-Watson 선택 ⇒ 확인 ⇒ 결과분석

분석에 들어가서, [회귀분석]을 클릭한 후, [선형]을 클릭한다.

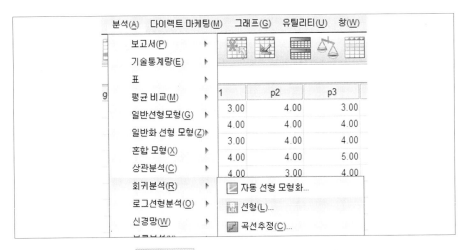

그림 8-25 회귀분석에서 선형 선택하기

[종속변수] 창에 종속변수를 선택해서 넣고 예측변수를 [독립변수] 창에 선

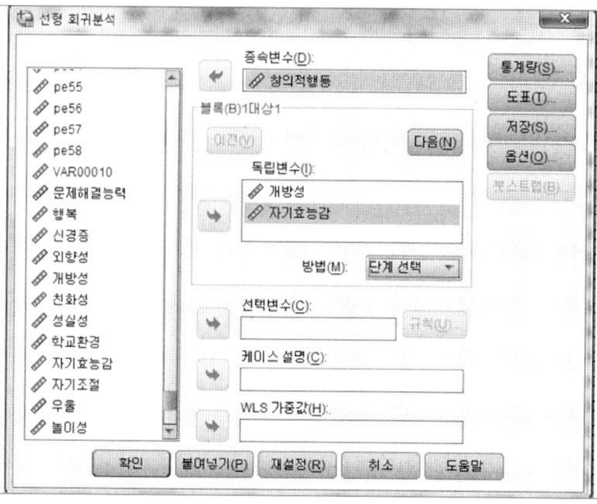

그림 8-26 종속변수와 독립변수(2개 이상)를 선택하고, 입력방법을 선택하기

택해서 넣는다. 입력 방법[1] 중 [단계선택]을 클릭한다.

입력 방법에서 [단계선택]을 선택하였으므로 통계량에서 [R제곱변화량]을 클릭하고, 다중회귀의 기본 가정을 살펴보기 위해 [통계량]을 클릭해서 [공선성진단], [Durbin-Watson]을 선택한다. [확인]을 클릭한다.

그림 8-27 통계량에서 R제곱변화량, 공선성진단, Durbin-Watson 선택

---

1) 입력 방법에서 '입력'은 연구자가 선택한 모든 독립변수로 다중회귀분석을 실시하는 것이고, '단계선택'은 각 단계마다 반복적으로(전진과 후진을 반복) 분석을 실시하여 최적의 모형을 찾는 방법이며, '제거'는 선택한 독립변수를 제거하고 나머지 변수로 분석하는 방법이다. '후진'은 F통계량을 가장 적게 만드는 독립변수를 찾아 모형에서 제거하는 방법이고, '전진'은 후진의 독립변수 중 F통계량을 가장 크게 만드는 독립변수를 찾아 모형에 포함시키는 방법이다.

② 다중회귀분석의 결과

[그림 8-28]에 제시된 결과 부분에서, 결과 해석에 앞서 다중회귀의 기본 가정과 관련해서 살펴볼 필요가 있다. 우선, 독립변수들 간의 상관관계를 나타내는 공선성진단 결과 VIF 계수와 공차한계가 1에 가까워 문제가 없는 것

진입/제거된 변수^a

모형	진입된 변수	제거된 변수	방법
1	개방성	.	단계선택 (기준: 입력할 F의 확률 <= .050, 제거할 F의 확률 >= .100).
2	자기효능감	.	단계선택 (기준: 입력할 F의 확률 <= .050, 제거할 F의 확률 >= .100).

a. 종속변수: 창의적행동

모형 요약^c

모형	R	R 제곱	수정된 R 제곱	추정값의 표준오차	통계량 변화량					Durbin-Watson
					R 제곱 변화량	F 변화량	df1	df2	유의확률 F 변화량	
1	.668^a	.446	.444	.38461	.446	197.847	1	246	.000	
2	.686^b	.471	.467	.37644	.025	11.792	1	245	.001	1.741

a. 예측값: (상수), 개방성
b. 예측값: (상수), 개방성, 자기효능감
c. 종속변수: 창의적행동

계수^a

모형		비표준화 계수		표준화 계수			공선성 통계량	
		B	표준오차	베타	t	유의확률	공차	VIF
1	(상수)	1.056	.150		7.043	.000		
	개방성	.650	.046	.668	14.066	.000	1.000	1.000
2	(상수)	.803	.164		4.894	.000		
	개방성	.573	.051	.588	11.330	.000	.801	1.248
	자기효능감	.153	.045	.178	3.434	.001	.801	1.248

a. 종속변수: 창의적행동

분산분석^a

모형		제곱합	자유도	평균 제곱	F	유의확률
1	회귀 모형	29.266	1	29.266	197.847	.000^b
	잔차	36.389	246	.148		
	합계	65.654	247			
2	회귀 모형	30.937	2	15.468	109.160	.000^c
	잔차	34.718	245	.142		
	합계	65.654	247			

a. 종속변수: 창의적행동
b. 예측값: (상수), 개방성
c. 예측값: (상수), 개방성, 자기효능감

그림 8-28 SPSS에서의 다중회귀분석 output

으로 나타났다. 또한 잔차의 독립성을 나타내는 Durbin-Watson 계수도 1.74로 2에 가까워 문제가 없는 것으로 나타났다. 다음으로 결과 해석과 관련하여 살펴보면, 모형 요약은 본 자료의 회귀분석 모형을 요약한 것이다. 독립변수로 예비유아교사의 경험에의 개방성, 자기효능감을 투입하여 단계선택을 실시한 결과, 예비유아교사의 경험에의 개방성만 독립변수로 투입된 모형 1과 예비유아교사의 경험에의 개방성과 자기효능감의 관계가 독립변수로 투입된 모형 2 모두 유의한 것으로 나타났다. 모형 2를 살펴보면 예비유아교사의 경험에의 개방성, 자기효능감과 창의적 행동 간의 상관계수가 $r=.69$이고 결정계수 R^2은 .47로, 예비유아교사의 경험에의 개방성과 자기효능감이 창의적 행동의 47.1%를 설명한다는 것을 의미한다. 또한 예비유아교사의 경험에의 개방성만이 설명하는 변량은 44.6%이고, 자기효능감이 투입되어 추가적으로 설명하는 변량이 2.5%인 것으로 나타났다. 분산분석표를 살펴보면, 예비유아교사의 경험에의 개방성과 자기효능감이 독립변수로 들어간 모형 2가 (창의성 행동에서 유의한 차이를 보여) 적절하다는 것을 의미한다. 계수를 살펴보면, 모형 2에서 상수는 .80이고, 예비유아교사의 경험에의 개방성의 기울기(비표준화계수)는 .57이며, 자기효능감의 기울기는 .15다. 또한 예비유아교사의 경험에의 개방성의 표준화계수는 .59이고, 자기효능감의 표준화계수는 .18로, 예비유아교사의 경험에의 개방성이 자기효능감보다 창의적 행동에 상대적으로 더 큰 영향을 미침을 알 수 있다. 상수와 기울기 모두 t검증 결과 유의한 것으로 나타났다. 이러한 결과를 표로 제시하면 〈표 8-12〉와 같다.

표 8-12 창의성에 대한 다중회귀분석

	독립변수	B	β	t	r	R^2	ΔR^2	F
모형 1	경험에의 개방성	.65	.67	14.07***	.67	.45	.45	197.85***
모형 2	경험에의 개방성	.57	.59	11.33***	.69	.47	.02	109.15***
	자기효능감	.15	.18	3.43**				

** $p < .01.$ *** $p < .001.$

3. 요인분석

요인분석(factor analysis)은 문항이나 변수들 간의 상호관계를 분석하여 상관이 높은 문항이나 변수들을 묶어서 몇 개의 요인으로 요약하고 그 요인에 의미를 부여하는 통계방법이다. 요인분석은 변수들 간의 상관관계나 공변량을 바탕으로 변수들 속에 내재하는 대표적인 구조나 차원을 찾아내는 방법이다. 요인이란 검사, 척도, 문항 및 거의 모든 측정치에 내재하는 것으로 가정된 구성개념, 즉 가설적 실체인 일종의 잠재변수다. 예를 들어, 지능검사의 경우 Spearman은 지능을 일반요인과 특수요인으로 구분하였고, Thurstone은 알지 못하는 지능을 연구하기 위해 많은 문항으로 제작된 지능검사를 실시하여 얻은 자료를 바탕으로 요인분석을 한 결과 지능이 일곱 가지 기본 정신능력인 어휘력, 수리력, 공간력, 지각력, 추리력, 암기력, 언어 유창성이 합해서 된 것이라고 주장하였다. 여기서 각 하위 기본능력이 바로 지능을 구성하는 요인이 된다(국립특수교육원, 2009).

요인분석은 연구의 목적에 따라 탐색적 요인분석(exploratory factor analysis: EFA)과 확인적 요인분석(confirmatory factor analysis: CFA)으로 나눌 수 있다. 탐색적 요인분석은 방대한 자료를 가능한 한 줄여서 중요한 요인들을 추출하는 데 목적이 있다. 요인분석을 통해 요인에 포함되지 않거나 포함되더라도 중요도가 낮은 변수들은 제거된다. 관련된 변수들이 묶여져 요인을 이루지만 상호 독립적인 특성을 가지게 되어 변수들의 특성을 알 수 있다. 탐색적 요인분석은 연구하고자 하는 요인에 대해 이론이나 가설이 아직 체계적으로 정립되지 않은 경우, 자료를 통해 잠재되어 있는 요인을 탐색해 보고자 하는 목적으로 사용된다. 반면, 확인적 요인분석은 기존의 문헌고찰을 통해 변수들 간의 관계를 미리 예측하고 가설을 설정한 후 요인분석을 실시함으로써 설정해 놓은 변수들 간의 관계가 잘 성립되는 관계인지 아닌지를 증명하는 데 사용되는 분석방법이다. 확인적 요인분석은 구조방정식 모형의 특수한 형태이므로, 여기에서는 탐색적 요인분석을 중심으로 살펴보고자 한다.

1) 요인분석의 기본 원리

요인분석은 관찰된 변수들을 선형적인(linear) 관계를 갖는 소수의 잠재변수(latent variable)들로 요약하는 수학적 방법이다. 측정변수란 연구자가 경험적으로 자료를 수집한 변수, 즉 직접 측정된 변수를 의미한다. 잠재변수는 이론적 변수 또는 가설적 개념과 같은 의미이며, 직접 관찰되지는 않지만 여러 개의 측정변수들 속에 들어 있는 공통부분을 추출하면 그것이 하나의 잠재변수가 된다. 예를 들어, 대수, 해석, 기하, 이해력, 발표력, 어휘력 등에 대한 여섯 개의 측정변수는 '수학실력'과 '국어실력'이라는 보다 추상적인 수준의 두 잠재변수로 압축될 수 있다. 수학실력이 우수한 학생은 대수, 해석, 기하 시험에서 좋은 성적을 얻을 것이고, 국어실력이 우수한 학생은 이해력, 발표력, 어휘력 시험에서 좋은 성적을 보일 것이다. 따라서 측정변수는 잠재변수에 대한 지표변수라고 부른다. 측정변수에서 점수의 높고 낮음은 그에 관련된 잠재변수에서 점수의 높고 낮음을 의미하기 때문이다. 일반적으로 요인분석은 요인을 추출하는 것인데, 측정변수의 자료에서 일단 상관계수행렬을 구한 후 그것을 분해(factoring)하여 잠재변수(요인)를 뽑아 내는 것이다 (이순묵, 1995).

2) 요인분석의 기본 가정

요인분석을 실시하기 위해서는 표본의 수가 커야 한다. 요인분석은 변수들 간의 상관행렬을 기초로 분석하는 방법이기 때문에 변수들 간 상관이 안정된 값을 갖기 위해서는 많은 수의 표본이 필요하다. 표본 수 50 이하는 요인분석을 실시하기에 너무 적고, 보통 200 정도는 필요하며, 300 이상이 좋다(Comrey & Lee, 1992). 일반적으로 관찰변수(문항)당 최소 10개 이상의 측정치가 있어야 하기 때문에 변수(문항) 수와 표본 수의 비율은 1 : 10 정도가 바람직하며, 최소 1 : 5는 넘어야 한다. 예를 들어, 변수(문항)가 40개라면 최소 표본 수는 200이 넘어야 하며, 400은 되어야 안정적인 결과를 얻을 수 있다. 즉, 분석에 사용하고자 하는 변수(문항)의 수가 많아지면 이에 따라 표본의 수도 커져야 한다.

요인분석 또한 다중선형성 가설(multiple general linear hypothesis)에 기초를 두기 때문에 다중회귀분석에서와 같은 기본 가정을 충족시켜야 한다. 첫째, 등간척도나 비율척도로 측정된 양적 자료여야 한다. 둘째, 변수들의 모든 쌍이 선형관계를 가져야 한다. 셋째, 변수들 간의 다중공선성이 높지 않아야 한다. 넷째, 다변량 정규분포 가정을 충족시켜야 한다.

따라서 요인분석에 들어가기 전에 원상관행렬을 검토하고 반영상관계수(anti-image correlation coefficient), Kaiser-Mayer-Olkin(KMO)의 표본적절성 측정치, Bartlett의 구형성 검증 통계치를 산출하여 요인분석에 적합한 자료인지를 확인해야 한다. 이들 검증결과가 통계적으로 유의하면 변수들 간의 상관관계가 유의하다고 볼 수 있으므로 자료를 요인분석에 이용한다([그림 8-29] 참조).

먼저 요인분석에 앞서 문항양호도를 살펴보기 위하여 각 문항의 평균 및 표준편차, 각 문항 응답을 이용한 상대도수분포(%), 문항-전체 상관, 그리고 문항 제거 시 내적 합치도를 산출하고, 변수들 간 상관관계와 해석 가능성을 고려하였다. 그 결과, 평균이 너무 높은 문항(3.5 이상), 상대도수분포가 한쪽으로 치우친 문항(한 번호에 60% 이상 응답된 경우), 문항 제거 시 내적 합치도가 높아지는 문항, 변수들 간의 상관관계가 매우 낮은 문항 등 26문항을 제거하였다. 또한 Kaiser-Meyer-Olkin(KMO)의 표본적절성 측정치와 Bartlett의 구형성 검증 통계치를 산출하여 요인분석에 적합한 자료인지를 확인하였다. 그 결과, 다문화 수용성 척도의 문항은 요인분석에 매우 적합한 것으로 나타났다 (KMO = .951; Bartlett의 구형성 검증, $x^2(703) = 6571.28$, $p < .001$).

그림 8-29 요인분석 기본가정 제시의 예

출처: 김미진, 정옥분(2010). 아동의 다문화 수용성 척도개발과 타당화 연구, 인간발달연구, 17(4), 69-88.

3) 요인분석의 절차

요인분석의 일반적 절차는 다음과 같다.

(1) 원자료의 입력

원자료를 수집한 후 측정된 자료를 컴퓨터의 통계분석 프로그램을 이용하여 입력한다. 자료입력을 마친 후 결측치(missing value)가 있는지, 잘못 입력된 수치가 있는지를 확인한다. 결측치가 체계적으로 나타나는지 무작위로 나타나는지를 살펴보고 결측치를 분석에 포함시킬 것인지 아닌지를 결정한다. 또한 입력된 자료의 측정단위가 동일하지 않은 것이 있다면 자료를 표준화하여 평균은 0, 표준편차는 1인 정규분포로 바꾸어 준다.

(2) 변수 간 상관계수 계산과 상관행렬 검토

변수 간 상관관계를 상관행렬표로 만들어 변수 간의 상호관련성을 검토한다. 상관행렬을 통해 자료의 적합성 여부를 판단할 수 있다. 일부 변수들은 비교적 높은 상관관계를 보이고(보통 0.3 이상), 일부 변수들은 서로 낮은 상관관계를 보여야 한다. 하지만 다중공선성이 지나치게 높은 변수들은 서로 합치거나 그중 하나를 제거해야 한다.

(3) 요인추출 방법의 선정

요인분석에는 두 가지 모형이 있다. 즉, 주성분모형(principal component model)과 공통요인모형(common factor model)으로 구분되는데, 연구자는 이 둘 중 어느 것을 선택해야 할지를 결정해야 하고 특정 모형을 선택한 이유를 제시해야 한다. 주성분모형은 변수들에서 추출되는 변량(공통변량 및 고유변량)을 최대화시키는 변수들의 선형조합을 찾아내도록 반복하는 방식이다. 이 방법은 보통 변수의 수가 너무 많아 자료를 축소하기 위해서 또는 변수들의 변량을 최대로 설명하기 위해 사용된다. 이를 주축방법(principal axis method)이라고도 부른다. 이 방법을 통해 서로 상관관계가 없는 요인들을 만들어 낸다.

반면, 공통요인모형은 변수들 간의 고유변량이 아닌 공통변량만을 설명하는 최소 수의 요인을 찾아내고자 하는 방법이다. 이 방법은 최초 변수들을 통해 쉽게 파악되지 않는 잠재된 공통요인을 알아내고자 할 때 사용된다. 이를 주축요인법(principal axis factoring)이나 주요인분석으로 부르기도 한다.

그 밖에 기타 요인추출 방법으로 최대우도법(maximum likelihood: ML), 일반최소자승법(generalizrd least square: GLS), 이미지 요인법(image factoring), 비가중최소기승법(unweighed least square), 알파요인법(alpha factoring) 등이 있다.

(4) 상관행렬의 분해

상관행렬의 분해는 수학적으로 해당 행렬 내의 정보를 요약해서 소수의 요인을 추출하는 것을 말한다. 상관행렬을 분해하는 과정에서 고유치(eigenvalue)가 산출되는데, 고유치는 각 요인이 얼마나 많은 설명력을 가지는가를 나타내는 것으로 각 요인별로 요인부하량의 제곱을 더해서 구한다. 따라서 특정 요인의 고유치가 낮으면 그 요인이 변수들의 변량을 설명하는 데 별로 기여하지 못하는 것을 의미한다.

(5) 요인 수의 결정

연구자는 분석을 용이하게 하면서도 어느 정도의 설명력을 유지하기 위해 적절한 요인 수를 결정해야 한다. 일반적으로 카이저 방법, 스크리 검사, 총 설명변량, 고유치 평균값, 해석가능성 등을 이용하여 요인의 수를 결정한다(Dunteman, 1989). 카이저(Kaiser) 방법은 고유치가 1 이하인 모든 요인을 제거하는 방식인데, 요인의 수를 지나치게 많이 혹은 적게 산출하기도 한다(그림 8-3이 참조). 스크리 검사(Scree-test)는 Cattell(1965)에 의해 제안된 것으로 요인의 수를 X축에, 각 요인의 고유치를 Y축에 나타낸 스크리 차트와 지수함수를 비교하는 방법이다. 이때 고유치가 X축과 거의 수평선을 이루는 지점에서 요인의 수를 결정하게 된다. 사회과학에서는 보통 총 설명변량의 60%를 설명해 주는 요인까지 선정한다. 고유치 평균을 이용하는 방법은 평균이상의 고유치를 갖는 요인만을 선택하는 엄격한 방식으로 요인의 수가 너무 작아질 수 있다. 그 밖에 수학적으로 엄격한 기준을 적용하기보다는 그 의미 해석이 가능한 모든 요인을 선택하는 방법도 있다.

요인분석은 공통요인모형에서 단일주축분해법을 사용하였고, 요인의 회전은 promax 방식으로 사각회전하였다. 그 결과, 고유치(eigen value)와 각 요인의 설명분산은 〈표 2〉에 제시한 바와 같다. 요인의 수를 결정할 때 고유치가 1 이하인 모든 요인을 제거하는 카이저(Kaiser) 방법은 요인의 수를 지나치게 많이 혹은 적게 산출하게 되므로(정옥분, 2008; Zwick & Velicer, 1986), 스크리 검사, 누적분산비율, 해석가능성을 모두 고려하였다. 다음 표를 살펴보면, 4요인과 5요인 사이, 6요인과 7요인 사이에서 고유치 차이가 상대적으로 줄어드는 것을 볼 수 있다. 누적분산비율을 살펴보면 4요인까지에서 전체분산의 86%를 설명하고 있다. 또한 스크리 검사 및 해석가능성을 모두 고려해 본 결과, 4개 요인이 적절한 것으로 판단되었다. 따라서 요인의 개수를 4로 두고 요인구조를 산출하였다.

〈표 2〉 다문화 수용성 척도 예비문항의 요인분석 후 고유치 및 설명분산

요인	고유치	고유차이	설명분산	누적설명분산
1	15.383	14.004	0.714	0.714
2	1.379	0.432	0.064	0.778
3	0.947	0.073	0.044	0.822
4	0.875	0.170	0.041	0.862
5	0.767	0.069	0.036	0.898
6	0.698	0.146	0.032	0.930
7	0.553	0.039	0.026	0.956
8	0.514	0.038	0.024	0.979

그림 8-30 요인결정 제시의 예

출처: 김미진, 정옥분(2010). 아동의 다문화 수용성 척도개발과 타당화 연구, 인간발달연구, 17(4), 69-88.

(6) 요인부하량 산출

요인부하량(factor loading)은 변수와 요인 간의 상관계수다. 특정 요인이 어떤 변수의 변량을 얼마나 설명하는지 알고 싶으면 그 변수의 요인부하량을 제곱하면 된다. 각 변수는 요인부하량이 가장 높은 요인에 속하게 된다. 각 변수와 요인 간의 관계를 판단할 때 최대 요인부하량이 얼마 이상이어야 하는지에 대한 명확한 기준은 없다. 하지만 일반적으로 어떤 변수의 요인부하량 값이 0.4를 넘으면 해당 요인에서 유의한 변수로 간주하고, 0.5 이상이 되면 중요한 변수라고 볼 수 있다.

특정 변수의 모든 부하량을 제곱하여 더한 값을 공통성(communality)이라고 한다. **공통성**은 모든 요인을 예측변수로, 특정 변수를 결과변수로 보았을 때의 제곱다중상관계수가 된다. 즉, 특정변수의 변량이 모든 요인에 의해 얼마나 설명되는지를 비율로 표시한 것이다. 따라서 특정 문항의 공통성이 낮으면 요인모형이 해당 문항을 잘 설명하지 못한다는 것을 의미하므로 해당 문항을 제기하기도 한다. 하지만 공통성이 낮더라도 해당 문항이 특성 요인을 설명하는 데 해석상으로도 중요한 역할을 한다면 그 문항을 남겨 놓기도 한다.

(7) 요인의 회전

변수들이 여러 요인에 걸쳐 비슷한 요인부하량을 나타내는 경우, 각 변수가 어느 요인에 속하는지를 결정하기 힘들다. 이때 요인축을 회전시키면 각 변수의 요인부하량이 특정 요인의 축에 가까워지게 되므로 그 결과를 이해하고 요인을 해석하기가 쉬워진다. 요인을 회전시키면 각 요인의 고유치와 요인부하량은 바뀌지만 고유치의 총합은 회전 전이나 후나 동일하다. 즉, 요인의 회전을 통해 각 문항이 어느 한 요인에만 높게 부하되게 하고 다른 요인들에는 낮게 부하되도록 하여 요인구조를 명확하게 만든다.

요인을 회전하는 방법에는 요인축의 각도를 90도로 유지하면서 회전하는 직교회전(orthogonal rotation)과 요인축을 임의로 조정하는 사교회전(oblique rotation)이 있다. 직교회전은 추출된 요인들이 서로 독립적이라고 가정하는 경우에 사용되는데, 요인들 간의 관계가 완전히 독립적인 경우가 드물기 때문에 사교회전을 적용하는 것이 보다 현실적일 수도 있다. 그러나 회귀분석이나 판별분석과 같은 추가적인 분석을 하기 위해 요인점수를 이용하려면 직교회전을 사용해야만 다중공선성을 방지할 수 있다. 직교회전 중 가장 많이 사용되는 배리맥스(Varimax) 방법은 하나의 요인에 높게 적재하는 변수의 수를 줄여서 요인의 해석에 중점을 두는 방법이다. 그 밖에 각 변수를 설명하는 데 필요한 요인의 수를 최대한 줄여서 변수의 해석에 초점을 두는 쿼티맥스(Quartimax) 방법, 배리맥스 방법과 쿼티맥스 방법의 절충형인 이쿼맥스(Equamax) 방법이 있다.

사교회전은 추출된 요인들이 서로 독립적이지 않다고 가정될 때 사용된다.

사교회전에서는 요인 간의 상관관계를 허용한다. 사교회전을 하면 형태행렬
(pattern matrix)과 구조행렬(structure matrix)이 산출된다. 구조행렬은 직교회
전 시 나타나는 것과 같은 단순 요인부하량 행렬이고, 형태행렬은 고유변량
만을 반영한 상관계수다. 요인의 수가 많을수록 설명되는 변량 중 공통변량
이 많아지므로 형태상관계수는 작아지게 된다. 사교회전을 한 경우 요인을
명명하고 해석할 때 형태상관계수와 구조상관계수를 모두 살펴보아야 한다.
사교회전 방식으로는 보통 오브리민(Oblimin) 방식이 많이 쓰이고 그 밖에
프로맥스(Promax) 방식이 있다.

(8) 요인의 해석 및 요인점수 산출

요인의 회전을 통해 최종 요인들을 산출하고 나면 각 요인을 해석하고 명
명해야 한다. 연구자는 동일 요인하에 묶여진 변수(문항)들의 공통된 특성을
살펴보고 요인을 해석하게 된다. 이때 요인의 해석 가능성을 고려한다면 1개
의 요인에 적어도 3개 이상의 변수가 있어야 한다. 요인을 해석하고 명명하
는 이 과정에서는 연구자의 주관적 판단이 개입되므로 결과가 연구자마다
어느 정도 다를 수 있다. 최종적으로 요인을 확정한 후 요인점수를 산출하여
회귀분석이나 판별분석 같은 추후의 분석에 활용할 수 있다.

4) 요인분석의 실시 및 해석

요인분석은 변수들 간의 상관관계에 기초하여 여러 개의 변수를 비슷한
특성을 가진 것끼리 범주화하여 몇 가지 요인으로 묶는 것이다. 예를 들어,
연구자가 유아의 사회정서적 능력 척도를 개발하고자 한다면 유아의 사회정
서적 능력이라고 여겨지는 다양한 변수(우리 아이는 친구가 많은 편이다, 우리
아이는 처음 보는 아이와도 쉽게 놀이를 한다 등)를 모아 비슷한 특성을 지닌 것
끼리 요인화한다.

(1) 요인분석의 실시

SPSS를 이용하여 요인분석을 실시하는 절차는 다음과 같다.

분석 ⇒ 차원 감소 ⇒ 요인분석 ⇒ 요인분석 ⇒ 기술통계/KMO와
Bartlett 구형성 검정(기본가정 검증) ⇒ 요인추출 ⇒ 요인회전 ⇒
요인점수 ⇒ 옵션 ⇒ 확인 ⇒ 결과분석

분석에 들어가서, [차원 감소]를 클릭한 후, [요인분석]을 클릭한다.

그림 8-31　분석의 차원 감소에서 요인분석 선택

[기술통계]를 클릭해서 [KMO와 Bartlett의 구형성 검정]을 통해 요인분석의
기본가정을 검증한다.

그림 8-32　기술통계의 상관행렬에서 KMO와 Bartlett의 구형성 검정 클릭

　　[요인추출]을 클릭하여 요인추출 방법을 선택하고, [요인회전]을 선택하여
요인회전 방법을 선택한다. 요인추출과 요인회전 방법은 이론적 근거에 기
초하여 이루어져야 한다.

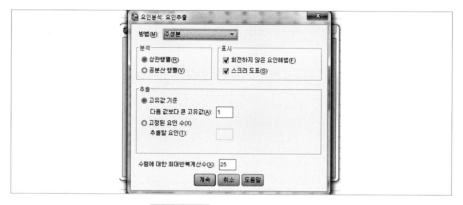

그림 8-33   요인추출 방법 선택

그림 8-34   요인회전 방법 선택

그림 8-35   요인점수를 변수로 저장하는 방법 선택

그림 8-36 옵션에서 계수출력형식을 크기순 정렬로 선택

(2) 요인분석의 결과

[그림 8-37]은 사회정서발달 변수들의 잠재적 공통요인을 파악하고 척도 구성의 타당성을 검증하기 위해 탐색적 요인분석(Exploratory Factor Analysis)을 실시하는 과정과 결과다. 요인분석에 들어가기 전 KMO의 표본적절성 측정치와 Bartlett의 구형성 검정 통계치를 산출하여 요인분석에 적합한 자료인지 확인하였다. 표본의 적절성을 측정하는 KMO의 값이 .86으로 1에 가깝고, 변수들 간의 상관이 0인지를 검정하는 Bartlett의 구형성 검정 통계치가 6,976,640.72($p < .001$)로 상관행렬이 요인분석을 하기에 적합하다. 이 연구에서 요인추출은 주성분방법을 선택하였고, 요인구조의 회전은 요인들 간에 서로 독립적이라는 가정하에 배리맥스 방식으로 회전하였다. 그리고 요인의 수를 결정하기 위한 기준으로 스크리 검사, 누적분산비율, 해석가능성을 고려하였다. 스크리 검사 및 해석가능성을 고려하여, 요인의 수를 2개로 두고 직각회전 후 1차 요인구조를 산출하였다. 각 요인 내 요인부하량이 .3 미만인 문항이 없고 두 요인 이상에 걸쳐 비슷한 요인부하량을 보이는 문항이 없는 것으로 나타났다. 이들 2요인의 총 설명분산은 51.93%로 나타났다. 사각회전 후 산출된 최종 요인구조와 요인부하량은 〈표 8-13〉에 제시된 바와 같다. 첫 번째 요인은 사회적 능력, 두 번째 요인은 정서능력으로 명명하였다.

KMO와 Bartlett의 검정

표준형성 적절성의 Kaiser-Meyer-Olkin 측도.		.863
Bartlett의 구형성 검정	근사 카이제곱	6976640.715
	자유도	78
	유의확률	.000

스크리 도표

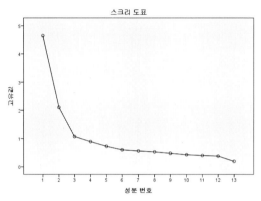

성분 번호

지역별 가중치에 의해 가중된 분석

설명된 총분산

성분	초기 고유값			추출 제곱합 적재값			회전 제곱합 적재값		
	합계	% 분산	% 누적	합계	% 분산	% 누적	합계	% 분산	% 누적
1	4.647	35.749	35.749	4.647	35.749	35.749	3.657	28.127	28.127
2	2.103	16.177	51.925	2.103	16.177	51.925	3.094	23.798	51.925
3	1.071	8.235	60.160						
4	.890	6.845	67.006						
5	.725	5.575	72.580						
6	.601	4.621	77.201						
7	.561	4.314	81.515						
8	.527	4.052	85.567						
9	.479	3.682	89.249						
10	.427	3.286	92.535						
11	.400	3.078	95.613						
12	.378	2.904	98.517						
13	.193	1.483	100.000						

추출 방법: 주성분 분석.

회전된 성분행렬[a]

	성분	
	1	2
문34 사회성 - ④	.741	.100
문34 사회성 - ⑤	.727	.123
문34 사회성 - ⑧	.694	.114
문34 사회성 - ⑥	.640	.038
문34 사회성 - ⑨	.624	.192
문34 사회성 - ③	.582	.245
문34 사회성 - ②	.578	.282
문34 사회성 - ⑦	.525	-.062
문34 사회성 - ①	.516	.193
문45 정서- ③	.163	.884
문45 정서- ④	.140	.870
문45 정서- ①	.097	.810
문45 정서- ②	.171	.802

요인추출 방법: 주성분 분석.
회전 방법: Kaiser 정규화가 있는 베리멕스.
a. 3 반복계산에서 요인회전이

그림 8-37 SPSS에서 요인분석 실시결과

표 8-13 사회정서발달 척도 최종 문항의 회전 후 요인행렬표

문항내용	요인	
	1	2
④ 어른이 지켜보지 않아도 우리 아이는 친구들의 놀이에 낄 수 있다.	.741	.100
⑤ 우리 아이는 친구들과 놀이를 할 때 먼저 어떤 놀이를 하자고 제안한다.	.727	.123
⑧ 우리 아이는 친구가 많은 편이다.	.694	.114
⑥ 우리 아이는 처음 보는 아이와도 쉽게 놀이를 한다.	.640	.038
⑨ 우리 아이는 부모나 교사, 친구와의 약속을 지킨다.	.624	.192
③ 우리 아이는 또래들과 함께 한 가지 놀이를 30분 이상 할 수 있다 (블록쌓기, 모래놀이, 가게놀이, 소꿉놀이 등).	.582	.245
② 우리 아이는 친구의 이름을 부른다.	.578	.282
⑦ 우리 아이는 친구들에게 양보를 한다.	.525	-.062
① 우리 아이는 다른 사람들을 도와주고 싶어 한다.	.516	.193
③ 아이와 어머니는 서로 눈 맞춤을 한다.	.163	.884
④ 아이와 어머니는 상호작용하는 동안 함께 웃는다.	.140	.870
① 아이는 어머니의 말이나 웃음 등에 반응을 보인다.	.097	.810
② 아이는 어머니와의 신체접촉을 좋아한다.	.171	.802

출처: 보건복지부(2010). 2009 한국아동청소년실태조사.

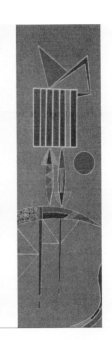

제9장

카이제곱검증

카이제곱검증(chi-square test)은 독립변수와 종속변수가 모두 명목척도인 경우 두 변수가 서로 관련이 있는지를 검증하기 위한 것으로 비모수통계방법(nonparametric statistics) 중 하나다. 비모수통계는 표본이 정상문포를 이루는 모집단으로부터 표집되어야 한다는 정규분포 가정과 각 모집단의 변량이 동일하다는 동변량성 가정 등이 충족되지 않고, 표본의 수가 너무 적을 때 사용하게 된다. 예를 들어, 모래놀이치료가 ADHD 아동의 긍정적 정서표현에 미치는 영향을 알아보고자 할 때, 모래놀이 치료에 참여하는 ADHD 아동의 사례수가 10명 이하로 적을 경우 모수통계를 사용하기보다는 비모수통계를 사용해야 한다. 또한 연구자가 수집한 자료가 명목척도인 경우 비모수통계를 사용한다. 양적으로 점수화되는 자료가 아니라, 놀이유형, 애착유형, 사회계층 등과 같이 범주화되는 자료일 경우 비모수통계를 사용한다. 즉, 독립변수나 종속변수가 연속적 변수(등간, 비율척도)일 경우 대부분 모수통계를 사용하지만 비연속적 변수(서열, 명목척도)일 경우에는 비모수통계를 많이 사용한다.

카이제곱검증은 일반적으로 독립변수와 종속변수가 모두 질적 변수일 때 사용한다. 예를 들어, 유아의 성별에 따라 좋아하는 놀이유형에 차이가 있는지, 성인 남녀 간에 선호하는 의류브랜드에 차이가 있는지 등을 검증할 때 카이제곱검증을 사용한다. 이 장에서는 카이제곱검증의 기본 원리 및 기본 가정에 대해 살펴보고, 단일표본 카이제곱검증과 독립표본 카이제곱검증에 대해 살펴본 후, SPSS를 이용하여 카이제곱검증을 실시하는 과정 및 결과를 해석하는 방법을 제시하고자 한다.

1. 카이제곱검증의 기본 원리

카이제곱검증(x^2 test)은 독립변수와 종속변수가 서로 독립적인지 아니면 관련성이 있는지를 검증하기 위한 것이다. 카이제곱검증에서는 독립변수와 종

속변수 모두 명목변수여야 한다. 예를 들어, 학생들이 학교에서의 체벌에 찬
성하는지 혹은 반대하는지에 대해 알아보고자 할 때, 성별에 따라 학교 체벌
의 찬성여부에 차이가 있는지를 알아보고자 할 때 카이제곱검증을 사용할
수 있다.

카이제곱검증에서는 두 명목척도들의 하위범주별 빈도를 교차분석표로 제
시할 수 있는데, 각 범주별 관찰되는 빈도와 기대되는 빈도의 차이를 통해서
카이제곱값을 구하고, 이 값이 통계적으로 유의한지를 결정한다. 카이제곱값
을 구하는 공식은 다음과 같다.

$$\chi^2 = \Sigma (f_o - f_e)^2 / f_e$$

이 공식에서 f_o는 관찰되는 빈도를, f_e는 기대하는 빈도를 의미하는데, 연
구자가 기대하는 빈도와 실제 관찰되는 빈도 간에 차이가 있는지를 검증하
는 것이다. 위의 공식에 의하면 카이제곱값은 절대로 음수가 될 수 없으며,
0이거나 0보다 큰 값을 갖는다. 따라서 카이제곱분포는 양수 쪽으로 편포되
어 있음을 알 수 있다([그림 9-1] 참조). 카이제곱값이 0에 가까울수록 관찰빈
도와 기대빈도 간에 차이가 없음을 의미하며 영가설을 수용할 가능성이 높
아진다. 반면, 관찰빈도와 기대빈도 간에 차이가 클수록 카이제곱값이 커지
며 이 값이 클수록 영가설을 기각할 가능성이 높아진다.

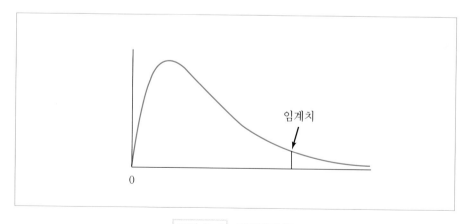

그림 9-1   카이제곱분포

2. 카이제곱검증의 기본 가정

카이제곱검증의 기본 가정은 다음과 같다. 첫째, 측정수준은 명목척도다. 독립변수와 종속변수 모두 명목척도일 경우 사용할 수 있다. 만약 종속변수가 연속적 변수지만 정규분포 가정에 위배될 경우, 종속변수를 범주화해서 비연속적 변수로 만든 후 사용할 수 있다. 예를 들어, 아동의 자아존중감은 양적 변수이지만 정규분포 가정이 충족되지 않을 경우 자아존중감을 상, 중, 하로 범주화하여 사용할 수 있다. 둘째, n개의 독립적 관찰로 이루어져야 한다. 셋째, 둘 이상의 범주는 상호배타적(mutually exclusive)이고 포괄적(exhaustive)이어야 한다. 소득을 범주화할 경우 0원부터 최고값까지 포함해야 하므로 범위를 정할 때 주의해야 한다. [그림 9-2]를 살펴보면 왼쪽의 표에는 오류가 있다. 소득이 100만 원일 경우 가장 위(0원~100만 원)에 체크를 해야 하는지, 100만 원~200만 원에 체크를 해야 하는지와 관련된 문제가 발생한다. 100만 원이 첫 번째 범주와 두 번째 범주에 모두 포함되기 때문에 범주가 상호배타적이어야 한다는 기준에 어긋난다. 또한 소득이 600만 원인 사람들은 응답을 할 수 없다. 이 표에서는 소득이 500만 원까지만 제시되어 있기 때문이다. 이는 범주가 포괄적이어야 한다는 기준에 어긋나는 것이다. 이를 수정하여 제시한 것이 오른쪽의 표다. 넷째, 카이제곱검증에서는 표본의 수가 많을수록 좋다. 예를 들어, 범주의 수가 2일 때 기대빈도는 5 이상이 되어야 한

소득수준		소득수준
0~100만 원		0~100만 원 미만
100~200만 원	→	100만 원 이상~200만 원 미만
200~300만 원		200만 원 이상~300만 원 미만
300~400만 원		300만 원 이상~400만 원 미만
400~500만 원		400만 원 이상
잘못된 범주의 예		수정된 범주의 예

그림 9-2 범주화의 예

다. 특히 2×2 빈도분포표에서는 기대빈도가 10 미만일 때에도 잘못된 결과를 야기할 수 있다. 이를 해결하기 위해서는 범주의 수를 줄이거나 표본의 수를 늘리면 된다.

3. 카이제곱검증의 종류와 활용

카이제곱검증은 가장 흔히 사용되는 비모수통계 중 하나로 기대값과 관찰값 간에 차이가 나는가를 검증하는 통계방법이다. 카이제곱검증에는 단일표본검증과 독립표본검증이 있다.

1) 단일표본 카이제곱검증

단일표본 카이제곱검증은 한 집단 혹은 한 변수에 대한 관찰빈도가 각 응답 범주에 균등하게 분산되어 있는지를 검증하기 위한 통계방법이다. 예를 들어, 연구자는 학생들이 교내 자율학습 실시에 찬성하는가 혹은 반대하는가에 관심이 있다. 100명의 학생들이 다음과 같은 응답을 했을 때, 학생들이 각 응답범주(찬성, 반대)에 균등하게 분산되어 있는지 아닌지를 알아보기 위해 단일표본 카이제곱검증을 사용한다.

	응답범주	빈도
교내자율학습	찬성	40
실시 여부	반대	60

위의 응답을 보면 찬성은 40명, 반대는 60명으로 나타났다. 이와 같이 실제 조사를 통해 얻어진 빈도를 관찰빈도(observed frequency)라고 한다. 위의 관찰빈도에서 반대가 많고, 찬성은 상대적으로 적은 것을 알 수 있는데, 이러한 차이가 통계적으로 유의한 차이인지에 대해 알아보기 위해 영가설과 연구가설을 세울 수 있다.

영가설: 학생들의 교내자율학습 실시에 대한 찬성과 반대 의견의 빈도는 같다.

연구가설: 학생들의 교내자율학습 실시에 대한 찬성과 반대 의견의 빈도는 다르다.

영가설이 맞는다면 응답범주 안에 빈도가 동일하게 분산되어 있을 것이다. 학생이 100명이므로 각 응답범수에 100×.05=50명으로 분산되어 있을 것이다. 이와 같이 영가설하에 각 응답범주에 균등하게 분배될 것으로 기대되는 빈도를 기대빈도(expected frequency)라고 한다. 각 범주 안에 균등하게 분배되어 있다는 영가설의 기대빈도는 다음과 같다.

	응답범주	관찰빈도(f_o)	기대빈도(f_e)
교내 자율학습	찬성	40	50
실시여부	반대	60	50

각 응답범주의 관찰빈도가 기대빈도와 일치한다면 관찰빈도가 각 응답범주에 균등하게 분배되어 있다고 볼 수 있다. 반면, 관찰빈도와 기대빈도 간에 차이가 많이 난다면 관찰빈도가 각 응답범주에 불균등하게 분배되어 있다고 볼 수 있다. 카이제곱검증은 관찰빈도와 기대빈도 사이의 차이를 검증하는 것으로서, 카이제곱값을 구하는 공식은 다음과 같다.

$$\chi^2 = \Sigma (f_o - f_e)^2 / f_e$$

각 범주별로 관찰빈도에서 기대빈도를 빼서 제곱한 값을 기대빈도로 나눈 후, 그 값들을 모두 더하면 된다. 위의 예를 이용해서 카이제곱값을 구해 보면 〈표 9-1〉과 같다. 이때의 카이제곱값은 4이고, 자유도(df)는 2-1로 1[1]이

---

1) 카이제곱검증에서 자유도가 1일 경우 Yates Correction을 사용해야 한다. 자유도가 1일 경우 p값을 증가시켜 제1종 오류가 발생하게 되므로 이를 방지하기 위한 공식이다. Yates Correction은 관찰빈도에서 기대빈도를 뺀 값에서 .5를 더 빼서 제곱한 것을 기대빈도로 나눈 후, 그 값들을 합한 것이므로 카이제곱값이 작아지게 된다. $\chi^2 = \Sigma (|f_o - f_e| - .5)^2 / f_e$

표 9-1	예제의 카이제곱값을 구하기 위한 요약표

	응답범주	관찰빈도(f_o)	기대빈도(f_e)	$f_o - f_e$	$(f_o - f_e)^2$	$(f_o - f_e)^2/f_e$
교내 자율학습	찬성	40	50	-10	100	2
실시 여부	반대	60	50	10	100	2

다. 카이제곱분포표를 이용하여 기준 카이제곱값을 구하면 3.84다. 관찰된 카이제곱값(4)이 기준 카이제곱값(3.84)보다 크기 때문에 영가설을 기각하고 연구가설을 채택하게 된다. 즉, 교내 자율학습 실시에 대한 학생들의 찬성과 반대의견의 빈도는 다르다. 자율학습을 반대하는 학생들이 찬성하는 학생보다 유의하게 많음을 알 수 있다.

2) 독립표본 카이제곱검증

단일표본 카이제곱검증은 한 집단 혹은 한 변수에서 관찰빈도와 기대빈도 간에 유의한 차이가 있는가를 검증하기 위해 사용한다면, 독립표본 카이제곱검증은 두 변수(집단)에서 관찰빈도와 기대빈도 간에 유의한 차이가 있는가를 검증하기 위해 사용한다. 예를 들어, 연구자가 유아의 성별에 따라 기질유형에 차이가 있는지를 알아보고자 할 때, 남아와 여아 각각의 기질유형(순한 기질, 까다로운 기질)의 관찰빈도와 기대빈도를 살펴보아야 한다. 두 변수 간의 빈도분포표는 〈표 9-2〉와 같이 교차분포표로 나타낼 수 있다. 이 검증방법은 교차분포표를 이용하므로 교차분석이라고 부르기도 한다. 교차분포표는 독립변수 집단들 간에 종속변수 범주의 분포에 차이가 있는지를 나타낸다. 즉, 남아들의 기질유형 빈도와 여아들의 기질유형 빈도가 유사한지 혹

표 9-2	교차분포표의 예

		성별	
		남	여
기질	까다로운 기질		
	순한 기질		

은 다른지를 살펴보는 것이다.

독립표본 카이제곱검증은 독립변수 집단들 간에 종속변수의 범주가 균등하게 분배되어 있는지를 살펴보는 것으로서 카이제곱값을 구하는 공식은 단일표본 카이제곱검증과 같다.

$$\chi^2 = \Sigma\,(f_\mathrm{o}-f_\mathrm{e})^2/f_\mathrm{e}$$

50명의 남아와 50명의 여아 간에 기질유형에서 비슷한 분포를 보이는지 알아보기 위해 독립표본 카이제곱검증을 실시한다고 가정해 보자. 실제 조사를 통해 관찰빈도를 구하게 되고(〈표 9-3〉 참조), 남아와 여아 간에 기질유형에서 차이가 없다고 가정될 때 예상되는 빈도인 기대빈도를 산출하게 된다(〈표 9-4〉 참조).

$$\text{각 셀의 기대빈도} = \frac{(\text{셀을 포함하고 있는 줄의 총빈도} \times \text{셀을 포함하고 있는 칸의 총빈도})}{\text{총빈도}}$$

표 9-3 **성별에 따른 기질유형의 관찰빈도**

기질		성별		합계
		남	여	
	까다로운 기질	30	15	45
	순한 기질	20	35	55
	합계	50	50	100

표 9-4 **성별에 따른 기질유형의 기대빈도**

기질		성별		합계
		남	여	
	까다로운 기질	22.5	22.5	45
	순한 기질	27.5	27.5	55
	합계	50	50	100

370

| 표 9-5 | 카이제곱값을 구하기 위한 요약표의 예시 |

	응답범주	관찰빈도 (f_o)	기대빈도 (f_e)	$f_o - f_e$	$(f_o - f_e)^2$	$(f_o - f_e)^2/f_e$
성별에 따른 기질 유형	남자/까다로운 기질	30	22.5	7.5	56.25	2.5
	남자/순한기질	20	27.5	−7.5	56.25	2.05
	여자/까다로운 기질	15	22.5	7.5	56.25	2.5
	여자/순한기질	35	27.5	−7.5	56.25	2.05

관찰빈도와 기대빈도를 알고 나면, 공식에 대입하여 카이제곱값을 구할 수 있게 된다. 계산을 해 보면 카이제곱값이 9.1로 나온다(〈표 9-5〉 참조). 자유도를 구하는 공식은 $df = (열-1)(행-1)$이다. 자유도를 계산해 보면 $(2-1) \times (2-1) = 1$이다. 카이제곱분포표를 이용하여 자유도가 1이고 유의수준이 .05일 때 기준 카이제곱값을 구하면 3.84다. 관찰된 카이제곱값(9.1)이 기준 카이제곱값(3.84)보다 크기 때문에 영가설을 기각하고 연구가설을 채택하게 된다. 즉, 성별에 따라 기질유형에 차이가 있다. 남아들의 경우 순한 기질보다는 까다로운 기질이 많고, 여아들의 경우 까다로운 기질보다 순한 기질이 많고 결론을 내리게 된다.

4. 카이제곱검증의 실시 및 해석

카이제곱검증은 범주형 변수를 분석하기 위해 사용하는 통계방법이다. 성별에 따른 놀이유형, 소득계층에 따른 여가유형, 성별에 따른 집단따돌림 유형 등과 같이 연구자가 관심을 갖고 있는 독립변수와 종속변수가 모두 질적인 변수일 때 사용하는 통계방법이다. 예를 들어, 연구자가 "성별에 따라 자기돌봄 유형에 차이가 있는가?"라는 연구문제를 설정했다면 다음과 같은 절차를 이용하여 이를 검증할 수 있다.

1) 카이제곱검증의 실시

SPSS를 이용하여 독립표본 카이제곱검증을 실시하는 절차는 다음과 같다.

> 분석 ⇒ 기술통계량 ⇒ 교차분석 ⇒ 행(독립변수), 열(종속변수) 선택
> ⇒ 셀(관측빈도, 행) → 확인 → 결과분석

메뉴바에 있는 분석에 들어가서, [기술통계량]을 클릭한 후, [교차분석]을 클릭한다.

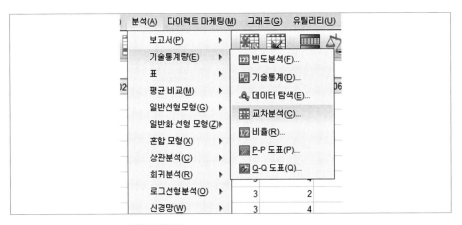

그림 9-3 기술통계량에서 교차분석 선택

교차분석을 실행하고자 하는 변수를 행과 열에 투입한다. [통계량]을 클릭하여 [카이제곱]을 선택한다.

그림 9-4 교차분석을 실행하고자 하는 변수를 행과 열에 투입

그림 9-5 통계량에서 카이제곱 선택

교차분석표의 각 셀에 표시하고자 하는 [빈도]와 [퍼센트]를 클릭한다.

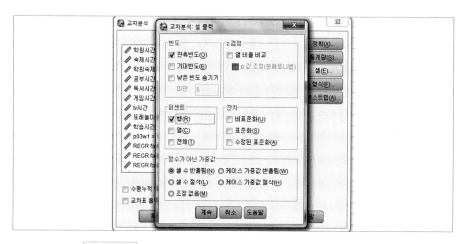

그림 9-6 교차분석표에서 각 셀에 제시될 관측빈도, 퍼센트

2) 카이제곱검증의 결과

[그림 9-7]에 제시된 결과를 살펴보면, 성별과 자기돌봄 유형의 교차표에서 초등학교 1학년 남학생의 경우 73.3%가 방과 후에 성인에게 돌봄을 받고 26.7%는 방과 후에 자기 스스로 돌본다고 보고하였으며, 여학생의 경우 75.2%가 방과 후에 성인에게 돌봄을 받고 24.8%는 자기 스스로 돌보는 것으로 나타났다. 성별에 따른 자기돌봄 유형의 선호도에 대한 카이제곱검증 결

과, 성별에 따라 자기돌봄 유형에 차이가 없는 것으로 나타났다($x^2 = 1.09$). 이러한 결과를 표로 정리하면 〈표 9-6〉과 같다.

gender * 자기돌봄 교차표

			자기돌봄 1.00	자기돌봄 2.00	전체
gender	1.00	빈도	859	313	1172
		gender 중 %	73.3%	26.7%	100.0%
	2.00	빈도	831	274	1105
		gender 중 %	75.2%	24.8%	100.0%
전체		빈도	1690	587	2277
		gender 중 %	74.2%	25.8%	100.0%

카이제곱 검정

	값	자유도	점근 유의확률 (양측검정)	정확한 유의확률 (양측검정)	정확한 유의확률 (단측검정)
Pearson 카이제곱	1.085[a]	1	.298		
연속수정[b]	.987	1	.320		
우도비	1.085	1	.298		
Fisher의 정확한 검정				.314	.160
선형 대 선형결합	1.084	1	.298		
유효 케이스 수	2277				

a. 0 셀 (0.0%)은(는) 5보다 작은 기대 빈도를 가지는 셀입니다. 최소 기대빈도는 284.86입니다.
b. 2x2 표에 대해서만 계산됨

그림 9-7   SPSS에서 교차분석 output

표 9-6   성별에 따른 자기돌봄 유형의 차이

		자기돌봄 성인돌봄	자기돌봄 자기돌봄	전체	x^2
성별	남학생	859(73.3%)	313(26.7%)	1,172(100.0%)	
	여학생	831(75.2%)	274(24.8%)	1,105(100.0%)	1.09
	전체	1,690(74.2%)	587(25.8%)	2,277(100.0%)	

제10장
연구보고서 작성

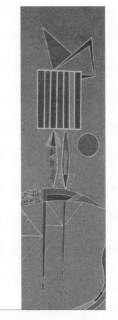

연구가 완성되고 나면 다른 사람들에게 발표를 해야 한다. 연구결과를 알리지 않으면 그 연구는 사장되기 때문이다. 연구결과를 알리는 데는 학위논문, 학술지 발표, 포스터 발표, 구두 발표 등 여러 가지 발표 양식이 있지만, 여기서는 학술지 발표를 중심으로 살펴보기로 한다.

학술논문의 체재는 학술지마다 차이가 있으므로, 연구자가 논문을 게재하고자 하는 학술지의 편집규정을 미리 살펴보고 이를 준수해야 한다. 국내외에서 가장 많이 사용되는 것은 미국심리학회(APA)의 출판양식편람으로, 학술지에 따라 APA 방식을 준수하도록 요구하기도 한다. 출판양식편람의 세부사항을 모두 준수하는 데는 많은 시간과 노력이 필요하다. 하지만 연구자들은 이러한 형식에 부합하는 것이 과학적인 지식을 획득하고 조직하며 공유하는 데 중요한 과정 중 하나라고 생각한다(Madigan, Johnson, & Linton, 1995). 과학은 조직화된 분야이며, 과학적 방법은 자료가 어떻게 수집되고 분석되며 해석되는지뿐만 아니라 어떻게 보고되는지에 따라서도 결정된다. 모든 연구자는 같은 방식으로 연구결과를 보고하며, 이는 규칙성과 객관성에 기여한다. 따라서 표준화된 양식을 사용하는 것은 과학적 처리과정의 일부분이며, 독자들은 자신이 찾는 정보를 빠르고 쉽게 찾을 수 있게 된다(Stangor, 2007).

앞서 언급한 것처럼 학술논문의 체재는 학술지마다 차이가 있으나 국내에서 가장 흔히 사용되는 형식은 [그림 10-1]과 같다. 이를 중심으로 연구보고서 작성의 구체적인 내용을 살펴보기로 한다.

두부(頭部)		제목
		연구자의 성명과 소속기관
		초록(국문 또는 영문)
		저자 노트
본문	서론	연구의 필요성과 연구목적
		연구문제 또는 연구가설
	이론적 배경	문헌고찰
	연구방법	연구대상
		측정도구
		실험설계
		연구절차
		자료분석
	연구결과	
	논의 및 결론	
참고문헌		
부록		

그림 10-1 국내 학술지 논문의 일반적인 체재

1. 두 부

두부(頭部)는 논문의 제목, 연구자 정보, 초록, 주제어 등으로 구성되며, 보통 학술지 논문의 맨 첫 번째 쪽을 차지한다. 먼저, 논문의 제목은 연구주제를 뚜렷이 부각시키고 논문의 특성을 정확히 요약하는 것이어야 한다. 보통 연구의 주요 대상, 중심이 되는 연구변수들의 관계 및 중요한 방법적 특성을 고려하여 제목을 결정한다. 다음으로, 연구자 정보는 연구자 또는 공동 연구자들의 이름 및 소속을 말한다. 저자 노트에는 교신저자의 주소 및 전자우편과 같은 연락처가 포함된다. 만약 특정 기관으로부터 연구비를 받아 수행한 연구라면 연구비 지원기관, 연구사업명도 함께 밝힌다. 저자 이외에 연구에 도움을 주거나 공헌한 사람이 있다면 이에 대한 감사의 글도 저자 노트에 넣을 수 있다.

두부에는 국문초록이나 영문초록이 포함된다. 초록은 논문의 내용을 요약해 놓은 것이다. 여기에는 연구의 목적, 연구대상의 특성, 연구방법 및 절차, 연구결과가 매우 간결하게 요약되어 들어 있다. 독자들은 보통 논문 전체를 읽기 전에 초록을 살펴보고 해당 논문 전체를 읽고 참고할 것인지 아닌지, 즉 해당 논문이 자신이 찾고자 하는 정보와 관련이 되는지를 판단하게 된다. 뿐만 아니라 논문의 초록은 일반적으로 논문 제목과 함께 전산화된 데이터베이스에 저장된다. 따라서 연구의 핵심 내용을 요약해 작성한다. 연구자는 논문의 본문을 구성하는 각 하위영역에서 가장 중요한 객관적 정보를 뽑아 낸 후, 이를 최대한 간략하게 만들어 초록을 구성해야 하며 불필요하게 세부적인 사항이 포함되지 않도록 주의해야 한다. 또한 학술지마다 국문초록이나 영문초록의 단어 수를 제한하는 경우가 있으므로, 이를 확인한 후 해당 규정에 잘 맞도록 작성해야 한다.

초록을 작성한 후 보통 3~5개 정도의 주제어(key words)를 기입한다. 주제어는 독자들이 전산화된 데이터베이스를 이용해 자료를 검색할 때 사용된다. 따라서 연구의 내용을 잘 대표하는 핵심 개념이나 변수, 대상, 주요 분석 방법 등을 이용해 작성한다.

2. 본 문

본문은 연구보고서의 핵심이 되는 부분이다. 보통 서론, 이론적 배경, 연구방법, 연구결과, 논의 및 결론으로 나눌 수 있다. 본문을 구성하는 제대로 된 형식은 자료를 효과적으로 발표하고 연구보고서 전체의 일관성을 유지하도록 돕는다. [그림 10-2]에 제시하였듯이, 본문 전체를 놓고 보았을 때 일반적인 수준의 정보에서 시작하여 보다 구체적 세부 사항을 전개한 후 다시 광범위한 수준으로 마무리하는 '모래시계' 형태의 전개를 들 수 있다(Stangor, 2007).

서론

광범위하게 시작함.	본 연구의 목적은 아동의 공격적 행동을 감소시키는 것으로 ……
점차 보다 구체적으로 작성함.	아동의 공격성을 감소시키는 방법 중 하나는 ……
본 연구의 목적을 밝힘.	본 연구는 ……를 밝히기 위해 수행되었다.

연구방법

방법의 세부사항 제시함.	3세와 6세 아동들 240명이 참여하였다.

연구결과

보다 구체적인 세부사항이 포함된 분석결과를 제시함.	모델링과 공격적 행동 간 유의한 상관관계가 나타났다($r = .43, p < .05$).

논의

연구 출발점으로 돌아감.	이들 결과는 모델링이 중요함을 시사한다.
보다 광범위한 결론을 도출함.	모델링은 공격적 행동이 학습되는 주요한 방법 중 하나라고 볼 수 있다.

그림 10-2 효율적인 연구 보고를 위한 모래시계 형태의 본문 구성

출처: Stangor, C. (2007). *Research methods for the behavioral sciences* (3rd ed.). NY: Houghton Mifflin Company.

학술지에 따라서 서론과 이론적 배경을 합쳐 하나의 장으로 작성하는 경우도 있고, 분리하여 두 개의 장으로 작성하는 경우도 있다. 하나의 장으로 작성하든 분리하여 두 개의 장으로 작성하든, 작성 형식에는 차이가 있으나 포함되어야 하는 내용에는 별다른 차이가 없다. 여기서는 두 부분을 각각의 장으로 작성하는 것을 기준으로 각 장에 포함되어야 할 내용을 살펴볼 것이다.

1) 서 론

서론은 해당 연구가 왜 필요한지, 해당 연구의 구체적인 목적은 무엇인지에 대해 밝히는 부분이다. 이를 위해 연구자는 연구가 행해지는 사회적 현

황이나 배경, 해당 분야의 이론이나 모형, 기존의 연구 등에 대해 체계적으로 언급하며, 연구하고자 하는 주제가 이론적 혹은 실제적으로 왜 중요하고 필요한가에 대해 독자들을 설득해야 한다. 따라서 서론에는 연구자의 주관적 가치나 견해가 포함된다. 이때 중요한 것은 연구자의 가치나 견해를 잘 뒷받침할 수 있는 객관적이거나 경험적인 자료가 함께 제시되어야 한다는 것이다.

연구자가 기존에 수행된 연구들과 전혀 관련이 없는 새로운 연구주제를 다루는 경우도 있을 수 있겠지만 이는 매우 드물며, 거의 대부분의 연구자들은 이미 축적된 지식의 연장이나 확대의 일환으로 연구를 수행한다. 따라서 연구자는 독자들에게 본 연구와 관련된 이론이나 모형, 기존 연구들에 대해 체계적인 정보를 제공하고, 본 연구가 기존의 연구들과 어떻게 연결되는지를 알려야 한다. 연구자는 선행연구들을 종합하여 언급함으로써 자신의 연구가 이미 수행된 연구와 얼마나 관련되는지 혹은 어떠한 차별성이 있는지를 밝히게 된다. 즉, 선행연구에서 이미 다루어진 것을 분명히 밝히고 선행연구들의 기여점과 한계점을 언급하면서 왜 새로운 연구가 필요한가에 대해 기술해야 한다.

이와 함께 연구자는 해당 연구에서 다루고자 하는 핵심 개념에 대해 명확히 설명해야 한다. 연구자가 다루고자 하는 구성개념이 구체적으로 무엇을 의미하는지에 대해 관련 이론이나 정의, 선행연구의 경험적 자료 등을 이용해 적절히 제시할 수 있어야 한다. 연구의 핵심 개념을 처음 접하는 독자들도 연구의 핵심 개념이 의미하는 것이 무엇인지에 대해 쉽게 이해할 수 있게 서술되어야 한다.

서론에서 연구자가 수행하고자 하는 연구의 필요성 및 주요 연구 개념에 대해 이론적 · 경험적 자료를 이용해 설명한 후, 해당 연구의 구체적 목적을 밝히고, 끝부분에 연구문제나 가설 또는 연구모형을 제시한다. 연구의 목적과 연구문제나 가설 또는 연구모형이 일관되고 명확하게 진술되지 않으면 연구결과나 결론을 평가하기 힘들게 된다. 따라서 연구문제나 가설 또는 연구모형은 보통 간명하게 표현되지만, 매우 중요한 부분이라고 할 수 있다.

2) 이론적 배경

해당 연구에서 살펴볼 연구문제나 가설 등을 제시한 후, 해당 연구과제와 관련된 기존의 문헌에 대해 고찰한다. 이때 연구문제나 가설과 관련된 문헌만을 제시한다. 독자들이 기존의 모든 문헌에 있는 정보를 알 필요는 없다. 독자들에게 해당 연구와 관련된 연구들이 지금까지 어떤 결과를 제시하고 있으며 어떤 제한점을 가지고 있는지, 이를 보완하거나 해결하기 위해 어떤 새로운 연구들이 필요하며 연구자의 연구가 이와 같은 필요에 어떻게 부합하는지를 밝히면 된다. 따라서 이론적 배경은 연구자가 수행하고자 하는 연구의 필요성을 잘 뒷받침할 수 있게 기술되어야 한다. 한마디로, 이론적 배경은 연구자의 연구가 기존 연구들을 논리적으로 확장시킨다는 점을 제시해야 한다.

사실, 연구 분야나 다루고자 하는 연구주제, 개념에 따라 체계적인 이론이나 모형, 경험적 연구가 많은 경우도 있고, 그렇지 않은 경우도 있을 수 있다. 따라서 문헌고찰의 범위를 적절히 선택하는 것이 필요하다. 기존에 연구가 충분히 많이 수행된 주제나 개념을 다룬다면, 연구자가 계획하는 연구의 대상이나 방법, 설계, 연구내용 등을 고려하여 이들과 직결된 선행연구들을 종합적으로 고찰해도 충분할 것이다. 반면, 새로운 개념이나 방법을 다룬다면, 이를 다룬 선행연구는 찾아보기 힘들기 때문에 새로운 개념이 도출된 배경이나 유사 개념을 다룬 문헌을 고찰해야 하는 경우도 있다.

이론적 배경을 작성할 때 선행연구들이 수행된 시기도 고려해야 한다. 일반적으로 보다 최근의 연구들은 이전에 수행된 연구에 대한 정보와 최근의 연구결과를 모두 반영하거나 포함하고 있다. 따라서 최신 연구들을 반드시 고찰해야 한다. 또한 연구자가 다루고자 하는 연구주제의 발단이나 전개에 크게 기여한 역사적으로 중요한 연구들은 수행 시기가 오래되었을지라도 이론적 배경에 포함되어야 하는 경우도 있다. 즉, 연구자는 과거 역사적으로 중요한 연구와 보다 최신의 연구들을 적절히 고찰해야 한다. 나아가 연구를 계획하고 연구자가 처음 이론적 배경을 작성하는 시기에 활용이 가능한 선행연구들과 연구를 마치고 발표하기 위해 보고서를 작성하는 시점에서 활용이 가능한 선행연구들은 차이가 있을 수 있다. 따라서 연구자는 연구보고서를 작성할 때 연구가 진행된 기간 동안 해당 분야에서 발표된 선행연구들을 다시 한 번 검토해 이론적 배경이 최신의 경향을 반영하도록 보완해야 한다.

　이론적 배경을 처음 작성하는 학생들이 보이는 오류 중 하나는 선행연구들을 체계적으로 조직화하지 않고 하나하나 열거하는 것이다. 이는 각 연구의 요점을 정리한 것에 지나지 않는다. 이론적 배경에서는 연구자가 수행하고자 하는 연구의 필요성을 도출해 내는 데 도움이 되는 방식으로 선행연구들을 체계화하고 통합하여 제시해야 한다. 이를 위해 선행연구들을 해당 연구와 관련된 독립변수나 종속변수를 중심으로 조직화한다거나 연구대상이나 연구설계의 형태를 중심으로 체계화한다거나 하는 등의 전략이 필요하다. 이때 연구자가 수행하고자 하는 연구의 중요성 혹은 필요성을 강조하거나 도출해 낼 수 있는 방식으로 이론적 배경의 틀을 결정해야 한다. 선행연구들을 체계적으로 통합하고 비판적으로 분석하여 연구자가 수행하고자 하는 연구의 필요성을 도출해 나가야 한다.

　덧붙여, 이론이나 선행연구의 내용을 인용할 때에는 다른 연구자의 말을 그대로 옮기는 직접 인용을 너무 많이 사용하지 않도록 한다. 또한 직접 인용을 하였을 경우에는 원 문헌의 페이지 등 출처의 세부사항을 명확히 밝혀야 한다. 간접 인용을 하는 경우에는 원 문헌의 표현을 그대로 옮기는 것이 아니라 패러프레이즈(paraphrase) 해야 한다. 즉, 본질적인 내용을 옮기지만, 이를 적절히 바꾸어서 연구자 본인의 말로 설명해야 한다.

3) 연구방법

　연구방법에서는 연구를 어떻게 수행했는지 자세하게 설명해야 한다. 이상적으로 말하면, 독자가 해당 연구를 그대로 반복할 수 있을 정도로 구체적이어야 한다. 연구방법은 연구대상, 측정도구, 실험설계, 연구절차, 자료분석 등의 하위영역으로 나눌 수 있다.

(1) 연구대상

연구대상 부분에는 기본적으로 연구대상 표집 정보, 연구에 참여한 대상의 특성, 연구대상을 선택한 준거, 연구대상의 수 등이 포함된다. 연구대상에 포함된 정보는 독자가 해당 연구의 결과를 일반화시킬 수 있는 대상을 결정하는 데에도 중요한 역할을 한다. 따라서 이러한 역할에 부합할 수 있도록 가능한 한 상세히 기술해야 한다. 먼저, 연구대상을 표집한 방법을 자세히 보고해야 한다. 표집 시기, 표집틀(예: 통계청 자료, 정부나 기관에서 제공하는 특정 명단 등), 표집을 허가받는 데 사용한 수단(예: 전화, 우편, 전자메일 등), 표집 지역이나 기관의 특성과 수 등 표집과 관련된 세부사항을 제공한다.

연구대상이 인간이라면 기본적으로 성별, 연령, 지역, 교육수준이나 소득수준, 직업 등이 포함된 사회경제적 지위에 대한 정보가 제시되어야 한다. 연구대상의 특성에 따라, 예를 들어 영아나 유아라면 월령, 학생이라면 학교급과 학년, 기관에 속해 있다면 기관의 특성이나 기관 내 역할이나 지위(예: 보육시설의 유형, 회사의 유형, 직위 등), 연구에 참여한 이유(예: 자원, 학점 등) 등도 제공되는 것이 좋다. 연구의 특성에 따라 연구대상에 포함시킨 준거나 제외시킨 준거를 제시해야 하는 경우도 있다. 예를 들어, 양친부모 가정의 부모와 아동을 대상으로 하는 연구의 경우, 한부모 가정의 부모와 아동은 제외되어야 한다. 연구대상이 인간이 아닌 동물이라면 종, 속, 계통 등 연구대상의 특성에 대한 적합한 정보가 제시되어야 한다.

연구대상이 누구인지를 제시할 때 종종 연구대상이 아닌, 연구변수에 대해 평가한 평가자를 연구대상으로 혼동하는 경우가 있다. 예를 들어, 아동의 공감능력과 또래친화력 간의 관련성에 대한 연구에서 공감능력은 아동 자신이 보고하고, 또래친화력은 부모가 평가했다고 가정해 보자. 이때의 연구대상은 '아동'이지, 아동과 부모가 아니다. 부모는 단지 연구대상인 아동의 특성에 대해 평가한 주체일 뿐이다. 물론 연구방법 중 측정도구 부분에 평가자의 특징에 대해서도 기술할 필요가 있다. 하지만 연구대상 부분에서 연구대상으로 기술되는 사람들은 연구문제나 가설에 답이 되는 자료를 제공하는 사람들을 의미한다.

연구에 참여한 대상이 누구인지 그 특성을 기술하고, 연구대상의 수를 밝혀야 한다. 이때 모집한 대상의 수와 실제 연구에 참여하고 이용이 가능한 자료를 제공한 대상의 수가 다를 수 있다. 일회성 조사연구의 경우, 질문지를 배포한 전체 대상의 수, 질문지를 회수한 대상의 수, 회수한 질문지 중 실제 자료분석에 활용한 연구대상의 수를 밝힌다. 이때 배제된 연구대상의 수와 그 이유도 함께 설명해야 한다. 실험처치가 포함되거나 연구대상에게 2회 이상의 자료를 수집해야 하는 연구의 경우, 모집한 전체 대상의 수, 실제 연구에 참여한 대상의 수, 실험처치의 중간에 연구 참여를 포기하였거나 첫 회기에만 자료를 제공하고 중간이나 끝에 자료를 제공하지 않은 연구대상의 수 등을 구체적으로 제시해야 한다. 또한 실험처치 중간에 참여를 포기하거나 모든 회기의 자료를 제공하지 않은 연구대상의 수와 이유도 밝혀야 한다. 나아가 실험처치 중간이나 종단연구 중간에 탈락한 집단과 끝까지 참여하여 실제 분석에 자료를 제공한 집단의 일반적 특성이 차이가 있는지 살펴보고 이에 대해 보고해야 한다. 이러한 정보는 연구결과를 일반화시킬 수 있는 대상과 일반화시킬 수 없는 대상을 구분하는 데 반드시 필요하다.

(2) 측정도구

측정도구 부분에는 연구변수를 평가하기 위해 사용된 도구에 대한 정보를 제시한다. 기존에 개발되어 있는 측정도구를 사용할 경우, 일반적으로 측정도구의 명칭, 개발자, 개발년도를 시작으로 측정도구의 내용과 평가방법, 심리측정학적 특성 등에 대해 밝힌다. 측정도구의 개발자가 누구를 대상으로 개발한 도구인지를 밝혀 해당 연구대상에 사용하기에 적합한지 알 수 있도록 해야 한다. 또한 사용하고자 하는 측정도구가 초판인지 개정판인지에 대한 정보, 원 측정도구의 문항을 그대로 사용했는지 혹은 수정했는지 등에 대해 보고해야 한다.

측정도구의 내용에는 해당 측정도구가 구체적으로 무엇을 평가하는지 평가하고자 하는 변수의 조작적 정의가 포함되어야 한다. 하위요인이 있는 경우, 각 하위요인이 평가하는 내용에 대한 설명도 필요하다. 측정도구의 총 문항 수, 하위요인이 있는 경우 하위요인별 문항 수와 필요에 따라 각 요인을 대표하는 문항의 예시를 추가하기도 한다. 또한 각 문항의 응답척도(예: 예 또는 아니요, 5점 리커트식 척도 등)와 점수체계 및 가능한 점수범위에 대한 정보도 제시해야 한다. 측정도구에 따라 역채점 문항이 있을 경우 이에 대한 정보도 제시한다. 특히 측정도구나 하위요인의 총점이나 평균점수가 의미하는 것이 무엇인지를 반드시 명시해야 한다. 예를 들어, 정서성 총점의 경우

점수가 높을수록 부정적 정서를 많이 표현하는 것을 의미한다거나 혹은 적게 표현하는 것을 의미한다는 식으로 설명이 필요하다.

측정도구의 끝부분에는 보통 심리측정학적 특성에 대한 정보를 제시한다. 측정도구 개발자가 제시하였거나 측정도구의 타당화나 표준화 작업을 한 연구에 제시된 신뢰도 및 타당도 정보를 밝힌다. 또한 연구자가 대상으로 한 표본을 바탕으로 추정된 신뢰도나 타당도 정보도 밝혀야 한다. 측정도구의 특성에 따라 여러 평가자가 평가에 관여하는 경우, 반드시 평가자 간 신뢰도를 산출해 보고해야 한다. 일반적으로 전체 자료 중 20% 내외의 평가 자료를 이용해 산출한 평가자 간 신뢰도를 제시한다.

(3) 실험설계

연구의 특성에 따라 실험설계 부분이 필요한 경우도 있고 그렇지 않은 경우도 있다. 따라서 이 부분이 연구방법의 하위영역에 늘 포함되는 것은 아니다. 하지만 실험을 포함한 연구에서는 실험설계의 세부사항에 대해 보고해야 한다. 실험설계의 명칭(예: 진형 실험설계, 솔로몬 네 집단설계 등), 각 집단에 피험자를 할당한 방법, 처치 순서 관련 내용 등이 포함되어야 한다. 이 부분에는 보통 실험설계를 나타내는 도식이나 차트를 이용하는 경우가 많다.

(4) 연구절차

연구절차에는 연구대상으로부터 자료를 수집하기 위해 거치는 각각의 단계를 구체적으로 기록해야 한다. 절차는 시간적 순서에 따라 기술하는 것이 좋다. 이는 독자가 연구자가 수행한 과정이나 연구대상이 거친 일련의 과정을 이해하기 쉽게 만든다. 조사연구의 경우, 질문지를 배부한 시기 및 방법, 연구대상자들이 질문지를 작성하기 전에 받은 지시 또는 안내사항, 연구대상자들이 질문지 작성에 소요한 시간, 회수한 시기 및 방법, 연구 참여 답례품을 전달했는지 등에 대한 정보를 언급해야 한다. 또한 수집한 자료를 컴퓨터에 입력하기 전에 거친 확인작업과 최종분석에 사용한 자료의 비율, 컴퓨터에 입력하기 전에 제외된 질문지 자료와 그 이유 등에 대해 상세히 설명해야 한다.

실험연구의 경우, 피험자 모집 시기와 방법, 피험자가 받은 처치, 연구자가 피험자에게 한 지시나 안내 사항, 실험 전과 후에 받은 검사, 실험이 끝난 후 피험자에게 설명한 내용, 실험에 참여한 보상 등에 대해 자세히 기술한다. 실험을 진행한 실험자에 대한 기본 정보와 검사를 수행했다면 검사자에 대한 정보도 제공되어야 한다. 또한 실험을 진행한 실험자나 검사를 수행한 검사자에게 훈련이 필요했다면, 어떤 훈련과정을 거쳤는지에 대해서도 밝혀야 한다.

나아가 이 부분에 연구자가 계획한 연구가 기관의 연구윤리심의위원회(Institutional Review Board: IRB)의 규정을 준수하고 허가를 받았는지, 연구에 참여한 대상들에게 승낙서(informed consent form)나 동의서(assent form)를 받았는지에 대한 정보를 포함하는 것이 적합하다.

(5) 자료분석

자료분석 부분에는 수집한 자료를 어떤 통계방법을 이용해 분석했는지에 대해 언급한다. 연구대상자의 배경 변수나 연구변수의 특성을 요약하기 위해 빈도나 백분율, 평균과 표준편차, 범위 등의 기술통계를 많이 사용한다. 측정도구의 신뢰도나 타당도 분석을 위해 사용한 방법에 대해서도 보고한다. 본격적으로 연구문제에 답하거나 연구가설을 검증하기 위해 사용한 기술통계나 추리통계의 구체적 분석기법을 설명한다. 또한 연구자의 자료가 특정 통계분석방법을 사용하는 데 요구되는 기본 가정을 충족시켰는지의 여부, 충족시키지 못했을 때 연구자가 취한 조치(예: 점수 변환, 통계분석 방법 대체 등) 등에 대해서도 상세히 설명한다.

그 밖에 특정 분석방법을 사용했을 때 연구자가 연구모형이 적합한지 여부를 결정하기 위해 사용한 특정 지표 및 선택한 근거 등에 대한 정보도 기록한다. 연구가설을 검증한 경우, 기준이 되는 유의도 수준도 보고한다. 끝으로 자료를 분석하는 데 이용한 통계 프로그램의 명칭과 버전도 보고한다.

4) 연구결과

연구결과는 수집된 자료를 분석한 결과를 객관적으로 보고하는 부분이다.

연구자는 연구목적에 따라 설정된 문제에 답하거나 가설을 검증한 결과를 보고해야 한다. 이때 자료를 분석해 입수한 통계 관련 수치를 제시할 뿐 아니라, 특정 분석기법이나 통계를 모르는 독자도 이해할 수 있도록 일반적인 진술문의 형태로도 설명해야 한다. 또한 연구결과는 앞서 설정한 연구문제나 가설과 직접적으로 관련된 자료들을 제시하는 부분이다. 따라서 연구결과 부분에 측정도구의 신뢰도나 타당도를 검증한 결과나 연구목적과 관련이 없는, 흥미롭지만 우연히 발견하게 된 분석결과는 제시하지 않도록 한다.

　연구결과를 체계적으로 제시한다. 서론에 언급한 문제나 가설의 순서대로 결과를 정리하고 차례대로 나열하는 것이 좋다. 이때 결과를 제시하는 형식을 하나 정해 놓고 일관성 있게 이러한 형식을 지키는 것이 좋다. 예를 들어, 각 검증과 관련된 자료와 통계치를 제시한 후에 일반적인 진술문으로 설명할 수도 있고, 일반적인 진술문을 먼저 제시하고 이를 뒷받침하는 자료와 통계치를 덧붙일 수도 있다. 전자건 후자건 하나의 연구문제에서 택한 결과 보고 양식을 다른 연구문제에도 가급적 일관성 있게 적용하는 것이 좋다. 또 다른 예로, 첫 번째 연구문제에 대한 답으로 주요 연구변수의 전체 점수를 종속변수로 하여 살펴본 후 각 하위요인의 점수를 종속변수로 하여 살펴보았다면, 두 번째 연구문제에 대한 답을 작성할 때도 전체 점수를 먼저 분석한 후 각 하위요인의 점수를 분석하는 것이 좋다. 즉, 같은 통계분석방법을 사용한 연구결과 보고는 일정 양식을 정한 후, 외형에 있어 같은 양식을 다소 기계적으로 적용하며 동일한 방식으로 제시한다. 이와 같이 단조롭지만 반복적으로 정확하게 표현하는 것은 독자가 복잡한 연구결과를 쉽게 이해하는 데 도움이 된다.

　연구결과에 필요한 정보를 빠짐없이 정확하게 제시해야 한다. 연구문제에 답하거나 연구가설을 검증하기 위해 사용하는 특정 통계방법의 명칭과 세부 정보를 제시해야 한다. 구체적으로 어떤 통계방법을 사용하느냐에 따라 세부적으로 포함시켜야 할 정보는 달라질 수 있다. 하지만 기본적으로 표본이나 분석집단의 크기, 평균과 표준편차, 주요 통계치(예: t값, F값, r값), 자유도, 유의확률이나 유의도 표시 등의 정보를 제시해야 한다. 나아가 이러한 통계치를 제시할 때 관례를 따라야 한다. 연구자마다 나름대로의 방식으로 통계치를 제시한다면 독자가 내용을 이해하기 힘들다. 따라서 해당 연구 분야에서 권장되는 출판편람 양식(예: 미국심리학회 출판편람)을 따르거나 게재하고자 하는 학회지의 편집양식을 따라야 한다.

　연구결과에는 보통 표나 그림이 포함되는 경우가 많다. 제대로 만든 표나 그림은 복잡한 내용을 일목요연하게 비교하거나 이해하는 데 효과적이다. 연구결과에 표나 그림을 포함할 경우, 본문에 반드시 특정 표나 그림에 대한 언급(예: 표 1 참조, 그림 1에 제시한 바와 같이……)이 있어야 하고, 필요하다면 표나 그림의 내용에 대한 설명을 제시해야 한다. 이때 표나 그림의 내용을 그대로 기술하기보다는 요약하거나 종합하여 설명하도록 한다. 예를 들어, 표에 연구대상의 직업에 대한 정보가 직업범주별로 포함되어 있는 경우, 본문에 "전문직 5%, 관리직 10%, 생산직 15%, 노동직 65%, 무직 5%로 나타났다."라고 기술할 수도 있고, "연구대상의 직업으로 노동직(65%)이 가장 많았고, 무직(5%)도 포함되어 있었다."라고 기술할 수도 있다. 전자의 경우 표의 내용과 중복된 정보만을 제공하는 반면, 후자의 경우는 표의 내용을 요약하고 가장 많은 직업군이 어느 것인지를 보다 빨리 알 수 있게 해 준다. 따라서 표나 그림을 이용할 경우, 본문에는 이에 대한 요약이나 종합 혹은 추가적인 설명을 제시하는 것이 좋다. 나아가 표나 그림도 해당 분야의 관례(예: 미국심리학회 출판편람, 특정 학회지 편집양식)에 따라 작성하도록 한다. 다음은 표와 그림을 작성할 때 유의해야 할 사항을 정리한 것이다.

<표 작성 시 참고사항>

- 표의 제목은 표 위쪽에 위치하도록 한다.
- 표에 가로선은 꼭 필요한 경우만 삽입하고, 세로선은 사용하지 않는다.
- 표 안에 숫자를 입력할 경우, 소수점 아래의 길이를 통일시킨다.
- 표 안 숫자나 문자를 읽기 쉽고 보기 좋게 각 사항들 사이의 간격을 충분히 띄우고, 각 행 수치들의 소수점 자리의 위치를 맞춘다.
- 표는 가능하면 한 페이지 안에 제시하고, 불가피하게 다음 페이지까지 넘어가는 경우 표가 앞의 페이지에서 계속되는 것임을 표시한다.

<그림 작성 시 참고사항>

● 그림의 제목은 그림 아래쪽에 위치하도록 한다.
● 일반적으로 세로축 또는 Y축에는 종속변수를 제시하고, 가로축 또는 X축에는 독립변수나 시간을 제시한다.
● 필요에 따라 그림의 가로축과 세로축이 의미하는 것과 해당 단위를 간략히 표시한다.
● 자료의 특성에 따라 그래프나 그림, 혹은 사진을 선택한다.
● 그래프를 사용할 경우, 히스토그램, 막대그래프, 파이그래프, 선그래프 등 여러 형태 중 가장 알맞은 것을 선택한다.

5) 논의 및 결론

논의 및 결론 부분은 제목 그대로 수행한 연구결과에 대해 논의하고 결론을 내리는 부분이다. 하지만 연구보고서를 처음 작성하는 학생들은 논의 부분에서 무엇을 써야 하는지 잘 모르고 그저 연구결과를 요약하는 것으로 그 내용을 대신하는 오류를 범하기도 한다. 논의에는 연구결과를 요약하는 것이 일부 포함되기도 한다. 하지만 논의는 주로 그 결과를 연구가설이나 문헌고찰의 맥락에 맞게 적절히 해석하고, 수행한 연구의 제한점과 시사점 등을 밝히는 부분이다. 따라서 이 부분에는 엄격히 객관적인 기술방식이 요구되는 연구방법이나 연구결과와 달리 상대적으로 연구자의 주관이 포함된다.

논의를 기술하는 특정 양식이 있다고 보기는 힘들지만, 일반적으로 각 연구문제나 연구가설별로 순서대로 작성한다. 먼저, 연구결과를 종합적으로 요약하고 이에 대해 해석한다. 이때 연구결과에서 언급한 통계수치와 같은 기술적인 세부사항(예: t값, r값 등)은 다시 언급하지 않는다. 논의에서는 통계적 전문용어를 사용하지 않으면서 특정 분석기법을 모르는 독자라도 연구결과를 이해할 수 있도록 일반적 표현을 이용해 연구결과를 요약하는 것이 좋다. 그다음 연구결과에 대해 해석해야 한다. 즉, 독립변수에 따른 종속변수의 차이 또는 독립변수와 종속변수 간의 관련성이 이론적으로나 실질적으로 무엇을 의미하는지에 대해서 설명한다. 또한 연구결과가 대안적으로 다르게 해석될 수도 있다면 그러한 가능성에 대해서도 언급한다. 나아가 연구결과에서 보고하지 않은 내용을 논의에서 새롭게 제시하지 않도록 주의한다. 연구문제나 가설에서 직접적으로 언급하지 않았지만, 탐색적 또는 추가적 분석을 한 결과에 대해 언급하고자 한다면, 분석내용을 결과 부분에 보고한 후에 논의에서 다루어야 한다.

보통 추리통계를 사용해 자료를 분석한 경우, 연구자나 독자 모두 통계적으로 유의하게 나타난 결과에 더 관심이 가기 마련이다. 연구자는 연구계획 시 예측한 대로 결과가 나타났다면 이러한 결과가 나타나게 된 원인이나 배경, 이론적 또는 실질적 의미, 대안적 설명 등에 대해 논의할 것이다. 즉, 연구자는 통계적으로 유의한 결과에 집중해 논의를 작성하는 경향이 있다. 하지만 처음 연구자가 세운 가설과 달리 통계적으로 유의하지 않게 나타난 결과에 대한 논의도 반드시 포함해야 한다. 집단의 평균 차이나 연구변수 간 관련성이 예측한 것과 다르게 유의하지 않았다면, '왜' 그렇게 나타났는지에 대해 생각해 보고 가능한 원인에 대해 논의해야 한다.

유의하게 나타난 결과와 그렇지 않은 결과를 비교하고 대조하며, 왜 어떤 가설은 연구자의 예측과 일치하고 어떤 가설은 예측과 일치하지 않았는지에 대해 생각해 보아야 한다(Cone & Foster, 2006). 예를 들어, 측정도구상의 문제가 있었을 수 있다. 측정도구의 신뢰도가 낮아 종속변수를 제대로 측정하지 못했을 가능성을 고려해 보아야 한다. 독립변수를 제대로 조작하지 못했거나 적절히 분류하지 못해 독립변수의 효과가 충분하지 못했을 수도 있다. 또는 표본 크기가 독립변수의 효과를 찾아내기에 너무 작았을 수도 있다. 연구진행 시 독립변수의 효과를 억제하였을지 모르는 절차상의 상황이 있었을 수도 있다. 독립변수와 종속변수의 관련성은 연구자가 예측한 것과는 다른 변수에 의해 매개되거나 중재되었을 수도 있다. 다시 말해, 연구자가 예측한 대로 나타나지 않은 원인을 설명하기 위해 앞서 예시한 것을 포함한 여러 측면을 고려해 볼 필요가 있다.

나아가 연구결과를 해석하고 논의할 때 해당 연구분야의 맥락 내에서 다루어야 한다. 연구를 시작할 때 살펴본 문헌고찰의 내용을 다시 한 번 주지하고, 연구결과가 해당 분야의 선행연구 결과들과 유사한지 혹은 다른지에 대해 언급한다. 이때 연구자는 보통 자신의 연구와 그 대상이나 설계, 방법 등의 면에서 유사한 선행연구들을 중심으로 결과를 비교하는 것에서 시작한다. 그런 후, 필요에 따라 연구의 대상이나 설계, 방법 등이 상대적으로 덜 유사한 선행연구의 결과들과도 비교 논의하게 된다. 또한 연구결과가 유사하다면, 선행연구와 본 연구의 세부 내용을 비교해 보고, 기존의 연구결과를 어떠한 점에서 확인 또는 확장시켰는지 등에 대해 논의한다. 연구결과가 선행연구 결과들과 다르다면, 어떻게 다른지, 왜 다른 결과가 나왔는지 등에 대해 논의해야 한다.

현실적으로 모든 면에서 완벽한 연구는 없다. 예를 들어, 연구의 내적 타당도가 높을수록 외적 타당도가 낮아져 현실 세계에 연구결과를 일반화시킬 때 제한점이 된다. 즉, 모든 연구에는 나름대로의 약점이 있고 이러한 약점들은 연구결과를 해석하거나 적용할 때 고려되어야 한다. 연구의 제한점을 생각할 때 보통 다음 네 가지 부분의 문제를 고려할 수 있다(Cone & Foster, 2006). 첫째, 연구의 내적 타당도 문제다. 피험자 무선할당과 독립변수 조작이 포함된 진형실험설계를 이용한 것이 아니라면 독립변수와 종속변수의 인과관계에 대해 확신할 수 없다. 독립변수와 종속변수의 관련성에 있어 여러 가지 대안적 설명이나 해석이 가능하기 때문이다. 실험연구가 아닌 경우, 종속변수가 독립변수에 영향을 미칠 수도 있고, 독립변수와 종속변수 간의 관련성이 제3의 변수로 인해 나타났을 수도 있으며, 두 연구변수 간 상호적/순환적 인과관계가 있을 수도 있다. 따라서 정확한 인과관계를 밝힐 수 없다는 제한점이 있다. 둘째, 연구의 외적 타당도 문제다. 진형실험설계를 사용한 연구의 경우도 제한점을 피할 수 없다. 진형실험설계를 이용할 때 요구되는 엄격한 통제는 이러한 결과를 일반화시킬 실제 생활 상황에서는 거의 가능하지 않다. 따라서 연구결과를 상황이나 자극, 절차를 넘어 일반화시키는 데 제한이 된다. 셋째, 측정방법상 문제가 제한점이 될 수도 있다. 연구를 수행한 표본을 대상으로 산출한 신뢰도나 타당도가 충분히 높지 않게 나타났을 수도 있다. 또한 피험자의 반응성이 있었을 가능성, 평정자나 관찰자의 주관이 개입되었을 가능성, 결측치 등의 문제로 연구자가 이용한 측정방법상의 문제로 유의한 또는 유의하지 않은 연구결과가 나타났을 수 있다. 넷째, 통계적 문제가 제한점이 될 수도 있다. 수집한 연구자료가 특정 통계적 가정을 충족시키지 못했을 가능성, 사용한 통계방법이 지나치게 엄격했거나 지나치게 허용적이었을 가능성, 표본 크기가 특정 통계분석방법을 사용하기에 충분하지 못했을 가능성 등을 고려해 볼 수 있다.

논의의 끝부분에는 동일 분야의 추후 연구를 위해 제언을 하게 된다. 이에 앞서 언급한 본 연구의 제한이 되는 점들을 보완하는 방향으로 추후 연구를 위한 제언을 하기도 한다. 가장 흔히 제시되는 것으로는 연구를 다른 모집단에 확장하는 것, 새로운 독립변수나 종속변수를 추가하는 것, 연구변수를 측정하는 방법을 다양화하는 것 등이다. 또는 연구자가 본 연구를 진행하면서 경험한 실질적 문제를 논하면서 추후연구에서 이러한 문제들이 개선될 수 있는 구체적 방식을 제언할 수도 있다. 나아가 본 연구결과를 바탕으로 도출된 새로운 질문에 대한 답을 찾기 위한 추후연구를 제언할 수도 있을 것이다.

논의의 마지막 부분은 해당 연구를 마무리하는 부분이다. 즉, 이 부분에서 연구의 결론을 내리고 마무리하게 된다. 연구의 제한점 부분에서는 겸손하고 솔직하게 본 연구의 한계에 대해 기술하였지만, 마무리 부분에서는 보다 긍정적 견해를 가질 필요가 있다. 즉, 논의된 것들을 통합하여 본 연구를 통해 이론이나 실제적 면에서 해당 분야에 대한 이해가 어떻게 증진되었는지를 언급하면서 본 연구의 의의를 부각시키는 방향으로 진술한다.

3. 참고문헌

연구보고서의 본문에서 이론이나 선행연구, 측정도구 등에 대해 언급할 때 반드시 출처에 대해 밝혀야 한다. 본문은 지면이 제한되어 있으므로 본문에는 연구자와 출판년도만을 밝히고, 보다 자세한 사항은 연구보고서 끝부분의 참고문헌 목록에 수록한다. 참고문헌의 출처를 정확히 밝혀 표절을 예방하고 독자가 원 문헌을 찾아볼 수 있게 한다.

참고문헌 목록은 연구보고서의 본문에서 인용한 참고문헌의 세부사항에 대해 기록한 것이다. 따라서 본문에 인용된 참고문헌들은 연구보고서 끝부분의 참고문헌 목록에 빠짐없이 포함되어 있어야 하고, 본문에 인용되지 않은 문헌들은 목록에 포함되지 말아야 한다. 참고문헌은 본문에 인용될 때나 참고문헌 목록에 기술될 때나 모두 양식에 맞게 작성되어야 한다. 학회지에서 구체적으로 정한 참고문헌 표기방식이 있을 수도 있고, 미국심리학회(APA)의 최근 출판양식에 따르도록 규정하는 경우도 있다. 최근에는 참고문헌의 출처가 학회지나 학술도서, 학위논문뿐 아니라 인터넷 자료 등 매우 다양해지고 있으므로, 출처의 특성에 적합하게 참고문헌 세부사항을 정확히 기록해야 한다.

참고문헌 목록은 새로운 페이지에서 시작한다. 참고문헌 문단에는 내어쓰기 양식을 적용한다. 먼저, 우리나라에서는 국문으로 된 참고문헌을 첫 번째 저자의 성명을 기준으로 가나다순으로 제시한 후, 영문으로 된 참고문헌을 첫 번째 저자의 성을 기준으로 abc순으로 제시한다. 또한 저자가 한 명인 경우, 두 명인 경우, 세 명 이상인 경우 등 저자 수에 따라 본문에서 인용출처를 표기하는 방식이 각각 다르지만, 본문에 언급된 저자와 출판년도 표기를 바탕으로 참고문헌 리스트에서 해당 논문을 식별할 수 있도록 작성되어야 한다.

다음의 〈표 10-1〉은 미국심리학회(APA)의 출판양식편람 6차 개정판(APA, 2006)에 따른 참고문헌 목록 작성방식의 예다.

표 10-1 6차 개정판 APA 양식에 따른 참고문헌 작성 방법의 예

저자 1인 학술논문	본문 내	저소득층 어머니를 대상으로 한 연구(김경은, 2012)를 찾아볼 수 있다. 학령전 유아들도 상대방이 하는 말의 이유를 평가하는 것으로 보인다(Koenig, 2012).
	참고문헌 목록	김경은(2012). 저소득층 어머니의 사회적 지지 및 부모참여와 유아의 인지발달 간의 관계. 인간발달연구, 19(1), 1-17. Koenig, M. A. (2012). Beyond semantic accuracy: Preschoolers evaluate a speaker's reasons. *Child Development, 83*(3), 1051-1063.
저자 2인 학술논문	본문 내	염인경과 김미숙의 연구(2004)에서 자기이미지와 선호의복 이미지 간에는 유의한 상관관계가 있는 것으로 나타났다. 행복은 다양한 의미를 함축하고 있기 때문에 절대적인 정의를 내리기 힘들다(Ryff & Keyes, 1995).
	참고문헌 목록	염인경, 김미숙(2004). 자기 이미지에 따른 착용의복이미지, 추구의복이미지 및 의복구매행동. 복식문화연구, 12(1), 90-103. Ryff, C. D., & Keyes, C. L. M. (1995). The structure of psychological well-being revised. *Journal of Personality and Social Psychology, 69*(4), 719-727.
저자 3인 이상 학술논문	본문 내	알코올 중독자 가정의 자녀는 일반가정의 자녀보다 더 우울하고 불안한 것으로 나타났다(김혜련, 정윤경, 박수경, 2010). Lyubomirsky, Sheldon과 Schkade(2005)는 행복을 결정하는 주요 요인들로 상황, 기준점, 의지적 활동이 있다고 하였다.
	참고문헌 목록	김혜련, 정윤경, 박수경(2010). 부모의 알코올 중독 여부에 따른 자녀역할과 청소년 자녀의 내면화 문제와의 관계. 정신보건과 사회사업, 35, 267-294. Lyubomirsky, S., Sheldon, K. M., & Schkade, D. (2005). Pursuing happiness: The architecture of sustainable change. *Review of General Psychology, 9*(2), 111-131.
저서	본문 내	1990년대 이후 젓갈의 종류나 제품의 유형이 다양해졌다(박영호, 1996). Clapham(2005)은 주택을 이해하려는 기존의 전통적인 접근방법들이 갖고 있는 한계를 지적하였다.
	참고문헌 목록	박영호(1996). 수산식품 가공학. 서울: 형설출판사. Clapham, D. (2005). *The meaning of housing: A pathway approach.* Bristol: The Policy Press.

편집된 책	본문 내	스포츠심리학 연구의 발전방향을 제시하기 위해서는 우선 다양한 스포츠심리학 영역에서 시행된 수많은 국내외 연구들을 살펴볼 필요가 있다(한국스포츠심리학회, 2005). 정서에 관한 다양한 연구들을 미루어볼 때 Lewis, Haviland-Jones과 Barrett(2008)는 인간발달에서 정서가 미치는 영향력이 크다고 하였다.
	참고문헌 목록	한국스포츠심리학회 (편) (2005). 스포츠심리학 핸드북. 서울: 무지개사. Lewis, M., Haviland-Jones, J. M., & Barrett, L. F. (Eds.). (2008). *Handbook of emotions* (3rd ed.). New York: Guilford Press.
편집된 책의 특정 장	본문 내	김승철(2005)은 경쟁불안과 운동수행에 관한 이론의 특징을 다음과 같이 정리하였다. 인지적 관점에서는 정서의 기억과 관련된 기능을 강조하고 있다(Morris, 1992).
	참고문헌 목록	김승철(2005). 스포츠 경쟁불안과 각성의 조절. 스포츠심리학 핸드북 (한국스포츠심리학회 편) (pp. 335-359). 서울: 무지개사. Morris, W. N. (1992). A functional analysis of the role of mood in affective systems. In M. S. Clark (Ed.), *Review of personality and social psychology* (Vol.13). Emotion (pp. 256-293). Newbury Park, CA: Sage.
온라인 문서	본문 내	성조숙증에 대한 부모들의 관심이 증가하면서 이에 대처하는 방법에 대한 교육 프로그램 마련이 시급하다(박주선, 2010). 인터넷상에서도 청소년들의 따돌림이 문제가 되고 있다(Chamberlin, 2006).
	참고문헌 목록	박주선 (2010, 3월 24일). 성조숙증, 늦기 전에 바로 잡기. 조선일보. http://danmee.chosun.com/site/data/html_dir/2010/03/18/2010031801101.html Chamberlin, J. (2006, October). Cyberbullies increasingly target peers online. *Monitor on Psychology, 37*(9). Retrieved from http://www.apa.org/monitor/oct06/cyberbullies.aspx

4. 부 록

   부록에는 연구의 추가적인 세부사항을 제시한다. 보통 분량 면에서 보다 자유로운 학위논문의 경우에는 대부분 부록이 포함되어 있지만, 학술지의 논문에는 부록이 없는 경우가 더 많다. 부록에는 연구를 진행할 때 사용한 프로토콜이나 지시문, 승낙서, 실험처치 안내서, 저작권이 없는 측정도구 등이 포함된다. 부록을 제시할 때는 연구보고서의 본문에 나타나는 순서대로 번호를 표시해 나열한다.

• 참고문헌 •

곽금주, 민하영, 김경은, 최지영, 전숙영(2011). 중년 직장 남성의 가족관계, 가족 외 관계 및 직무만족이 행복심리에 미치는 영향. 인간발달연구, 18(3), 115-133.

국립특수교육원(2009). 특수교육학 용어사전.

김나연, 이기춘(2005). 취학기 아동·청소년 소비자교육의 연구동향: 연구주제, 연구방법 및 교육대상을 중심으로. 한국가정과교육학회지, 17(4), 27-40.

김미진, 정옥분(2010). 아동의 다문화 수용성 척도개발과 타당화 연구, 인간발달연구, 17(4), 69-88.

김아영(2000). 관찰연구법. 서울: 교육과학사.

나숙희(2011). 통합예술치료 프로그램을 활용한 Schizophrenic의 사회행동 증진효과. 서남대학교 대학원 박사학위 청구논문.

나종혜(2005). 자녀의 발달단계에 맞는 새로운 부모역할 제안: 변화하는 부모역할 개념과 수행을 중심으로. 한국생활과학회지, 14(3), 411-421.

모수미, 최정화, 이기영, 김외숙(1994). 가정학원론. 서울: 한국방송대학출판부.

박도순(2001). 교육연구방법론. 서울: 문음사.

박소정(2009). 청소년의 낙관성 및 감사성향과 주관적 안녕감의 관계. 고려대학교 대학원 석사학위 청구논문.

박소진, 유소이(2007). 건강동기와 환경에 대한 관심이 유기농 식품 선택에 미치는 영향 연구. 소비문화연구, 10(4), 107-126.

박수호, 유승호(2005). 인터넷 이용과 생활시간 변화(2002-2004)의 상관관계 연구. 한국사회, 6(2), 121-160.

박연정(2007). 학령 전 아동의 학교준비도 척도개발 및 학교준비도와 관련변수 연구. 고려대학교 대학원 박사학위 청구논문.

박영숙, 최혜선, 윤인경, 이승신, 이주리(2004). 세계화시대와 가정학 연구. 대한가정학회지, 42(2), 47-67.

보건복지부(2010). 2009 한국아동청소년실태조사.

서울대학교 생활과학대학 교재개발위원회(2001). 생활과학의 이해. 서울: 서울대학교 출판부.

손연, 김행자(2005). 경남 지역 청소년의 식습관, 영양 및 식이섬유 섭취실태에 관한 연구. 한국가정과교육학회지, 17(4), 1-26.

송인섭, 김정원, 정미경, 김혜숙, 신은영, 박소연(2001). 아동연구방법. 서울: 학지사.

양옥승(1997). 유아교육연구방법. 파주: 양서원.

염현경(1998). 유아의 일상적 스트레스 척도 개발 및 타당화 연구. 이화여자대학교 대학원 박사학위 청구논문.

유영주, 이정연 (1994). 가정학원론. 서울: 신광출판사.

유지연(2002). 초등학생의 자아존중감과 의복행동에 관한 연구. 한국가정과교육학회지, 17(3), 97-108.

윤서석, 신상옥(1990). 현대사회와 가정학. 가정문화논총, 4, 119-127

윤숙현(1995). 아리스토텔레스의 가정관 연구. 호남대학교논문집, 16(2), 235-246.

이기열 (1987). 가정학의 전문성과 영역. 대한가정학회지, 25(4), 155-160.

이순묵(1995). 요인분석 I. 서울: 학지사.

이은해(1985). 아동연구방법. 서울: 교문사.

이은해, 이미리, 박소연(2006). 아동연구방법의 이해. 서울: 학지사.

장만식(2001). 중학교 국어교과서의 어종별 어휘 빈도수 조사 연구: 체언을 중심으로. 경기대학교 교육대학원 석사학위 청구논문.

장명욱(1993). 가정학원론. 서울: 교문사.

장미선, 문혁준(2006). 아동의 정서지능에 관련된 생태학적 변인 연구. 대한가정학회지, 44(4), 11-21.

정옥분(2008). 아동학 연구방법론. 서울: 학지사.

정옥분, 김경은, 박연정(2006). 청소년의 창의성과 자아존중감 및 자기효능감과의 관계. 인간발달연구, 13(1), 35-60.

정옥분, 김미진, 노성향, 박연정, 정순화, 임정하(2010). 유아의 정서지능 증진을 위한 프로그램 개발과 효과연구. 인간발달연구, 17(4), 191-209.

정옥분, 임정하, 정순화, 김경은(2013). 노년기 사회적 자원이 성공적 노화에 미치는 영향-개인적 자원의 매개 효과를 중심으로. 인간발달연구, 20(1), 79-99.

정옥분, 임정하, 정순화, 김경은, 박연정(2011). 대학생들의 창의성에 대한 인식-창의성에 대한 암묵적 접근을 중심으로. 생활과학학회지, 20(1), 919-935.

정옥분, Rubin, K. H., 박성연, 윤종희, 도현심, 김경은(2011). 영아기 정서와 기질, 유아기 어머니의 긍정적 양육태도와 4세 유아의 또래상호작용의 질. 인간발달연구,

18(1), 151-168.

정은순, 한명은(1999). 초산모의 어머니 역할수행에 대한 자신감과 만족도에 관한 연구. 여성건강간호학회지, 5(1), 79-88.

차명화, 김유경(2005). 식생활단원 교육내용에 대한 교사들의 인식과 변화요구도 및 관련변인 분석. 한국가정과교육학회지, 17(4), 41-54.

채로, 이기영(2004). 맞벌이부부의 가사노동시간과 생활만족도에 관한 연구. 한국가정관리학회, 22(5), 1 17.

최성일, 유계숙(2007). 가족친화적 기업정책이 근로자의 일-가족조화, 인적 자원성과, 삶의 질에 미치는 효과에 관한 경로모형 검증. 한국가족관계학회지, 12(2), 1-26.

최윤희, 이소현(2007). 발달지체 유아의 의사소통 행동에 대한 어머니의 반응적 행동지원전략이 상호작용의 참여시간과 참여수준에 미치는 영향. 유아특수교육연구, 7(2), 179-207.

Anastasi, A. (1982). *Psychological testing* (5th ed.). New York: Macmillan.

APA (2006). *Publication manual of the American Psychological Association* (6th ed.). Wshington, D. C.: American Psychological Association.

Astin, A. W. (1964). Criterion-centered research. *Educational and Psychological Measurement, 24*, 807-822.

Bakeman, R. (2000). Behavioral Observation and Coding. In H. T. Reis & C. M. Judd (Eds.), *Handbook of research methods in social and personalitypsychology* (pp. 138-159). NY: Cambridge University Press.

Barnette, J. J. (2000). Effects of stem and Likert response option reversals on survey internal consistency: If you feel the need, there is a better alternative to using those negatively worded stems. *Educational and Psychological Measurement, 60*(3), 361-370.

Betts, S., & Goldey, P. (2005) A multidisciplinary NGO: The interface of home economics with gender and development. *Development in Practice, 15*(1), 106-114.

Billman, J., & Sherman, J. A. (2002). *Observation and participation in early childhood settings: A practicum guide, birth through age five.* New York: Allyn & Bacon.

Bridgman, P. W. (1927) *The logic of modern physics.* New York: The Macmillan Company.

Campbell, D. T. (1960). Recommendations for APA test standards regarding construct, trait, and discriminant validity. *American Psychologist, 15*, 546-553.

Campbell, D. T., & Fiske, D. W. (1959). Convergent and discriminant validation by the multitrait-multimethod matrix. *Psychological Bulletin, 56*, 81-105.

Campbell, D. T., & Stanley, J. C. (1963). *Experimental and quasi-experimental designs for research*. Chicago: Rand McNally.

Cattell, R. B. (1965). *The scientific analysis of personality*. London: Penguin.

Cohen, J. (1960). A coefficient of agreement for nominal scales. *Educational and Psychological Measurement, 20*, 37-46.

Cohen, L., Manion, L., & Morrison, K. (2000). *Research methods in education* (5th ed.). London: Routledge Falmer.

Comrey, A. L., & Lee, H. B. (1992). *A first course in factor analysis* (2nd ed.). Hillsdale, NJ: Lawrence Erlbaum Associates.

Cone, J. D., & Foster, S. L. (1997). *Dissertations and theses from start to finish: psychology and related fields*. Washington, D.C.: American Psychological Association.

Cone, J. D., & Foster, S. H. (2006). *Dissertations and theses from start to finish* (2nd ed.). Washington, D. C.: American Psychological Association.

Converse, J. M., & Presser, S. (1986). *Survey questions: Handcrafting the standardized questionnaire*. CA: Sage Publications.

Cronbach, L. J. (1951). Coefficient alpha and the internal structure of tests. *Psychometrika, 16*(3), 297-334.

Cronbach, L. J. (1971). Test validation. In R. L. Thorndike (Ed.), *Educational measurement* (2nd ed., pp. 443-507). Washington, D.C.: American Council on Education.

Dunteman, G. H. (1989). *Principal component analysis*. Thousand Oaks, CA: Sage Publications.

Fallik, F., & Brown, B. L. (1983). *Statistics for behavioral sciences*. Homewood, IL: The Dorsey Press.

Felstehausen, F., & Couch, S. (2001). Analysis of the Journal of Family and Consumer Sciences Education, 1995-1998. *Journal of Family and Consumer Sciences Education, 19*(1), 23-30.

Fields, A., & Connell, T. H. (2004). Classification and the definition of a discipline: The Dewey Decimal classification and home economics. *Libraries and Culture, 39*(3), 245-259.

Fleiss, J. L. (1981). *Statistical methods for rates and proportions* (2nd ed.). New York: John Wiley.

Huck, S. W. (2004). *Reading statistics and research* (4th ed.). Pearson Education, Ind.

Huck, S. W. (2008). *Reading statistics and research* (5th ed.). Pearson Education, Ind.

Huck, S. W. (2012). *Reading statistics and research* (6th ed.). Pearson Education, Ind.

Huck, S. W., & Cormier, W. H. (1996). *Reading statistics and research* (2nd ed.). NY: Haper Collins.

Johnson, B., & Christensen, L. (2004). *Educational research: Quantitative, qualitative, and mixed approach* (2nd ed.). Boston: Pearson.

Kerlinger, F. (1973). *Foundations of behavioral research* (2nd ed.). New York: Holt, Rhinehard and Winston.

Kerlinger, F. N., & Lee, H. B. (2000). *Foundations of behavioral research* (4th ed.). New York: Holt, Rinehart & Winston.

Krueger, R. A. (1994). *Focus groups: A practical guide for applied research* (2nd ed.). Thousand Oaks CA: Sage.

Lawshe, C. H. (1975). A quantitative approach to content validity. *Personnel Psychology, 28*, 563-575.

Madigan, R., Johnson, S., & Linton, P. (1995). The language of psychology: APA style as epistemology. *American Psychologist, 50*(6), 428-236.

Merton, R. K., Fiske, M., & Kendall, P. L. (1956). *The focused interview: A manual of problems and procedures.* NY: Free Press.

Minium, E. W. (1978). *Statistical reasoning in psychology and education* (2nd ed.). New York: Wiley.

Morgan, G. A., Leech, N. L., Gloeckner, G. W., & Barrett, K. C. (2007). *SPSS for introductory statistics-use and interpretation* (3rd ed.). New Jersey: Lawrence Erlbaum Associates.

Nachmias, D., & Nachmias, C. (1987). *Research methods in the social sciences* (3rd ed.). New York: St. Martin's Press.

Newton, R. R., & Rudestam, K. E. (1999). *Your statistical consultant: Answers to your data analysis questions.* Thousand Oaks, CA: Sage.

Nilsen, B. A. (2001). *Week by week: Plans for observing and recording young children* (3rd ed.). Albany, NY: Delmar Thomson Learning.

Pelham, B., & Blanton, H. (2003). *Conducting research in psychology: Measuring the weight of smoke* (2nd ed.). Toronto: Thomas Learning.

Poznanski, E. O., & Mokros, H. B. (1995). *Children's Depression Rating Scale, Revised (CDRS-R)* (Manual ed.). LA: Western Psychological Service.

Robson, C. (2004). *Real world research* (2nd ed.) MA: Blackwell Publishing.

Rosnow, R., & Rosenthal, R. (2002). *Beginning behavioral research: A conceptual primer* (4th ed.). NJ: Prentice-Hall.

Salkind, N. J. (1985). *Theories of human development.* New York: John Wiley & Son.

Salkind, N. J. (2000). *Statistics for people who hate statistics.* Thousand Oaks, CA:

Sage Publication.

Salkind, N. J. (2003). *Exploring research* (5th ed.). Upper Saddle River, NJ: Prentice-Hall.

Salkind, N. J. (2004). *Statistics for people who (think they) hate statistics* (2nd ed.). Thousand Oaks, CA: Sage Publications.

Seidman, I. (1998). *Interviewing as qualitative research* (2nd ed.). NY: Teachers College, Columbia University.

Shaffer, D. R. (1999). *Development psychology: Childhood and adolescence* (5th ed.). California: Brooks/Cole.

Sidman, M. (1960). *Tactics of scientific research: Evaluating experimental data in psychology*. New York, NY: Basic Books.

Sigelman, C., & Shaffer, D. (1995). *Life-span development* (2nd ed.). California: Brooks/Cole.

Simonton, D. K. (2000). Archival research. In A. E. Kazdin (Ed.), *Encyclopedia of psychology* (Vol. 1, pp. 234-235). NY: Oxford University Press & American Psychological Association.

Smith, L., Gratz, Z., & Bousquet, S. (2009). *The art and practice of statistics*. Belmont, CA: Wadsworth Cengage Learning.

Smith, R. A., & Davis, S. F. (2001). *The psychologist as detective* (2nd ed.). NJ: Prentice Hall.

Sommer, B., & Sommer, R. (1991). *A practical guide to behavioral research* (3rd ed.). New York: Oxford University Press.

Spielberger, C. D. (1973). *Manual for the state-trait anxiety inventory for children*. Palo Alto, CA: Consulting Psychologist Press.

Stangor, C. (2007). *Research methods for the behavioral science* (3rd ed.). NY: Houghton Mifflin.

Stevens, S. S. (1951). Mathematics, measurement and psychophysics. In S. S. Stevens (Ed.), *Handbook of experimental psychology* (pp. 1-49). New York: Wiley.

Suen, H. K., & Ary, D. (1989). Analyzing quantitative behavioral observation data. NJ: Lawrence Erlbaum Associates.

Trochim, W. (2005). *Research methods: The concise knowledge base*. Cincinnati, OH: Atomic Dog Publishing.

Tuckman, B. W. (1999). *Conducting educational research* (5th ed.). Belmont: Wadsworth Group.

Visser, P. S., Krosnick, J. A., & Lavrakas, P. J. (2000). Survey Research. In H. T. Reis, & C. M. Judd (Eds.), *Handbook of research methods in social and personality psychology* (pp. 223-251). Cambridge, UK: Cambridge University Press.

Weick, K. E. (1968). Systematic observational methods. In Lindzey, G., & Aronson, E. (Eds.), *The handbook of social psychology* (Vol. 2, pp. 367-634). Reading, MA: Addison Wesley.

Wright, B. E., & Masters, G. N. (1982). *Rating scale analysis.* Chicago: Mesa Press.

● 찾아보기 ●

● 저자 소개 ●

정옥분(Chung Ockboon)
미국 University of Maryland 박사과정 졸업(인간발달 전공 Ph.D.)
한국아동학회 회장, 한국인간발달학회 회장
현 고려대학교 사범대학 명예교수
　　고려대학교 의료원 안암병원, 구로병원, 안산병원 어린이집 고문

임정하(Lim Jungha)
고려대학교 대학원 박사과정 졸업(아동학박사)
현 고려대학교 가정교육과 교수
　　고려대학교 생활과학연구소 소장

김경은(Kim Kyoungeun)
고려대학교 대학원 박사과정 졸업(아동학박사)
현 남서울대학교 아동복지학과 교수
　　남서울대학교 아동연구원장

SPSS를 활용한

생활과학 연구방법론
Research Methods in Home Ecology

2014년   9월   5일   1판 1쇄   인쇄
2014년   9월 15일   1판 1쇄   발행

지은이 • 정옥분 · 임정하 · 김경은
펴낸이 • 김진환
펴낸곳 • (주) **학지사**

       121-838 서울특별시 마포구 양화로 15길 20 마인드월드빌딩
대표전화 • 02)330-5114   팩스 • 02)324-2345
등록번호 • 제313-2006-000265호

홈페이지 • http://www.hakjisa.co.kr
커뮤니티 • http://cafe.naver.com/hakjisa

ISBN 978-89-997-0418-5 93370

Copyright © 2014 by Hakjisa Publisher, Inc.

정가 18,000원

파본은 구입처에서 교환해 드립니다.

인터넷 학술논문 원문 서비스 **뉴논문** www.newnonmun.com

이 도서의 국립중앙도서관 출판시도서목록(CIP)은 서지정보유통지
원시스템 홈페이지(http://seoji.nl.go.kr)와 국가자료공동목록시스템
(http://www.nl.go.kr/kolisnet)에서 이용하실 수 있습니다.
(CIP제어번호: CIP2014024066)